그림 슬리퍼

THE GRIM SLEEPER : The Lost Women of South Central
by Christine Pelisek
Copyright © 2017 by Christine Pelisek All rights reserved.
This Korean edition was published by SANZINI BOOK in 2019
by arrangement with Christine Pelisek c/o Hill Nadell Literary Agency
through KCC(Korea Copyright Center Inc.), Seoul.

그림 슬리퍼

사우스 센트럴의 사라진 여인들

초판 1쇄 발행 2019년 6월 19일

지은이 크리스틴 펠리섹
옮긴이 이나경
펴낸이 강수걸
편집장 권경옥
편집 이은주 윤은미 강나래
디자인 권문경 조은비
펴낸곳 산지니
등록 2005년 2월 7일 제333-3370000251002005000001호
주소 부산시 해운대구 수영강변대로 140 BCC 613호
전화 051-504-7070 | 팩스 051-507-7543
홈페이지 www.sanzinibook.com
전자우편 sanzini@sanzinibook.com
블로그 http://sanzinibook.tistory.com

ISBN 978-89-6545-605-6 03330

* 책값은 뒤표지에 있습니다.
* 이 도서의 국립중앙도서관 출판예정도서목록(CIP)은 서지정보유통지원시스템
홈페이지(http://seoji.nl.go.kr)와 국가자료공동목록시스템(http://www.nl.go.kr/
kolisnet)에서 이용하실 수 있습니다.(CIP제어번호: CIP2019021060)

THE GRIM SLEEPER

그림 슬리퍼

사우스 센트럴의
사라진 여인들

크리스틴 펠리섹 지음 · 이나경 옮김

산지니

나의 부모님 메리 펠리섹과 조 펠리섹

그리고

사우스 센트럴에서 사라진
데브라, 헨리에타, 바바라, 버니타, 메리, 래크리카, 모니크, 프린세스, 발레리,
제니시아, 쉐런, 조지아 메이, 이네즈, 롤니아, 로라, 에니트라에게
이 책을 바칩니다.

차례

로스앤젤레스

비버리힐즈

할리우드

웨스트우드

산타모니카

사우스
센트럴

잉글우드

태평양

사우스 센트럴

로스엔젤레스 동남쪽에 위치한 빈곤한 흑인 거주 지역. 1980년대 로스앤젤레스에서는 매년 평균 800건 가까이 살인이 일어났는데, 그중 절반 이상이 사우스 센트럴에서 발생했다. 로스앤젤레스 사우스 센트럴 살인 담당 부서는 항상 인력 부족에 시달렸고, 무수한 희생자들의 죽음은 주목받지 못했다.

웨스트우드

UCLA 캠퍼스가 있는 로스앤젤레스 서쪽의 부유층 주거 지역. 1988년 이곳에서 일어난 27세의 토시마 살인 사건은 미국 전역에서 주목을 받았고, 로스앤젤레스시에서는 용의자 체포를 위해 25,000달러의 포상금을 내걸기도 했다. 이러한 대처는 사우스 센트럴의 수많은 살인사건에 대한 무관심, 혹은 외면과는 대비된다.

범죄 추정 장소

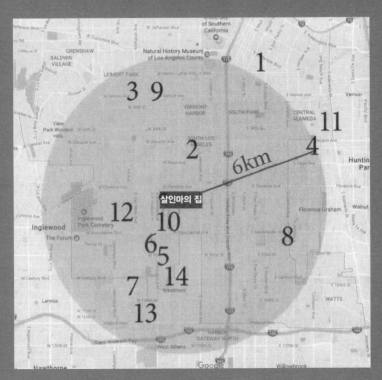

1. 쉐런 디스뮤크
1984년 1월 15일
MLK로와 산 페드로가
교차 지점 남서쪽 코너

2. 데브라 잭슨
1985년 8월 10일
웨스트 게이지가
1017번지

3. 헨리에타 라이트
1986년 8월 12일
웨스트 버넌가
2514번지

4. 바바라 웨어
1987년 1월 10일
이스트 56번가
1256번지

5. 버니타 스팍스
1987년 4월 6일
사우스 웨스턴가
9414번지

6. 메리 로우
1987년 11월 1일
사우스 호버트로
8927번지

7. 래크리카 제퍼슨
1988년 1월 30일
웨스트 102 플레이스
2049번지

8. 이네즈 워런
1988년 8월 15일
이스트 87번가
1137번지

9. 알리시아 알렉산더
1988년 9월 11일
웨스트 43 플레이스
1720번지

10. 에니트라 워싱턴
1988년 11월 20일
84번가와 덴커 교차
지점

11. 조지아 메이 토머스
2000년 12월 18일
이스트 57번가
1846번지

12. 프린세스 버소뮤
2002년 3월 19일
사우스 반 네스로
8121번지

13. 발레리 맥코비
2003년 7월 11일
웨스트 108번가
556번지

14. 제니시아 피터스
2007년 1월 1일
사우스 웨스턴가
9508번지

부검실 공보담당 윈터의 리스트

　로스앤젤레스 카운티 법의학과 부검실을 거쳐 간 유명인들이 워낙 많다 보니 부검실이 이 도시의 좀 더 보기 좋은 지역에 있으면 좋았을 것 같다. 하지만 존 벨루시, 위트니 휴스턴, 마이클 잭슨과 같은 스타들이 영면에 들기 전에 찾아왔던 부검실은 시내에서 3km 떨어진 지점, 자동차 부품상과 싸구려 타코 가게들이 늘어선 길 끄트머리에 자리 잡고 있다.

　2006년 1월의 어느 추운 날 아침, 나는 그곳 주차장에 낡은 빨간색 94년형 도요타 터슬, '모드 주니어'라는 이름을 붙여준 내 차를 세우고 다음 기삿거리를 기대하면서 부검실로 향했다. 목재로 장식한 로비에 들어간 뒤, 접수대 책상의 부저를 눌렀다.

　"윈터 부서장님을 만나러 왔습니다." 접수대 직원에게 말했다.

　5분 뒤 직원이 들여보내 주었다.

　에드 윈터의 사무실을 찾아가는 데 안내는 필요 없었다. 뉴욕의 〈빌리지 보이스〉를 모델로 한 주간지 〈L. A. 위클리〉의 범죄 담당 기자로서, 갱단 살인, 우발적 강도 살인, 조직범죄 등을 취재하느라 여러 차례 가본 곳이기 때문이다. 가장 불운한 피해자들은 늘 그곳에 모였다. 저세상 사람이 된 할리우드 스타와 과거의 스타들도 마찬가지였다. 하루에 50명 이상이 거쳐 가는 미국에서 가장 바쁜 부검실이다 보니, 그곳에 가면 보통 기삿거리가 있었다. 윈터 부서장이 입만 열어준다면 말이다.

부검실의 공보담당인 윈터는 특수기동대 대원과 비밀 마약단속 반으로 로스앤젤레스에서 근무한 전직 경찰이었다.

그가 2003년에 부임한 직후부터 나는 그를 따라다니기 시작했다. 그는, 쥐들이 장기 시신 보관실까지 들어와 시신 운반용 부대와 시신 일부를 갉아먹은 일 등 일련의 좋지 않은 사건들로 평판이 나빠진 부검실의 재건을 돕기 위해 이곳에 왔다. 윈터는 풍부한 경험과 느긋한 성격 덕분에 유명인이 사망할 때마다 공식 대변인 역할을 맡았다. 내가 온갖 것들을 끼적인 기자 수첩을 들고 그의 삶 속에 들어갔을 때, 그는 한때 아역 배우였던 조나단 브랜디스가 목을 매어 자살한 사건, 〈머피 브라운〉에서 뚱뚱한 화가 엘딘 버네키 역을 맡았던 로버트 패스토렐리의 기묘한 사망 사건, "슈퍼 사이코" 가수 릭 제임스의 사망 사건을 담당한 바 있는 숙련된 프로였다.

윈터는 부임한 첫날 로스앤젤레스 최대의 살인 미스터리로 꼽히는 사건을 맡게 되었다. 40세의 B급 여배우이자 하우스 오브 블루스의 호스티스인 라나 클락슨이 괴짜 음악 프로듀서 필 스펙터의 알람브라 저택에서 총에 맞은 시신으로 발견되었던 것이다. 윈터는 이 사건에 대해서 브리핑할 때 단어 선택에 신경을 써야 한다는 사실을 바로 깨달았다. 그가 한 말이 이튿날 기사화되어 한 유명인의 삶 전체를 결정해버리기 때문이다.

1월의 그날, 윈터는 흠집투성이 책상에 앉아서 컴퓨터 화면을 골똘히 응시하고 있었다. 그의 눈길은 주말에 타고 다니는 할리 데이비슨 모터바이크의 미니 모형에 잠시 꽂혔다. 그다음, 나를 향해 앉으라고 손짓했다.

"오늘은 무슨 일로 오셨소?" 그가 물었다. 희끗희끗한 턱수염을 쓰다듬는 그의 얼굴에 히죽이는 미소가 살짝 스쳐 지나갔다. 무슨 일이 있는 모양이었다.

"그냥 한번 들러봤어요. 뭐 흥미로운 일이 있나요?" 나는 그저 그의 책상 위에 놓인 부검 보고서를 가리키며 물었다.

"없소." 그는 무뚝뚝하게 대답하더니 보고서를 맨 위 서랍에 쓱 넣었다. 나는 미소를 지으며 그의 책상 위로 손을 뻗어 유리그릇에 담긴 버터스카치 캔디를 하나 집었다. 그날도 하루 종일 탐색전이 계속될 것 같았다.

범죄 담당 기자로서 나는 정기적으로 윈터를 찾아갔다. 부검 보고서를 구하거나 사망 원인에 관한 정보를 파헤치고 있을 때면, 그에게 가장 먼저 물어보았다. 윈터는 내가 찾는 정보를 제공해줄 뿐 아니라 기분이 내키면 베테랑 경찰관만 알고 있는 수사 요령을 전수해주기도 했다. 그리고 정말 기분이 좋을 때면 미니 냉장고에서 스타벅스 아이스커피를 하나 꺼내 주기도 했다.

이날은 커피가 나올 것 같지는 않았다.

"주말 동안 사망자가 많았습니까?" 내가 천천히 말을 꺼냈다.

윈터는 책상 맨 위 서랍에서 종이 한 장을 끄집어내더니 최근 사망자 보고 내용을 재빨리 읽어주었다. 출석부를 보고 이름을 부르는 고등학교 교사 같은 어조였다. 시내에서 남동쪽으로 27km 거리의 교외 소도시 노워크 인근 인터스테이트 5번 고속도로에서 일어난 2건의 자동차 사고로 히스패닉 두 가족이 숨졌다. 산 페르난도 밸리의 부유한 지역 노스리지에서는 흑인 노인이 소파에서 사망해 부패한 상태로 발견되었다. 들척지근한 썩는 냄새가 이웃집에 흘러들어 경찰에 신고할 때까지, 그의 죽음은 한 달째 아무도 모르고 있었다.

리스트에는 25세 미만의 흑인과 히스패닉 남성이 모두 6명은 올라 있었다. 모두 주행 중인 차량에서 쏜 총에 맞거나 길거리에서 일어난 싸움에서 총에 맞아 사망했다. 이 중 몇몇 경우에는 사망자가 총에 맞기 전 마지막으로 들은 질문이 "어디 놈이냐?"였다. 그것은 지리를 묻는 것이 아니라 갱단 소속을 묻는 것이었고, 2006년 로스앤젤레스에서는 이 짧은 질문이 죽음을 뜻했다. 로스앤젤레스 카운티의 살인율이 80년대와 90년대보다는 훨씬 낮아진 시기였지만, 갱단 살인의 위험은 언제나 도사리고 있었다.

"로스앤젤레스에선 별다를 것도 없는 주말이었소." 윈터는 목록을 책상 서랍에 도로 넣으면서 냉소적으로 말했다. "짐작하시겠지만, 아주, 많이 바빴소."

"다른 건 없었나요?" 갱단 살인이라면 편집주간이 반색할 기사가 아니라는 것을 잘 알고 있는 터에 이렇게 물었다. 로스앤젤레스의 갱단 범죄란 마사지샵이나 야자나무만큼 흔해 빠졌으니까.

윈터는 커피 잔을 내려놓고 근엄한 표정으로 나를 쳐다보았다. 나는 그만 나가봐야 하나 싶었다.

"실은, 여성 시신 유기 사건을 조사 중이오." 그가 말했다. 시신 유기란 피해자가 한 장소에서 살해된 뒤 골목길이나 대형 쓰레기통 같은 다른 곳으로 옮겨진 사건을 가리킨다. 시신 유기 사건은 해결하기 어려운 것으로 악명 높다.

윈터는 사우스 센트럴에서 여러 명의 여성 시신이 발견되었다고 했다. 그 밖에도 잉글우드, 린우드, 롱비치, 할리우드 등, 로스앤젤레스 카운티 여기저기서 다른 시신들이 발견되었다고 했다.

부검 조사관들이 6개월 전, 사망사건 현장에서 시신 유기 건수가 매우 많아졌다고 윈터에게 알려주었다. 윈터의 수사팀은 2002년 이후로 로스앤젤레스 카운티에서 수상한 정황에서 사망한 여성 피해자 수를 38명으로 집계했다. 윈터는 그 사건 중 몇 건은 연관이 있을 거라고 추측하며, 부검 조사관과 그 대화를 한 지 몇 주 뒤에 일종의 연쇄살인 전담반을 꾸렸다. 범죄 현장 조사관 중에서 따로 인력을 차출할 형편이 되지 않았기 때문에, 조사관들에게 남는 시간이 있을 때 이 38건의 사건에 유사성이 있는지 살펴보라고 독려했다.

"연관성 있는 사건이 있나요?" 내가 물었다.

"아직은 모르겠소." 그가 딱 잘라 말했다. "수상쩍은 구석이 있소. 몇 가지는 비슷하고. 몇 가지는 그렇지 않소. 그래서 들여다보고 있소."

"진전이 있나요?" 내가 물었다.

"없소." 그가 인정했다. "항상 새로운 사건이 밀려드니."

"경찰이 조사 중인가요?" 내가 물었다.

윈터는 화난 목소리로, 이 사건들을 담당하는 로스앤젤레스 경찰서와 로스앤젤레스 카운티 보안관서에 연락을 취했지만 무시당했다고 했다. 살인 사건 수사관들은 자신이 담당하는 사건을 캐고 다니는 부검실 조사관들을 좋아하지 않는다. 물론, 기자도 좋아하지 않는다.

"그 리스트를 제게 주세요." 앞으로 어떤 일을 겪게 될지 전혀 모르던 나는 불쑥 이렇게 말했다. "제가 살펴볼게요."

"우리가 처리하고 있소." 그가 말했다. "기자님이 들여다볼 필요는 없소. 진전 사항이 있으면 알려주겠소. 당분간은 비밀로 해주시오. 자, 그만 가보시오. 할 일이 있으니까."

• • •

그 리스트에 있는 여성 중에서 연쇄살인범에게 살해당한 사람들이 있을까 궁금한 마음으로 윈터의 사무실을 나왔다. 그럴 가능성은 적어 보였지만, 오랜 세월 비뚤어진 미치광이를 배출하고 또 끌어 모아온 로스앤젤레스 카운티에서는 그보다 더 기이한 일들도 일어난 것이 사실이다.

그중 몇 명만 꼽아보자면,

빈민 살인마 본 그린우드는 60년대와 70년대 로스앤젤레스와 할리우드 시내 빈민 지역 거주자들이 잠든 사이에 목을 잘랐다.

데이트 상대 살인마 로드니 알칼라는 〈로스앤젤레스 타임즈〉 식자공이자 아마추어 포토그래퍼였으며, 로만 폴란스키 감독의 제자이기도 했는데, 희생자들의 사진을 찍고, 성폭행하고, 살해한 뒤 기괴한 포즈를 취하게 했다. 알칼라의 범행은 1968년 시작되었고, 그로부터 1년 전에는 찰스 맨슨과 추종자들이 폴란스키의 아내로 당시 임신 중이었던 배우 쉐런 테이트를 포함하여 7명을 살해한 끔찍하고 놀라운 테이트-라비앙카 살인을 저질렀다.

힐사이드의 교살자 안젤로 부오노와 케네스 비앙키는 1977년과 1978년 소녀들과 여성들을 강간, 고문, 살해한 뒤 로스앤젤레스 시내 근처 산기슭에 시신을 유기했다.

고속도로 살인마 윌리엄 보닌은 실직한 트럭 운전사로서 1979년과 1980년에 오렌지 카운티와 로스앤젤레스 카운티에서 21명의 소년과 남성들을 강간, 고문, 살해했다고 자백했다.

한밤의 스토커 리처드 라미레즈는 1982년 연쇄살인 중 13명을 무시무시하게 고문, 살해한 죄로 1989년 유죄 판결을 받았다.

• • •

윈터의 리스트는 흥미로웠다. 캐나다의 조용한 수도 오타와에서 어린 시절을 보낸 나는 연쇄살인범에 매료되었다. 테드 번디와 살인 광대 존 웨인 게이시에 관한 책을 탐독했고, 〈형사 콜롬보〉와 〈제시카의 추리극장〉 같은 드라마를 빠뜨리지 않고 봤다. 찰스 맨슨의 살인을 자세하게 기록한 〈헬터 스켈터〉 등, 범죄 실화 관련 책도 탐독했다.

로스앤젤레스로 오면서, 순진하고 맹목적인 자세이긴 했지만 수사망을 피해 간 일탈 범죄자에 대한 기사를 꼭 쓰리라 마음먹었던 것도 사실이다. 그리고 우연히 얻게 된 〈L. A. 위클리〉의 일자리를 통해 바로 그 일을 할 수 있게 되었다. 한밤의 스토커와 힐사이드 교살자를 비롯하여 연쇄살인 사건을 담당했던 형사들을 여럿 만날 수 있었다. 그들의 수사 기술에 빠져들었고, 그들이 범인을 잡아낸 과정에 흥미를 느꼈다. 여러 가지 질문도 했다. 게다가 관심받기를 좋아했든, 내가 진지하게 흥미를 느끼는 것을 알아주었든, 형사들은 수사 방법과 오랜 탐문 과정을 자세히 이야기해주었다.

나는 그 모든 것을 흡수하고 그들의 조언으로부터 많은 것을 배웠다. 아직 미숙하긴 하지만 나의 육감이 옳고, 연쇄살인범이 돌아다니는 것이 분명하다고 윈터를 설득할 수만 있다면 그동안 배운 모든 기술을 활용할 수 있을 것 같았다.

나도 형사들처럼 이 사건들을 좀 더 조사해보고 싶었다. 나는 탐문 수사와 리서치, 사실 확인과 정보의 교차 대조 작업을 좋아했다. 윈터의 리스트를 꼭 보고 싶었다.

두 달 동안 끊임없이 조르고 성가시게 군 끝에, 마침내 윈터는 그 리스트를 내놓았다. 그것을 손에 넣은 날, 나는 마치 경보 시스템을 건드린 도둑마냥 빠른 발걸음으로 그의 사무실에서 달려 나와 모드 주니어에 올라타면서 시동이 걸리기를 기도했다. 모드는 한 번에 시동이 걸렸고, 나는 주차장을 곧바로 벗어났다. 윈터가 마음을 바꿔 수사관들을 이끌고 주차장으로 달려 나올 것만 같았다.

부검실에서 두 블록쯤 벗어난 뒤에야 미션가의 여러 정비소 중한 곳 앞에 차를 세우고 38건의 미심쩍은 사망 사건 목록을 들여다보았다. 목록은 두 부문으로 나누어져 있었다. 첫 부문은 "현재 조사 중인 부검 사건/연쇄살인팀, 비흑인 여성 목록 2002-현재"라는 제목이 붙어 있었고, 24명의 백인, 아시아와 남미 계열 피해자의 이름과 나이, 사건을 담당하는 기관과 형사들이 적혀 있었다. 두 번째 부문은 "현재 조사 중인 부검 사건/연쇄살인팀, 흑인 여성 목록 2002-현재"라는 제목하에 18명의 흑인 여성에 관한 같은 정보가 적혀 있었다.

죽은 여성의 수만 봐도 놀라웠고, 그들의 죽음을 슬퍼하는 눈물에 얼룩진 얼굴들이 떠올랐다. 그들의 분노, 공포, 상실감, 정의와 복수를 바라는 마음이 상상되었다. 그들의 입장이 되어 다시는 사랑하는 사람을 만나지 못한다면 어떤 기분일지 떠올려 보려고 했다. 이 사건들을 담당한 형사들에 대해서 생각해보고, 그들이 범인을 찾는 데 있어서 부검 사무소보다 앞서 있는지 궁금했다.

서류를 내려놓고 차를 몰아 15분 뒤 〈L. A. 위클리〉 사무소에 돌아왔다. 신문사는 싸구려 모텔, 패스트푸드 가게, 마약에 찌든 매춘부로 유명한 지저분한 할리우드 선셋대로에 있었다. 기자 일을 시작한 첫 주, 오전 10시에 한 남자가 다가오더니 함께 놀고 싶냐고 물었다. 그는 버드와이저 맥주 6캔 팩도 내놓았다. 주변은 허름했지만, 로스앤젤레스의 음악, 예술, 영화, 연극, 문화, 콘서트에 관한 넘버 원 소식통 〈L. A. 위클리〉의 패거리에게는 안성맞춤인 곳이었다. 퓰리처상을 받은 요리 전문 기자 조나단 골드, 노숙자에 관해 글을 쓴 〈로스앤젤레스 타임즈〉 기자 게일 홀런드, 〈로스앤젤레스 타임즈〉의 예술 문화부 기자 데보라 밴킨, 수상 경력이 있는 기자 겸 작가 조 도넬리, 연합신문 연예 기자 및 비평가 샌디 코헌을 비롯해서 숱한 유명 작가들이 이 신문에 글을 실었다. 이곳에는 익스트림 퍼포먼스 아티스트 론 애시와 젠더 퀸 닥터 바지널 데이비스도 거쳐 갔다.

나는 윈터에게서 얻은 리스트를 흔들며 뉴스 편집자 앨런 미텔스티트의 사무실로 들어갔다. 미텔스티트는 외출하던 중이었다. 그는 내가 그 목록에 집착하며 사본을 구하려고 집요하게 매달린 것을 알고 있었다.

"어떻게 할 생각이야?" 그가 물었다.

부검 보고서가 조사에 반드시 필요하니 구할 거라고, 나는 말했다. 그 보고서를 보면 사망 날짜와 정황, 위치를 알 수 있을 것이다. 그 보고서에서 사건들이 연결되어 있는지, 연쇄살인범이 움직이고 있는지를 알아내는 데 꼭 필요한 실마리를 얻을 수 있으리라 기대했다. 그리고 만약 연쇄살인범이 있다면, 사건을 담당한 형사들이 그렇다고 확인해주리라 기대했다. 그들이 알고 있기는 하다면 말이다.

그달 말, 윈터의 도움으로 3층짜리 생일 케이크 두께의 부검 보고서를 얻었다. 나는 살인 사건에 대해 정보를 더 구하고 해결된 것이 있는지 알아내기 위해 보고서에 적힌 형사들에게 전화를 걸어 문의하기 시작했다. 며칠 뒤 형사들은 내게 전화를 걸어주었고, 그러면서 리스트에 올라 있는 사건 중 살인 사건이 아닌 것도 많다는 것을 알게 되었다. 자살, 약물과용, 심지어 자연사도 있었다.

누가 불을 지른 차 안에서 매춘부가 사망한 채 발견된 사건이 있었다. 경찰은 그녀가 약물과용으로 사망했다고 판단했다. 자동차는 그녀가 사망한 뒤 신원을 알 수 없는 남성이 자신의 DNA 증거를 남기지 않기 위해 불을 지른 것이었다. 리스트에 실린 또 다른 젊은 여성은 침대에서 피투성이로 쓰러진 채 발견되었다. 폭행이나 침입 흔적이 없었고, 경찰은 결국 자연사로 결론을 내렸다.

하지만, 풀지 못한 살인 사건도 여러 건 있었다. 몇 건은 무작위 총격으로 인한 사망이었지만, 대부분은 가장 눈에 띄지 않고 취약한 계층, '매춘부' 살인 사건이었다. 내가 비공식적으로 살인에 대해 공부하며 배운 것이 하나 있다면 바로 그것이다. 살인자들은 소위 주류 시민보다는 사회 변두리에서 살아가는 사람을 죽이고 빠져나가기가 쉽다는 걸 알고 있다.

로스앤젤레스 카운티 형사들은 내가 매춘부 살인에 관심을 갖는 것에 놀랐다. 약물에 중독되어 사망한 매춘부들에 대해 기자에게서 질문받는 일은 드물었기 때문이다. 언론에서 집중하는 사안이 아니었던 것이다.

하지만 내가 어렸을 때 살았던 캐나다의 온타리오 주, 오타와에서는 살인이 일상적인 일이 아니었다. 사실, 나는 살면서 살인을 겪은 적이 없었다. 90년대 처음 로스앤젤레스로 왔을 때, 총기 폭력이 얼마나 만연한지 보고 깜짝 놀랐다. 로스앤젤레스에서 날마다 벌어지는 유혈참극과 총기와 갱단 문화는 낯설기만 했다. 흑인 매춘부와 약물 중독 여성이 살해되는 수치가 특히 충격적이었다. 온 거리에 그런 여성의 시신이 흩어져 있는 셈인데도, 아무도 그들을 눈여겨보지 않는 것 같았다. 그들을 위해 사람들이 움직이기를 바랐다. 슬퍼하는 피해자 가족이 어떻게든 상실을 인정받고, 고통을 조금이나마 위로받기를 바랐다. 지역 신문사의 기자로서 그들에 대해 기사를 쓰고 그들의 사연을 그 도시 사람들에게 알리는 것이 내 본분이라는 생각이 들었다. 그들을 보여주어 지역 사회가 이 역겹고 뒤틀린 문제를 직면하기를, 그리고 그것을 더 잘 처리해주기를 원했다.

로스앤젤레스에서 매춘부의 죽음은 연쇄살인이 아닌 한 저녁 뉴스에 실리지도 않았다. 방송사는 대량 살인이나 아름다운 대학생의 실종에만 집중하는 경향이 있었다.

살해된 매춘부는 윈터의 리스트에 실린 38명의 여성 중 거의 절반을 차지했다. 대부분은 목이 졸리거나, 총에 맞거나, 칼에 찔려 살해되었다. 몇몇은 너무 심하게 구타당해서 얼굴을 알아볼 수 없는 지경이었다. 거의 모두 사우스 센트럴*의 어두운 골목길에 쓰레기처럼 버려지거나 로스앤젤레스 카운티 전역의 거리나 공원에 유기되었다.

모두 가슴 아픈 이야기였다. 애쉴리 비터는 아이다호 출신의 19세였으며 로스앤젤레스로 오면서 패션 산업에서 일한다고 가족에게 말했다. 그녀는 2005년 6월 28일 할리우드의 한 골목길에서 사망한 채 발견되었다. 살해되기 전 사흘 동안, 임신 13주였던 그녀는 선셋대로와 페어팩스로의 주유소 근처에서 돌아다니고 있었다. 그곳은 대낮에 섹스 상대를 찾아다니는 남성을 만나기 좋은 장소였다. 그녀는 전설적인 선셋스트립에서 몇 블록 떨어진 커피숍과 주류상점 근처의 골목길에서 주로 있었다. 멋진 금발과 귀여운 미소를 가진 그녀가 고객을 찾는 데는 오래 걸리지 않았다. 그녀는 정오부터 오후 4시까지, 점심시간이나 퇴근 후 귀가하는 남자들을 상대로 일했다. 라스베이거스에서 지내다가 로스앤젤레스로 돌아온 후, 그녀는 선셋대로의 지저분한 모텔에서 포주 연인과 함께 지내고 있었다. 그녀가 매춘을 한 것은 그때가 처음이 아니었다. 그 전 해에도 할리우드에서 매춘으로 체포된 일이 있었다.

애쉴리의 손발은 덕트 테이프로 묶여 있었고, 검은 비닐봉투가 머리에 씌어 있었다. 그녀는 검은 양말로 목이 졸렸고, 귀의 일부가 찢어져 있었다. 이튿날, 익명의 한 사람이 그녀의 시신이 발견된 곳에 촛불을 놓고 말라붙은 혈흔 주위에 커다란 하트를 그

려놓았다. 붉은 스프레이 페인트로 적은 메시지는 "온 마음을 다
해……사랑해. 안녕."이었다.

매춘부의 가족이 경찰에 전화를 거는 일이 드물지만, 애쉴리의
애인은 그녀가 전화를 받지도 않고 모텔로 돌아오지도 않자 곧장
경찰에 신고했다. 경찰은 그의 모텔 방 열쇠를 확인하고 그가 하
루 종일 밖에 나가지 않았다고 판단한 후 용의 선상에서 배제했
다. 그는 애쉴리가 마지막 고객을 만나기 몇 분 전에 자신과 통화
했으며, 쾌활한 목소리였다고 경찰에 말했다. 그들은 오후 4시에
주유소에서 만나기로 약속했다.

살인자는 흔적을 남기기는 했지만, 그의 DNA는 지역, 주, 연방
중범죄자 데이터베이스의 그 누구와도 일치하지 않아서 형사들이
그 정보로 알아낼 수 있는 사실이 거의 없었다.

윈터의 리스트 중 무시무시하게 살해된 또 한 명의 여성은 38세
의 리 벤자민이었다. 그녀는 스태니슬러스 캘리포니아 주립 대학
교의 전도유망한 회계학과 학생이었지만 마약에 중독됐다. 리는
중독 치료 프로그램과 치료소를 드나들었지만, 중독에서 벗어나
지 못했다. 그녀는 매춘과 술집, 중고차 시장, 싸구려 모텔로 악명
높은 사우스 센트럴 지역, 피게로아로에서 약물 중독 문제를 겪는
흑인 매춘부들 사이에서 지냈다. 그녀의 아버지 존 벤자민은 그녀
가 실종된 날 자신이 운영하는 보험업체에서 만날 계획이었다. 그
는 딸이 그녀의 딸, 즉 그와 아내가 키워주는 손녀와 시간을 보내
기를 바랐다. 하지만 리는 나타나지 않았다.

리의 시신은 2004년 4월 10일 사우스 센트럴의 한 골목길에
서 담요에 덮인 채 발견되었다. 발은 덕트 테이프로 묶여 있었

고, 머리는 검은 쓰레기 비닐봉투에 덮여 있었다. 그녀는 머리와 얼굴에 여러 차례 칼에 찔린 상처가 있었다. 원피스를 위로 올려 성기가 드러나 있었으며, 속옷이 발목까지 내려와 있었다.*

* 2015년 6월, 호손 거주자 자쿤 터너가 리 벤자민의 강간 및 살인죄로 기소되었다. 그는 재판을 기다리고 있다. 애쉴리 비터의 살인죄로 기소된 사람은 없다.

몇 달이 지나면서 나는 윈터의 리스트에 실려 있는 사건 중 몇 가지는 서로 연관되었을 가능성이 있다고 경찰도 의심하는 것을 알게 되었다. 하지만 DNA를 확인하지 않고서는 경찰도 증거를 구할 수 없었다. 2006년 5월까지, 부검 보고서에서 36건의 사건 검토를 마쳤고, 마지막 2건을 남겨두고 있었다. 2002년 3월 9일 로스앤젤레스 남서쪽의 도시, 잉글우드에서 양부모 집에서 달아나 매춘부가 된 15세의 프린세스 버소뮤가 목이 졸려 사망한 사건과 2003년 7월 11일 사우스 센트럴 거리에서 오랫동안 띄엄띄엄 일했던 35세의 흑인 매춘부 발레리 맥코비가 목이 졸려 사망한 사건이었다.

여러 차례 연락을 취하고 실패한 뒤, 5월이 되어서야 마침내 프린세스 버소뮤 건을 담당하는 잉글우드 경찰서의 형사 제프리 스타인호프는 나와 만나주기로 했다. 그는 처음에는 거리를 두면서 내가 그 사건에 흥미를 느끼는 까닭을 알고 싶어 했다. 윈터에게서 받은 리스트에 대해서 이야기하자, 그는 그제서야 좀 더 편안한 태도로 바뀌며 적극적으로 대해주었다. 그도 프린세스 버소뮤에 대해서 이야기하고 싶어 했고, 그녀를 죽인 범인을 잡고 싶어 했다.

그가 다음에 한 말은 충격적이었다.

프린세스는 DNA 증거를 통해서, 윈터의 리스트에 실린 마지막 피해자, 발레리 맥코비와 연결되어 있었다. 그뿐만이 아니었다. 이 두 사건은 DNA를 통해서, 사우스 센트럴에 마약 중독이 극에 달했던 1985년 8월에 시작된 일련의 살인 사건과 연결되어 있었다. 모든 사건이 동일한 살인범의 소행이라는 것이었다. 데브라 잭슨, 헨리에타 라이트, 바바라 웨어, 버니타 스팍스, 메리 로우, 래크리카 제퍼슨, 알리시아 "모니크" 알렉산더. 이 피해자들은 모두 사우스 센트럴에서 살며 약물 중독에 시달리던 젊은 흑인 여성이었다. 옷을 반쯤 입은 시신은 모두 지저분한 동네 골목길에 버려져 사람들의 왕래가 잦은 웨스턴가 근처에서 쓰레기에 깔려 썩어갔다. 7명의 여성은 단거리에서 쏜 25구경 권총에 맞았다. 신분증을 지니고 있는 시신은 없었지만, 살인범은 자취를 남겼다. 희생자 여럿의 가슴에 타액이 묻어 있었다. 나중에 한 명의 생존자가 있다는 것을 알게 되었다. 에니트라 워싱턴은 총에 맞고, 성폭행당한 뒤, 그들과 같이 지저분한 거리에서 죽도록 내버려졌다.

80년대에, 스타인호프가 내게 알려준 7건의 살인을 비롯하여 사우스 센트럴 인근 지역에서 끊이지 않는 연쇄살인을 조사하기 위하여 로스앤젤레스 보안관서와 경찰서의 전담반이 구성된 것도 알게 되었다.

경찰도 사우스사이드 살인마 전담반도 이 7건의 살인 사건을 해결하지 못했고, 형사들은 다른 사건으로 넘어갔다. 하지만 스타인호프는 20년 이상 수사망을 피해온 것처럼 보이는 한 남자를 눈여겨보고 있었다.

그의 이름은 로저 하우스먼이었다. 백인이며 대금 미납 물품 회수원이었고, 슈퍼 헝키라는 별명으로 통하는 포주이기도 했다.

• • •

2005년 8월 3일 화요일, 스타인호프는 프레즈노 카운티 지방 검사 사무소 조사관 J. J. 스미스에게서 전화 한 통을 받았다. 스미스는 프레즈노 경찰서에 로저 하우스먼과 흑인 십 대 소녀 두 명이 관련된 납치 사건을 배정하고 있었다.

스미스가 소녀들과 면담을 했을 때 둘 다 하우스먼이 로스앤젤레스에서 살인을 저질렀다는 언급을 했다고 말했다. 그리고 하우스먼은 피해자들의 시신을 러그와 담요에 말아 강에 던졌다고 말했다. 스미스는 그 사실을 스타인호프에게 전했다.

65세의 하우스먼은 1977년 5월에서 1990년 11월 사이 살해된 18세에서 30세 사이의 흑인 여성 매춘부 25명의 죽음에 관한 전담 수사 대상이었다. 그들은 총에 맞거나, 목이 졸리거나, 칼에 찔리거나, 둔기에 맞아서 사망했다. 몇 명은 손발을 묶이고 입이 막혔다. 그들의 시신은 로스앤젤레스에서 300km쯤 떨어진 프레즈노의 용수로, 공터, 버려진 집에서 발견되었다.

프레즈노 경찰은 하우스먼이 매춘부를 스팀다리미로 구타한 혐의로 체포된 이후, 그를 그 매춘부들을 살인한 용의자로 간주했다. 1993년 11월 4일 〈프레즈노 비〉에 실린 기사에 따르면, 그 여성은 하우즈먼이 "너는 다른 여자들보다 죽이기가 힘들다"고 말했다고 경찰에 진술했다. 당시 구타를 목격했다는 남자도 하우스먼이 "이 여자는 죽이기가 힘드네"라고 말하는 것을 들었다고 했다.

하우스먼은 그 혐의는 부인했고, 스팀다리미 구타 사건에 대해서 치명적인 무기로 공격하고 불법 감금을 시도한 데 대해서는 인정했으며, 29개월 동안 복역한 뒤 1993년 11월에 풀려났다.

전담반은 해체되었지만 형사들은 하우스먼이 미해결 살인 사건과 연관이 있다고 여전히 믿고 있었다. 2006년 5월, 스타인호프는 하우스먼의 DNA 샘플을 채취해서 그가 프린세스 버소뮤, 발레리 맥코비, 그 밖에 80년대의 7건의 관련 살인을 저질렀는지 확인할 수 있도록 판사의 허가를 구하는 수색 영장 진술서를 제출했다. 당시 하우스먼은 두 십 대 소녀 납치에 대한 재판을 기다리며 프레즈노에 수감되어 있었다.

"저는 제가 받은 훈련과 경험에 의거해서, 하우스먼이 그 살인 사건의 용의자라고 믿습니다." 스타인호프는 진술서에 이렇게 적었다. "하우스먼은 로스앤젤레스 지역에서 사람을 살해하고 카펫에 싸서 유기했음을 인정했습니다. 한 피해자는 카펫으로, 한 피해자는 담요로, 한 피해자는 쓰레기봉투로, 그리고 나선 셋 모두 쓰레기로 덮었다고 했습니다."

스타인호프는 하우스먼이 프린세스가 살해되기 석 달 전 잉글우드에서 교통 법규 위반으로 신고당한 기록도 있다고 적었다.

스타인호프의 진술서에 따르면 하우스먼은 1959년부터 광범위한 범죄 경력이 있으며, 로스앤젤레스, 프레즈노, 베이커스필드에서 미성년자 추행, 불법 성행위, 미성년 여성의 성매매 유인 및 매춘 알선, 장전된 총기 소지, 흉기 소지, 흉기를 사용한 폭행 혐의로 체포된 경력이 있었다.

스타인호프는 교도소로 찾아가 하우스먼의 타액 샘플을 얻어 DNA 검사를 받고자 했다. 스타인호프가 하우스먼의 DNA 결과를 기다리는 중, 나는 모드 주니어를 타고 프레즈노로 가서 하우스먼이 대금 미납 상품 회수 일을 할 때 상사였던 사람을 만나 교도소 면회 약속을 잡아달라고 부탁했다. 하우스먼이 이야기를 하겠다고 동의하는 것이 놀라웠다. 면회 동안 숱이 줄어드는 금발에 새파란 눈을 한 170cm의 하우스먼은 최근의 납치 건에 대해서는 자신이 무죄라고 말했다.

"프레즈노 경찰이 나를 속인 거요." 그가 말했다.

"왜 그런 일을 했을까요?" 내가 물었다.

"내가 흑인 여자들을 사랑하는 기독교 신자 유대인이기 때문이지." 그가 말했다. 그가 마지막으로 사귄 연인은 "너무 쉽게 퍼져서" 땅콩버터라는 별명이 붙었다고 했다.

땅콩버터라니…. 그것 참 귀엽군.

30분간의 대화 중에 하우스먼은 나를 빤히 쳐다보았다. 교도소 면회는 그때가 처음이었고, 약간 불안한 느낌이 들었다. 유리 칸막이 뒤에서 전화기로 대화한다는 사실이 안심되었다.

그는 로스앤젤레스나 프레즈노에서 사람을 죽인 것을 부인했으며, 자신이 처한 곤경을 당연한 것으로 받아들이는 것 같았다. 경찰의 불법 행위에 대해 그가 하는 말은 설득력이 없고 과장되었으며 이따금 우스꽝스러운 지경이었다. 그는 자신이 프레즈노 경찰이 걸핏하면 목표물로 삼는 상대라고 주장했다.

경찰이 그를 잡으려는 것은 마약을 제공하지 않기 때문이라는 것이었다.

"나를 검둥이 애인이라고, 유대인 노예놈이라고 부르고 있소." 그가 내게 이렇게 말했고, 나는 그 내용을 〈L. A. 위클리〉의 커버스토리로 다뤘다.

"포주나 마약 딜러 일을 해본 적이 있습니까?" 내가 물었다.

"있소." 하우스먼은 씩 웃으며 대답하더니 비버리힐즈의 술집에서 시작되는 매춘 이야기를 잔뜩 늘어놓았다. 그는 프레즈노와 로스앤젤레스에서 코카인을 팔았다고도 했다. 하지만, 그 모든 것은 1995년 기독교인이 된 이후로 변했다고 했다.

"코카인 2kg를 메들린 카르텔의 포장지에 넣은 채로 변기에 넣고 물을 내렸소." 그가 자랑스레 말했다.

1991년 매춘부를 스팀다리미로 공격했는지 묻자, 하우스먼은 여자가 먼저 때리지 않으면 자신이 때리지는 않았을 거라고 말했다. 그러더니 그녀가 구리 재떨이로 자기 머리를 먼저 때렸다고 덧붙였다. "그때 매춘 여성은 당신이 폭행하면서 '너는 다른 여자들보다 죽이기가 힘들다'고 했다던데요." 내가 말했다.

"그런 말 한 적 없소." 그가 말했다.

진짜 범인은 그가 말하는 여자를 때린 뒤 카펫에 말아 근처 호수에 버릴 생각이었던 친구였다고 했다. 하우스먼은 그 여자의 목숨을 구하려고 했다는 것이었다.

사흘 뒤 나는 로스앤젤레스로 돌아왔다. 납치 사건에서 스스로 변호를 맡아서 교도소 도서관에 출입하고 전화를 쓸 수 있었던 하우스먼은 내게 정기적으로 연락을 했다. 그는 자신이 로스앤젤레스 살인 사건에 무죄임이 밝혀지는 것은 시간문제라고 했다.

그의 말이 옳았다.

· · ·

　하우스먼은 스타인호프가 DNA를 채취한 지 2주 만에 25구경 권총 살인의 용의 선상에서 벗어났다. 앞서 80년대 수사를 담당한 형사들이 실마리를 잃어버렸듯이 스타인호프도 더는 수사를 진전할 수 없었다. 그러니 그때까지도 살인범을 잡을 방도가 없었다. 그는 20년 이상 법망을 피했고, 계속해서 젊은 흑인 여성을 희생시키고 있었다. 그는 최소 9명의 여성을 강간, 살해하고 신분증을 없앤 뒤 시신을 뒷골목에 버렸다.

　더욱 알 수 없는 것은, 그 연쇄살인범이 살인을 멈춘 것처럼 보이는 기간이 있다는 사실이었다. 마치 살인범이 13년 반 동안 동면이라도 한 것 같았다.

　LA 경찰은 수많은 사건을 다루는 와중에 거짓 실마리, 믿을 수 없는 목격자, 불확실한 용의자들에게 방해를 받았다. 경찰과 사우스 센트럴의 흑인 주민들 사이에 오랜 세월 쌓인 불신과 인종 문제 역시 한몫했다.

　경찰 수사에 더 큰 지장을 초래하고 있는 것은, 예측할 수 없는 상황이었다. 127.5km^{2}의 지역에서 6명의 연쇄살인범이 활동하고 있었다. 그들은 모두 같은 사냥감을 노리고 있었다. 노동자 계층 주거 지역에서 맹위를 떨치고 그곳을 갱단 전쟁터로 바꾸어놓은 '코카인'에 중독된 가난한 흑인 여성이 그 사냥감이었다. 경찰은 종종 전쟁터처럼 느껴지는 도시 구역의 갱단 싸움과 마약 딜러들에게 자원을 집중 투입하고 있었다. 그리고 내가 밝혀낸 이야기는 슬픔과 상실, 정의와 빈곤, 인종과 빈민 지역의 고통에 관한 것이었지만, 그 중심에는 사우스 센트럴에서 사라진 여인들이 있었다.

사회에서 가장 취약한 입지에 처한 이 여인들은 그 전쟁의 부수적 피해자였으며, 연쇄살인범의 쉬운 먹잇감이었다.

이 책은 그들의 이야기다.

1부

살인 장부

1985-1988

1985년, 데브라

비아트리스 메이슨은 더 이상 견딜 수 없었다. 지갑이 보이지 않았고, 14개월 동안 사귄 연인, 데브라 잭슨이라는 칵테일 웨이트리스가 그걸 가져가 급료 전부를 코카인에 날려버렸을 거라고 믿었다. 29세의 전직 미 육군 간호 장교인 비아트리스는 데브라가 거짓말을 끊임없이 해대며 마약을 하지 않는다고 주장하는 것이 지겨웠다. 이제 그만 접을 때가 되었다는 생각이 들었다.

쉽게 내린 결정은 아니었다. 땅딸하고 다부진 체격의 흑인 비아트리스는 전직 군인답게 규율을 지키며 사는 내향적인 성격이었고, 친구들에게서 신의와 존중을 기대했다. 그녀는 부지런히 일하고 안정적인 일자리를 갖고 있었으며 마약을 하지 않았다. 주말이면 집에서 텔레비전으로 스포츠 경기를 보며 지냈고, 사람들과 많이 어울리지도 않았다.

자유분방하고 외향적인 데브라는 로스앤젤레스 미용 대학 계단에서 비아트리스를 처음 만났을 때 코스메틱 전공 학생이었다. 데브라는 마르고 예쁘장하며 밝은 빛의 피부를 갖고 있었고, 상대방에게 쉽게 전파되는 미소를 가진 사람이었다. 그들은 곧 친해졌다.

데브라는 사우스 센트럴의 마약 중독 치료 시설에서 돌아온 지 얼마 되지 않았다. 그녀는 비아트리스의 방 두 개짜리 아파트에 들어와 살면서 잉글우드의 엘레강트 샤토 나이트클럽에서 칵테일 웨이트리스로 일했다.

데브라는 파티를 좋아하는, 언제나 흥이 넘치는 사람이었다. 비아트리스는 데브라가 치료 시설에 들어갔다 나온 후에도 마약에 손대는 것을 알고 있었지만, 중독까지 간 것을 깨닫는 데는 시간이 걸렸다.

그들은 1985년 8월의 첫 주 내내 없어진 돈 때문에 심하게 다퉜다. 월요일 아침, 데브라를 친한 친구 엘리자베스 앤더슨의 집 앞에 내려주고 근처 컬버에서 근무를 마친 뒤 데리러 오겠다고 약속할 때까지도 비아트리스는 화가 나 있었다. 그래서 비아트리스는 일이 끝난 뒤 곧바로 집으로 갔다.

월요일 저녁 7시경, 데브라가 전화를 걸었다. 비아트리스는 데브라에게 데브라의 짐을 싸서 이웃 도나에게 맡겨두겠다고 했다. 닷새가 지나고 나서야 처음으로 비아트리스는 뭔가 이상하다는 것을 알아차렸다.

• • •

데브라 로넷 잭슨은 1956년 3월 2일에 태어났으며 14세 때 로드아일랜드에서 첫 아이를 낳았다. 그 아이는 자신의 어머니를 따라 마사라고 이름 지었다. 2년 뒤, 1972년 9월 12일, 데브라는 좋아하는 그룹 잭슨 파이브의 가수 이름을 따서 첫아들의 이름을 저메인이라고 붙였다. 데브라의 막내 아이 아냐타는 1975년 매사추세츠의 스프링필드에서 태어났다. 그 직후 겨우 열아홉이었던 데브라는 아이들을 데리고 80대의 외할머니를 돌보러 사우스 센트럴로 왔다.

데브라는 아이들을 열심히, 엄하게 키운 엄마였다. 그녀는 아이들을 해변과 로스앤젤레스 지역의 테마 파크에도 데려가며 즐겁게 해주었지만, 아이들이 선을 넘으면 주저 없이 벌을 주었다.

하지만 중독이 심해지면서 데브라는 아이들의 양육권을 잃었고, 아이들은 그녀의 집에서 스무 블록 떨어진 위탁 가정에 맡겨졌다. 아이들이 그곳으로 보내진 지 2주 뒤, 위탁모가 동네 식료품점에서 빵을 사 오라고 했을 때, 아이들은 집으로 달아나 아이들이 보고 싶어 울고 있는 데브라를 만났다. 아이들은 엄마를 만나 몹시 기뻤다.

하지만 그들의 재회는 짧았다. 데브라는 아이들에게 위탁 가정으로 돌아가야 한다고 말했다. "법을 지키고 올바르게 살아야 한다." 데브라는 저메인에게 말했다.

저메인은 실망했다. 데브라가 차에 태워 식료품점에 데려가는 동안, 그와 마사는 엉엉 울었다. "곧 함께 살게 될 거야." 데브라가 말했다. "너희들을 다시 데려오면, 할머니 집으로 가자." 여전히 매사추세츠에 살고 있는 데브라의 어머니 집 말이었다.

그러나 사실 그건 불가능했다. 저메인은 9세 때 어려움에 처한 소년들이 모여 사는 침례교 아동의 집에 맡겨졌고, 거기서 3년 동안 살았다. 아냐타는 다른 위탁 가정에서 살았다. 마사는 학대 아동과 방치 아동을 위한 보호소, 맥라렌에 홀로 보내진 것으로 저메인은 기억했다.

1985년 8월 9일 금요일, 비아트리스가 데브라와의 관계를 끝낸 지 나흘째 되던 날, 아냐타의 위탁모가 비아트리스에게 전화를 걸어 데브라를 찾았다. 당시 아홉 살이던 아냐타는 정기적으로 엄마와 통화를 했지만, 데브라가 사흘이나 전화를 걸지 않았기 때문이다. 그녀는 어디로 갔을까?

• • •

29세 데브라 잭슨의 시신은 8월 10일, 따뜻한 일요일 오전에 발견되었다. 그녀는 사우스 센트럴의 버몬트로 근처 웨스트 게이지 가에서 조금 떨어진 낙서가 가득한 골목길에서, 붉은 카펫 아래 감추어진 채 나무 울타리 밑에 누워 있었다. 마치 도움이라도 청하려는 듯, 카펫 밑으로 손 하나가 튀어나와 있었다. 초록색 나일론 잠옷은 배 위에 덮여 있었다. 그녀는 청바지를 입고 있었고, 자주색 긴팔 스웨터가 가슴까지 올라가 있었다. 속옷은 입지 않았지만 하얀 나일론 테니스화를 신고 있었다. 검은 머리카락이 어깨 위로 흩어져 있었다. 눈과 콧구멍, 귀에는 구더기들이 우글거리고 있었다. 시신이 너무 부풀어 있어서 형사들은 부은 것인지, 구타당한 것인지 구별하기 어려웠다.

하지만 그 살인 사건은 다른 사건에 가려졌다. 그 전날, 로스앤젤레스 카운티 경찰은 기자 회견을 열어 끔찍한 연쇄살인을 저지른 살인범을 수배한다고 발표했다. 그로부터 얼마 전, 사우스 센트럴에서 30km쯤 떨어진 로스앤젤레스 교외 로즈미드의 콘도미니엄에서 일어난 34세의 데일 오카자키의 총기 살해와 그녀의 룸메이트 마리아 에르난데스의 상해도 그의 소행이었다.

경찰은 12~13건의 살인과 15건 이상의 강간, 구타, 납치를 저지른 남자를 찾고 있었는데, 그의 피해자는 거의 모두 로스앤젤레스 지역의 중상류층에 속했다. 연쇄살인범은 밤에 집에 몰래 들어가서 피해자가 자는 사이 폭행했기 때문에 한밤의 스토커라는 별명을 얻었다. FBI는 심리 프로파일을 준비했고, 경찰은 치아가 누렇고 사이가 벌어진, 마른 곱슬머리 용의자의 몽타주를 지역 신문에 배포했다.

데브라의 시신이 발견된 로스앤젤레스 사우스 센트럴은 살인 사건이 길에 돌아다니는 개처럼 흔한, 빈곤한 흑인 거주 지역이었다. 중독성 높은 마약의 판매권을 놓고 벌이는 구역 싸움이 거리에서 거리로 점점 더 난폭하게 번져갔다. 아이와 할머니들을 비롯해서, 무고한 사람들이 희생자가 되었다. 1980년대 로스앤젤레스에서는 매년 평균 800건 가까이 살인이 일어났는데, 그중 절반 이상이 사우스 센트럴에서 발생했다. 그런 상황에서, 데브라의 살해는 주목받지 못했다.

로스앤젤레스 사우스 센트럴 살인 담당 부서는 인력 부족에 시달렸고, 형사들은 오랫동안 여러 사건을 동시에 담당하느라 격무에 시달리고 있었다. 2명의 형사로 이루어진 한 팀이 주말 동안 3건의 살인 사건을 담당하는 경우도 있었다.

데브라의 시신이 발견된 지역, LA 경찰의 77번가 경찰서는 연평균 130건의 살인 사건을 담당했다. 그 사건들을 해결하는 살인 담당 형사는 8명뿐이었고, 경찰 본부에서 지원도 별로 없었다. 그들 지역의 문제라는 식이었다.

"각자 알아서 살아가는 상황이었습니다." 한 형사가 말했다. "사람들은, '다들 그렇게 하는 법이야'라고 받아들였어요. 징징거리는 사람도 없었어요. 형사들의 부인이 전화를 걸어서 '이번 주말에는 그 사람에게 당직을 시키지 말아요. 더는 일을 감당할 수 없는 상태니까요'라고 말하는 일도 흔했어요."

한밤의 스토커*는 1985년 8월 31일에 잡혔다. 데브라의 살인범은 그 후로도 20년 동안 잡히지 않았다.

* 1989년 한밤의 스토커 리처드 라미레즈는 13건의 살인으로 유죄 판결을 받았다. 그는 사형 선고를 받고 캘리포니아의 사형수 수감 건물로 보내졌다가 2013년 6월 7일, 53세의 나이로 림프종 합병증으로 사망했다.

• • •

77번가 경찰서의 경험 많은 살인 담당 형사 마크 아니슨과 케네스 크로커가 데브라 잭슨 살해 사건을 조사하도록 파견되었다. 처음에 그녀는 1985년 로스앤젤레스 카운티 부검실에 59번째로 들어온 신원 미상의 여성 시신으로서, "제인 도 #59"라고 등록되었다(미국 경찰에서 신원 미상의 여성은 제인 도(Jane Doe), 남성은 존 도(John Doe)라고 부른다—역자 주). 부검 보고서에는 부검대 위의 시신이 61kg의 "건강하고 영양 상태가 좋은" 여성이며, 청년에서 중년 사이라고 적혀 있었다.

그녀는 작고 가벼우며 감추기 쉽고 쏘기 간단해 경찰 사이에서 주머니 권총이라고 부르는 25구경 권총으로 가슴에 세 차례 탄환을 맞았다. 범인은 위에서 아래로, 피부에서 아주 가까운 위치에서 총을 쏘았기 때문에, 검시관 새러 레디 박사는 상처에서 발포 잔유물을 발견했다. 총알은 가슴 왼쪽을 관통하고 심장을 맞추고 척수를 두 동강 내어 하반신을 마비시켰다. 총에 맞은 지 2분 내에 사망에 이르렀을 것이다.

부검에 따르면 데브라의 체내에서 알코올과 코카인이 발견되었다. 부패가 진행되어 있었기 때문에 성폭행 여부는 알 수 없었다.

아니슨 형사와 크로커 형사는 피해자의 머릿밑에서 검은색과 흰색이 섞인 가방을 발견했지만, 신분증은 없었다. LA 경찰의 잠재지문 전문가들은 그녀의 왼손 손가락에서 지문을 채취할 수 있었지만(오른손은 너무 심하게 부패해 있었다), 지문 대조로 신원을 찾을 수는 없었다.

하지만 그 가방에는 전화번호가 적힌 쪽지가 몇 개 들어 있었다. 아니슨과 크로커에게서 수사를 인수 받은 J. C. 존슨 형사와 라이오넬 로버트 형사는 전화를 걸기 시작해 데브라의 자매인 미쉘 잭슨에게 연락을 취했다. 미쉘은 형사들에게 지난 며칠 동안 데브라와 연락이 닿지 않았다고 말했으며, 데브라의 생김새를 설명했는데, 부검실에 있는 시신과 일치했다.

미쉘은 형사들에게 데브라에게 비아트리스라는 룸메이트가 있었다고 말했지만, 성도, 직장도 알지 못했다. 하지만, 그녀는 비아트리스의 집 주소와 데브라가 일하던 나이트클럽의 이름을 알려주었다.

두 형사는 8월 12일 비아트리스의 아파트에 찾아갔다. 이웃 헨리에타 우드는 일주일쯤 데브라를 보지 못했다고 했다. 비아트리스는 언제나 오전 7시에 집을 나서 오후 5시 30분이면 돌아온다고도 덧붙였다.

· · ·

이튿날 형사들은 데브라와 엘레강트 샤토 나이트클럽에서 함께 일하던 사람들도 만났다. 매니저 마크 롤런드는 데브라가 그 전 주 수요일, 8월 7일 오후 2시쯤 급료를 받으러 나이트클럽에 왔다고 했다. 급료가 늦어져 데브라와 웨이트리스 둘은 바 주위에서 기다렸다. 데브라는 4시쯤 떠났다. 롤런드는 경찰에게 단골손님 로버트 헌터를 만나보라고 했다.

헌터는 8월 6일 화요일, 오후 9시 30분쯤 데브라를 나이트클럽에서 태워다주었다고 했다. 데브라는 집 앞에서 내리지 않겠다고 했다. 그는 데브라가 남자와 함께인 것을 비아트리스에게 보이지 않고 싶은 모양이라고 추측하고 몇 블록 떨어진 곳에 내려주었다. 그는 피게로아가의 79번가였는지, 73번가였는지, 정확히 기억하지 못했다.

그는 차를 태워준 동안 데브라가 비아트리스가 나가라고 해서 아파트를 찾고 있으며, 돈을 좀 빌려달라고 했다고 말했다. 그가 마지막 남은 10달러를 내놓으니 데브라는 사양하면서 곧 현금이 들어올 거라고 했다. 데브라는 궁지에 몰려 겁에 질린 표정이었다고, 그가 말했다.

헌터는 다음 날 오후에도 데브라를 보았다. "아파트는 구했어?" 그가 물었다.

"응." 데브라가 말했다. "나중에 얘기해줄게요." 데브라는 클럽에서 걸어 나갔다. 그 후로 다시는 데브라를 보지 못했다.

• • •

비아트리스는 8월 13일 화요일 4시 45분 귀가한 직후, 2층 창문을 내다보고 로스앤젤레스 경찰 형사들이 자신을 올려다보고 있는 것을 발견했다.

그들을 맞이하던 그녀는 불길한 느낌을 받았다. 경찰은 데브라의 죽음에 대해서는 이야기하지 않고 비아트리스에게 그녀에 대해 물었다. 비아트리스는 두 사람 관계가 돌이킬 수 없는 지경이 되었음을 인정했다. 다툰 이유는 보통 돈 문제와 데브라의 코카인 중독이었다고, 비아트리스는 경찰에게 말했다.

비아트리스는 마지막 통화에서 따로 살기로 했다고도 이야기했다. 형사들의 어투와 행동에서 차츰 염려 대신 비난이 느껴졌다고 비아트리스는 훗날 기억했다. 그들이 더 자세한 사항을 말하라고 밀어붙이자 비아트리스는 불안해졌고 그들이 왜 다그치는지 의아했다. 그녀는 데브라가 곤경에 처한 모양이라고 짐작했다.

그다음에 일어난 일은 예상하지 못했다.

형사 한 명이 봉투에 손을 넣더니 골목길에서 찍은 데브라의 죽은 모습이 담긴 사진을 꺼냈다. 비아트리스는 어안이 벙벙했다.

"죽은 데브라의 사진을 가지고 왔더군요." 비아트리스는 훗날 무표정한 얼굴로 회상했다. "내 표정을 보려고 했던 것 같아요."

사진 속의 데브라는 구타당한 것처럼 보였다. 비아트리스는 그녀가 폭행을 당했는지 물었다. 형사는 그 말을 듣더니 비아트리스를 추궁했다. "경찰은 폭행당했냐는 질문을 왜 했냐고 물었어요." 비아트리스가 말했다. "그렇게 보였으니까요."

형사들은 그녀에게 데브라를 살해했는지 대놓고 물었다. 비아트리스는 그렇지 않다고 했다. 그녀는 데브라에게서 소식이 없기에 걱정이 되기 시작했다고 말했다. 사실, 그녀는 데브라를 찾아서

8월 9일 금요일에 엘레강트 샤토 나이트클럽에 갔고, 이틀 전에 급료를 받아 간 이후로 보지 못했다는 말을 들었다.

형사들은 믿지 않았다. 데브라가 집을 나갈 생각이었다면, 자기 짐을 챙겨 가지 않은 이유가 무엇인가? 비아트리스는 불안한 마음으로 데브라와 헤어지기로 한 것은 전화통화였음을 다시 말했다.

면담이 끝날 무렵, 형사들은 "마치 내가 한 짓이라는 느낌이 들게 만들었다"고 비아트리스는 말했다.

8월 14일 수요일, 존슨 형사와 로버트 형사는 로스앤젤레스 77번가 경찰서에서 데브라의 가장 친한 친구 엘리자베스 앤더슨과 그녀의 남편 리오를 면담했다. 리오는 비아트리스에게 권총이 있다고 형사들에게 말했다. 헌터가 경찰에 진술한 내용과 상충하는 진술을 한 엘리자베스는 형사들에게 데브라가 8월 6일 화요일 이른 저녁 시간에 전화를 걸어 비아트리스가 자신을 아파트에서 내쫓았으니 근처로 와서 차를 좀 태워달라 했다고 말했다. 엘리자베스는 데브라의 오른쪽 눈이 부어서 떠지지 않는 것을 보았다.

데브라는 엘리자베스의 집에서 밤을 보냈다.

이튿날 엘리자베스와 리오는 데브라가 급료를 받도록 직장까지 태워다주었으며, 산페르난도 밸리의 할인 식료품점으로 갔다. 그 수요일 저녁, 데브라는 엘리자베스에게 비아트리스가 짐을 맡겨 둔 이웃 도나의 집에 물건을 가지러 갈 거라고 했다. 그녀는 도나에게 20달러를 빌리기도 해서 돈이 있을 때 갚고 싶다는 말도 했다. 엘리자베스는 데브라가 버스를 타러 길을 걸어가는 것을 보았다. 그것이 마지막이었다.

데브라는 도나의 집에 찾아오지 않았다. 데브라의 얼마 안 되는

지인들이 모두 안절부절못했다. 데브라는 그럴 사람이 아니었기 때문이다.

비아트리스는 추가 면담을 하도록 77번가 서에 들러 달라는 요청을 받았다. 경찰은 그녀가 데브라를 학대했으며 권총을 갖고 있다는 정보가 있다고 했다. 비아트리스는 하얗게 질렸다. 그녀는 꿋꿋이 모두 사실이 아니라고 부인했다.

거짓말 탐지기 조사도 그녀에게 불리하게 작용했다. 거짓말 탐지기 조사 담당자는 존슨 형사와 로버트 형사에게 비아트리스가 데브라의 살인 사건과 관련된 핵심 질문에 "거짓말을 한다는 결론을 내릴 수 있다"고 전했다.

그 결과를 들은 비아트리스는 다시 결백을 주장했다. "그들은 나를 정말 오랫동안, 몹시 괴롭혔죠." 비아트리스가 훗날 회상했다. "체포될까 봐 두려웠어요." 그녀는 데브라 살인 사건의 주요 용의자가 되어 서를 나왔다. 그 후 경찰은 그녀의 지문과 신발 밑창 샘플을 채취하고 자동차를 수색했다.

하지만 비아트리스가 개입되었다는 증거가 부족하고 조사할 살인 사건이 너무 많다 보니 그 사건은 진전이 없었다. 데브라의 가족은 충격에 빠졌다. 어머니 마사는 곧장 로스앤젤레스로 와서 딸의 장례를 치르고 손주들은 매사추세츠로 데리고 갔다. 당시 22세였던 데브라의 또 다른 언니, 타냐 에버릿은 스프링필드에 남아 가족이 집에 타고 올 버스비를 구했다.

이 소식을 저메인에게 최초로 전한 사람은 데브라와 가장 친한 친구였던 엘리자베스 앤더슨이었다. 그녀는 저메인에게 엄마가 구타당하고 총에 맞아 숨졌다고 했다. "애들이 누가 한 짓이냐고 계속 물었지만, 내가 알아야 말이죠." 엘리자베스는 훗날 〈로스앤젤레스 타임즈〉 인터뷰에서 그렇게 말했다.

동생 타냐에게 어머니가 살해되었다는 소식을 전한 것은 저메인이었다. "내가 한 일 중에서 가장 힘든 거였어요." 그가 말했다. "그 애를 위로하려고 최선을 다했어요."

데브라의 장례식은 하이드 파크 영안실에서 있었다. 그 후에 시신을 매장했지만, 데브라의 아이들은 참석할 수 없었다. 저메인은 그 이유를 듣지 못했다.

· · ·

데브라 잭슨이 살해된 지 근 1년 가까이, LA 경찰 로버트 형사와 존슨 형사는 데브라를 살해하는 데 사용된 권총이 다른 범죄 현장이나 체포 중에 나타나기를 바라며 등록되는 25구경 권총을 전부 모니터링했다. 그들은 1년 뒤, 1986년 8월 12일 사우스 센트럴의 다른 골목길에서 시신으로 발견된 또 다른 젊은 흑인 여성을 살해하는 데 같은 권총이 사용되었음을 알게 된다.

그들이 조사하는 살인 사건은 이 25구경 권총 살인만이 아니었다. 사우스사이드 살인마라는 이름이 붙은 연쇄살인범의 사건이 LA 경찰 살인 담당부서를 괴롭히고 있었다. 이 연쇄살인은 데브라와 새로운 희생자의 사건과는 달랐다. 그 살인범의 방식은 여성 피해자들을 칼로 찌르고 목을 조르는 것이었다.

사우스사이드 살인마

존 센 존은 파크 센터의 엘리트 강도-살인 담당팀 팀장이었다. 대부분 흑인으로 이루어진 최소 10명의 매춘부를 칼로 찌르고 목 졸라 죽인 살인 사건을 조사해달라는 요청을 받았을 때 그는 이미 LA 경찰에서 전설적인 존재였다. 이 끔찍한 사건들은 1983년 9월로 거슬러 올라갔다.

센 존 형사는 로스앤젤레스의 고급 주택가 로스펠리스의 그리피스 파크에서 한 남자가 직소 퍼즐처럼 잘린 채 발견된 살인 사건을 해결한 후에 일찌감치 직소 존이라는 별명을 얻었다. 그가 여러 살인 사건을 성공적으로 해결하면서 〈로스앤젤레스 타임즈〉의 앨 마티네즈는 '직소 존'이라는 제목으로 그에 관한 책을 써서 1975년 발표하기도 했다.

센 존은 앞니가 금니이며 술을 엄청나게 마셔대는 괴짜였다. 뚱뚱하고 키가 작은 그는 뒤뚱거리면서 걸었고 회색 페도라를 쓰고 형사다운 트렌치코트를 입고 검은 서류 가방을 들고 다녔다. 그는 금속으로 만든 명함을 건넸다. 그가 맡은 약 1,000건의 사건 중에서 3분의 2를 해결했고 사람을 총으로 쏜 적이 없었다. 그는 사건에 너무 몰입한 나머지 보너스를 코트 주머니에 넣어두고 몇 주째

잊어버린 적도 있을 정도였다.

1985년, 그는 60대 후반이었고 희생자들을 가엾게 여기는 형사로 유명했다. 그가 형사가 된 지 1년 만에 젊은 죄수가 감방 침대에서 떼어낸 쇠막대기로 뒤에서 공격해 그 역시 피해자가 된 적이 있었다. 그때의 공격으로 셴 존은 한쪽 눈의 시력을 잃었다.

셴 존이 당시 조사하던 사망한 매춘부들과 딸기들—마약을 얻기 위해 섹스하는 여인들을 가리키는 은어—은 모두 어두운 웨스턴가와 피게로아가, 코카인 밀거래소와 문 닫은 상점 근처에서 일하던 사람들이었다. 그곳은 예전에는 가난하지만 점잖은 사람들이 주거했고 사람들의 왕래도 많은 거리였다. 하지만 1980년대 마약, 조직 폭력, 실업이 들이닥치면서 술집, 도박장, 싸구려 호텔, 매춘의 중심지가 되었다.

1985년 9월 초, 그 유명한 형사는 사우스사이드 살인마 사건을 해결할 첫 번째 기회를 잡은 것 같았다. 3명의 흑인 매춘부가 별개의 사건으로 폭행을 당한 것이다. 셋 모두 살아남았고 둘은 말도 할 수 있었다. 다른 26세의 피해자는 목이 졸리고 칼에 찔린 뒤 혼수상태였다. 피해자 둘은 경찰에 용의자와 차량의 생김새를 설명할 수 있었다.

피해자 중 한 사람은 가해자가 30세에서 35세이며 콧수염이 나고 근육질의 팔을 가진 중간 정도 체격의 흑인 남성이며 키는 178cm에서 183cm 사이라고 했다. 그는 필라 야구 모자를 쓰고 뒷자리에 유아 시트를 설치한 1984년 혹은 1985년형 뷰익 리걸을 몰았다.

두 번째 피해 여성은 1960년에서 1969년 사이에 판매된 회색 포드 픽업에 탔다고 했다.

1985년 9월 24일 기자 회견에서 LA 경찰은 매춘부 3명을 폭행한 남성이 1983년 9월 이후 매춘부를 칼로 찌르고 목 졸라 죽인 10건의 사건의 범인일 가능성이 높다고 말했다.

죽은 여성 중 7명은 사우스 센트럴에서, 2명은 근처 잉글우드에서, 1명은 인근 가데나에서 발견되었다. 그들은 버려진 공원, 골목길, 학교 운동장에 벌거벗은 채, 혹은 옷을 일부만 입은 채로 유기되었다. 마지막으로 알려진 피해자 게일 피클린의 시신은 데브라 잭슨의 시신이 발견된 지 5일 후인 1985년 8월 15일에 발견되었다.

경찰은 이 사건 발표를 들은 로스앤젤레스 주민들이 신고해주기를 바랐다. 하지만 이 계획은 역효과를 낳았다. 기대와 달리 LA 경찰은 사건을 그렇게 오래 끌다가 발표했다고 비난받았다.

37세의 뉴욕 시 출신 주민 마거릿 프레스코드가 비난에 앞장섰다. 흑인 사회운동가이자 전직 교사였던 그녀는 연쇄살인범이 활동하고 있다는 사실을 경찰이 지역 사회에 알리는 데 그토록 오래 걸린 이유를 따져 물었다.

1985년 10월 2일, 기자회견 8일 후, 프레스코드와 11명의 여성 운동가들이 LA 경찰의 시내 본부 앞에서 시위했다. 그날을 필두로 여러 차례 농성이 있었다. 꽃으로 덮은 으스스한 나무판자 관 옆에 선 프레스코드는 살해된 여성이 대부분 가난하고 마약에 중독된 흑인 여성이기 때문에 경찰이 신경 쓰지 않았다고 비난했다. "우리 지역 사회는 집단과 계층에 따라 선별된 보호를 받는다." 프레스코드가 외쳤다. "이 사건은 한밤의 스토커 사건만큼 주목받지

* 론 해리스, "매춘부 살인
사건에 대한 경찰 대응에 시
위", 〈로스앤젤레스 타임즈〉,
1985년 10월 3일 자.

못하고 있다."*

　　LA 경찰은 그 말에 대응하기를 망설였다. 센 존의 파트너, 프레드 밀러 형사는 〈로스앤젤레스 타임즈〉 기자에게 그 사건에 자신과 센 존을 포함하여 8명의 형사가 배정되었으며 사우스 센트럴보다 훨씬 더 고급 지역에서 일어난 한밤의 스토커 살인 사건만큼 모두 열심히 수사하고 있다고 했다. 밀러는 경찰이 연쇄살인범에 대해서 지역 사회에 더 빨리 알리지 않은 것은 "우선 정보를 확인해야 하기 때문"이라고 설명했다. 생존한 목격자로부터 얻은 인상착의를 모은 지 3주 후에 용의자의 몽타주를 발표했다고 그가 말했다.

　　프레스코드는 시위를 지휘함으로써 LA 경찰과 사이가 나빠졌다. 대릴 게이츠 서장은 프레스코드와 동료들을 "터무니없다"고 하며 거들까지 했다. "그들은 이 건을 담당하는 사람들에 대한 배려가 없습니다." 서장은 〈로스앤젤레스 타임즈〉와의 인터뷰에서 말했다. "저 얼간이들은 수사를 부정적으로 볼 것이 아니라 칭찬해야 합니다. 우리는 인명을 중시합니다. 그들이 어떤 사람인지, 누구인지에는 신경 쓰지 않습니다."

　　언론의 관심과 경찰의 홍보에도 불구하고 매춘부 살인은 계속되었다. 1986년 1월이 되자 사망자 수는 15명에 이르렀다. (이 시기 동안 다른 매춘부 살인 사건도 일어났지만, 형사들은 그들이 같은 연쇄살인범과 연관이 있다고 생각하지 않았다.) LA 경찰은 수사를 확대해 총 19명의 형사를 투입했는데, 당시 사우스사이드 살인마 전담반이라고 부르던 로스앤젤레스 카운티 보안관서의 형사들도 거기 포함되었다.

"조만간 이자를 잡게 될 겁니다." 살인범을 "이자"라고 부르는 센 존이 〈로스앤젤레스 타임즈〉와의 인터뷰에서 말했다. "하지만 언제, 어떻게 잡을지는 모르겠습니다. 가끔은 아주 이상한 방식으로도 잡게 되니까요." 그는 매춘부 살인 사건이 예전에 담당한 다른 연쇄살인 사건과 비슷하다고 했다. "이자들은 모두 여러분이나 제가 나무에서 바나나를 따는 방식으로 사람을 죽입니다." 그가 말했다. "마음이 동하면 언제든지 밖으로 나가 저지르는 겁니다. 성적 만족이든, 뭐든 취하기 위해서죠. 누군가 나서서 막을 때까지 그 짓을 계속할 겁니다."

센 존과 전담반 형사들은 이 사건을 조사하느라 하루 최대 14시간까지 일했다. 낮 동안 센 존은 내무 담당이었던 존 손 부서장과 수사하면서 형사들에게 정보를 전달했다. 하지만 밤이면 그와 그의 파트너는 매춘부들이 생전에 마지막으로 목격되었던 어두운 골목길을 걸어 다녔다. 웨스턴가와 피게로아가에 연쇄살인범이 활동하고 있다는 정보에도 불구하고 여전히 매춘은 성행하고 있었다.

"거리의 여성들에게 일대일로 위험을 알리는 프로그램에 참여했죠." 손이 회고했다. "매일 밖으로 나가서 거리에서 일하는 여성의 신원을 확인하고 그 사건에 대해 아는지 묻고 살인범의 몽타주를 나눠주고 길에서 일하는 것을 막기 위해 최선을 다했습니다. 그들에게 알릴 책임이 있다고 여겼으니까요."

1986년 3월 초, 프레스코드가 새롭게 발족한 '연쇄살인과 싸우는 흑인 연맹'은 사우스사이드 살인마를 잡는 데 도움을 주는 정보에 25,000달러의 보상금을 지불하라고 로스앤젤레스 시의회를 압박했다. 그것은 로스앤젤레스 시의회에서 9월 이후 논의 중이던 10,000달러 보상금의 2배가 넘는 액수였다. 사우스 센트럴 지역을 포함하는 지역구 시의원 로버트 패럴은 톰 브래들리 시장, 게이츠 서장과 함께 기자회견에서 그 발의를 소개했다.

3월 20일 죽은 여성들을 추모하는 촛불 집회에서 프레스코드는 연맹이 FBI의 개입을 요청할 것이라고 발표했다. "이 살인이 비버리힐즈에서 일어났다면, 지금보다 훨씬 더 진척이 있었을 겁니다." 프레스코드가 기자들에게 말했다. "경찰이 해결하기 어렵다면……, 다른 기관을 불러올 때가 되었습니다."

거리에는 여성들이 스너프 영화(실제 살인을 촬영하는 포르노 영화—역자 주)를 제작하는 사람들에 의해 죽임을 당하고 있다는 루머가 떠돌았다. 매춘부 중에는 경찰이 그 살인에 연루되어 있다고 확신하는 이들도 있었다. 그녀들은 모두 길거리 정보에 환하고 위험한 남자를 알아볼 수 있다고 자신했다.

"우린 경찰이 연루되어 있다고 생각했습니다." 프레스코드가 말했다. "그가 경찰이 아니라면, 경찰 중에 뭘 아는 사람이 있었다고 생각했습니다. 많은 사람들이 그렇게 생각했습니다."

프레스코드는 그 살인범이라고 확신하는 남자의 밴으로 끌려들어갔다가 달아난 무명의 여인에게서 이야기를 듣기도 했다. "그녀는 나서고 싶었지만, 정말로 두려웠다고 말했습니다. 숨어서 지내며 보호를 원했습니다. 경찰에 신고하라고 권했더니 '다른 여자들처럼 골목길에서 죽게 될 테니 그러고 싶지 않다'고 했습니다."

프레스코드는 젊은 흑인 여성이 사망할 때마다 지역 주민들이 LA 경찰 대신 도움을 청하는 상대가 되었다. "우리는 학교 운동장이나 골목길에서 시신이 발견되었다고 알리는 전화를 받았고, 그러면 언론에 보도된 것이 있는지 확인했습니다. 우리는 그 과정 속에서 경찰이 알려주는 것보다 실제로 훨씬 더 많은 살인 사건이 있다고 생각하기 시작했습니다." 그녀가 말했다.

데브라 잭슨의 끔찍한 죽음은 그들의 생각이 옳다는 것을 증명하는 것 같았다.

한편, 프레스코드는 이스트 LA의 자택에서 장난 전화를 받기도 하고 한밤중에 전화를 걸었다가 뚝 끊어버리는 일을 겪기도 했다. 프레스코드는 경찰관이 자신을 미행한다고 여겼고, 연맹 회원들이 그녀를 보호하기 위해 함께 지내기 시작했다. 어느 날 밤, 그녀는 인터뷰를 위해 집에 찾아온 뉴스 기자에게 누군가 집 앞에 며칠째 차를 세우고 있다면서 그에게 말을 걸어봐 달라고 부탁했다. 기자가 그 차에 다가가자 차는 떠나버렸다.

프레스코드의 연맹은 LA 경찰로부터 매주 여는 집회를 취소하라는 압박을 받기도 했다. 연맹은 거부했다.

경찰에 대한 프레스코드의 공격은 흑인 사회에서 엇갈린 반응을 얻었다. 교회 신자들은 매춘부들을 지원하기 곤란해 했다. 그들은 살인은 혐오했지만, 매춘부들은 죄인으로 보았고 그런 삶의 방식을 지원하는 것처럼 비춰지는 것을 원하지 않았다. 로스앤젤레스 남부 기독교 지도자 대회의 이사 마크 리들리-토머스는 1986년 10월 〈로스앤젤레스 타임즈〉와의 인터뷰에서 프레스코드의 운동에 대해 질문을 받자 "코멘트하지 않겠습니다"라고 말했다.

하지만 시의원 패럴은 그녀의 인내를 칭찬했다. "그녀는 사우스

LA에서 그 사안을 중대한 것으로 다루도록 해준 사람들 중 하나입니다." 하지만 패럴은 그 연맹이 "살인자에 대한 메시지를 알리고 언론의 관심을 얻는 데 도움을 준 것 이외"에 얼마나 성공적인지는 가늠하기 어렵다고 덧붙였다.

변호사 월터 고든은 훨씬 더 과장하여 칭찬했다. 그는 〈로스앤젤레스 타임즈〉와의 인터뷰에서 프레스코드가 "그 연맹을 혼자 힘으로 세웠습니다. 그녀는 서로 다른 인종의 사람들을 모았고……. 흑인 여성이 나서서 관심을 받을 때마다 논란이 있습니다. 그녀는 카리스마를 지닌 강한 사람이기에 난폭하고 강압적이며 싸움을 좋아한다는 말을 듣습니다. 늘 하던 방식이죠. 그래서 어떻단 말입니까? 그녀가 해낸 일들이 많습니다"라고 말했다.

1986년 7월, 경찰은 사우스 센트럴과 그 인접 지역에서 흑인 매춘부와 연관된 미제 살인 사건이 18건이라고 집계했다. 로스앤젤레스 시장 탐 브래들리는 기자 회견을 열고 일반 시민의 도움이 필요하다고 다시 촉구했다.

패럴 시의원은 "가장 유능한 최고의" 형사들이 이 건에 배정되지 않았다고 암시하며 경찰 대응을 비난한 뒤 기자들에게는 다음과 같은 보도 자료를 제출했다. "사우스 로스앤젤레스와 인접 로스앤젤레스 카운티 지역 주민들 사이에 시와 카운티 자원을 총투입하지 않는다는 인식이 번지고 있습니다. 우리는 이러한 우려와 공포를 완화하기 위해 가능한 모든 조치를 취해야 합니다."

백인이지만 흑인이 대부분인 사우스 센트럴을 대표하는 로스앤젤레스 카운티 케네스 한 감독관은 FBI 국장 윌리엄 H. 웹스터에게 이 사건에 개입해달라는 전보를 보냈다고 언론에 말했다. 한은 그 전보에서 사우스사이드 살인마가 "미국에서 가장 큰 이 카운티의 역사"에 있어서 "기록적인 수의 흑인 여성을 살해하고 있다"고 적었다.

한은 성명서에서 "사우스사이드 살인마의 피해자가 모두 매춘부였지만, 신이 보시기에 그들 모두의 생명은 소중하다"고 했다. "그들은 인간이며, 저명한 시민과 마찬가지로 정부의 전폭적인 보호를 받아야 한다."

"더욱이," 그는 이렇게 적었다. "이 범죄자를 잡지 못하는 기간이 길어질수록 장차 밤에 버스를 기다리거나 거리에서 길을 잃은 무고한 여성이 피해자가 될 가능성도 커진다."

한의 말에 LA 경찰은 분개했다. LA 경찰에서 강도-살인 팀 지휘를 맡아 전담반을 감독한 제리 보바 지구대장은 LA 경찰이나 LA 카운티 보안관에 FBI의 도움이 필요하다는 암시를 일축하면서 이 사건의 처리에 대해 기자들 앞에서 변호했다. 그는 이 사건에 최고의 살인 담당 형사들이 배정되었으며 "그들은 매우, 매우 헌신적으로 일하고 있습니다. 우리가 이미 하고 있는 수사 이외에 FBI가 할 수 있는 일이 있다고 생각하지 않습니다"라고 기자들에게 말했다.

게이츠 서장은 성명서에서 패럴과 한의 말이 "분열을 초래하고, 비생산적이며, 사기를 꺾는 것"이라고 했다.

게이츠는 경찰이 피해자의 인종이나 전과 기록에 따라 조사를 덜 할 것이라고 대중이 생각하는 것에 "심란하다"고 대응했다. "피부색, 혈통, 직업, 혹은 성적 지향이 살인 사건 수사에 대한 우리의 헌신과 노력에 영향을 준 적은 결코 없습니다."

그가 "쉬지 않고" 일한다고 한 담당 수사관들은 "이런 모욕이 아니라" 정치가들의 지지를 받아야 한다는 것이었다.

게이츠는 이렇게 성명서를 끝맺었다. "인간은 누구나 인간이며 사람을 죽인 살인자는 살인자입니다. 그리고 우리는 모든 사건에서 최선을 다합니다."

그럼에도 불구하고, 7월 22일 LA 경찰 관리들은 사우스 센트럴에서 지역 사회 관계를 향상시키고자 로스앤젤레스 남부 기독교 지도자 대회의 마크 리들리-토머스와 만났다.

8월 초에는 패럴 시의원이 경찰을 맹비난하던 태도를 바꿨다. 그는 이제 경찰이 하는 작업에 대해서 더 잘 이해하게 되었다는 내용의 성명서를 제출했다. "최근 기자 회견 때 가장 유능한 수사관들이 이 극악무도한 범죄에 배정되었는지, 경찰의 인력 배치에 의문을 제기하는 지역 사회 인식에 대해 의견을 냈습니다. LA 경찰 부서장 로버트 버논과 그 밖의 경찰관들은 이 사건을 누가 담당하고 있는지 진술하게, 동시에 자신감 있게 알려주었고, 저는 그 내용에 만족합니다······. 이 사건의 빠른 수사 종결을 위해 모든 노력을 경주하고 있음을 확신하는 바입니다."

경찰은 정치가들과 연맹의 공격을 막아내는 가운데, 7월 25일 카노샤 그리핀의 살인 용의자로 28세의 찰스 에드워드 모슬리를 체포했다. 그리핀은 사우스사이드 살인마의 19번째 희생자일 수도 있었다. 경찰이 사우스사이드 살인마가 여러 차례 저지른 범행을 자신에게 모두 뒤집어씌울까 봐 두려워진 모슬리는 LA 경찰의 사우스웨스트 서에 스스로 출두해 22세의 그리핀을 살해했음을 자백하고 정당방어를 주장했다. 하지만 그것뿐이었다. 그는 다

른 사람을 죽이지 않았다.* 그리핀의 시신은 사우
스 센트럴 로크 고등학교 채소밭에서 발견되었다.
목에 자상이 있었다.

* 존 크러스트, "살인마 18번째 살인 가능성", 〈로스앤젤레스 헤럴드 이그제미너〉, 1986년 8월 23일 자.

  사우스사이드 살인마 전담반 형사들은 모슬리
의 말을 믿었다. 167cm에 66kg의 모슬리는 훨씬 키가 크고 체중
도 많이 나가는 사우스사이드 살인마의 몽타주처럼 생기지 않았
다. "아직 수사 중이긴 하지만, 지금까지는 모슬리 씨가 이 전담반
에서 수사 중인 다른 범죄에 개입되었다는 구체적인 정보를 전혀
얻을 수 없었습니다." LA 경찰의 버논 부서장이 8월 12일 기자회
견에서 전했다.

  이 무렵 경찰은 이미 원래의 가설―18명의 매춘부를 살해한 것
은 한 명이라는―이 틀린 것 같다고 의심하기 시작했다.

  사실을 말하자면, 수사에 140만 달러를 쓰고 2,000개 이상의 실
마리를 추적하고도 전담반 형사들은 자신들이 좇고 있는 살인자
가 몇 명인지 알지 못했다. 적어도 4명의 살인자, 혹은 그 이상이
있을 가능성도 있었다. 형사들은 여성 중 몇 명은 정체불명의 남
성이나 포주에게 살인을 당한 것이지, 연쇄살인의 피해자가 아니
라는 가능성도 배제할 수 없었다. 여러 사건이 유사성을 보이기는
했지만, 같은 범인의 소행인지는 확실하지 않았다.

  1986년 여름이 지나는 동안, 시신 수는 늘어났고 사우스사이드
살인마를 추적하던 형사들은 도무지 갈피를 잡을 수 없었다.

  그리고 바로 그때, 전혀 다른 살인 무기 25구경 권총을 쓰는 또
하나의 살인자가 활동했다. 나중에 밝혀지지만, 이 살인자는 이제
막 사우스 센트럴과 LA 경찰을 괴롭히기 시작한 것이었다.

1986년, 헨리에타

헨리에타 "코디" 라이트는 한곳에 오래 머무르지 못했다. 마약을 한다는 이유로 양아버지에게서 쫓겨난 후 몇 주 동안, 그녀는 벼룩이 들끓는 시간제 모텔에서 지내거나, 언니나 친구들의 집을 전전했다. 여동생 테레사가 이따금 집에 몰래 들여보내 줄 뿐이었다.

다섯 아이를 둔 34세의 엄마였던 그녀는 당시 사우스 센트럴에서 살해된 많은 여성들이 그랬듯이 한밤중에 사라졌다. 시신은 35세 생일을 일주일 앞둔 1986년 8월 12일 오전 11시 20분, 웨스트 버넌가 안쪽, 노숙자들이 모여드는 지저분한 골목길에서 발견되었다. 그녀 주위에 쌓여 있던 쓰레기 더미에는 빈 페인트 통 2개, 커다란 갈색 베개, 신문지 등이 있었다.

이번에도 시신은 커다란 매트리스와 초록색 모포로 덮여 있었다. 옆으로 튀어나온 왼팔은 갈색 남자 바지 위에 놓여 있었다. 그녀는 하얀 면 반팔 폴로셔츠와 빨강과 파랑이 섞인 체크무늬 반바지를 입고 검은 벨트를 하고 있었다. 반바지의 지퍼가 내려가 있었고 셔츠는 가슴까지 올라와 있었다. 신발, 속옷, 신분증은 없었다. 남성용 긴팔 셔츠 한 조각이 입을 막고 있었는데, 경찰은 고함치는 것을 막기 위한 것으로 추측했다. 입과 뺨, 오른쪽 귀와 코를 따라서는 혈흔이 있었다.

헨리에타는 근거리에서 25구경 탄환에 맞았다. 혈중에서 코카인과 모르핀, 코데인이 검출되었다. 경찰은 그 골목에서 38구경 총알을 발견했지만, 곧 그녀의 살인과는 무관하다고 판단했다. 다른 시신도 거기 버려졌던 모양이었다.

존 센 존 형사와 사우스사이드 살인마 전담반이 현장에 파견되었다. 하지만 목이 졸리고 칼에 찔린 피해자들에게만 집중하느라 이 사건은 그냥 지나쳤다. 제이 콜린스 형사와 돈 라이치크 형사*는 엘라 메이 홀링워스에게 동생의 죽음을 알리기 위해 사우스사이드 로스앤젤레스 와츠의 디파이언스가에 도착했다. 그들이 다음에 들를 곳은 헨리에타의 동생 테레사와 양아버지 오스카 데일이 사는 이스트 46번가의 집이었다. 헨리에타가 생전에 마지막으로 목격된 곳이었다.

슬픔에 빠진 테레사는 헨리에타가 근처 모텔 2곳, 타운즈 모텔과 샌드 파이퍼 모텔에서 지냈지만 그녀를 마지막으로 본 것은 그날 새벽 2시쯤 방 창문을 통해서였다고 했다. 그들은 이튿날 생일 파티를 하기 위해 만날 계획이었다. 테레사는 창문을 통해 헨리에타가 방금 차를 몰고 온 사람과 이야기 나누는 것을 보았다. 그리고 차가 센트럴가를 향해 달려가는 것을 보았다. 헨리에타는 걸어서 뒤따라가는 것 같았다.

* 롱비치 캘리포니아 주립대학에서 범죄학을 전공한 라이치크는 1974년 LA 경찰이 되었고 훗날 살인 부서를 그만둔 뒤 LA 경찰의 미술품 절도부서를 맡았다. 그는 2000년 배우 니콜라스 케이지의 집에서 일어난 슈퍼맨 만화 액션 코믹스 1호의 초판 절도를 포함해서 수십 건의 범죄를 맡았다. 1938년에 발간되어 백만 달러 이상의 가치가 있는 그 만화는 11년 뒤 서던 캘리포니아의 창고에서 발견되었다. 2009년 라이치크의 파트너이자 당시 49세였던 스테파니 라자루스는 1986년 질투에 휩싸여 전애인의 아내 셰리 리 라스무센을 살해한 것으로 체포되었다. 2012년, 로스앤젤레스 배심원단은 그녀에게 유죄 판결을 내렸고, 그녀는 가석방 자격과 함께 징역 27년에서 종신형을 선고받았다.

테레사는 헨리에타가 길 건너에서 클래런스라는 이웃 노인의 장바구니를 들어다주는 모습을 자주 보았다고 경찰에게 말했다. 가끔 그녀는 그 집에서 하룻밤 신세를 지기도 했다.

테레사와 이야기를 나눈 뒤 형사들은 헨리에타를 보거나 방을 빌려준 사람을 찾아 2곳의 모텔에 들렀다. 하지만 그녀에게 방을 빌려주었다는 사람도, 안다는 사람도 없었다.

· · ·

헨리에타 라이트는 1951년 8월 18일, 미시시피에서 루엘라 맥도널드와 로버트 라이트의 자녀 11명 중 하나로 태어났다. 가족은 그녀가 2세 때 더 나은 삶과 일자리를 찾아 로스앤젤레스로 이주했다. 로버트는 건설 일을 구했고, 루엘라는 로스앤젤레스 서부의 부유한 지역 비버리힐즈와 래더라 하이츠에서 청소부 일을 구했다. 자라면서 아이들은 모두 집안일을 도와야 했다.

가족은 얼마 지나지 않아 흩어졌다. 로버트는 집을 나갔고 루엘라와 아이들은 와츠의 1,000세대가 넘는 공공 주택 단지인 니커슨 가든즈에 자리를 잡았다. 그 주택 단지는 1950년대에 값싸고 안전한 임시 주택을 제공하기 위해 지어졌다. 그곳을 건축한 폴 리비어 윌리엄스는 프랭크 시내트라, 루시 볼, 데시 아르내즈, 론 치니 등 유명인들의 집도 설계했다. 니커슨 가든즈는 훗날 이 도시의 가장 위험한 주택 프로젝트로 꼽히게 되었다.

루엘라는 이후에 오스카 데일과 사귀게 되었고, 그들은 1963년 3월에 딸 테레사를 낳았다. 1966년, 36세였던 루엘라는, 헨리에타의 언니 앨리스의 말을 빌리자면 "애들을 그렇게 많이 낳느라" 자궁경부암으로 사망했다. "수술을 하려고 보니 암이 다 퍼졌어요. 엄마는 거실 침대에서 돌아가셨어요. 암을 고칠 방법이 없었죠." 헨리에타는 겨우 15세였다.

루엘라는 1967년 6월 5일에 태어난 헨리에타의 첫아이, 어빈을 보지 못했다. 헨리에타는 아주머니 한 사람과 함께 살다가 윌리 부시 시니어와 함께 78번가와 사우스 센트럴가의 방 3개짜리 넓은 집으로 이사했다. 얼마 후 1969년 1월 28일 윌리 주니어가 태어났고, 8년 뒤 윌리 시니어의 학대에 그들은 헤어졌다.

다시 혼자가 된 두 아이의 엄마는 독립적인 삶을 시작했다. 회색 도요타 터슬을 사고 로스앤젤레스 연합학교에서 식당 일자리를 구했다. 그녀는 밤에는 멜로디 룸에서 칵테일 웨이트리스로도 일했다. 취미로 당구를 시작해서 주말이면 로스앤젤레스 인근 지역에서 경기에 나가 이따금 트로피를 받아 오기도 했다.

헨리에타는 딸을 가졌다는 사실을 알고 굉장히 기뻤다. 1977년 11월 코미샤가 태어났다. "헨리에타는 코미샤를 애지중지했어요." 헨리에타의 조카 아이린이 말했다. "항상 딸을 원했거든요. 코미샤를 가졌을 때까지만 해도 잘 지냈어요."

헨리에타가 나락으로 떨어지기 시작한 것은 그녀가 그토록 아끼던 78번가와 센트럴가 사이 집에 불이 나면서부터였다. 집과 가재도구가 모두 잿더미로 변했다. 헨리에타와 코미샤는 헨리에타의 자매의 집에 들어가고 아들 어빈과 윌리 주니어는 그들의 아버지와 가족들에게로 갔다.

헨리에타는 마약에 의존하기 시작했고, 곧 자녀가 아닌 마약이 삶의 목표가 되었다.

"그 모습은 충격적이었어요." 아이린이 말했다. "제가 보기에는 쏜살같이 진행됐어요. 멀쩡하던 사람이 순식간에 집도 잃고, 일자리도 잃고, 마약을 하더니 죽은 거예요. 외모도 크게 달라졌어요. 전에는 주유소에만 나가도 남자들이 헨리에타에게 집적거리며 말을 걸었어요. 그때는 모두 참 친하게 지냈죠. 피크닉도 하고 해변에서 함께 놀곤 했어요. 마약을 하면서 그런 것은 다 사라졌어요. 가족은 완전히 망가졌어요."

1980년대 중반, 헨리에타는 사우스 센트럴을 뒤엎어 놓은 코카인 유행의 희생자가 되었다.

"코카인이 유행했을 때, 전 십 대였어요." 아이린이 말했다. "코카인이 일으킨 피해를 주위에서 생생히 볼 수 있었어요. 알고 지내던 사람들이 집과 차를 잃었어요. 여자들은 마약을 하려고 매춘부로 변했어요. 밤늦게 공동묘지에서 일하고 있으면 여자들이 거리에서 차를 세우는 게 보였어요. 반 친구들도 마약에 중독됐어요. 끊을 수 있다고 생각하지만, 절대 못 해요."

이전의 코카인 중독자들이 그랬듯이, 헨리에타는 곧 마약을 구하기 위해 돈을 훔치게 되었다. "정말 좋은 사람이었지만, 나쁜 길로 들어서서 도둑질을 시작했어요." 아이린이 말했다. "남편은 노발대발했죠. 헨리에타가 사과했지만, 남편은 듣지 않았어요."

헨리에타의 삶이 통제 불능으로 변하는 와중에 또 임신하게 되었다. 1982년 1월, 딸 로쉘이 태어났다. 헨리에타가 딸을 두고 병원을 나선 뒤, 언니 엘라 메이가 그 아이의 양육을 맡았다. 1986년 1월에는 루실이 태어났다. 헨리에타는 갓난아이를 예전에 살던 78번가의 집 건너편에 사는 이웃에게 주었다.

. . .

여러모로 헨리에타 라이트에게는 기회가 없었다. 80년대 초, 락이라고도 부르는 코카인은 사우스 센트럴과 미국 전역의 흑인 지역에 넘쳐나고 있었다. 그것은 곧 재앙으로 변했다. 약효는 강렬하고, 짧고, 매우 중독성이 강했으며, 그래서 마약 거래상들에게는 큰돈이 되었다. 앞뒤로 강화 철문을 단 코카인 거래소가 사우스 센트럴의 복잡한 거리에 우후죽순처럼 생겨났고, 약을 찾는 좀비 같은 사람들이 줄줄이 모여들었다. 5년도 안 되어 코카인은 그 사회에 자리를 잡고 범죄 문화를 키워냈다.

그 지역의 대규모 거래업자 가운데, 고등학교 테니스 선수 출신의 프리웨이 릭 로스라는 사람이 있었다. 그곳에서 가장 난폭한 흑인 갱단 단원들이 그의 딜러 노릇을 하면서 큰 수익을 올렸다. 구역을 놓고 벌이는 갱단들의 총격전은 일상이 되었다. 공격용 라이플과 총신을 잘라낸 샷건을 들고 자동차를 몰며 총을 쏘아댔다. 중독자들은 돈을 훔치거나 구걸을 해서 마약을 구했고, 마약 딜러의 자녀들은 몸값을 받으려는 사람들에게 자주 납치되었다. 십 대들은 거리 모퉁이에서 마약을 팔면 하룻밤에 수천 달러를 벌 수 있다는 것을 배웠다. 학교에 다닐 이유가 없다고 여긴 청소년들이 많았다. 코카인에 중독된 마약 딜러들도 희생자가 되었다. 그들 중 많은 이들이 코카인이라고 속여 돌을 팔다가 죽임을 당했다.

로스앤젤레스 경찰은 갱단 퇴치에 수백만 달러를 썼다. 그러나 사우스 센트럴의 흑인들은 경찰이 자신들을 괴롭힐 구실로 갱단과의 전쟁을 이용했다고 여겼다. "로스앤젤레스 흑인들의 눈에 갱단 퇴치란 경찰이 갱단과 관련도 없는 흑인들에게 잔인하게 굴 구실로 보였고, 이런 시각을 뒷받침할 증거도 있다." 폴 로빈슨은 『흑인들의 로스앤젤레스: 미국의 꿈과 인종의 현실』이라는 책의 "흑인 로스앤젤레스의 인종, 공간, 변화" 챕터에서 이렇게 적었다.

코카인 유행은 로스앤젤레스의 유구한 인종 차별 역사와 충돌했다. 1920년, 로스앤젤레스에는 약 15,000명의 흑인이 있었다. 1930년, 그 수는 35,000명으로 늘었다. 그다음, 1940년대 초, 이 도시의 제조업과 국방 산업에서 일자리를 찾아 남부로부터 많은 수가 유입되면서 흑인 인구는 치솟았다. 대부분은 미시시피, 앨러배마, 루이지애나, 테네시 출신이었다.

"1942년에서 1945년 사이, 항공, 철강, 고무, 조선 산업에서 필요한 50만 근로자의 수요에 이끌려, 20만 명의 흑인이 1940년만 해도 흑인 인구가 62,000명에 불과했던 도시를 찾아왔다." 역사가 조 도매닉은 저서 『보호와 봉사: 꿈의 도시에서 벌어진 LA 경찰의 전쟁 1세기』에서 이렇게 기록했다. 미국 대법원이 일부 지역에서 인종 분리를 위한 규제를 실행할 수 없다고 판결한 1940년대 말, 흑인들은 백인 중산층이 주로 살던 사우스 센트럴의 땅을 사들이기 시작했다. 몇 년 내 이 지역은 흑인들이 토지를 소유하는 노동자 주거 지역으로 변했다.

흑인들이 이웃에 들어오는 광경에 분개한 백인 집주인들은 주택에 화염병을 던지고 잔디밭에서 십자가를 불태웠다. LA 경찰 윌리엄 H. 파커 서장은 경찰서를 준군사 부대로 바꾸었다. 몇몇 사람들은 그것이 최선이라고 찬양했다. 하지만 다른 이들은 그 상황을 매우 다르게 보았다.

대부분 백인으로 구성된 경찰은 그곳의 흑인 및 히스패닉 주민들에게 난폭하고 적대적으로 대한다고 점점 더 심한 비판을 받았다. 경찰과 지역 주민 사이에 분쟁이 끊이지 않던 이 시기를 거쳐 1950년대 말 현대적 민권 운동이 시작되면서 한층 더 분열되었다.

1960년대 초, 사우스 센트럴에서는 여러 흑인 갱단이 생겨나고 있었고, 그 지역의 저소득자 주택 단지는 전쟁터가 되어가고 있었다. 사우스 센트럴이 엄청난 실업률을 경험하면서 범죄율도 치솟았다. "사우스 센트럴과 주변 흑인 주거 지역은 분노와 빈곤, 시기, 광기로 상처를 문질러대는 지역이 되었다. 그리고 빌 파커가 이끄는 경찰도 한몫했다." 도매닉이 이렇게 기록했다. "1963년에서 1965년까지 2년 동안, 로스앤젤레스 흑인들이 경찰의 손에 사망하는 일이 끊이지 않았는데, 그중 27명은 등에 총을 맞았다."

1964년 11월, 캘리포니아 투표에서 발의안 14호가 통과되면서 럼포드 페어 주택 법령을 뒤집어서 부동산 소유주의 인종 차별을 종식하기를 요구했다. 1965년 8월 11일, 들끓던 인종 갈등은 왓츠 폭동으로 터졌다.

캘리포니아 고속도로 순찰대가 21세의 흑인 남성 마켓 프라이를 음주운전으로 체포하자, 분노한 흑인 시위대가 거리로 나섰다. 약탈, 폭력이 이어졌고, 폭동 진압은 엿새나 걸렸다. 흑인 25명을 포함한 34명이 사망했고, 1,000명 이상이 부상을 입었다. 체포된 4,000명 가까운 사람들 중 대부분이 흑인이었고, 피해액은 4천만 달러 이상이었다.

왓츠 폭동으로 인해 부유한 중산층 흑인 거주자들은 좀 더 안전한 교외 지역과 더 나은 학교를 찾아 떠나게 되었다. 백인 인구 역시 떠났고, 그 자리를 멕시코와 중남미 이주민들이 채웠다.

이 폭동은 사우스 센트럴의 경제에 심각한 손상을 주었다. 사업체는 문을 닫았고, 실직이 만연했다. 부부가 운영하는 가게 대신 주류 가게와 싸구려 호텔이 들어섰다. 남은 가게 주인들은 창문에 쇠창살을 달았다.

1960년대에서 1970년대로 넘어가면서 길거리에서 총기가 보도만큼이나 흔해졌다. 1980년대 초, 방탄유리는 딱히 특별할 것 없는 일이었다. 사우스 센트럴 전역의 골목길에 버려지는 젊은 흑인여성의 시신도 마찬가지였다.

• • •

1986년 8월 12일 저녁 늦게, 출납원 일을 마치고 돌아온 헨리에타의 조카 아이린은 뉴스를 켰다. 골목길에서 사망한 여인이 발견되었다는 보도였다. 아이린은 별생각 없이 뉴스를 보았다. 폭력가운데 살다 보니 폭력을 보아도 별다른 느낌이 없었다. 어머니엘라 메이가 전화를 해서 헨리에타가 죽었다고 전한 다음에야, 아이린은 뉴스에 나온 희생자가 자신의 이모임을 깨달았다.

형사들은 엘라 메이에게 검시사무소에 가서 시신의 신원을 확인해달라고 했다. 아이린과 헨리에타의 장남, 19세였던 어빈도 함께 갔다.

아이린은 헨리에타가 "마약 때문에 누군가에게 사기를 쳤다가 잡힌 것"이라고 생각하지 않을 수 없었다. 친조부모와 함께 살던 어빈도 어머니의 죽음에 마약이 개입했을 거라고 생각했다. 그가 어릴 때 헨리에타는 아들의 야구 시합에 항상 참석했지만, 고등학교에 들어가던 무렵부터 어머니를 거의 보지 못했다. "엄마가 마약을 한다는 걸 알았어요." 그가 회고했다. "마약 하는 사람들을 날마다 보니까요. 별로 새로운 일도 아니었어요."

헨리에타의 또 다른 아들, 당시 17세였던 윌리 부시 주니어는 그 소식을 들었을 때 아버지와 함께 프레즈노에 살고 있었다.

"할 이야기가 있다." 고등학교 축구 연습을 마치고 집에 돌아오자마자 아버지가 말했다.

"뭔데요?" 윌리가 물었다.

"네 엄마가 살해됐다." 아버지는 아무렇지도 않게 말했다.

윌리 주니어는 정신을 잃고 바닥에 쓰러졌다.

• • •

8월 29일 금요일, 헨리에타 라이트 사건은 뜻밖의 전환을 겪었다. LA 경찰의 과학수사대에서는 라이치크에게 헨리에타의 가슴에서 채취한 탄환이 칵테일 웨이트리스 데브라 잭슨의 살해에 사용된 것과 동일한 25구경 권총에서 발사한 것이라고 통지했다.

2개월 뒤, LA 경찰 마크 아니슨 형사와 게리 로더 형사는 한 여성 정보원과 면담을 하던 중에 그녀가 골목길의 "그 여자"를 수사 중인지 물었다고 콜린스와 라이치크에게 전달했다.

20세의 정보원, 셸리 브라운은 8월에 주유소 강도로 체포되었다. 그녀는 헨리에타가 시신으로 발견되기 하루 전인 8월 11일 저녁, 이름을 모르는 여성과 핑키와 렛 루스라는 두 남성과 함께 사우스 알링턴가의 스탤리언 모텔에 있었다고 했다. 두 남자는 코카인을 사고 연결된 2개의 방을 빌렸다.

브라운은 렛 루스와 이름 모르는 여인이 옆방에서 말다툼하는 소리를 들었다. 그 여자는 방을 나가면서 문을 쾅 닫았다. 브라운과 핑키는 렛 루스가 버넌가 남쪽 골목길에서 서쪽, 2번가 쪽으로 그 여자를 뒤쫓아가는 모습을 창문으로 보았다. 핑키는 방에서 나가 그들을 뒤따랐다. 브라운이 골목길에 도착했을 때, 핑키는 여자의 팔을 뒤로 돌려 붙잡고 렛 루스는 주먹으로 때리고 있었다. 렛 루스는 권총을 꺼내 땅바닥에 쓰러진 여자에게 2발을 쐈다. 그들은 여자의 팬티를 벗겨 입에 물렸다. 둘은 그녀의 시신을 조금 끌고 가더니 매트리스로 덮었다. 다시 모텔로 돌아온 렛 루스는 여자가 자기 성기를 입에 넣으려고 하지 않아서 입에다 팬티를 쑤셔 넣었다고 떠벌렸다.

브라운에게 헨리에타 라이트의 사진을 보여주자 핑키와 렛 루스가 죽인 여자가 맞다고 확인해주었다. 형사들은 핑키가 27세의 데니스 핑크니이고 렛 루스는 19세의 제임스 스펜서임을 확인했다.

브라운의 정보에 의거해 스펜서는 11월 11일 헨리에타 라이트를 살인한 죄로 체포되었다. 핑크니는 이튿날 잡혔다. 경찰은 그의 집을 수색하고 매트리스 밑에서 훔친 보석 몇 점과 훔친 권총 2정을 발견했다. 하지만, 그 총은 25구경이 아니었다.

핑크니는 묵비권을 포기하고 헨리에타의 살해를 알지도 못하고, 거기 가담하지도 않았다고 주장했다.

11월 12일 형사들은 브라운과 다시 면담했다. 그녀는 그 살인 장소를 알고 있었다. 살인자가 피해자의 입에 무언가를 넣은 것은 알고 있었지만, 속옷은 아니었다. 그녀는 또한 헨리에타가 총에 맞은 횟수와 코카인 중독자인 것도 알고 있었다.

이틀 뒤, 11월 14일 로스앤젤레스 카운티 지방 검찰은 핑크니를 살인으로 기소했다. 그는 로스앤젤레스 카운티 교도소에 수감되어 재판을 기다렸다. 지방 검찰 측에서 증거 불충분으로 스펜서에 대한 기소는 거부했다.

하지만 1987년이 되고 열흘이 지났을 때, 익명의 전화가 걸려와 살인 사건을 신고하는데, 그로 인해 25구경 사건 조사는 완전히 뒤집힌다.

1987년, 바바라

그는 자기 이름을 남기지 않았지만, 공중전화로 전화를 걸어 "살인이나 시체, 그런 거"를 신고한다고 말했다.

1987년 1월 10일 토요일, 자정을 19분 지난 시점이었다.

"위치가 어디죠?" LA 경찰 순찰 차량 배치 담당자가 물었다.

"이스트 56번가 1346번지 골목이요." 익명의 신고자가 말했다. "그 여자를 차에서 내려놓은 남자는 하얀색이랑 파란색이 섞인 다지 밴을 몰았어요. 1PSP746이요."

"그를 봤습니까?" 담당자가 물었다.

"보진 못했어요." 신고자가 말했다.

"시간이 얼마나 지났습니까?" 담당자가 물었다.

"30분 전쯤에 있었던 일이에요. 전 좀 떨어진 공중전화에 있었어요. 그가 그 여자를 내던졌어요. 그 위에 가스탱크를 던졌어요. 보이는 건 발뿐이에요."

"성함이 어떻게 됩니까?" 담당자가 물었다.

"아, 이름은 밝히지 않을래요." 신고자는 말하면서 웃는 것 같았다. "아는 사람이 너무 많거든요."

그런 다음 그는 전화를 끊었다.

담당자는 LA 경찰의 뉴턴 경찰서 지휘관에게 캘리포니아 형법에서 사용하는 살인 기호를 써서 "187 추정"이라는 메시지를 곧장 보냈다. 순찰 경찰 로버트 디아즈와 앨런 시겟이 낙서로 가득한 골목길에 도착했을 때는 밤 12시 30분이었다. 그들은 회중전등을 켰지만 처음에는 아무것도 보지 못했다. 도로 나오던 그들은 판지 상자, 비닐봉투, 낙엽, 잡초 아래 감춰진 시신을 발견했다. 피해자는 엎드려 있었고, 머리와 몸 절반은 검은 쓰레기봉투에 들어 있었다. 차에서 떼어낸 가스탱크가 그녀의 다리를 누르고 있는 것은 신고자의 말 그대로였다. 디아즈와 시겟은 범죄 현장을 폐쇄하고 노란 범죄 현장 테이프를 붙였다.

여성은 회색 청바지에 가느다란 분홍색 벨트를 매고 흙이 묻은 흰색 긴팔 카디건을 입고 있었다. 그 아래 입은 상의는 가슴에 KANGOL이라고 적힌 검은색 민소매였는데, 위로 올라와 복부를 드러내고 있었다. 봉투를 치우고 나니 입과 코에 피가 묻었으며 오른쪽 눈이 부어 있는 것이 보였다. 검은 곱슬머리에는 노랑 1개, 핑크 2개, 초록 1개의 플라스틱 헤어컬 4개가 매달려 있었다. 신분증이 없었기에 시신은 제인 도로 등록되었다.

이 무렵 사우스사이드 살인마 전담반에는 LA 경찰과 로스앤젤레스 카운티 보안관을 합쳐 50명의 수사관이 모였고, 형사들은 여성 시신 유기 현장을 모두 조사해야 했다. LA 경찰 전담반의 반장이었던 존 손과 형사들, 뉴턴 경찰서의 살인 담당 형사들이 현장에 도착했다.

경찰은 익명의 신고자가 알려준 차량 번호판을 수배했다. 그 밴은 사우스 노먼디가에 있는 코스모폴리탄 교회가 주소지로 되어 있었다. 펜테코스트파 소속인 그 교회는 F. P. 매튜스의 후견으로 6년 전 문을 열었고, 신도들이 많이 늘었다. 시신이 발견된 날, 그 교회에서는 야간 예배가 있었다. 파란색과 흰색이 섞인 16석짜리 그 밴은 대부분의 신도를 태우고 다니는 셔틀 차량이었다. 6명의 교인은 예정된 대로 교회에서 밤을 보냈다.

수사관들이 밴의 위치를 확인하기 위해 코스모폴리탄 교회로 파견되었을 때, 건물의 불이 켜져 있고 교회 문이 열려 있었으며 사람들이 있었다. 익명의 신고자가 알려준 것과 같은 번호판을 단 1976년형 다지 밴은 주차장에 있었다. 수사관 한 명은 밴의 보닛을 만져보았다. 따뜻했다. 근처 땅바닥에는 초록색 헤어컬 한 개와 피우다 만 담배 필터가 놓여 있었다.

교회 직원 이닐 풀과 교회 비서 마바 로손은 안에서 이야기를 나누고 있다가 뒷문을 두드리는 소리를 듣고 놀랐다. 풀이 창밖을 내다보니 주차장에 LA 경찰 순찰차가 서 있었다.

"오, 이런." 그녀는 무슨 일이 벌어졌는지 두려워 외쳤다.

풀이 꼼짝하지 않자 18세의 아들 드웨인이 일어났다. "문 열지 마." 그녀가 말했다. "내가 할게." 풀이 문을 열자 수사관 둘이 들어왔다.

"살인 사건이 있었습니다." 수사관 한 사람이 말했다. 그는 교회에서 자기로 한 6명의 신도 모두 경찰서에 와서 목격한 내용에 대해 조서를 작성해야 한다고 말했다. 거기에는 로손, 풀, 풀의 아들 드웨인, 십 대 딸 오드리, 교회 직원 이본 카터의 자녀 16세의 쇼니스 카터와 22세의 아서 윌슨이 포함되었다. 그들 모두 살인에 대해서는 아무것도 모른다고 했다.

별도의 면담 동안 형사들은 신도 모두에게 밴에 대해서, 그것을 누가 운전하는지에 대해서 물었다. 형사들은 밴을 주로 운전하는 사람은 폴이며, 그 밖에 다른 사람들도 운전을 한다는 사실을 확인했다. 교회 신도들은 3시간의 예배 동안 기도하고 있었으며, 예배는 11시 30분에 끝났다. 폴은 밴이 그 사이에 움직였는지 알지 못했다.

형사들은 보통 차 열쇠를 어디에 두는지 물었다. 살인범이 밖에서 들어와 열쇠를 훔쳐 갈 수 있는가? 로손은 열쇠가 자기 책상 서랍에 들어 있다고 했다. 폴은 열쇠를 로손의 책상 위에 그냥 올려두었다고 했다. 형사들은 드웨인이나 아서가 그 열쇠를 가져갈 수 있는지 알고 싶었다. 폴이 드웨인은 그럴 수 없다고 했다.

"밴을 운전하는 건 저예요." 그녀가 말했다. "애들은 제가 혼자 다니지 않도록 함께 타고 다니는 거죠."

드웨인과 아서와 면담을 한 뒤, 형사들은 그들의 손에 총기 발사 잔여물이 있는지 검사했다. 아무것도 나오지 않자, 청년들은 풀려났다.

시신이 발견된 골목길의 진흙 바닥에 남은 타이어 자국과 교회 밴 타이어 자국을 비교했는데, 일치하지 않았다. 형사들은 밴에서 혈흔도 검사했지만, 아무것도 나오지 않았다. 그들은 밴 내부에서 지문 3개를 채취했는데, 그중 하나는 앞쪽 조수석 창문에서 나왔다. 나머지 2개는 뒤쪽 조수석 창문에서 나왔다.

이 시점에서 경찰들은 익명의 신고자가 장난을 치는 것인지 의심하기 시작했다. 그가 교회나 교회 신도들에게 복수를 하려는 건 아닐까?

시신이 발견된 골목길에는 불빛이 없었는데, 신고자는 어떻게 차량 번호를 본 것일까? 또, 밴 뒤에 달린 스페어타이어가 번호판을 약간 가리고 있었다. 멀리서 읽기 어려웠을 것이다. 신고자는 밴에서 몇 발자국 떨어진 곳에서나 번호판을 제대로 읽을 수 있었을 것이다.

형사들은 신고자의 음성을 분석했고, 웨스트코스트 지역의 억양을 가진 고등학교 교육을 받은 흑인 남성이라는 결론을 내렸다.

• • •

제인 도의 지문 감식 결과가 그날 오전에 나왔고, 피해자가 바바라 비선 웨어임이 확인되었다. 그녀는 이틀 전 23세가 되었다.

바바라의 아버지 빌리 웨어는 플로렌스가에서 유명한 인물이었다. 캔자스 주 위치타 출신의 전직 해군 장교인 빌리는 웨스트 플로렌스가에 사우스웨스트 가구점을 갖고 있었고 이웃 주민 사이에서 인기가 많았다. 그의 친구들 중에는 가구상 해리 호프먼(배우 더스틴 호프먼의 아버지), 로스앤젤레스 카운티 감독관 케네스 한도 있었다. 가게에서 가구를 고치거나 팔지 않을 때면 빌리는 비버리힐즈의 부동산에 있었으며(유명인들이 항상 그에게 가구를 골라 달라고 청했는데, 배우 레드 팍스도 그중 하나였다) 31년형 플리머스, 56년형 머큐리, 31년형 체비 등을 가진 자동차 수집광이기도 했다.

가족 사이에서 베스라는 애칭으로 불렸던 바바라는, 텍사스 출신의 17세 미인 바바라 화이트가 LA의 친척을 찾아왔을 때 빌리 웨어와 만나서 결혼한 뒤 낳은 둘째 아이였다. 바바라 화이트는 텍사스의 집으로 돌아가 빌리와 함께 살겠다고 알린 뒤 곧바로 돌아왔다. 빌리 주니어가 먼저 태어났다. 바바라는 2년 뒤, 1964년 1월에 태어났다. 하지만 바바라가 마약 중독 치료소에 드나드는 등 소란스러운 몇 년을 보낸 뒤, 부부는 이혼했다.

당시 35세였던 카리스마 넘치는 빌리는 독신으로 오래 지내지 않았다. 1972년 2월, 빌리 주니어가 10세, 바바라가 8세였을 때 그는 33세의 뉴저지 출신이자 12세 아들과 17세 딸을 둔 이혼녀 다이애나 프레데릭과 결혼했다. 한편, 바바라 화이트는 마약을 끊고 약혼했으며 중독 치료 기관에서 카운슬러로 일하고 있었다. 그녀는 빌리 주니어와 바바라를 방 2개짜리 아파트에서 키웠다. 바바라가 12세였을 때, 엄마는 뇌동맥류에 걸려 혼수상태가 되었다가 1주 뒤 사망했고, 이 사건은 바바라의 삶을 영영 바꾸어놓았다.

"엄마가 돌아가시고 바바라는 절망에 빠졌어요." 바바라의 계모 다이애나 프레데릭 웨어가 말했다. "장례식 때는 도저히 위로할 수 없었죠."

바바라와 그녀의 오빠는 빌리 시니어와 다이애나가 살고 있었던 마틴 루터 킹 주니어로 근처 방 3개짜리 집에서 함께 살게 되었다. 바바라는 엄마와 함께 사는 동안 독립적으로 지냈지만, 아버지와 다이애나는 엄격한 가톨릭 방식으로 아이들을 양육했다. 통금이 있었다. 성당은 반드시 가야 했다. 바바라는 반항했다. 집안일도, 숙제도 하지 않았고, 가족과 일요일에 성당에 가지도 않았다. 성적이 떨어졌고, 중학교에서 싸움을 일으키곤 했다. 결국 그녀는 퇴학을 당했다. 다이애나와 빌리는 바바라를 다른 중학교에 입학시켰지만, 곧 다시 싸우다가 쫓겨났다. 그녀는 훗날 다른 중학교를 졸업하기는 했지만, 어머니의 죽음을 극복하지 못한 것이 분명했다. 그녀는 곧잘 우울해졌다. 종종 아버지에게 반항하곤 했다. 한 번은 아버지에게 벨트로 맞은 뒤 경찰에 신고하기도 했다. 집에 찾아온 경찰관들은 빌리에게 체벌로 딸의 행동을 고치지 못한다고 했다. "내 자식, 내 집, 내 규칙이오." 빌리가 말했다.

"저 애를 데려가쇼." 그가 덧붙였다.

"아뇨, 웨어 씨." 한 경찰관이 말했다. "흉터만 남기지 마세요."

다음번에 경찰이 바바라를 상대했을 때는 13세였고, 바바라가 신고한 것이 아니었다. 그녀는 롤러스케이트장에서 여자아이와 싸움을 일으켰고, 경찰관 둘이 나서서 저지할 수 있었다. 경찰은 바바라를 집에 데려다주고서 157cm에 47kg밖에 안 나가는 십 대 아이가 어떻게 그렇게 힘이 센지 모르겠다고 다이애나와 빌리에게 말했다.

"따님이 마약을 합니까?" 경찰관 하나가 물었다.

다이애나와 빌리는 알 수 없었다.

다이애나와 빌리는 바바라와 시간을 더 보내는 것이 도움이 되리라 생각했고, 주치의는 우울증 치료제를 처방해주었다. 약은 잠시 효과가 있었지만, 바바라는 곧 다시 예전으로 돌아갔다.

빌리와 다이애나는 바바라에게 텍사스 휴스턴에서 외할머니와 함께 지내며 고등학교를 다니는 것을 제안했다. 그들은 환경을 바꾸면 도움이 될지 모른다고 생각했다. 다이애나는 사우스 센트럴이 변해가는 모습을 지켜보았다. 마약과 매춘이 성행했고, 갱단과 차량 총격도 마찬가지였다. 그들은 바바라가 위험과 유혹에서 최대한 멀어지는 것이 최선이라고 여겼다. 너무 늦은 것이 아니기만 바랐다.

바바라는 14세 때 텍사스로 갔다. 그곳에서의 생활은 단조롭고 짧았다. 고등학교에 입학한 지 1년도 안 되어, 그녀는 빌리와 다이애나에게 아이 아빠가 누군지는 밝히지 않은 채 임신했다고 말했다. 1981년 1월 2일, 16세의 나이로 바바라는 딸을 낳아 나오미라는 이름을 붙였다. 그 직후 그녀는 부모에게 텍사스가 지겨워 LA로 돌아간다고 했다.

빌리와 다이애나는 아기 나오미가 바바라의 삶에 긍정적인 변화를 주기를 기대했다. 빌리는 딸과 신생아 손녀를 자신이 가구점 뒤에 갖고 있는 건물의 아파트에 살게 하고 학교를 다시 다니라고 격려했다.

바바라는 곧 말썽을 일으켰다. 마약을 시작하고 1982년 9월 15일 절도죄로 체포되었다. 두 달 뒤, 당시 18세였던 바바라는 매춘 시도로 체포되었다.

20대 초, 바바라의 삶은 끊임없이 마약을 구하는 것이었다. 그녀는 아버지와 친구들에게 돈을 얻어내서 마약을 계속했다. 나오미를 키우는 일도 제대로 감당하지 못한 것이 분명했다. 그래서 주말이면 다이애나가 아이를 돌봤다.

바바라는 거리 생활의 익명성을 좋아했고, 펜시클리딘(향정신성 의약품—역자 주)에 적신 담배나 마리화나를 줄곧 피웠다. 하지만 그런 생활에는 큰 위험이 따랐다. 1985년 9월 19일, 그녀는 경찰에 전화해서 아발론로의 아파트에서 10달러를 강도당하고 심하게 맞았다고 신고했다. 그녀는 결국 입원했다.

바바라는 다이애나와 빌리에게는 다른 이야기를 했다. 비행 청소년이 자신을 다른 사람으로 착각했다고 말했다. 빌리와 다이애나는 그 말을 믿지 않았다. 그들은 그녀가 마약 관련 싸움에 휘말린 것이 아닌지 의심했다. 빌리는 딸이 마약 딜러들에게서 돈을 빌리고 갚지 않는 것을 알고 있었다. 한 명이 가구점에 찾아와 빌리에게 바바라가 빚진 150달러를 갚으라고 했다. 딸의 안전을 염려한 빌리는 그에게 그 돈을 줬다.

강도 신고를 하고 이틀 뒤, 바바라는 수면제를 한 줌 먹고 가스 스토브를 켰다. 경찰이 신고를 받았고 바바라는 다시 입원했다. 그녀의 자살 시도로 아동 보호 시설에 연락이 갔다. 당시 4세였던 나오미는 위탁 가정에 맡겨졌다. 바바라에게는 두 가지 선택이 있었다. 중독 치료 시설로 가든지, 딸을 위탁 가정에 내놓든지. 바바라는 치료 시설에 가겠다고 했다.

6개월 뒤, 바바라는 나아진 것 같았다. 간호조무사가 되기 위해 수업을 듣기 시작했다. 저녁때는 바베큐 식당 헝그리 앨에서 웨이트리스로 일하기도 하고, 76번가와 웨스턴가 교차 지점에 있는 모텔로 거처도 옮겼다. 여전히 위탁 가정에 있던 나오미를 자주 찾아갔다. 빌리와 다이애나는 바바라의 생활이 나아지는 것을 보고 기뻐했다.

하지만 이번에도 마약의 위력은 너무 강했다. 바바라는 2개월에 한 번씩 아버지의 가게에 들러 방값을 얻어 가곤 했다. 빌리는 딸이 그 돈을 마약을 사는 데 쓰는 것이 아닌지 의심했다. 그는 가구점에서 함께 일하자고 제안했지만, 바바라는 거절했다. 그는 더 이상 돈을 거저 주지 않겠다고 했다. 바바라의 친척 대부분이 그녀를 마지막으로 본 것은 1986년 12월 31일이었다.

비가 억수처럼 퍼부었지만, 바바라는 기분이 좋았다. 그녀와 이

복동생 트레바 앤더슨은 담배를 사러 나가면서 아이들처럼 키득거렸다.

돌아왔을 때, 바바라는 다이애나와 빌리에게 74번가에서 친구인 남자와 지내고 있다고 했다. 그녀는 그날 아침 위탁 가정에서 나오미를 보았고, 이번에는 제대로 살아보겠다는 의지가 확고한 것 같았다.

하지만 기회는 주어지지 않았다.

바바라와 그녀를 죽인 살인범만이 1987년 1월 10일 토요일에 정확히 무슨 일이 있었는지 알 수 있을 것이다. 하지만 이튿날 부검으로 경찰은 몇 가지 사항을 알게 되었다. 부검의 윌리엄 셰리 박사는 젊은 흑인 여성이 가슴에 25구경 탄환을 맞았다고 결론 내렸다.

빌리는 비통했지만 딸의 살해에 관한 정보를 빠르게 찾기 시작했다. 그는 딸이 마약 딜러에게 빚을 졌다고 생각했다. 그 지역의 마약 딜러들은 그의 가게에서 물건을 샀다. 그는 가구 값을 지불하려고 그들이 차 트렁크에서 돈 가방을 꺼내는 것을 여러 차례 보았다. 그는 그들에게 좋은 값을 제시했고, 그들은 그런 이유에서 그를 존중했다. 이내 바바라가 마약 딜러에게 빚을 진 적은 없다는 사실이 전달되었다. 마약 딜러가 아니라면, 누가 딸을 죽였단 말인가?

바바라의 장례식은 1월 15일 목요일에 치러졌다. 그녀는 잉글우드 파크 묘지에 묻혔고 나오미는 텍사스의 사촌이 입양할 계획이었다. 바바라의 장례가 치러진 날, LA 경찰의 과학수사대는 바바라를 살해한 권총이 데브라 잭슨과 헨리에타 라이트의 살해에도 사용된 것이라는 결론을 내렸다.

• • •

1987년 1월 중순, 사우스사이드 살인마 수사는 진척이 없었고, LA 경찰 내부에는 그 전담반의 인력을 줄인다는 소문이 돌았다.

"이 시점에서 봤을 때, 특정한 한 명의 살인자가 있는 것 같지 않습니다." LA 경찰 전담반 반장 존 손이 〈로스앤젤레스 헤럴드 이그제미너〉와의 인터뷰에서 말했다. 손은 전담반을 평가하고 "대안이 있어야 하는지 결정을 내릴" 계획이었다.

그 부서는 전담반의 시간 외 수당으로 매달 95,000달러를 쓰고 있다고 손은 말했다. "많은 사람들이 투입되었고, 대부분은 다른 일에서 차출한 인력입니다. 굉장히 비용이 많이 드는 일이었습니다."[*] 인원 축소 문제는 1월 말 경찰 위원회 회의에 안건으로 올랐다. 로스앤젤레스 경찰국장 바바라 L. 슐라이와 경찰서장 대릴 게이츠 모두 인력 축소를 부인했다.

*존 크러스트, "사우스사이드 암살자 전담반 축소 가능성", 〈로스앤젤레스 헤럴드 이그제미너〉, 1987년 1월 16일 자.

슐라이는 경찰은 수사에 전념하고 있다고 말했다. 45명의 형사들이 전담반에서 일하고 있으며, 1년 이상 전담반이 4,326개 실마리를 살피며 28,000시간을 추가로 근무했다고 말이다.[*]

*〈로스앤젤레스 타임즈〉, "기존 인력으로 연쇄살인 전담반을 유지하겠다는 약속", 1987년 1월 28일 자.

연쇄살인과 싸우는 흑인 연맹의 창립자 마거릿 프레스코드도 그 회의에 참석했다. 그녀는 지역 사회의 우려를 전달했다. "여성들 가운데 여러분이 신경 쓰지 않는다는, 우리의 생명이 중요하지 않다는 느낌"이 확산되고 있다고 그녀는 말했다.

게이츠는 전담반 인력을 감축할 계획이 없다고 부인했다. "보안관서에 대해서는 논의가 좀 있었지만……, 저는 보안관서를 대변하는 사람이 아닙니다." 〈로스앤젤레스 타임즈〉에 따르면 그는 프레스코드의 비난에 이렇게 대답했다. 사실, 로스앤젤레스 카운티 보안관서에서는 이미 사우스사이드 살인마 전담반 수사관 16명 중에서 8명을 재배치했다.

그리고 형사들은 이제 새로운 살인 사건도 담당해야 했다. 바바라 웨어의 사망 1개월 뒤, 사우스사이드 살인마 전담반은 그녀와 헨리에타 라이트, 데브라 잭슨의 사건도 맡았다. LA 경찰의 리치 해로와 빌 게일리 형사가 수석 수사관을 맡았다.

• • •

빌 게일리는 LA 경찰의 강도-살인 분과의 경험 많은 형사였다. 39세의 파트너 리치 해로는 애리조나 주 고치스 카운티에서 보안관으로 근무하는 숙부를 따라 1969년 LA 경찰에 부임했다. 해로는 군인으로서 파나마로 파병되었고 1년간 웨스트포인트 사관학교에서 헌병 장교로 일한 바 있는 미 육군 장교였다. 그가 LA 경찰에 부임했을 때, 마약반에서 위장 근무를 맡게 되었다.

1984년 초, 결혼해서 딸을 셋 둔 해로는 LA 경찰의 남부 지국 청소년 마약반에서 근무했다. 어느 날 아침 조회 때 상관이 3명의 경찰관에게 LA 경찰의 강도-살인 분과에서 1개월간 근무를 자원하지 않겠냐고 물었다. 해로만 손을 들었다. 특수 전담반에서 살인을 담당하는 형사가 되는 것이 그의 꿈이었다. 그는 전담반에 들어왔고, 그곳에서 계속 근무했다.

해로가 맡은 첫 사건은 경찰이 개입된 것이었다. 한 매춘부가 로스앤젤레스 경찰의 차에 태워져 집으로 가서 강간당했다고 주장했다. 해로는 그 사건에 이용된 차가 경찰차가 아니라 캘리포니아 고속도로 순찰대 차량이었다가 경매에서 팔린 것임을 알게 되었다. 강간범이 경찰인 척한 것이었다. 경찰관은 혐의를 벗었다.

해로는 스키드 로 지역에서 노숙자를 쏜 사건과 한밤의 스토커 살인, 그 밖에 남부 캘리포니아에서 계속 벌어지는 악명 높은 살인 등 연쇄살인 사건도 다루기 시작했다. 해로는 종종 구두에 피를 묻히고 귀가하곤 했다. 집에 들어가기 전에 정원 호스의 물로 구두를 헹궜다.

사우스 센트럴에서 일어난 3건의 25구경 권총 살인 사건 파일을 열어본 해로는 천직을 찾았다고 생각했다.

• • •

바바라 웨어의 살해 직후, 사우스사이드 살인과 연관이 있는 또 다른 살인범이 체포되었다.

32세의 주택 페인트공으로서 앨러배마의 교도소에서 4건의 살인으로 재판을 기다리던 대니얼 리 시버트*가 2년 전 로스앤젤레스에서 살 때 2명의 매춘부를 살해했음을 자백했다.

* 2008년, 시버트는 53세로 췌장암 합병증으로 앨러배마 교도소에서 사망했다. 그는 살인 재판을 받으러 LA에 오지 않았다.

로스앤젤레스 카운티 보안관 셔먼 블락은 시버트가 앨러배마에서 사형을 받을 것이므로 2건의 살인 때문에 LA에 재판을 받으러 오지 않을 것이라고 추측했다. 블락은 시버트가 사우스사이드 살인마 전담반이 조사 중인 다른 살인을 저질렀을 것이라고 생각하지도 않았다. "그는 다른 살인은 인정하지 않았는데, 사실 인정하지 않을 이유가 없었습니다." 〈로스앤젤레스 타임즈〉에 따르면, 블락은 1987년 3월 말에 이렇게 말했다.

한편, 1987년 3월 29일, 경찰 정보원 셸리 브라운이 주요 증인으로 등록된 사전 심리에서 데니스 핑크니는 헨리에타 라이트의 살해로 재판을 받으라는 명령을 받았다. 1개월 뒤, 또 다른 사우스 센트럴의 여성이 25구경 권총에 맞아 살해된 채 발견되었다.

1987년, 버니타

리고베르토 아파리치오와 후스타보 파디야는 1987년 4월 16일 목요일, 직장 체이스 가전제품 상점 뒤의 주차장을 가로지르다가 끔찍한 것을 발견했다. 작은 골목 안쪽에서 아파리치오는 낙서가 가득한 파란 쓰레기통과 4m쯤 떨어진 곳 땅바닥에서 하얀 티셔츠를 보았다. 헤인즈라는 브랜드의 남성용 라지 사이즈의 뒤집힌 티셔츠를 집어 들었을 때, 그는 셔츠의 목 부분이 죽 찢어져 있고, 가슴에는 피로 젖은 구멍이 나 있는 것을 보았다. 자신이 무엇을 들고 있는 것인지 깨달은 아파리치오는 셔츠를 내던지고 쓰레기통 안을 들여다보았다. 비닐 쓰레기봉투 더미 위로 회색 양말을 신은 발 하나가 튀어나와 있었다. 두 사람은 가게로 달려가 경찰에 신고했다.

LA 경찰의 77분과 형사 돈 라이치크와 J. C. 존슨이 40분 뒤 도착했다. 바바라 웨어의 사건과 마찬가지로, 유기된 이 여성 시신도 쓰레기와 폐기물에 덮여 있었다. 아파리치오가 쓰레기통을 들여다보지 않았다면, 시신은 매립지에 파묻히고 여성은 영영 행방불명이 되었을 가능성이 높았다.

LA 경찰 범죄담당자가 현장에 도착해 쓰레기와 목재 조각을 옆으로 치웠다. 누군가 흑인 여성의 시신을 쓰레기통에 거꾸로 던진 것 같았다. 리바이스 청바지와 검은 셔츠를 입은 여성의 왼쪽 측면이 더러운 회색 담요로 덮여 있었다. 발에는 검은 테니스화 한 짝이 신겨져 있었다.

얼굴 전체에 피가 묻어 있었고, 코와 입에서도 피가 조금 흘러나와 있었다. 오른쪽 귓불에는 작은 하트 모양의 노란 금속 귀고리가 매달려 있었다. 청바지의 단추가 열려 있었고, 바지 왼쪽 앞주머니가 뒤집혀 있어서 살인범이 살해 후 바지를 입힌 것으로 보였다. 셔츠에도 단추 서너 개가 열려 있어서 가슴과 총상이 드러나 있었다. 등허리에는 손자국이 나 있는 것 같았다. 목 오른쪽 측면에 묶인 자국이 있었다. 속옷은 입고 있지 않았다. 셔츠에 화약 흔적이 있어서 형사들은 근거리에서 총을 쏜 것임을 알 수 있었다. 현장에서 탄피는 발견되지 않았다.

형사들은 그녀의 오른손에서 "엄마"라는 문신을 발견했다. 오른팔에는 "프레드"와 "니니"라는 문신이 있었다.

시신은 불법 마약 거래로 유명한, 웨스트사이드 90번가 갱스터 담당구역에 버려졌다. 체이스 가전제품의 뒤쪽 벽뿐만 아니라, 골목길의 쓰레기통에도 갱 표지가 잔뜩 그려져 있었다. 라이벌 갱단인 롤링 식스티즈 크립스가 웨스트사이드 90번가 갱스터의 낙서 위에 표지를 그려둔 것을 보니 구역 전쟁이 진행 중임을 알 수 있었다.

아파리치오는 전날 오후 5시 45분 가게 문을 닫을 때는 쓰레기통이 비어 있었지만, 잠그지 않은 쓰레기통에 이웃이 쓰레기를 버리는 일은 흔하다고 형사들에게 말했다.

현장에 나 있는 비교적 새로운 타이어 자국을 보면 차량 한 대가 웨스턴가 쪽에서 동쪽으로 진입해 아파리치오가 발견한 티셔츠 옆에서 브레이크를 밟고 호를 그리며 남쪽으로 방향을 돌린 것을 알 수 있었다. 자국에 따르면 차량은 골목길로 도로 들어가 남쪽으로 갔다. 타이어 자국과 쓰레기통 주위의 발자국 사진을 찍었다. 쓰레기통 표면에서 지문을 찾기 위해 감식반이 투입되었다.

부검실에서는 도착한 시신에 제인 도 #25라는 명찰을 붙였다. LA 경찰은 지문은 찾지 못했지만, LA 카운티 88개 도시를 담당하는 보안관서 관할 지문 및 과학수사팀 규모는 더 컸기 때문에 사망한 여성이 26세의 버니타 로쉘 스팍스임을 확인할 수 있었다. 그녀는 1983년, 증거 조작과 약물 소지 등, 2건의 경범죄로 체포된 적이 있었다.

웨스턴가로 돌아온 형사들은 탐문 조사로 목격자를 찾았다. 그 골목 맞은편의 2층 건물에 사는 로사 해리스는 4월 16일 여자 비명소리에 일찍 잠에서 깼다고 했다. 그녀는 침대에서 일어나 창문을 내다보았더니 굵은 곱슬머리에 노란 셔츠, 옅은 색의 바지를 입은 마른 체격의 흑인 남자가 그 골목길에서 나가는 것이 보였다고 했다. 그녀는 그가 165cm 정도의 키에 체중은 63kg 정도일 거라고 짐작했다.

LA 경찰의 라이치크와 존슨은 버니타의 어머니 이바 비어드에게 딸의 사망을 알리는 일을 맡았다. 테네시주 멤피스 출신의 이혼한 간호사인 비어드는 여동생 유니스, 유니스의 아들, 자신의 두 아들과 버니타와 함께 69번가 근처에서 살았다.

이바는 시신이 발견되기 전날 밤, 4월 15일 수요일 오후 10시

30분쯤 버니타를 보았다고 했다. 이바와 유니스가 잠자리에 들 때 버니타는 거실에서 음악을 듣고 있었다. 버니타는 어머니에게 잘 자라는 인사를 하고 반 블록 떨어진 주류상점에 다녀오겠다고 했다. 이바가 이튿날 아침 일어나 보니 문이 잠기지 않은 채였다.

형사들이 이바에게 딸을 해칠 만한 사람을 아는지 묻자 이바는 단호하게 말했다. "아뇨. 버니타는 착한 아이였어요."

버니타에게는 고등학교 때 만났고, 계속 사귀던 남자친구 프레드가 있었다. 그녀는 얼마 전 92번가 초등학교에서 아이들에게 점심 식사를 준비해주는 학교 위원으로 채용된 상태였다. 그다음 월요일이 첫 출근 날이었다.

형사들이 돌아간 뒤 이바 비어드는 방으로 들어가 조용히 문을 닫았다. 버니타의 네 살 많은 오빠 앨빈은 밖으로 나가 주먹으로 나무를 쳤다.

• • •

부검 중 부검의 어원 골든은 버니타의 가슴 한복판에서 25구경 탄환을 꺼냈다. 그녀는 머리에 서너 차례 타격을 입었고, 눈에서 점상 출혈이 보였는데, 그것은 목이 졸렸다는 증거이므로 교살당한 것으로 추측되었다. 겨드랑이에는 작은 점점의 흔적이 보였으므로, 누군가 겨드랑이를 잡고 끌고 간 것으로 추측되었다. 코카인과 알코올에 양성 반응이 나왔다.

LA 경찰의 과학수사팀은 탄환이 이전의 25구경 살인 사건과 일치함을 확인했다.

존 센 존 형사는 사우스사이드 암살자 전담반의 해로 형사와 게

일리 형사에게 동일한 25구경 권총으로 최소한 4번째에 해당하는 살인이 일어났음을 알렸다. 이제 그 사건에서 손을 뗀 라이치크와 존슨은 해로와 게일리에게 4월 16일 새벽 흑인 여성과 3명의 흑인 남성 사이의 실랑이를 체이스 가전제품 근처에서 목격한 제인 콜이라는 여성에 대해서 브리핑했다. 그녀는 그중 한 명이 이웃에 사는 보딘이라는 남자임을 알아보았다. 두 남자가 보딘의 명령에 따라 그 여자를 센추리로에서 호버트로로 끌고 갔다. 콜은 여성이 낯익었지만, 이름은 기억나지 않는다고 했다. 경찰은 그 여성이 버니타라고 믿었다.

콜은 보딘이 웨스턴가의 저소득층 소형 주택 단지 헛츠에서 살고 쉐보레 블레이저와 흰색 벤츠를 타고 다닌다고 했다.

로스앤젤레스 카운티 보안관서의 갱단 목록에 따르면 보딘은 26세의 도널드 레이 버딘이었다. 그는 사우스 센트럴의 거물 코카인 딜러를 상대하는 중개인으로 일하며 15세부터 전과 기록이 있었다. 2건의 중범죄에 대한 체포 영장이 나와 있었다.

형사들은 함정 수사를 시작했고, 비밀 마약 담당 경찰관 하워드 어빈은 검은색 철문으로 닫혀 있는 버딘의 집에 찾아가 코카인을 사려는 척했다. 그는 300달러어치를 찾았다. 파란 재킷에 하얀 오클랜드 레이더스 티셔츠, 블랙 진을 입은 어빈은 버딘이 거실의 유리 테이블에 저울을 올려놓고 재킷 주머니에서 꺼낸 비닐봉투에서 8개 정도의 덩어리를 꺼내 무게를 재는 것을 보았다. 어빈은 버딘에게 캘리포니아 페리스에서 마약을 파는 일을 시작할 생각이며, 코카인 품질을 우선 시험해보기 위해 사는 것이라고 했다. 그들이 이야기하는 동안, 어빈은 버딘의 벨트 왼쪽에서 소구경 권총 끝이 튀어나와 있는 것을 보았다.

일주일 뒤인 5월 5일, 그 집에 대한 수색 영장이 나왔다. 이번에는 도청 장치를 가진 어빈이 오후 7시쯤 도착했고, 400달러어치의 코카인을 샀다. 30분 뒤 버딘은 87번가와 웨스턴가 사이에서 1975년형 링컨 컨티넨털에서 내려 구류되었다.

그 무렵 특별기동대는 버딘의 중무장된 집으로 투입되었다. 수색 중 형사들은 6.1g의 코카인, 7.6g의 마리화나, 유리 테이블 위에서 액상 펜시클리딘으로 채워진 113g짜리 웰치스 포도주스 병을 발견했다. 남동쪽 침실에서 경찰은 25구경 권총과 25구경 탄환 44개를 발견했다. 권총과 탄환은 호러 영화 〈그것은 살아 있다〉의 비디오 상자에 감추어져 있었다.

그러나 그 권총은 버니타, 바바라, 데브라, 헨리에타를 살해한 데 쓴 25구경 권총이 아니었다. 버딘의 흰색 벤츠와 갈색 블레이저를 압수했지만, 양쪽 모두 혈흔은 발견되지 않았다.

5월 5일 체포 이후 버딘은 묵비권을 포기하고 형사들과 이야기를 하기로 했다. 그는 살해 피해자를 알지도, 그들의 살해에 연루되지도 않았다고 했다.

버딘을 지목한 목격자 콜은 6명의 사람들 중에서 그가 누구인지 알아보지 못했다. 버딘은 25구경 살인의 용의 선상에서 벗어나지 못했지만, 그를 구속할 증거는 충분하지 않았다.

그는 불법 약물의 소지 및 판매와 중죄인의 무기 소지의 죄목으로 보석금 100만 달러를 제시받았다.

버딘은 마약 기소에 유죄를 인정하고 9월 11일 4년형을 선고받았다.

...

1987년 7월 6일, 경찰 정보원 쉘리 브라운은 게일리에게 데니스 "핑키" 핑크니와 제임스 "렛 루스" 스펜서가 헨리에타 라이트의 살해에 연루된 것에 대해 거짓말을 했다고 말했다. 그녀는 자신의 남자친구 지미 루이스가 헨리에타의 진짜 살인범이라고 경찰에 말했다. 거짓말을 한 것은 렛 루스와 핑키를 지목하지 않으면 자신과 아이들, 부모까지 죽이겠다고 루이스가 협박했기 때문이라고 했다.

브라운은 루이스가 라이트의 가슴에 소구경 권총으로 2번 쏘고 골목길로 끌고 가서 입에 천조각을 물리고 매트리스로 덮는 것을 보았다고 했다.

브라운의 정보와 버니타 스팍스의 살해 전 94번가와 웨스턴가 지역에서 버딘과 루이스가 함께 목격되었다는 점을 근거로, 해로와 게일리는 7월 11일 루이스에게 감시 팀을 붙였다. 거리를 잘 아는 루이스는 곧바로 감시 팀을 알아차렸고, 경찰은 그를 파커 센터로 소환해서 심문했다. 루이스는 변호사를 선임할 권리를 포기하고 형사들에게 25구경 권총 살인과 무관하다고 말했다.

그가 심문받는 동안 그의 친척과 원룸 아파트를 포함하여 자주 다니는 집들을 수색했다. 수색 중에 경찰은 3~4정의 샷건과 권총 2정을 발견했다. 45구경 권총은 캘리포니아 애플 밸리에서 도난당한 물건이었고 357구경 매그넘은 텍사스 텍사카나의 사냥용품점에서 훔친 것이었다.

루이스는 알리바이가 있다고 주장했다. 그는 거짓말탐지기 조사에서 단호한 태도를 보여 무죄로 드러났지만, 거짓말탐지기 조사관은 루이스가 25구경 권총을 소지하고 있는지 여부 등 몇 가지 핵심적인 질문에서 거짓말을 하는 것 같다고 형사들에게 알렸다.

두려워진 루이스는 25구경을 갖고 있다고 시인했다. 약 한 달 전쯤, 그의 친구가 중절도죄로 체포되었을 때 캘리포니아 고속도로 순찰대가 그 권총을 압수했다는 것이다.

형사들은 캘리포니아 순찰대에 연락을 취했고, 해당 권총은 탄도 검사를 위해 LA 경찰서로 넘겨졌다. 그 권총은 7월 14일 테스트를 받았다.

테스트 결과 그것은 25구경 권총 희생자에게서 나온 탄환과 일치하지 않았다.

하루 전, 7월 13일 핑크니의 사건은 로스앤젤레스 지방 검찰에 의해 기각되었고, 그는 석방되었다.

"쉘리 브라운이 예심에서 위증죄를 저질렀을 뿐만 아니라, 이전에도 앞뒤가 안 맞는 진술을 했던 것에 미루어, 그녀의 증언을 전혀 믿을 수 없는 것으로 보였다. 또한, 그것을 배심원단에 제시할 수도 없었다." 데니스 E. 페리스 지방 검사보가 7월 27일 상사에게 보내는 문서에 이렇게 적었다.

핑크니의 사건이 기각된 다음 날, 지미 루이스는 도난 물품을 받은 죄로 기소되었다. 루이스와 버딘과 연루된 총기들은 찾고 있던 25구경 권총과 일치하지 않았지만, 형사들은 여전히 그 둘이 살인 사건과 연관이 있다고 믿었다. 하지만 그들의 생각은 착각이었음이 밝혀졌다.

· · ·

이 시점에서 사우스사이드 살인마 전담반은 가능한 모든 방향으로 수사의 그물을 던지고 있었다. 교살 사건 현장에서 사람들 가운데서 어슬렁거리는, 매우 수상해 보이는 사람까지 조사 대상이 되기도 했다. 버니타 스팍스의 살해로부터 6주 뒤, 1987년 5월 29일 왓츠 그란디가의 공터에서 26세의 흑인 여성 캐롤린 바니의 시신이 발견되었다. 형사들은 31세의 실업 중인 건설 근로자 루이스 크레인이 현장에서 그들의 행동을 하나하나 지켜보는 것을 알아차렸다.

그들은 그를 소환해서 여러 시간 동안 압박 심문을 했고, 크레인은 바니의 살인을 시인했으며 이후 로레타 페리와 비비안 콜린스로 확인된 2명의 매춘부도 살인했음을 인정했다. 두 여성 모두 교살되었다.

훗날 변호사의 주장에 따르면 IQ가 평균 이하인 크레인은 스테이션웨건을 타고 거리에서 바니를 태웠다고 했다. 그는 부모의 집이 있는 거리에 차를 세우고 오럴 섹스를 했다. 크레인은 그다음에는 항문 섹스를 했으며, 바니는 거기 대해 추가 요금을 요구해서 싸움이 벌어졌다고 경찰에 말했다. 그는 그녀의 목을 팔뚝으로 15분쯤 누르고 있었으며 "그 여자가 잠든 줄 알았다"고 했다. 그는 부모의 집으로 들어가 낮잠을 잤다. 이튿날, 근처의 공터에 그녀의 시신을 버렸다.

크레인은 형사들에게 자신과 동생 로저가 비비안 콜린스에게 돈을 주고 빈 집으로 데려갔다고 했다. 크레인은 동생이 콜린스와 섹스를 하는 동안 목을 조르기 시작했다고 말했다. 그다음 두 사람은 차례를 바꿔 크레인이 목을 조르고 로저가 섹스를 했다. 로레타 페리도 같은 일을 겪었다.* 이후 재판 때 크레인은 말을 바꿨다.

* 로버트 W. 윌코스와 조지 레이머스, "2건의 사우스사이드 살해 사건", 〈로스앤젤레스 타임즈〉, 1988년 1월 16일 자.

로저 크레인은 살인 사건과 아무런 관계가 없다고 했으며 기소되지 않았다.

1988년 1월 15일, 루이스 크레인이 구금 중일 때 지방 검찰은 쉴라 버리스와 게일 피클린의 살인에 대해서도 그를 기소했다. 버리스의 시신은 1984년, 하반신이 벗겨진 채 골목길에서 발견되었다. 그녀도 교살되었다. 피클린은 1985년 8월 15일 골목길에서 교살된 채 발견되었다.

첫 재판은 미결정 심리로 끝났지만, 루이스 크레인은 1989년 4월 로레타 페리, 게일 피클린, 비비안 콜린스, 캐롤린 바니의 교살로 유죄 판결을 받았으며 산 퀜틴 가스실 사형을 선고받았다. 피해자들을 성폭행한 것으로도 유죄 판결을 받은 크레인은 쉴라 버리스 살해에 대해서는 무죄를 선고받았다.

선고 7개월 후, 크레인은 캘리포니아 산 라파엘의 병원에서 에이즈로 사망했다.

1987년, 메리

유진 "지노" 킹은 결혼해서 살 부류의 사람이 아니었다. 그래서 1977년 여름, 4개월 동안 사귄 쿠바 여인이 가톨릭 신자가 되어 결혼해달라고 하자, 이만 헤어질 때가 됐다고 판단했다. 게다가, 지노는 오랫동안 사귄 애인 제리와 관계를 망치고 싶지 않았다.

지노가 헤어짐에 대해 상심하며 할리우드의 웨스턴가 주류가게의 럼주 진열대 앞에 서 있을 때, 예쁘장한 흑인 여성과 그녀의 백인 친구가 나란히 지나갔다.

"안녕하세요, 부탁 좀 들어줄래요?" 백인 여성이 주디라고 자기소개를 하면서 말했다. "아직 스무 살이라서 술을 살 수가 없거든요. 돈을 드리면 한 병만 대신 사줄래요?"

자기 연민에 빠져 있던 지노는 기회를 포착했다. "우리 집에 와서 파티를 함께 하면 어때?" 그가 제안했다. "술은 내가 살 테니."

"우린 공항에 가야 해요." 주디가 말했다. "샌프란시스코로 가거든요."

"공항까지는 태워다주지." 그가 말했다.

여자들은 좋다고 했고, 지노는 블랙 럼 한 병과 콜라 여섯 캔을 샀다. 그들은 그의 그렘린에 올라타고 1.5km쯤 떨어진 웨스트 할리우드 크레센트 하이츠로에 있는 그의 아파트로 갔다.

술을 두어 잔쯤 마시자 흑인 여자는 마음이 놓였는지, 자기 이름이 브렌다이며 만화 캐릭터 브렌다 스타의 이름을 따서 지은 것이라고 말했다. 그녀 역시 만화를 굉장히 좋아했다. 특히 플래시 고든과 고아 소녀 애니의 팬이었다.

젊은 여인 둘과 파티를 하다 보니 지노는 우쭐해졌다. 50세가 되어가는 남자 치고 젊은 여자들을 마다할 사람이 누가 있겠는가? 지노가 약속대로 공항에 데려주기 전, 그들은 햄버거를 먹으러 나갔다. 그는 그들을 다시 보지 못할 줄 알았다.

하지만 나흘 뒤 지노는 브렌다가 아파트에 찾아온 것을 보고 반갑기도 하고 놀라기도 했다. 그녀는 주디가 포주를 소개하자 샌프란시스코에서 황급히 돌아왔다. "그년이 나를 거리에다 내보내려고 했어요." 브렌다가 불평했다. "그 자식도 마음에 안 들었고, 어쨌든 포주는 필요 없어요." 그녀는 지노에게 로스앤젤레스까지 버스를 타고 왔다고 했지만, 지노는 히치하이킹을 했을 거라고 짐작했다. 브렌다는 우선 화를 삭이고 난 뒤 샌프란시스코까지 비행기를 타고 가면서 구토봉투를 2개나 썼다고 웃어대면서 다시는 비행기 타기 전에 술을 마시지 않겠다고 맹세하기도 했다.

지노는 브렌다의 태도가 마음에 들었다. 그녀는 가족이나 꿈에 대해서는 별로 말이 없었다. 지노가 아는 것이라고는 그녀가 LA 사람이며 그날을 즐기며 산다는 것뿐이었다. 그리고 지노도 그 점이 좋았다. 단순할수록 더 좋은 법이니까.

브렌다는 날씬하고 근사하고 예쁜 20세였다(적어도 그에게 말한 나이는 그랬다. 실제로는 16세였다). 가벼운 여름 드레스와 하이힐을 좋아했다. 어깨까지 닿는 검은 머리는 언제나 완벽하게 다듬어져 있었고, 머리를 펴거나 땋는 데 쓰는 돈은 아끼지 않았다.

브렌다는 지노와 이틀 밤을 지냈다. 사흘째 아침, 그가 일어나보니 브렌다는 사라지고 없었다. 하지만 곧 돌아왔고, 두 사람은 연인 사이가 되었다. 브렌다는 2, 3주에 한 번씩 지노의 집에 나타났다. 일주일을 지내기도 했고, 하룻밤만 지내기도 했다. 브렌다는 자유로운 영혼이었다. 원하는 대로 살았다. 지노는 그녀가 매춘을 하는 게 아닐까 의심했지만, 그 이야기는 하지 않았다. 지노의 지하 아파트는 브렌다에게는 일종의 성지가 되었다. 그는 그녀를 보호해주고 싶었기에 거기서 묵게 했다.

둘의 특이한 관계는 10년 동안 계속되었다. 지노가 사준 램블러의 브레이크가 고장 나서 다른 차를 들이받은 날, 브렌다의 비밀한 가지가 밝혀졌다. 지노는 상대 차량의 운전자와 현금 지불을 협의하던 중에 브렌다의 진짜 이름이 메리 로우라는 것을 알게 되었다.

그 직후 메리는 라스베이거스로 갔다. 지노에게 여행 목적은 말하지 않았지만, 며칠 뒤 돌아왔을 때는 현금을 잔뜩 가진 채였다. 지노는 그녀를 데리고 이스트 로스앤젤레스로 갔고, 그녀는 구두 쇼핑에 400달러를 썼다. 그녀가 구두를 어찌나 많이 샀는지 지노는 구두가 자동차 트렁크에 다 들어가지 않겠다고 생각했다.

그다음, 메리 로우는 아무 말도 없이 찾아오지 않았다. 지노는 그녀를 더 이상 만나지 못할 거라고 여겼다. 한마디 말도 없이 1년이 지나더니, 어느 날 그의 전화가 울렸다. "와서 나 좀 데려갈 래요?" 그녀가 이렇게 묻더니 경고를 덧붙였다. "날 못 알아볼 거예요."

1시간 뒤 지노는 센트리로와 웨스턴가 모퉁이에 차를 세웠다. 몸집 좋은 여성이 그의 이름을 부르면서 길 건너로 오라고 손을 흔들었다. 지노는 눈을 믿을 수가 없었다. 마지막으로 보았을 때 45kg도 안 될 만큼 가냘프던 메리가 157cm 키에 90kg 이상이 나가는 체격이 되어 있었던 것이다. 그녀는 할머니랑 살기 위해 남부로 갔었다고 했다. 2년쯤 지난 뒤, 그는 진실을 알게 되었다. 메리가 술에 취했을 때, 그동안 로스앤젤레스 카운티의 여성 교도소 시빌 브랜드에서 복역했다는 말을 해버린 것이다. "시빌에서 살찐 것처럼 뚱뚱해지고 싶지 않아." 그는 그녀가 한 말을 기억했다.

그들은 다시 예전의 관계로 돌아갔다. 메리는 3주 정도마다 한 번씩 지노의 집에 찾아오기 시작했다. 지노는 대부분 그녀의 방문이 반가웠다. 어느 날 아침, 지노가 연인 산드라와 침대에 있을 때 메리가 문을 두드렸다. 오전 6시였는데, 메리는 술에 취해 있었다. 드레스를 입고 있었지만, 구두도 신지 않고 속옷도 입지 않은 상태였다.

"비버리힐즈에서 파티를 했어요." 그녀가 지노에게 말했다. 그가 들어오라고 하자, 메리는 드레스 소매를 걷더니 50달러와 20달러 지폐 뭉치를 꺼냈다. "이것 좀 맡아줘요." 그녀가 말했다. "잠 좀 자야 되겠어요." 지노는 금고에 현금을 넣어두었다. 메리는 하루 종일 자더니 일어나서 동생에게 줄 선물을 사야 된다고 했다. 일주일 뒤 그녀는 돈을 가지러 왔다.

"코카인을 원했어요." 지노가 훗날 이야기했다.

메리에게 그것은 종말의 시작이었다.

1987년 10월 29일, 지노는 센트리로와 웨스턴가 사이에서 메리를 차에 태웠다. 그들은 하버 시티의 호텔에 들어갔고 싸움이 시작되었다.

메리는 어머니를 만나기로 했다. 거기 도착했을 때, 그녀의 어머니 베티는 얼굴이 상했다면서 지노와 당분간 함께 살라고 했다. 그 말에 메리는 분개해서 "내가 알아서 살 거예요"라고 말했다고 지노는 기억했다. "당신 같은 개자식들이 뭐라고 하든지, 나는 거리에서 살다 죽을 거야."

메리는 그로부터 단 이틀밖에 더 살지 못했다.

· · ·

여름이 가고 1987년 가을로 접어들었을 때, 사우스사이드 살인마 전담반은 사우스 센트럴에서 2명의 흑인 매춘부를 칼로 찌른 십 대에 대한 심란한 사건을 맡고 있었다. 그 끔찍한 범행은 8월 12일과 9월 8일에 발생했다. 소년은 한 여성의 혀를 물어뜯기도 했다. 그는 사탄의 사주를 받아 매춘부들을 살인한다고 주장했다.

10월 30일, 사우스사이드 살인마 전담반의 일원이자 LA 경찰 형사로서 훗날 O. J. 심슨 사건의 수사반장을 맡게 되는 톰 레인지는 사탄을 숭배하는 십 대가 사우스사이드 살인마 사건에 연루되었을 가능성이 적으며, 다른 용의자들을 조사 중이라고 했다.[*]

LA 경찰의 댄 쿡은 10월 31일 기자회견에서 한 걸음 더 나아가 그 십 대 소년은 사우스사이드 살인마 사건에는 책임이 없다고 말했다. "사탄 숭배

* 국제 연합통신, "두 여성의 살인 미수로 기소된 청년", 〈로스앤젤레스 타임즈〉, 1987년 10월 31일 자.

자가 저지른 짓이라고 여길 이유는 전혀 없습니다." 쿡이 말했다. "오컬트적인 살인을 암시하는 바는 이 사건에 전혀 존재하지 않습니다."

• • •

1987년 핼러윈 밤에는 비가 억수처럼 쏟아졌다. 로스앤젤레스에서는 100건 이상의 교통사고가 났고, 왓츠에서는 200가구 이상 정전을 겪었다. 비는 팜데일 근처에서 작은 산사태까지 일으켰다.

궂은 날씨에도 불구하고, 메리 로우는 웨스턴가의 '러브 트랩' 바에서 다이앤 로빈슨과 함께 친구의 생일을 축하하고 있었다. 그녀는 오후 11시 45분에 지노에게 전화를 해서 자기를 데리러 와달라고 부탁할 요량이었다.

하지만 지노는 거절했다. 15분 뒤, 그의 계모가 전화하더니 아버지의 임종을 알렸다. 지노는 메리에 대해서는 다 잊어버리고 텍사스 오스틴으로 출발했다.

다이앤 로빈슨은 새벽 1시 15분에 메리가 이름을 모르지만 클럽에서 한두 차례 본 기억이 있는 흑인 남자들과 함께 있는 것을 마지막으로 보았다.

이튿날 아침에는 구름이 잔뜩 끼었고 거리는 여전히 젖어 있었다. 10시경, 사우스 호버드로 8927번지 뒤쪽 골목길을 걸어가던 한 아버지와 아홉 살 아들이 죽은 여성의 시신을 보게 되었다.

비틀어진 시신은 커다란 콘크리트 블록 벽과 덤불 사이에 엎드려 있었다. 여성의 왼팔이 밖으로 뻗어 있었고, 손바닥은 하늘을 향하고 있었다. 다른 손은 머리 위에 놓여 있는 것 같았다. 파란

프릴 블라우스 앞섶은 허리 위로 올라가 있었다. 블라우스에 난 총알구멍에는 피가 묻어 있었다. 피해자는 갈색과 파란색이 섞인 체크 가죽 재킷과 종아리까지 오는 검은 하이힐 부츠를 신고 있었다. 베이지색 바지는 찢어져 있었고, 단추는 잠그지 않고 지퍼는 반만 닫혀 있었으며 오른쪽 무릎에는 흙이 묻어 있었다. 속옷은 입고 있지 않았다. 유리 코카인 파이프가 든 파란 가죽 지갑이 오른쪽 다리 옆에 놓여 있었다.

경찰은 실마리를 추적해 희생자가 메리 로우임을 확인했다. 그녀는 매우 가까운 거리에서 25구경 권총에 맞았다.

약물 검사 결과 코카인과 알코올 양성 반응이 나왔다.

77번가 경찰서의 살인 담당 형사 게리 로더와 카를로스 브리조라라는 메리가 부모의 집과 지노의 집, 더 반이나 영스 넘버 원 게임 룸이라고 알려진 곳 등, 이곳저곳을 전전했던 생활을 추적했다. 더 반은 메리와 친구들이 자주 다니는 러브 트랩과 같은 건물에 있었다. 그 건물의 주인은 앤젤로 데어였고, 메리가 살해당한 당시 코카인 판매로 재판을 받고 선고를 기다리는 중이었다.

수사 중 경찰은 메리가 조지 워싱턴 고등학교를 11학년에 중퇴하고 잉글우드에서 퍼스트 클래스 자동 응답 서비스 등의 여러 가지 일자리를 전전했음을 알게 되었다. 그녀는 마약을 구하기 위해 맨체스터로와 제시 오웬스 공원 사이 웨스턴가에서 종종 매춘을 했다. 총 8건의 체포 경력이 있는데, 7건은 매춘, 1건은 절도 때문이었다.

서너 명의 지인들이 형사들에게 메리의 살인범을 찾을 실마리를 제공했지만, 모두 거짓이었다. '더 반'에서 도어맨으로 일하며, 다리를 절고 등에 플레이보이 토끼 문신을 한 20대의 흑인 남성, "럭키"가 있었다. 그는 메리가 죽기 2~3일 전, 러브 트랩에서 그녀를 죽이겠다고 협박한 적이 있다고 했다.

그리고 메리의 시신이 발견된 곳 근처, 89번가와 웨스턴가에 위치한 앨시 텔레비전 상점 주인 앨프리드 레이먼드 라이트는 지역 매춘부들에게 마약을 제공하고 성행위를 한다는 설이 있었다. 두 사람 모두 권총을 소지하고 있었다.

11월 4일 수요일, 메리의 살해와 25구경 권총 살인 사이의 관련이 확인되었고, 사우스사이드 살인마 전담반의 해로와 게일리 형사가 수사를 맡았다.

이튿날, 해로는 캘리포니아 법무부에 연락해 교도소에서 럭키라는 이름의 흑인 남성을 모두 확인해달라고 요청했다. 그는 LA 경찰 총기 담당 부서에 연락해서 희생자들에게서 나온 총알이 77번가와 인근 사우스이스트, 뉴턴 경찰서에 보관된 25구경 권총에서 쏜 것인지 테스트를 요청했다. 그는 부검실에 연락해서 25구경 탄환과 관련된 사건이 나오면 무조건 연락해달라고 요청하기도 했다.

형사들은 몇 주 뒤 지노의 집을 찾았다. "정신없는 일들이 하도 많아서, 형사들이 무슨 일을 하려는 건지 알아차리지도 못했습니다." 지노는 그렇게 기억했다.

그들은 10월 31일 밤 지노의 소재를 알고자 했고, 그는 쉽게 알리바이를 내놓았다. "차를 가지고 텍사스로 가던 중이었습니다." 지노는 이렇게 말했고, 샌디에이고, 앨버커키, 뉴멕시코, 오데사, 애빌린, 오스틴에서 주유한 영수증을 내놓았다. "신용카드를 썼거든요. 그들은 그걸 보더니 '알겠습니다. 거기 간 거 맞군요'라고 말했어요."

형사들은 11월 12일 러브 트랩 바에 대해서도 확인을 했다. 해로 형사는 바의 주인 앤젤로 데어가 메리의 살해와 연관이 있을 거라고 생각하지는 않았지만, 바에 있었던 모든 사람을 용의 선상에 두었다.

경찰은 12월 1일 앨스 텔레비전 상점의 앨프리드 레이먼드 라이트를 심문했다. 라이트는 자신에 대한 모든 고발 내용을 부인했다. 그는 메리를 만난 적이 없으며, 매춘부들에게 성관계를 대가로 코카인을 주겠다고 한 적이 없다고 했다. 그는 형사들에게 89번가와 웨스턴가 교차 지점에 있는 레스토랑 주인 마리에게 메리 로우의 살해에 관해 이야기를 해보라고 제안했다. 라이트는 형사들에게 가게에 권총이 있는지 수색하게 했지만, 그가 그 사건에 연루되었음을 시사하는 증거는 아무것도 나오지 않았다.

마리의 정보는 다시 럭키를 가리켰다. 웨스턴가와 맨체스터로 교차 지점 근처 스테이크 가게에서 한 고객이 메리가 마약 때문에 럭키와 말다툼을 하는 것을 들었다고 했다고 마리가 말했다. 그러나 스테이크 가게 직원 중 누구도 토요일 밤에 싸움이 있었던 것을 기억하는 사람은 없었다.

12월 7일 월요일, 레드라는 또 한 명의 친구는 메리가 누군가의 돈이나 코카인을 훔쳐 갔기 때문에 살해당했을 거라고 했다. 레드는 럭키가 더 반에서 도어맨으로 일한다는 말도 했다. "럭키는 얼간이예요." 그녀가 덧붙였다.

해로는 12월 8일 77번가 경찰서에서 맥로니라는 남자와 면담했다. 맥로니는 문제의 토요일 밤 러브 트랩에서 메리와 럭키가 싸운 것을 기억했다. 바 안에서 경비원들이 럭키를 힘으로 제압해야 했으며, 메리의 살해 이후 럭키를 본 적이 없다고 맥로니는 말했다. 그는 처키라는 남자는 럭키가 어디 있는지 알 수도 있다고 형사들에게 말했다. 처키는 찾기 쉬웠다. 그는 차이노의 캘리포니아주 교도소에 갇혀 있었다.

12월 14일, 수갑을 찬 처키는 메리가 죽은 날 밤 러브 트랩에 있었다고 말했다. 그는 오전 1시쯤 거기서 메리를 보았다. 그녀를 마지막으로 본 것은 혼자서 웨스턴가를 걸어가는 모습이었다. 그는 럭키를 알기는 하지만, 친하지는 않다고 말했다.

한편, 위장 근무 중인 마약 담당 경찰관이 러브 트랩에서 마약을 구매했고, 형사들은 바의 수색 영장을 받았다. 이번에도 형사들의 패배였다. 아무런 무기도 나오지 않았다.

형사들은 난관에 봉착했다. CRASH(거리갱단담당 지역사회자원)라는 LA 경찰의 특별 작전팀은 럭키에 대해서 아무런 정보를 갖고 있지 않았고, 갱단 단원의 이름을 감시하고 있는 캘리포니아 주립 교도소 시스템도 마찬가지였다.

해로와 게일리가 럭키를 찾는 데 주력하는 동안 LA 경찰에서는 사우스사이드 살인마 전담반에 할당된 형사의 수를 감축하고 있었다.

"이 시점에서 사건을 해결할 실마리는 거의 존재하지 않습니다." LA 경찰의 전담반 지휘관 존 손이 12월 초, 경찰관 55명 중 33명이 재배치될 것이라고 발표하면서 〈로스앤젤레스 타임즈〉와의 인터뷰에서 말했다.

인원 감축은 9월 교황 바오로 2세의 LA 방문 여파로 일어난 일이었다. 전담반 인원을 포함하여 수백 명의 경찰관들이 교황 보안팀에 임시 배치되었다. 그들이 없는 동안 적은 수의 전담반이 활동해도 규모가 큰 팀과 마찬가지의 성과를 낸 것이었다.

"수사는 계속되지만……, 마치 3차원 퍼즐 같습니다. 뭔가 맞아들어가는지 확인하기 위해 퍼즐 조각을 계속 움직이며 돌리고 있습니다." 손이 말했다.

"우리가 가진 자원을 이렇게 쓰는 편이 더 낫습니다." LA 경찰 윌리엄 부스가 말했다.

그 결정에 마거릿 프레스코드와 '연쇄살인과 싸우는 흑인 연맹'은 분개했다.

"이런 살인 사건이 다른 곳에서 났다면, 경찰 측에서 이렇게 태만한 태도를 보이지 않았을 겁니다." 프레스코드가 공격적으로 말했다. "그들이 모든 것을 수사하고 있다는 확신이 가지 않습니다."

1988년, 래크리카

직장에서 승진도 했고, 다음 날은 슈퍼볼 경기가 있는 날이었으므로, 캐런 토시마와 그녀의 연인 에디 푼은 1988년 1월 30일 토요일 밤에 한껏 들떠 있었다. 그들은 UCLA 캠퍼스 근처 부유한 웨스트 로스앤젤레스 지역인 웨스트우드의 복잡한 브록스턴가에서 쇼핑을 했다. 그런데 갑자기, 그곳은 전쟁터로 변해버렸다.

사우스 센트럴의 롤링 식스티즈 크립스와 맨스필드 허슬러 크립스라는 두 라이벌 갱단이 비디오 게임 아케이드에서 맞붙었다. 격렬한 싸움은 토시마와 푼이 걷고 있던 거리로 번져 나왔다. 허슬러의 일원인 타이론 스웨인은 자신을 죽이려 한 자동차 공격이 롤링 식스티즈의 소행이라고 확신하고 고함을 지르며 상대에게 덤벼들었다. 롤링 식스티즈 크립스의 더렐 드윗 "베이비 락" 콜린즈는 코트 주머니에서 38구경 권총을 꺼냈다. 그리고는 스웨인을 향해 총을 2번 쏘았다.

토시마와 푼은 근처를 지나가고 있었다. 탄환이 스웨인 옆을 스쳐 지나갔고, 그중 1개가 토시마의 관자놀이에 맞았다. 27세의 그래픽 아티스트 토시마는 UCLA 메디컬 센터로 급히 이송되었다. 그녀는 이튿날 오전 11시에 사망했다.

토시마의 죽음은 로스앤젤레스뿐만 아니라 전국에서 즉각적으로 격렬한 반응을 자아냈다. 지역 정치인들은 갱 단원들이 웨스트우드의 쇼핑센터 지역에서 총을 쏴 무고한 사람을 살해했다는 데 분개했다. 웨스트우드를 지역구에 포함하는 로스앤젤레스 시의원 제브 야로슬라프스키는 그 잔인무도한 총격 용의자를 체포하는 데 도움이 되는 정보를 제공하는 사람에게 시에서 25,000달러의 포상금을 줄 것을 제안했다.

토시마가 사망한 뒤 웨스트우드 경찰 순찰 인력은 3배가 되었고 그녀를 죽인 살인범을 잡는 데는 30명 이상의 경찰관이 투입되었다. LA 경찰의 CRASH 팀원은 40명이 넘는 사람들을 심문했다. 그 주말, 베이비 락 콜린즈는 구속되었다.

흑인 거주 지역의 운동가들은 분노했다. 사우스 센트럴에서 일어나는 갱단 폭력 피해자들에게는 아무런 도움도 주지 않았으면서, 그 폭력이 부유한 지역으로 흘러들어 가자 정치가들이 행동을 촉구하고 나선 것이었다.

1987년 로스앤젤레스에서 일어난 205건의 갱단 살해 중에서 절반 이상이 사우스 센트럴에서 발생했다. 갱단 관련 살인 사망자 수의 약 3분의 1이 무고한 시민이었다. 그중 하나가 모래 상자에서 놀다가 유탄에 맞아 사망한 9세의 디안드레 브라운이었다. 이런 사건 중 언론의 관심을 받은 것은 거의 없었다.

"불행히도 사우스 센트럴이나 이스트 로스앤젤레스에서 잃은 목숨은 다른 곳에서 잃은 목숨만 한 가치가 없다는 인식이 있습니다."로버트 패럴 시의원이 말했다.

"우린 지쳤고, 더 이상 이런 일을 당하고 있지 않을 겁니다." 당시 주의회 의원 맥신 워터스가 말했다. "우리는 아이들이 총에 맞을까 봐 앞마당에서 놀 수 없는 상황에 지쳤습니다."

갱단 중재 프로그램 참가자 V. G. 긴시즈는 〈뉴욕 타임즈〉에 이렇게 말했다. "우리는 살해당한 젊은 여성을 동정합니다. 하지만 사우스 센트럴의 살인 사건 발생 비율은 가장 높습니다. 그 흑인 지역에는 아이들의 갱단 입단을 막는 예방 조치가 하나도 없습니다. 흑인들에게는 아무도 관심이 없습니다. 캘리포니아는 웨스트우드와 셔먼 오크스만 기회의 땅입니다. 사우스 센트럴은 범죄의 땅입니다."

토시마 사건에 대한 분노가 터져 나온 뒤, 시에서는 갱단 진압 프로그램에 긴급 자금을 600만 달러 투입했다. 또한, 대릴 게이츠 경찰서장이 해머 작전—거리에서 돌아다니는 갱단 일원은 일단 불러 세워 심문하라는 지시—을 강화하면서, 경찰관 인원을 650명 추가했다.

게이츠는 그 작전의 목표가 갱 단원들과 그들의 동료가 사소한 범죄로 체포되게 함으로써 "갱 단원들의 삶을 괴롭게 만드는 것"이라고 했다.

"몇 달 동안, 수백 명의 경찰관들이 주말에 흑인 지역을 휩쓸었다. 모든 법을 집행했다. 모든 종류의 위반은 체포로 이어졌다." 〈뉴욕 타임즈〉 기자 존 번틴이 이렇게 적었다. "금요일과 토요일이면 수천 명의 흑인은 경범죄로 체포되어 시 교도소에 수감되었고, 그들의 자동차는 압수되었다가(오디오와 장식을 뜯어 가는 경우도 적지 않았다) 월요일에 풀려났다. 경찰의 이러한 방식은 흑인들을 소외시켰으며 실효도 없었다.

. . .

    캐런 토시마가 웨스트우드에서 10월 30일 저녁 토요일에 살해되기 몇 시간 전, 22세의 래크리카 제퍼슨이 총에 맞아 죽었고 그녀의 시신은 사우스 센트럴의 골목길에 유기되었다. 언론은 그에 대해서는 아무런 언급도 하지 않았다.

. . .

    래크리카에게 가장 중요한 것은 마약이었다. 그녀가 파티를 좋아하고 클럽 가기를 즐긴 것은 친구들 사이에서도 유명했다.
    어머니 완다 허튼은 그녀가 사는 방식을 반기지 않았고, 막내딸이 결국 죽는 꿈을 자꾸만 꾸었다.
    "그만 좀 나돌아다녀라." 완다는 래크리카가 코카인에 중독된 다른 여자들처럼 남자들과 차에 타는 걸 볼 때마다 이렇게 야단치곤 했다.
    "이래라저래라 하지 마요." 래크리카는 늘 이렇게 대답했다. 그녀는 마치 두려울 것 없다는 양 살았다.
    래크리카는 롤러스케이트, 댄스, 노래, 해변을 좋아하는 활달한 아이였으며, 소아과의사가 되는 것이 꿈이었다. 한 번은 아버지 제임스 제퍼슨과 함께 캔자스에서 살기도 했다. LA로 돌아온 지 2년 뒤, 그녀는 코카인에 중독됐다.
    1월 29일, 래크리카는 모르는 남자와 함께 집에 찾아왔다. 그러고는 친한 친구 라 타냐 윌리엄스가 사는 플로렌스로의 집에 갔다. 그녀는 오후 9시 30분쯤 다른 친구 조디 게이트우드가 사는 사우스 웨스턴가 8100번지의 아파트로 갔다.

그곳은 래크리카에게는 친숙한 곳이었다. 크렌쇼로로 이사 가기 전, 그곳의 2층짜리 아파트 단지에서 어머니와 함께 살았고, 언니 로미와 형부 앨, 그들의 자녀 4명과 아주머니 이본 벨이 그 건물에 여전히 살고 있었다.

마약 담당 경찰도 그 건물을 잘 알고 있었다. 밖에서 보면 그곳은 북적이는 웨스턴가의 여느 아파트 단지와 같아 보였지만, 안에 들어가면 코카인과 마리화나 상점이나 다름없는 곳이었다.

크라이슬러에서 일하다가 81번가와 웨스턴가 모퉁이에 타이어 상점을 연 오서스 S. 화이트가 소유한 바로 옆의 흰색 작은 집은 래크리카도 단골이었다. 화이트는 상점을 판 뒤 찾아오는 사람은 누구나 맞아들였고, 동네 사람들은 그곳에 들러 맥주를 한 잔 하고 화이트가 친구들과 도미노 게임 하는 것을 구경하곤 했다. 브렌다라는 여자를 비롯해서 화이트의 친구 여럿이 화이트가 연금을 받는 월초에 그곳에 찾아왔다. 화이트의 손자는 손해 보는 것 같은 느낌에 연금 수표를 직접 받아서 챙기기 시작했다. 그러자 손님들이 많이 사라졌다. 다른 이들은 집에서 총 등의 물건을 훔쳐가기 시작했다.

래크리카는 오후 10시 30분쯤 게이트우드의 아파트를 나왔고, 1시간이 더 지났을 때 게이트우드는 큰 소리가 들려서 주방 창문으로 밖을 내다보았다. 래크리카가 옆에 레이싱 카처럼 줄무늬를 그린 흰색 4도어 새 벤츠 차의 조수석에 앉아서 운전석의 흑인 남자와 말다툼을 하고 있었다. 래크리카는 게이트우드에게 그 남자가 차에서 내리지 못하게 한다고 소리쳤다. "차에서 내려!" 그녀는 래크리카에게 소리쳤다. "위로 올라와!"

게이트우드는 래크리카가 몇 분 뒤 자기 아파트로 들어오는 것을 보고 마음이 놓였다. 그녀는 소파에 앉았고 게이트우드는 맥주를 권했다. 래크리카는 마리화나를 말더니 그 남자와 만나서 있었던 무시무시한 이야기를 전했다. 게이드우드는 래크리카가 이미 마약에 취한 것을 알 수 있었다.

"그놈이 내 칼을 쥐더니 목에 갖다 댔어." 래크리카가 맥주를 쾅 내려놓더니 마리화나를 피우며 말했다. 두 사람은 래크리카가 소파에서 정신을 잃을 때까지 이야기를 나눴다.

게이트우드 딸의 알람시계가 이튿날 아침 5시 10분에 울렸고, 래크리카는 20분 뒤에 나갔다. 그리고 4시간 후 사망했다.

• • •

오전 9시 20분, 6.5km 떨어진 사우스 베이의 비법인지구 '레녹스'에서 랜디 로긴스가 잠에서 깼다. 이웃 버타 존슨의 비명소리 때문이었다. 존슨은 102번가 2049번지 뒤쪽 골목길에서 더럽고 누런 매트리스 밑에서 삐져나온 발 하나를 발견했던 것이다. 로긴스는 잠에서 덜 깬 채 일어나 그 골목길로 가서 매트리스를 들어 올리고 존슨이 비명을 지르게 한 것—젊은 흑인 여성의 시신—을 보았다. 그는 놀라서 매트리스를 쥐었던 손을 놓쳤고, 5분 뒤 로스앤젤레스 레녹스 보안관서에 전화를 걸었다.

희생자는 녹색 니트 원피스에 모자 달린 갈색 코트를 입고 흰 스타킹과 흰 샌들을 신고 있었다. 그녀는 똑바로 누워 있었고, 짧은 갈색 머리에는 붉은 머리빗이 꽂혀 있었다. 시신은 갱단 낙서로 뒤덮인 벽 근처에서 발견되었다. 오전 9시 55분, 구급대원들이 그녀의 사망을 선고했다.

로스앤젤레스 카운티 부검 조사관 데브라 키칭스는 오전 10시 20분 그 시신을 맡았다. 여성은 20대 초반으로 보였고 키 162cm, 체중 44kg였다. 누군가가 그녀의 코와 입 위에 펜으로 "에이즈"라고 쓴 종이 냅킨을 올려놓았다.

키칭스는 뚜렷한 외상 흔적이 없는 것을 보고 LA 카운티 보안관서 살인 담당 형사 스탠리 화이트에게 희생자는 약물 과용으로 사망하여 골목길에 버려졌을 가능성이 높다고 했다. 여성은 옷을 모두 입고 있었지만, 속옷은 입고 있지 않았다.

코트 주머니에는 코카인 파이프가 들어 있었다. 키칭스는 부검실에서 시신의 옷을 벗기고 자신의 생각이 틀렸음을 깨달았다. 여성의 가슴 왼쪽에 2군데 총상이 있었다.

이 경우에도 시신에 신분증은 없었다. 하지만 지문 검색으로 사망한 여성이 웨스턴가 8100번지에 거주하는 래크리카 데니즈 제퍼슨임이 확인되었다.

또 한 명의 젊은 흑인 여성이 골목길에서 총에 맞아 사망한 채 발견되었다는 소식은 LA 경찰에 빠르게 퍼졌다. 월요일 아침 일찍, 해로는 LA 카운티 보안관서의 클린턴 딜런에게 전화를 걸었다. 래크리카의 시신은 보안관서 관할인 레녹스에서 발견되었기 때문이다. 래크리카가 25구경 권총으로 살해되었다면, 탄환의 탄도 검사를 할 예정이었다.

15분 뒤, 화이트에게서 수사를 인계 받은 딜런은 부검의 수전 셀서가 래크리카의 시신에서 25구경 탄환 2개를 적출하는 것을 보았다. 해로는 바바라 웨어에게서 나온 탄환을 가지고 보안관서에서 딜런을 만났다. 탄환 전문가가 형사들의 짐작을 확인해주었다. 그 탄환들은 같은 권총에서 발사한 것이었다. 전담반은 여성을 25구경 권총으로 살해하는 정체불명 사이코의 피해자를 한 명 더 갖게 되었다.

한편, 약물 검사에 따르면 래크리카는 죽기 전 술을 마시고 코카인을 했다.

딜런은 어머니 완다에게 딸의 사망 소식을 전하면서 래크리카의 사망 전 몇 시간을 추적했다.

라 타냐 윌리엄스는 후에 래크리카가 시빌 브랜드 교도소에서 꺼내준 동네 포주를 두려워했다고 딜런에게 알려주었다. 그 포주는 돈을 돌려받으려고 했다. 래크리카가 그를 만나기는 했지만, 돈은 갚지 않고 피했다.

• • •

1988년 5월 6일, 헨리에타 라이트 살인 사건에서 경찰 정보원 셸리 브라운이 지목한 지미 루이스는 장물을 받은 혐의에 대해 유죄를 인정했지만, 살인에 대해서는 부인했다. 수감 중에 루이스는 법원에 관대한 처벌을 요청하는 서신을 보냈다.

"1987년 로스앤젤레스 경찰에 제가 서너 건의 살인 사건에 연루되었다는 소문이 돌았고, 그래서 경찰은 저와 다른 친척 2명, 잘 알지도 못하는 제3자의 집을 수색하게 되었습니다." 그는 이렇게 적었다. "저의 집에서 여러 가지 물건을 압수해 갔습니다. 총 2정, 우편환 몇 장, 몇 가지 물건을 발견했습니다. 제 보석과 샷건, 그

밖의 물건 등, 경찰이 발견한 것 대부분에 대해서는 영수증을 받았지만, 제 서류와 신분증이 모두 든 상자도 가져갔습니다. 그들은 저를 가두고 72시간이나 구금했습니다."

8월에 루이스는 카운티 교도소에서 90일 형을 선고받았다. 그는 결국 25구경 살인 사건의 용의 선상에서 벗어났다.

• • •

캐런 토시마가 죽은 지 약 2년 뒤, 로스앤젤레스의 한 배심원단이 베이비 락 콜린스에게 1급 살인과 라이벌 갱 단원 타이론 스웨인에 대한 살인 미수에 유죄 평결을 발표했다. 그 후 1989년 11월 1일 〈로스앤젤레스 타임즈〉와의 인터뷰에서 토시마의 오빠 케빈은 이렇게 말했다. "이 일로 그 고통이 어느 정도 일단락되는 것 같습니다. 모든 것의 마지막 장과 같은 느낌입니다. 저는 제 인생을 살 준비가 되었고, 부모님도 마찬가지입니다."

래크리카의 언니 로미에게는 그러한 종결이 너무나 많은 세월이 지나서야 찾아왔다.

1988년, 모니크

　알리시아 모니크 알렉산더는 아버지가 자고 있는 거실 소파로 몸을 숙여 아버지 왼쪽 어깨를 살짝 눌렀다. "아빠." 18세 소녀가 이렇게 속삭였다. "나 A&A에 가요. 뭐 필요해요?" A&A는 그녀가 자란 사우스 센트럴의 가로수길 집에서 겨우 두 블록 떨어진, 노르만디가와 67번가 교차 지점의 주류 상점이었다.

　포터 알렉산더는 힘없이 고개를 저었다. "아니, 아무것도 필요 없다. 네가 집에만 돌아오면 돼." 그가 막내딸 모니크를 쳐다보며 말했다. 미국 우체국의 감독관이었던 포터는 신음소리를 내며 돌아누워서 곧바로 잠들었다.

　그는 1시간 뒤, 아내 메리가 저녁 준비하는 소리에 잠에서 깼다. "모니크는?" 그가 물었다.

　"아직 안 왔어." 메리가 무심하게 말했다.

　1988년 9월 6일 화요일이었다. 포터 알렉산더는 그날을 평생 기억하게 되었다. 모니크가 이튿날까지 귀가하지 않자, 포터와 메리는 당황하기 시작했다. 모니크가 친구와 새크라멘토로 차를 몰고 갔을 때도 부모에게 말없이 집을 나간 적이 있긴 했지만, 이튿날 돌아왔었다. 모니크답지 않은 상황이었다.

메리는 25세의 아들 도넬에게 전화를 걸었다. "모니크가 어젯밤 집에 안 왔어." 그녀는 당황한 목소리로 말했다.

도넬은 걱정하지 않았다. "곧 오겠죠." 그는 이웃에 찾아보겠다고 말했다.

모니크는 가게에 간다고만 말했다. 어쩌면 우연히 친구를 만났을지도 모른다고 부모는 생각했다. 하지만 동시에 염려되는 지점이 있었다. 모니크는 얼마 전부터 마약을 하게 되었고, 그로 인해 예측하기 어려운 행동을 하곤 했다.

1940년 아칸소의 캠든에서 태어나 캘리포니아 스탁튼에서 자란 포터는 엄격한 아버지였지만 자녀들에게 날개를 펴고 살아야 한다고 격려했다. 그는 아이들이 바깥세상에 호기심을 갖고 자신처럼 세상을 균형 잡힌 시각으로 바라보기를 바랐다. 청년 시절 그는 미군으로서 하와이에 주둔했다. 1962년 그는 로스앤젤레스에 자리를 잡고 텍사스의 재스퍼 출신으로 두 아이 키빈과 아니타를 둔 20세의 싱글 맘 메리 들로리스를 만났다.

그들이 함께 낳은 첫아이 도넬은 1963년 8월 27일에 태어났다. 포터와 메리는 2개월 뒤 결혼했다. 그들의 둘째 아들 대린은 1964년 8월 16일에 태어났다. 1966년, 젊은 부부의 가족은 69번가에 집을 샀다. 모니크가 4년 뒤, 1970년 6월 12일에 태어났다. 그녀의 부모와 언니 오빠들은 모니크를 애지중지했고, 모두 각별한 사이였다. 그녀는 통통한 아이였고, 가족은 그녀에게 '암소 무'라는 애칭을 붙이고 내내 그렇게 불렀다.

귀여움을 독차지하며 자라기는 했지만, 모니크는 사람들 돌보기를 좋아했다. 그녀는 천부적 양육자인 어머니와 잘 통했다. 모니크는 친구들이 집에 가기 싫어하면 자기 집에 불러서 오빠 도넬의 딸 쇼넬과 함께 쓰는 방에서 같이 지내기도 했다.

아버지가 다른 언니이며 모니크보다 여덟 살 많은 아니타도 모니크와 각별한 사이였다. 그녀는 모니크가 기저귀를 떼도록 가르쳤고, 8개월 때 걷는 법도 가르쳐주었다.

도넬은 전망이 보이는 창문 밑에서 막내 여동생과 그림을 그리며 시간을 보내곤 했다. 모니크는 말과 발레리나를 그리고 고등학교 축구 스타이자 열렬한 스포츠맨인 도넬은 자동차, 용, 〈록키〉의 장면들을 그렸다. 그들은 건설 일도 함께 했던 아버지가 뒷마당에 놓아둔 목재 조각으로 스케이트보드, 손수레, 죽마도 만들었다. 남매는 동네를 뛰어다니며 놀았다. 그들은 마치 드라마 〈악동들〉에 나오는 아이들 같았다고 도넬은 회고했다.

일을 쉴 때 포터는 모니크와 떨어지지 않았다. 포터는 딸을 강아지라고 불렀다. 메리는 항공기 부품을 만드는 회사에서 낮에 일했고, 당시 우체국에서 야간 근무를 하던 포터는 모니크를 여기저기 데리고 다녔다. 가게에도 가고, 지역 축구 경기도 보러 갔으며, 모니크와 아니타에게 치어리딩도 시켜주었다. 십 대가 되면서 모니크는 발레에 재능을 보였으며 산타 모니카와 베니스 해변에서 친구들과 어울리며 영화도 보러 다녔다. 스파이크 리의 1988년 작 코미디 〈스쿨 데이즈〉를 가장 좋아했다. 그녀는 로미타에서 스케이트도 탔는데, 뛰어난 재능을 보여 포터는 코치를 구해 점프를 가르치기도 했다.

모니크는 아버지를 닮아 말을 좋아했으며, 산 버나디노 카운티 차이노 힐즈의 마구간에서 아버지의 회색 아라비안종 컨퀘스트를 돌보곤 했다.

애정이 넘치는 가정이었지만, 포터는 자녀들을 군대처럼 규율을 지키며 키웠다. 그는 자녀 방의 문을 떼어내고 매일 정해진 가사를 돕게 했다. 아이들은 매일 아침 포터가 일어난 직후에 일어났고, 토요일마다 마당에서 잡초를 뽑고, 잔디를 깎고, 정원을 가꿔야 했다.

하지만 1987년 10월 즈음에는 사우스 센트럴 거리의 폭력이 깔끔한 알렉산더 집안에 침범해 들어오는 것을 그 무엇도 막을 수 없었다. 어느 날 밤, 온 가족이 총성에 새벽 2시에 잠에서 깨었다. 도넬과 대린이 자는 뒷마당의 건물에 총알이 쏟아졌다. 도넬은 왼쪽 다리에 총을 맞았지만, 괴한을 향해 덤벼들 수 있었다. 그들은 몸싸움을 했지만, 괴한은 달아났다. 대린은 다치지 않았다. 도넬은 부엌 바닥에 앉아 피를 흘리고 있었고, 모니크는 미친 듯이 경찰에 전화를 걸었다. 총격에 대한 수사는 아무런 진전도 없었다.

• • •

모니크는 서서히 변했다. 학교에 흥미를 잃고 12학년 때 자퇴를 했다. 귀가 시간이 늦어지기 시작하더니 가끔은 밤중에 일어나 나가곤 했다. 가족이 일어나 보면 모니크의 침대가 비어 있었다.

1988년 7월 5일, 모니크의 18세 생일이 지난 지 1개월 되던 날, 162cm에 48kg인 가녀린 소녀는 불법 약물 소지로 LA 경찰에 체포되었다. 경찰서에서 찍은 사진에서 그녀는 녹색과 청색 강아지가 그려진 긴팔 흰 셔츠를 입고 있었고, 곧게 편 머리카락은 뒤로 묶고 있었다. 그녀는 아이처럼 순수해 보였다.

모니크는 하이드 파크와 웨스트로에서 좀 떨어진 아프리카 공예품 가게에서 만난, 아이 셋을 둔 28세의 유부남 로니 루이스와 사귀고 있었다. 루이스는 트리니다드인 주인 트리니를 대신해서 가게를 보고 있었다. 모니크는 400달러짜리 도자기 천사의 할부금을 내기 위해 들렀다. 루이스는 모니크가 메이크업도 많이 하지 않고 보수적인 옷차림을 한 것이 마음에 들었다.

"왜 저게 그렇게 좋니?" 그가 물었다.

"엄마 드리고 싶어서요." 모니크가 말했다.

그날부터 모니크는 가게에 자주 찾아왔고, 라이트와 스피커 설치 일이 본업인 루이스와 같이 가끔 가게 일을 돕기도 했다. 루이스는 그녀에게 전화번호를 물어보았고, 결국 그녀는 번호를 알려주었다. 루이스는 결혼한 상태였지만, 아내와 별거 중이라고 모니크에게 말했다. "너무나 허탈합니다." 그가 말했다. "당혹스러웠어요. 그 일[모니크의 살해]이 일어나지 않았다면, 아마 우리는 함께 하게 되었을 겁니다."

두 사람은 곧 진지한 사이가 되었다. 루이스는 모니크가 가족을 중시하고, 부모와 언니, 오빠들에게 애정을 담아 말하는 것을 좋아했다. 그녀의 삶은 이상적으로 보였다. "제가 보기에 모니크는 완벽한 삶을 살고 있었어요." 루이스가 말했다. "양친이 다 계셨고. 오빠들도 있었고요. 좋은 집에서 살았고. 포터는 열심히 일했죠."

8월 중순, 모니크는 오빠 도넬과 싸웠다. 도넬이 일어나 보니 렌트한 차가 사라지고 없었다. 그는 차가 도난당한 줄 알았는데, 모니크가 1시간 뒤 그 차를 가지고 돌아왔다.

"운전은 언제 배웠어?" 도넬이 모니크를 운전석에서 끌어내리며 물었다.

"배운 정도가 아니라 잘하거든." 모니크가 씩 웃으며 말했다. 도 넬은 차를 운전해서 나가면서도 화가 풀리지 않았다.

8월 27일 도넬의 생일 며칠 전, 모니크는 사촌 집에서 오빠를 만 나 화해하고 생일을 축하해주고 싶었다. "안녕, 도넬." 모니크가 따뜻하게 말했다. 도넬은 동생의 귀여운 얼굴을 보자마자 화가 가 라앉았다. 모니크는 도넬에게, 그리고 모든 사람들에게 그런 능력 을 발휘할 줄 알았다. 그녀를 보고 있으면 모두가 화가 난 걸 잊게 되었다.

하지만 도넬은, 나머지 가족들과 마찬가지로 모니크를 걱정할 수밖에 없었다. 그는 동생에게 돈이 필요한지 물었다.

"아니, 고맙지만 괜찮아." 모니크가 말했다.

"이거 받아." 도넬은 100달러를 건네고 키스했다.

• • •

루이스와 모니크는 9월 2일 금요일 저녁을 먹으러 시즐러에 갔 다. 루이스가 모니크를 마지막으로 본 때였다.

모니크가 사라진 지 이틀 뒤, 메리가 집에서 딸을 몹시 걱정하고 있을 때 루이스가 노란색 1978년형 포드 피에스타를 타고 찾아왔 다. 모니크와 데이트 약속이 있었던 것이다.

"모니크가 없어졌어요." 메리가 눈물을 글썽이며 말했다. "가게 에 갔다가 집에 돌아오지 않았어요. 이틀째예요."

"시체보관소는 확인했어요?" 루이스가 물었다. 냉정한 말에 메 리는 가슴이 철렁 내려앉았다. 그녀는 왜 그가 그런 말을 하는지 알 수 없었다. 짚이는 게 있었을까?

루이스는 오후 10시까지 기다렸지만 모니크는 나타나지 않았다. 그는 시시각각 메리의 표정에 근심이 짙어지는 것을 알 수 있었다.

• • •

9월 11일 일요일 오후, 모니크가 사라진 지 6일 뒤, 7세와 13세 사이의 소년 4명이 웨스트 43번가 1720번지 뒷골목에서 개를 산책시키고 있을 때, 개가 차고에 비스듬히 기대어 놓은 대형 발포 고무 매트리스 근처를 파기 시작했다. 매트리스가 쓰러졌고, 아이들은 발 하나를 보았다. 겁에 질린 아이들은 골목을 달려 버년가로 접어들었고 32세의 더글러스 부커와 마주쳤다.

"어디 보자." 그는 아이들에게 말했다. 아이들은 부커를 골목 그 자리로 데려갔다. 그가 지팡이로 매트리스를 들어 올리자 벌거벗은 여성의 시신이 부패하고 있었다.

오후 3시 45분에 현장에 도착한 LA 경찰 사우스웨스트 경찰서 구급대원들은 젊은 여성이 사망한 지 며칠 되었다고 말했다. 그들은 그녀의 시신이 차고 앞쪽에 기대어 눕혀져 있고, 왼쪽 어깨는 테두리 없는 고무 타이어에 기대어져 있는 것을 보았다. 무릎은 살짝 구부러져 있었다. 파란색과 흰색의 셔츠는 목 주위에 감겨 왼쪽 귀 아래에 매듭이 지어져 있었다. 금 귀고리 한쪽이 땅에 떨어져 있었고, 나머지 한쪽은 왼쪽 귀에 달려 있었다. 왼쪽 가슴 바로 아래 소형 구경 총상이 있는 것 같았다. 신분증은 없었다. 경찰은 근처에서 선더버드 포도주병을 발견했다.

시신의 부패가 상당히 진행되어 있어서 부검 조사관 로이드 메이허니는 제인 도우 #59에게서 성폭력을 확인할 자료를 부분적으로만 채취할 수 있었다. 그런 이름이 붙은 것은 이 피해자가 1988년 부검실에 접수된, 59번째 신원 미상의 여성이기 때문이었다.

이튿날, 지문이 체포 기록과 일치했고, 사망한 여성은 알리시아 "모니크" 알렉산더로 확인되었다.

약물 검사에 따르면 코카인과 알코올에 양성 반응이 나왔다.

사우스사이드 살인마 형사 리치 해로와 래크리카 제퍼슨의 사건을 담당한 LA 카운티 보안관서의 클린턴 딜런이 부검에 참석했다. 모니크는 25구경 권총에 맞아 사망했다. 그녀는 사우스사이드 살인의 새로운 피해자였다.

• • •

모니크의 죽음은 알렉산더 가족에게 엄청난 충격이었다. 어째서 모니크를 죽인 걸까? 모두가 그녀를 사랑했는데.

도넬은 화가 났다. "어떻게 나의 소중한 그 애를 죽일 수가 있습니까?" 그가 말했다.

도넬은 마음속으로 자신도 모르게 모니크가 죽음에 이르게 한 사건들을 촉발시킨 것은 아닌지 궁금했다. 모니크가 죽기 얼마 전, 그는 마약 거래 중에 누군가에게서 돈을 훔쳤다. 그는 그 일로 동생이 살해된 것이 아닐까 하는 생각에서 벗어날 수 없었다. 그는 아버지에게 그 생각을 이야기했다. "아버지는 그 일이 동생과 관련이 있다면, 경찰에 신고해야 한다고 말씀하셨어요." 도넬이 회고했다.

도넬은 경찰에 자수했고 이전 체포 때 나온 판사의 영장으로 구금되어 모니크의 장례식에 참석하지 못했다. "저는 아주 오랫동안

제 행동 때문에 동생을 죽게 했다고 생각했어요." 도넬이 말했다. "제 책임이라는 생각이 자꾸만 들었어요. 오랫동안 가책을 느끼며 살았어요. 그럴 가능성이 있다고 여기며 살았죠."

• • •

사망자 수가 늘어나면서, 형사들은 25구경 권총 이외에도 살인자의 특징이 있다는 것을 알게 되었다. 그에게는 항상 동일한 살인 수법이 있었다. 7명의 희생자 모두 가슴에 총을 맞았고, 거의 같은 위치였다. 총알이 들어가는 지점의 각도로 보아 범인은 발사할 때 희생자의 왼쪽에 앉아 있었던 것으로 보였다. 해로는 희생자들이 자동차의 조수석에 앉아 있었다고 추측했다. 다른 경우와 마찬가지로 모니크의 경우도 권총이 살갗 근처에 놓였던 것으로 보였다.

모니크의 사망으로 해로는 새로운 주요 실마리를 얻게 되었다. 한 목격자가 9월 6일 오후 11시 69번가와 노먼디가의 교차지점 남동쪽 모퉁이에서 그녀가 1974년 혹은 75년형, 짙은 갈색이나 붉은색 포드 핀토 또는 쉐보레 베가에 타는 것을 보았던 것이다. 차의 옆쪽, 혹은 뒤쪽 창문은 색유리이든지 커튼을 쳐서 가려놓았다. 목격자는 오른쪽 앞 펜더에 아마 수리로 인한 것 같은 자국을 보았고, 백미러에 걸어놓거나 대시보드에 올려놓은 물건도 보았다. 그 차량에 대한 공지와 스케치가 모든 순찰대에 배포되었다. 하지만 아무런 신고도 들어오지 않았다.

그리고 2개월이 지날 무렵, 경찰은 마침내 결정적인 기회를 잡았다. 생존한 피해자가 용의자의 자동차가 주황색 포드 핀토라고 확인해준 것이다.

1988년, 에니트라

1988년 11월 19일 토요일, 태평양에서 일어난 강도 4.5의 지진이 샌디에고 카운티의 라졸라에서 로스앤젤레스 북쪽 벤투라 카운티까지, 그리고 내륙으로 레드랜즈까지 건물을 흔들었다. 캘리포니아 남부 사람들은 큰 충격을 받았다. 그날 밤 에니트라 워싱턴은 친구 린다 후버와 파티에 갈 계획이었다. 에니트라는 루이지애나에서 돌아온 지 얼마 안 되었고, 그날은 나이 많은 미망인의 가사를 돌보는 일을 하며 보냈다. 청소와 잡일, 장보기를 한 뒤, 그녀는 즐거운 밤을 보낼 자격이 있다고 느꼈다. 일하며 두 아이—첫아이를 19세에 낳았다—를 키우는 삶은 보람 있지만 힘들었다. 재충전의 시간이 필요했다. 그리고 지진이 났다고 그 계획을 바꿀 생각은 없었다. 5세와 11세인 아이들은 베이비시터의 집에서 밤을 보내기로 했고, 그녀는 시내로 나갈 마음에 들떴다.

에니트라는 즐겨 입는 파란색과 크림색이 섞인 블라우스와 꼭 맞는 캘빈 클라인 크림색 미니스커트를 입고 복도의 거울 앞에 서서 마지막으로 루비처럼 붉은 립스틱을 발랐다. 코카인을 섞은 마리화나를 한 대 피우고 난 그녀는 출발 준비를 마쳤다.

곧, 그녀의 삶은 캘리포니아 남부를 강타한 지진보다 더 세게

흔들리게 되었다.

에니트라는 170cm의 큰 키에 근사한 외모였으며, 남자들을 어렵지 않게 유혹했다. 재치 있고 사교적인 성격 덕분에 그녀는 대부분의 하우스 파티에서 환영하는 손님이었다. 잉글우드 고등학교 동창들은 그녀를 추이(Chewy)라고 불렀다. 잘 때 이를 가는 습관 때문에 아버지가 붙여준 애칭이었다. 사우스 센트럴에서 평생 거주한 에니트라가 모르는 거리, 골목, 교차로는 없었다.

오랜 치장을 마친 에니트라가 밖으로 나섰을 때, 로스앤젤레스 기준으로는 시원한 가을이었다. 드러낸 팔다리에 닿는 공기가 시원했다. 린다의 집은 조금만 걸어가면 되는 84번가와 덴커가 교차지점에 있었다.

84번가와 노먼디가 교차지점에 있는 D&S 마켓에 다가갔을 때, 보닛부터 운전석까지 하얀 경주용 자동차 줄무늬를 붙인 오렌지색 포드 핀토 한 대가 그녀의 눈길을 사로잡았다. 포드 핀토는 흔한 차였지만, 경주용 줄무늬는 귀했다. 마치 아이들이 가지고 노는 장난감 자동차 같다고 그녀는 생각했다. 이웃 남자아이들 여럿이 자동차에 열광했고, 자라면서 에니트라에게 몇 가지를 가르쳐주었다. 그녀는 타이어를 갈고, 브레이크 패드를 교체하는 것 정도는 정비공처럼 할 수 있었다. 아버지가 크라이슬러 르바론에 새 엔진을 설치하는 것도 도울 정도였다. 그녀는 남자만큼 차도 잘 안다고 생각했다.

그녀는 핀토를 눈여겨보긴 했지만, 자신이 자동차를 보는 것을 알아차린 남자가 말을 걸기까지 그는 눈여겨보지 않았다. 에니트라는 그에게 아무런 신경을 쓰지 않고 계속 걸었다. 몇 초 뒤, 그 남자와 그 차가 그녀에게 다가왔다. 그는 조수석 창문을 내리더니 태워주겠다고 했다. 그녀가 돌아보니 말쑥한 옷차림에 짧게 자른 머리의 땅딸한 남자가 보였다. 따분한 남자네. 에니트라의 머릿속을 스치고 지나간 생각이었다. 단정한 외모를 한 남자임에도, 에니트라는 특유의 비웃음을 던지며 이렇게 말했다. "차에서 소리치지 말아요. 말 걸고 싶으면 차에서 내려요."

에니트라도 강압적인 남자들과 수상한 남자들은 겪어보았기에, 이 남자에게는 위험한 구석이라고는 없다고 판단했다. 하지만 그녀의 취향에 그는 너무 어리숙하고 얌전하며, 비위를 맞추려고 들었다. 그가 차에서 내려 말을 걸려고 할 때 보니 카키 바지에 진청색 셔츠, 갈색 재킷을 입고 있었다. 주유소 직원일 수도 있겠다 싶었다. 그녀와 비슷한 나이, 서른 정도이거나 조금 더 많을 것 같았고, 키도 조금 더 큰 173cm 정도였다. 하지만 그녀는 그가 매력적이라고 생각하지 않았다. 그녀는 키가 크고 근육질인 남자들을 좋아했다. 게다가 아직 전 애인과 헤어진 상처가 아물기도 전이었다.

"어디로 갑니까?" 그가 물었다.

"친구 집에 가요." 그녀가 말했다.

그녀는 차 안을 훑어보았다. 쓰레기 하나, 먼지 한 톨 없이 완벽했다. "태워드려도 될까요?" 그가 수줍게 말했다. 에니트라는 익숙하게 그럴 리 없다는 표정으로 쏘아보곤 걷기 시작했다.

"친구랑 뭘 할 겁니까?" 그가 물었다.

"파티에 갈 거예요." 에니트라가 대답했다.

"친구 집까지 태워드릴게요." 그는 끈질겼다.

"아뇨, 괜찮아요." 에니트라가 말했다. "됐어요."

"당신 흑인 여자들은 그게 문제라고요." 그가 에니트라의 약점을 건드렸다. "사람의 친절을 받아주지 않아요."

"뭐라고요?" 에니트라는 이렇게 외치고, 역시 흑인인 그가 씩 웃는 것을 보고 웃음을 터뜨리고 말았다.

까짓거. 에니트라는 이렇게 생각했다. 나쁜 사람 같지 않았다. 여자한테 작업 한번 걸었다고 주먹이라도 날릴 수는 없는 노릇이다. 에니트라는 스스로 독설이 심하다는 것을 알고 있었고 이 남자는 풀이 죽어 보였다. 측은한 느낌이 들었다. 에니트라는 키가 컸기 때문에 키 작은 남자들이 접근할 때는 조심스러워했다. 게다가 몇 블록만 태워준다고 하는데. 그래 봐야 얼마나 나쁜 일이 생길까?

"좋아요." 에니트라가 말했다. "친구 집까지 태워다주세요."

그는 미소를 짓더니 타라고 했다.

에니트라는 바닥에 작은 녹색 금속 상자에 든 소켓 세트와 소켓 낱개, 그리고 스패너가 놓여 있는 것을 보았다. 조수석의 대시보드에는 거미줄 모양으로 금이 가 있었다. 좌석에는 옅은 베이지색 양털 커버가 덮여 있었다.

에니트라는 목적지를 알려주었다. 그는 차를 출발시켜 웨스턴가와 덴커가 교차지점에 닿더니 직진하지 않고 좌회전을 했다.

"여기가 아니에요." 에니트라가 말했다.

그는 돈을 좀 가지러 숙부 집에 잠시 들러야 한다고 했다. 몇 분이면 된다고 그가 말했다. 그는 곧 81번가에 접어들어 아파트 단지와 자동차 정비소 옆의 하얀 집 앞에 차를 세웠다.

"금방 돌아올게요." 그가 명랑하게 말했다. 에니트라는 자리에 몸을 기대고 앉아서 그가 집으로 걸어가 안에 들어가는 것을 보았다. 담배에 불을 붙이고 10분만 기다리기로 정했다. 10분이 지나도 나오지 않으면 차에서 내려 걸어갈 생각이었다.

그는 곧 돌아와 차에 올라타더니 81번가를 달리다가 다음 번 교차로에서 우회전해서 사우스 하버드로 접어들었다. 그가 뭐라고 말을 했지만, 에니트라는 라디오를 들으며 신경 쓰지 않았다. 그런데 편안하게 말 잘하는 사람이었던 그가 순식간에 사악한 폭력배로 변했다. 그리고 무슨 영문인지 그는 그녀를 갑자기 브렌다라고 불렀다.

그의 태도가 완전히 변한 데 당황한 에니트라는 그가 자신을 동네에서 유명한 매춘부 데비로 착각한 거라고 생각했다. 데비는 자신을 브렌다라고 부르면서 웨스턴가에서 남자들을 찾았다.

"그건 내 이름이 아니에요." 에니트라가 말했다.

그는 아무 말도 하지 않고 운전석 도어 포켓에 손을 넣더니 작은 권총을 꺼내 그녀의 가슴에 대고 방아쇠를 당겼다. 너무 순식간에 일어난 일이라 에니트라는 무슨 일이 일어나는지 제대로 파악하지도 못했다.

갑자기 따끔하더니 극심한 통증이 느껴졌다. 그녀는 당황해서 도어 손잡이를 잡았다.

"문에 손도 대지 마, 이년아." 그가 이를 갈며 말했다. "또 쏴버릴 거야."

"총을 왜 쏜 거예요?" 그녀가 물었다.

"브렌다, 너 때문에 열 받아 죽겠어." 그가 말했다.

"나는 당신을 몰라요." 에니트라는 총알이 들어간 자리를 부여

잡고 신음했다.

공포가 엄습했다. 그에 대해 어떻게 그렇게 착각했던 걸까? 그는 너무나 정상 같아 보였는데. 이제 죽을 것인가? 아이들은 어떻게 될 것인가?

"병원에 데려가줘요." 그녀가 사정했다.

"그럴 순 없어." 그가 말했다.

"내가 죽으면 당신을 괴롭힐 거예요." 그녀가 말했다. "당신이 애들도 키워야 할 거예요."

에니트라는 온몸이 굳었지만 진정하려고 애썼다. 공황상태에 빠지면 쇼크가 올 것이다. 머리를 곧게 세우라고, 에니트라는 스스로에게 말했다. 하지만 숨쉬기가 힘들어졌다. 헉헉거리기 시작했다. 또다시 아이들이 떠오르며 자신이 죽어가는 사이에 아이들이 무엇을 하고 있을까 싶었다. 온몸에서 기운이 빠져나갔고, 정신을 잃었다.

에니트라가 정신을 차렸을 때, 그 남자가 몸에 올라타고 있었다. 그녀는 아직도 그의 차 조수석에 앉아 있었다. 스커트는 허리 위로 올라가 있었다. 좌석은 뒤로 젖혀져 있었고, 그녀는 숨도 제대로 쉴 수 없었다. 그에게서 벗어나려고 발버둥을 쳤지만, 의식이 가물거렸다. 빛이 번쩍이며 정신을 차렸을 때, 폴라로이드 카메라에서 나는 지잉하는 소리를 또렷이 들었다. 정신도 혼미하고 움직일 수 없었던 에니트라는 한참 뒤에 몸을 짓누르던 무게가 줄어드는 것을 느꼈다. 시동 거는 소리가 들리더니 차가 움직이고 있었다.

그다음 에니트라가 기억하는 것은 운전자가 그녀를 조수석에서 밀어내자 돌덩이처럼 땅에 떨어진 것이었다. 그는 그녀가 길 한복판에 쓰러져 피를 흘리도록 내버려두고 갔다. 통증을 견딜 수 없었다. 에니트라는 눈을 감고, 가만히 쓰러진 채 그다음 총격이나 타격을 기다리고 있었다.

차가 떠나는 소리가 들릴 때까지 에니트라는 꼼짝도 하지 못했다. 눈을 뜨고 보니 핀토가 도로를 따라 가더니 한 블록 떨어진 지점에서 우회전으로 사라졌다. 차가운 도로에서 심한 고통에 시달리던 그녀가 하늘이 어두워진 것을 깨닫는 데는 몇 분이 걸렸다. 범인에게 얼마나 오래 잡혀 있었던 것인지 알 수 없었다. 그녀는 보도로 굴러가 만신창이가 된 몸을 움직였다. 혈액 손실로 기력을 잃은 에니트라는 비명을 지르지도, 근처 주택으로 달려가 도움을 구하지도 못했다. 무엇을 해도 소용없으리라는 것도 알았다. 1988년의 사우스 센트럴에서 해가 진 뒤에 낯선 사람에게 현관문을 열어주는 사람은 거의 없었다. 총에 맞고 피를 흘리며 신발도 없었던 그녀는 큰 길처럼 보이는 쪽으로 절뚝이며 걸어갔다. 84번가였다. 친구 린다 후버의 집이 몇 블록 떨어진 곳이었다.

에니트라는 린다의 집 현관으로 겨우 몸을 끌고 와서 외쳤다. "도와줘. 문 좀 열어줘." 이렇게 간청한 뒤 그녀는 쓰러졌다.

집에는 아무도 없었다. 린다와 남편은 에니트라를 기다리다 지쳐 먼저 파티에 간 것이 분명했다. 에니트라의 가련한 외침을 들은 이웃은 커튼을 치고 텔레비전 소리를 높였다.

린다와 남편이 11월 20일 새벽 2시경 귀가했을 때, 에니트라가 마치 태아처럼 몸을 동그랗게 말고서 피를 흘리고 있었다. 린다는 친구의 속옷이 찢어진 채 너덜거리는 것을 보았다. 그녀는 아직도 기운 없이 문을 두드리고 있었다.

"살려줘." 에니트라가 자꾸만 이렇게 간청했다. "나 좀 살려줘."

에니트라는 쇼크 상태였다. 온몸을 떨 만큼 추운 것 같았지만 땀을 흘리고 있었다. 린다는 구급차를 불렀고 에니트라는 17km 떨어진 토런스의 하버-UCLA 메디컬 센터로 보내졌다.

상태는 좋지 않았다. 혈압이 너무 낮아 구급 대원들이 압축 재킷을 입혔다. 병원에 도착했을 때, 그녀는 체내 혈액의 20%를 잃은 상태였다.

에니트라는 의료진의 대화를 드문드문 들을 수 있었다. 그녀 옆에 선 외과의가 배우 조지 리브스가 연기하던 예전 TV판 슈퍼맨처럼 생긴 것도 보았다.

"저 죽나요?" 그녀가 물었다.

심장전문의의 대답을 듣기 전, 에니트라는 정신을 잃었다.

외과의가 에니트라의 흉부에서 총알을 제기할 수 있을 만큼 안정될 때까지 나흘이 걸렸다. 25구경 탄환은 그녀의 심장을 아슬아슬하게 비껴 나갔다.

• • •

11월 23일 에니트라의 수술 날 정오 무렵, LA 경찰 리치 해로 형사가 린다 후버의 집을 찾았다. 에니트라가 25구경 살인 사건들과 비슷한 정황에서 총에 맞은 이후로 그들은 수사 중이었다. 해로는 이 사건이 연결되어 있다고 추측했다. 그렇다면, 이것은 큰 전환점이 될 것이다.

해로가 린다와 인터뷰하는 동안, 하버-UCLA 메디컬 센터의 외과의는 에니트라의 왼쪽 흉부에서 소구경 탄환을 제거해서 금속 용기에 담았다. 그것은 LA 경찰로 보내져 77번가 경찰서에 등록 되었으며 바바라 웨어의 가슴에서 제거한 탄환과 비교될 것이었 다. 결과는 불확실했다. 11월 29일 화요일, 에니트라의 탄환이 보 안관 화기 연구실로 보내져서 래크리카 제퍼슨의 탄환과 비교되 었다. 래크리카에게서 나온 탄환은 바바라 웨어의 탄환보다 상태 가 좋았다. 조사관은 두 탄환이 같은 권총에서 발사된 것이라는 결론을 내렸다.

또 한 명의 25구경 피해자가 나왔는데, 이번에는 '생존'한 것 이다.

그날 오후, 해로와 로스앤젤레스 보안관서의 몽타주 화가가 병 원에서 에니트라와 면담했다. 그녀는 자신을 공격한 범인을 얼굴 에는 마맛자국이 있고 짧은 머리를 한 검은 피부의 흑인이라고 묘 사했다. 중간 체격에 65~70kg 체중, 173cm의 키, 깔끔하게 면도 를 한 30대 남성이었다. 침착하고 말도 잘했다.

이후 면담에서 에니트라는 더욱 자세한 내용을 제공했다. 1970 년대형 오렌지색 해치백 포드 핀토에 탔을 때, 그가 뒷자리에 검은 재킷과 책을 둔 것을 보았다. 차의 지붕 위에 짐칸이 있고 창문에 는 옅은 색조 선팅을 했을 거라고 그녀는 기억했다. 내부는 녹색 이었고 좌석에는 갈색 양피 커버가 덮여 있었다.

그녀는 형사들에게 자신이 차에서 기다리는 동안 그가 돈을 가 지러 들렀다고 했다. 그는 그 집에 사촌이나 숙부 같은 친척이 산 다고 말했다. 책뿐만 아니라 소켓 스패너 같은 공구가 뒷자리와 차 바닥에 놓여 있는 것도 보았다.

에니트라는 퇴원했고 닷새 뒤인 12월 7일 수요일에 해로와 게일리가 그녀를 차에 태웠다. 그들은 범인이 움직인 동선을 뒤쫓을 생각이었다. 에니트라는 형사들을 가게로 안내한 뒤 자신이 그를 처음 만난 곳을 알려주었고, 그다음에는 웨스트 81번가로 안내했다. 몇 분 뒤 그들은 그 범인이 그날 밤에 들른 집, 웨스트 81번가 1742번지에 차를 세웠다.

"바로 여기예요." 에니트라가 말했다.

형사들은 주소를 확인한 후 차를 몰아 떠났다. 서로 돌아온 경찰은 그 집의 소유자가 77세의 오서스 S. 화이트임을 알게 되었다. 해로와 게일리는 이튿날 아침 화이트를 만나러 그 집에 찾아갔다. 그 집은 화이트 노인과 마찬가지로 단정치 못했다. 앞마당 잔디가 너무 자라 있었고 외벽의 페인트는 벗겨지고 빛이 바래 회색이 되어 있었다. 세월이 지나면서 그 집은 가족이 살던 보금자리에서 마약과 매춘부 소굴로 변했다.

형사들은 화이트는 너무 늙어 에니트라의 묘사에 맞지 않다는 것을 확인했지만, 그 집을 드나드는 사람은 아주 많았다. 화이트는 에니트라가 총상을 입은 밤에 손님이 찾아온 것도, 오렌지색 핀토를 본 것도 기억하지 못했다. 형사들은 굴하지 않고 이웃을 조사한 뒤 그 차가 나타날 때를 대비해 감시를 시작했다. 그들은 친절한 이웃 사람 로니의 집에 명함도 맡겨두었지만, 아무것도 돌아오지 않았다. 형사들이 그곳으로 돌아갈 일도 없었고, 로니가 전화를 걸지도 않았다.

1989년 2월 17일, 해로와 게일리는 화이트의 주택 수색 영장을 들고 찾아갔다. 그들은 거실 의자 쿠션 밑에서 탄폴리오 주세페

25구경 반자동 권총 한 정과 4개의 탄환이 든 탄창을 발견했다. 에니트라와 7명의 여성을 공격하는 데 사용한 것과 같은 권총이었다. 2개의 폴라로이드 카메라도 발견되었다. 25구경 권총과 샷건은 증거물로 압수되었다. 1988년 4월 8일, 화이트가 구입한 그 권총은 그들이 찾는 무기가 아닌 것으로 확인되었다.

그 사이, 1988년 가을, 사우스사이드 살인마 전담반은 LA 남부에서 일어난 또 다른 연쇄살인에 주목하고 있었다. 하버 고속도로와 게이지가 주위 지역에서 3명의 흑인 매춘부가 살해되었다. 치명타는 이전 살인에서 늘 사용한 25구경이 아니라 9밀리 권총에서 발사되었다.

27세 주디스 심슨의 시신이 10월 14일 88번가와 산 페드로가 교차지점에서 총에 맞은 채 발견되었다. 35세 신시아 워커는 11월 18일 플라워가와 46번가 교차지점에서 죽은 채 발견되었다. 24세 라타냐 존슨은 12월 11일 웨스트 94번가 교차 지점에서 살해되어 발견되었다. 사우스 센트럴의 순경들은 순찰에 만전을 기하라는 명령을 받았다.

1989년 2월 23일, 오전 1시 30분, 77번가 경찰서의 마이크 에시비도와 그의 파트너 론 "스누피" 스미스가 관할 지역에서 순찰을 하던 중 두 사람이 타고 있는 포드의 파란색 템포를 발견했다. 경찰이 차로 다가가자 운전사는 달아났다. 경찰이 속도를 높여 추격하고 경광등을 켜자 그는 차를 세웠다.

경찰은 두 사람에게 차에서 내리라고 명령했다. 벨트를 풀고 바지 단추를 푼 남성 운전자가 비틀거리면서 차에 몸을 기댔다.

운전자는 로스앤젤레스 카운티 보안관 리키 로스라고 신원을 밝혔다. 41세의 흑인 전직 마약 담당 수사관 로스는 카운티에서 리스한 차를 운전하고 있었다.

"뭐가 문제요?" 경찰관들이 차를 세운 데 화가 난 로스가 따졌다. "나라면 같은 보안관끼리 음주운전으로 체포하지 않을 거요."

동승자 지미 조앤 맥기는 마약을 대가로 성행위를 하는 매춘부였으며 마리화나를 피우고 있었다고 하더니 말을 바꾸어 코카인이었다고 인정했다.

로스가 대답했다. "이봐요, 거짓말이에요. 저 차에 약이라곤 포장된 것뿐이오. 내일 재판이 있단 말이오. 차를 수색해도 좋소."

"저 여자랑 같이 한 건 콜라를 마신 것뿐이오." 그가 덧붙였다. "저 여자가 거기다 뭘 넣었는지는 모르겠지만."

스미스 경찰관이 트렁크를 열고 장전된 9밀리 베레타 반자동 권총과 코카인이 든 증거물 봉투를 발견했다.

로스는 약물 복용 운전으로 체포되어 77번가 경찰서로 이송되었다. 맥기는 체포 영장이 나와 구속되었다.

서에서 로스는 경찰관에게 자신이 "잘못했다. 오럴 섹스를 하러 나간 거였다"고 말했다.

맥기는 그 경찰관에게 로스가 웨스턴가의 스누티 폭스 모텔 근처에서 오전 12시 30분쯤 자신을 태웠으며 취하고 싶은지 물었다고 했다. 그는 로스가 고체 코카인 한 조각을 갖고 있어서 콜라 캔에 구멍을 뚫어 그것을 피웠다고 했다. 로스는 경찰을 보더니 조수석 창문으로 그 캔을 던졌다.

오전 3시 15분, 로스는 로스앤젤레스 카운티 보안관서로 이송되었다. 로스앤젤레스 공항 마약 조사반의 일원이었던 로스는 보안관에게 미네소타에서 2주간 훈련을 받으러 온 마약 조사원과 함께 저녁때 술을 마셨다고 했다. 로스는 집으로 가는 길에 LA 시내를 지나가다가 맥기가 손을 흔들어 차를 세웠다고 했다. 그녀가 귀여웠고 불쌍해서 도와주고 싶었다는 것이었다.

로스는 맥기가 콜로라도 출신이며 돈이 없어서 돈만 준다면 뭐든 하겠다고 말했다고 진술했다. 로스는 그들이 "잠시 오럴 섹스"를 할 만한 으슥한 곳을 찾아 돌아다녔다고 했다.

도중에 그는 가게에 차를 세우고 맥기에게 콜라를 사주었다. 로스는 그녀가 모텔에 가자고 했지만 2달러밖에 없었고, 그녀에게 속는 것이 두려웠다.

로스는 맥기가 코카인을 꺼내자 걱정이 되었지만, "잠시 오럴 섹스"를 하고 싶은 마음이 더 컸다.

로스의 바지가 허벅지까지 내려갔을 때 전조등을 켜지 않은 차가 뒤에 서는 것을 보고 도망쳤다. 자신을 따라오는 차가 경찰차인 것을 보고 차를 세웠다.

변호사와 이야기를 한 뒤, 로스는 경찰에 더 이상 진술하기를 거부하고 소변 샘플을 제공하는 것도 거부했다.

맥기는 서장에게 로스가 구토를 심하게 하고 저녁때 술과 "알약"을 섞어서 먹었다고 말했다고 진술했다. 알약이란 LSD를 가리키는 말이었다.

로스는 구속된 지 3시간 15분 뒤, 음주 측정기 테스트를 받았다. 통과했다.

약 1시간 뒤, 마약 인식 전문가가 로스를 평가한 뒤 약물에 취한 것처럼 보이지는 않는다고 했다. 그러나 콧구멍, 동공 크기, 맥박

수를 검사해보면 코카인 양성 반응이 나왔다.

　로스는 석방되었고, 보안관이 그를 산버나디노 카운티 근처 도시 리알토에 있는 집까지 차로 데려다주었다. 빗물에 심하게 녹슨 권총은 압수하여 검사실로 보냈다.

　로스의 권총은 3명의 매춘부에게서 채취한 탄환과 일치했고, 그는 자택에서 체포되었다. 수사관들이 나중에 가서 찾아온 콜라 캔은 화학적, 물리적 검사 후 코카인 양성을 나타냈다. 경찰은 맥기와 로스의 지문을 캔에서 확인했다.

　LA 경찰은 로스가 습관적으로 올바른 절차를 밟지 않았던 것을 알게 되었다. LA 경찰은 공항 내 로스의 책상을 수색했고, 내용물 칸을 비워둔 증거물품 봉투에 든 헤로인 주머니를 12개 발견했다. 규정에 따르면 수사관들은 증거물 봉투를 책상이 아닌 보안 로커에 보관하도록 되어 있었다.

　경찰은 로스가 다룬 마약 증거물에 대해 감사를 시행하고 그가 15g의 정체불명의 가루, 15g의 고체 코카인, 마리화나 담배 1개를 처분하도록 보냈다고 기록했음을 알아냈다. 그러나 경찰은 그것의 배달을 확인하는 전송 서류를 찾을 수 없었다.

　또한 그들은 로스가 1988년 11월 1일 2정의 권총과 18,000달러를 제대로 처리하지 않은 것을 발견했다. 돈은 어디로 갔는지 알 수 있었지만, 권총은 증거물 로커가 아닌 로스의 책상에 있었다. 로스가 맥기를 태운 밤에 자동차에서 발견된 코카인도 제대로 절차를 거치지 않고 유출된 것이었다.

　경찰은 로스가 25구경 권총도 소유하고 있다고 생각했고 3건의 매춘부 살인에 더해 에니트라 워싱턴과 1985년에서 1988년에 일어난 7건의 25구경 살인 사건에도 책임이 있다는 가설을 세웠다.

가택 수사로는 추가 증거를 찾아내지 못했다. 하지만 트렁크에서 발견한 9밀리 권총 실험을 근거로 로스는 이튿날 3건의 1급 특수 살인 사건으로 기소되었고, 사형선고를 받을 수 있었다. 로스는 심슨, 워커, 존슨의 살해에 대해서는 아무 관계가 없다고 버텼다.

에니트라는 저녁 뉴스에서 로스의 체포를 보고 9밀리 권총을 가진 미치광이가 마침내 잡힌 것에 기뻐했다. 하지만 그녀는 텔레비전에 나온 덩치가 자신을 총으로 쏘고 버리고 간 자와 혼동될 줄은 생각지도 못했다.

로스의 동료들은 그의 체포에 어안이 벙벙했다. 형사이자 새 삶을 사는 기독교인이며 두 아이의 아버지인 그는 성경 구절을 암송하고 9년 이상 카운티 교도소의 수감자들을 돕는 일반인 성직자로 봉사해왔다. 또한 그는 모터사이클 클럽의 일원이기도 했다. 얼마 전 있었던 근무 평가에서 그의 상사는 그가 꾸준히 남을 돕기 때문에 공항에서 "선의의 전도사" 역할을 한다고 기록했다.*

"그는 도울 수 있을 때면 언제든 승객들을 도왔습니다." 보안관 서장 로버트 윌버가 〈로스앤젤레스 헤럴드 이그제미너〉와의 인터뷰에서 말했다. "그에 대해서 부정적인 말을 들어본 적이 없습니다. 그의 상사를 모두 만나보았는데, 그가 그런 짓을 하리라고 믿는 사람은 아무도 없었습니다."

동료들은 188cm에 100kg가 나가는 덩치의 로스를 "상냥한 거

* 존 크러스트와 그렉 크리코리언, "매춘부 살해 사건에 용의자가 된 보안관", 〈로스앤젤레스 헤럴드 이그재미너〉, 1989년 2월 25일 자.

인", "소탈한 사람", "걱정 근심 없는 사람"이라고 평했다. 로스는 18년간 근무했으며 기록에 오점 하나 없었다. 담배를 많이 피우고 건강에 좋지 않은 식사를 했으며 동료들과 잭 대니얼즈 위스키를 마시기는 했지만, 마약을 하거나 매춘부들과 어울린다는 사실은 아무도 몰랐다.

하지만 몇몇 사람들이 보기에 로스는 중년의 위기를 겪고 있었다. 그와 가족은 가데나의 월세 없는 집에서 붉은 타일 지붕에 엘란초 베르데 컨트리클럽의 멋진 경치가 내다보이는, 리알토의 25만 달러가 넘는 방 4개짜리 2층 주택으로 이사했다. 그는 카운티 교도소에서 성경 공부 자원봉사를 그만두고 마약 전담반으로 옮겼다. 경찰은 그가 뇌물을 받았을 거라고 추측했다.

로스의 아내 실비아는 그런 비난에 분개했다. 그녀는 남편과 자신이 이전 집과 소유하던 빈 땅을 팔았기 때문에 그 큰 집을 할부로 살 수 있었다고 설명했다. 그 집을 사기 전, 그들은 자동차 업체 위의 월세 없는 집에서 살았는데, 남편이 그 업체의 야간 경비일을 해주었다는 것이다. 또한, 로스가 성경 공부 봉사를 그만두었지만, 가데나의 아파트에서 성경을 계속 가르쳤다고 그녀는 주장했다.

"사람들이 우리가 돈이 없다는 말을 어디서 듣는지 모르겠어요." 실비아가 말했다. "저는 승무원 일로 돈을 잘 벌었어요. 남편도 돈을 잘 벌었고……. 그들이 우리 청구서를 모두 살펴봤어요. 내 말을 믿어주세요. 그런 일을 전부 해서……마약이나 그런 걸로 우리가 돈을 번 게 아닌지 암시하려고 했다니까요. 하지만 그런 증거는 아무것도 안 나왔어요."

• • •

　로스의 구속 이틀 뒤 LA 카운티 보안관 셔먼 블록은 기자회견을 열어 깊은 실망을 표했다. "법 집행 조직에서 일어날 수 있는 가장 처참한 일은 그 일원의 사망입니다. 그리고 그다음에는 기관의 일원이 선을 넘고 중범죄를 저지르는 일입니다."

　"오늘은 로스앤젤레스 카운티 보안관서에 매우 슬픈 날입니다." 블록이 말했다.

　바로 그 기자회견에서 LA 경찰 대릴 게이츠 서장은 로스가 맥기와 보낸 밤에 대해서 수사관들에게 이야기를 했다고 기자들에게 전했지만, 그가 한 말 중 극히 일부만을 밝혔다.

　"그는 이 모든 일을 설명할 수 없었지만, 수사관들에게는 허심탄회하게 말했으며……. 젊은 여성을 차에 태운 것은 인정했지만, 그녀가 매춘부일 줄은 몰랐습니다." 게이츠가 말했다. 로스가 차를 세운 지역은 매춘으로 유명한 곳이라고 그가 말했다.

　또한 그 기자회견에서 로스앤젤레스 지방법원 스털링 E. 노리스 검사는 25구경 살인 사건에 대해서 직접 언급 없이 말했으며, 로스가 일련의 매춘부 살인 사건의 여러 용의자 중 하나라고 말했다.

　일주일 뒤, LA 경찰은 지난 3년 반 동안 같은 소구경 권총으로 살해되어 발견된 여성이 최대 12명 있다는 KABC-TV의 보도에 대해 피해자의 이름이나 다른 사항은 제공할 수 없다고 했다. 뉴스 기자는 (훗날 데브라 잭슨으로 확인된) 첫 피해자의 시신이 1985년 8월 웨스트 게이지가의 골목길에서 발견되었다고 했다. 기자는 최후의 시신은 1988년 9월에 발견되었으며 모니크 알렉산더로 밝혀졌다고도 했다.

KABC-TV는 경찰이 사우스 센트럴 주민들의 시위를 염려하기 때문에 이 살인 사건을 비밀로 한다고 보도했다. 하지만 LA 경찰은 그 주장을 부인했다. "[그 살인 사건을] 공개하지 않은 것이 대규모 시위[에 대한 우려]와는 무관하다고 확실히 말할 수 있습니다." LA 경찰 대변인 프레드 닉슨이 2월 17일 〈로스앤젤레스 타임즈〉와의 인터뷰에서 말했다.

2월 21일 화요일, 마거릿 프레스코드와 그 밖의 운동가들은 LA 경찰이 이번에도 연쇄살인범 뉴스를 비밀에 부쳐 거리에서 여성들의 안전을 위협하고 있다는 불만을 LA 경찰 위원회에 전했다.

"그토록 많은 인명이 달려 있는데, 그처럼 치명적인 결정을 내린 것에 우리는 분노합니다. 다른 지역의 안전이 달려 있다면, 그런 결정을 내리지 않았을 것입니다. 웨스트우드에서 12명, 13명, 혹은 29명의 여성이 살해되었다고 칩시다……. 그랬다면 비밀을 그렇게 엄수할 수 있었을까요?"

"LA 경찰에는 '우리와 저들'이라는 정서가 팽배해 있습니다." 그레이터 로스앤젤레스의 남부 기독교 지도자 연맹의 전무 마크 리들리-토머스가 말했다. "그것은 그들이 사태를 직시하지 않고, 상황을 어떻게 처리해야 할지 지역 사회를 믿지 않는다는 사실을 가리킬 뿐입니다."[*]

이번에도 LA 경찰의 게이츠 서장은 인종이나 직업은 경찰 수사에 영향을 주는 요인이 아니라고 사우스 센트럴 주민을 설득해야 했다. "우리는 사

* 존 크러스트와 그렉 크리코리언, "매춘부 살해 사건에 용의자가 된 보안관", 〈로스앤젤레스 헤럴드 이그재미너〉, 1989년 2월 25일 자.

람이 죽었다는 사실 이외에는 아무것도 보지 않습니다." 그가 말했다. "우리는 말을 매우 주의해서 해야 합니다. 앞으로 성명이 나올 것인지에 대해서는 말할 수 없습니다."

이 시점에서 로스는 파커 센터의 격리 감방에 수감되어 있었다. 그를 찾아온 면회인에는 로스앤젤레스 조니 L. 코크런 주니어의 법률회사 소속 변호사들과 엔시노의 변호사 리처드 A. 샤이니도 포함되어 있었다.* 샤이니는 인권 문제와 경찰관 관련 총기 발사 사건에서 로스앤젤레스 카운티의 경찰관들을 변호해온 젊은 변호사였다.

* 조니 L. 코크런 주니어는 훗날 O. J. 심슨이 아내 니콜 브라운과 친구 론 골드먼을 살해한 것으로 기소되었던 사건에서 심슨을 성공적으로 변호한 소위 드림 팀의 일원이 되었다.

• • •

살인 사건이 계속되는 데도 불구하고 코카인 중독과 매춘은 사우스 센트럴의 지저분한 거리를 따라 여전히 만연했다.

경찰은 초조했다. 사우스사이드 살인마 사건이나 다른 매춘부 살인 사건을 해결하는 데 진전이 없다는 것을 그들도 인정했지만, 여성이 공격당하는 지역으로부터 도움을 받지 못하는 것도 아쉬웠다. "이 사건을 수사하는 데 가장 분명한 문제점은 아무도 신경을 쓰지 않는다는 겁니다." 77번가 경찰서 살인 사건 담당 폴 마이즈가 1989년 3월 〈로스앤젤레스 타임즈〉와의 인터뷰에서 말했다. "여성의 가족은 관심을 갖지만, 거리에서 일하는 이들은 경찰을 돕지도, 수상해 보이는 운전자를 감시하지도 않습니다. 목격자는 거의 없고, 있다 하더라도 나타나지 않습니다."

살해된 여성 중에도 어떤 면에서는 '보이지 않는 이'들이 여럿이었다. 그들은 거의 절망적일 정도로 길을 잃은 상태였다. 그들이 마약중독으로 인해 살해되어 발견된 시기는 이미 친지들의 눈에서 사라진 이후였다.

"그들 중 많은 이들이 가족과 연락을 끊고 지내왔습니다." 훗날 리치 해로 형사가 말했다. "그리고 가족을 찾아내면, 그들은 어차피 시간문제였다는 식으로 반응했습니다. 조만간 그런 일이 있으리라는 걸 알고 있었다는 겁니다. 거리에서 일어나는 살인에 목격자가 있었다 하더라도 경찰을 믿지 않기 때문에 개입하려 들지 않았습니다. 대부분의 경우 우리는 그들의 믿음을 얻으려고 애썼습니다. 아주 어려운 일이었죠."

살인 사건이 드문 상류층의 백인 거주 지역에서는 주민들이 목소리를 내고 목격자들이 기꺼이 나섰다. 모두가 거리에서 범죄자를 없애려고 했다. 시민들이 안전함을 느껴야 하는 것이 사회 기준이었다. 사우스 센트럴은 다른 세상이었다. 주민들은 남의 일에 간섭하는 것을 두려워했다. 그들은 구타당하거나 살해당하는 것이 두려웠다. 갱들이 총을 들고 돌아다녔고 모든 시민이 두려움에 떨며 살았다.

• • •

로스의 구속 3주 뒤, 로스의 변호사가 고용한 총기 전문가는 로스의 9밀리 권총이 3명의 매춘부 워커, 존슨, 심슨을 살해하는 데 사용된 것이 아니라는 결론을 내렸다. 5월, 지방 검찰은 북부 캘리포니아의 개별 전문가 2인이 검사한 총이 상충하는 검사 결과를 해결한다는 데 동의했다. 첫 번째 전문가는 총이 일치하지 않는다고 결론 내렸다. 캘리포니아 법무부에서 실시한 두 번째 검사는 로스의 총을 완전히 배제할 수는 없지만 그 총이 살인에 사용되었을 가능성이 극히 적다고 결론 내렸다.

로스에 대한 살인 재판은 빠르게 진행되었다. 4월 27일 개인적 사유를 대며 사표를 제출하고 같은 날 해고된 로스는 곧 자유의 몸이 될 예정이었다.

"로스앤젤레스 경찰의 총기 전문가들은 다른 전문가들의 의견을 보고 검사 결과를 재검토했으며 이전 의견을 바꿨습니다." 지방 검사 윌리엄 하지먼이 성명서에 이렇게 적었다. "지금으로서는 피고의 총기가 살인 무기였다고 말할 수 없으며…… 따라서 리키 로스가 이 범죄를 저질렀다는 확증이 없습니다."

그러나 LA 경찰은 실수를 인정하지 않았다. "이 총기는 100% 확실하다고 인정된 것은 아니며 어떠한 정도로도 확실히 배제되지 않습니다." 윌리엄 부스는 〈로스앤젤레스 타임즈〉와의 인터뷰에서 이렇게 말했다.

부스는 경찰 내부의 총기 검사관들이 로스의 권총을 살해와 연결시켰는데 외부 전문가들은 연결시키지 않은 이유에 대해서 내사를 시작했다고 말했다.

"나는 아무도 죽이지 않았습니다." 로스는 공개 성명서에 이렇게 적었다. "차 트렁크에서 발견된 권총은 내가 사서 내 명의로 등록한 것이며 15년 동안 보안관으로서 근무하는 동안 사용한 것입니다. 내가 사람을 죽인다면 내 명의로 등록된 총을 사용하는 것이 논리적이란 말입니까?"

82일간 구속되었던 로스에 대한 모든 기소가 취하되었고 그는 자유가 되었다. 하지먼은 로스가 "매춘부와 함께 살해 지역에서 발견되었으므로" 여전히 용의자라고 말했다고 〈로스앤젤레스 타임즈〉는 보도했다. "그가 유일한 용의자이므로, 이제 공개수사가 시작됩니다."

5월 말, 〈로스앤젤레스 타임즈〉는 시빌 브랜드 교도소에서 지미 조앤 맥기와 인터뷰를 했다. 맥기는 로스가 코카인을 줬다고 거짓 말한 것은 교도소에 가는 것이 두려워서였다고 말했다. 대신, 로스는 코카인을 사라고 10달러를 줬다고 했다.

"나는 한 대 피웠어요." 그녀가 말했다. "그도 한 대 피웠구요."

〈로스앤젤레스 타임즈〉에 따르면, 로스의 변호사 제이 재프는 "그날 밤 [로스의] 마약 사용은 없었으며 모든 검사가 그 사실을 확인한다"고 맥기의 주장에 반박했다.

8월 초, 카운티의 중앙 인사위원회에서는 로스가 보안관서에서 해고된 것에 대해 항의하지 않기로 결정했다고 말했다. 로스를 변호한 하워드 L. 와이츠먼*은 의뢰인이 "법 집행 업무로 복귀하기에 감정적으로 힘들다"고 〈로스앤젤레스 타임즈〉와의 인터뷰에서 말했다.

한 달 뒤, 로스는 LA 경찰과 11명의 경찰관에 대해 민권 침해, 잘못된 체포 및 구금, 불법 수색과 압수, 잘못된 경찰 보고에 대해 4억 달러의 손해배상을 청구하는 연방 소송을 제기했다.

로스는 합법적인 영장 없이 집을 수색했으며, 수색 이후 보석 1점이 사라졌고, LA 경찰이 부인을 가택에 14시간 반 동안 연금했다고 주장했다. 구속 중에 로스는 지속적으로 생명에 위협을 느꼈

* 와이츠먼은 미국 정부에 코카인 거래로 체포되었다가 1982년에 방면된 유명 의뢰인 자동차 제작자 존 Z. 드로리언을 변호한 것으로 유명하다.

으며 인종 차별을 받았다고 했다. 그는 사악한 검사 측의 희생자라는 결론으로 마무리 지었다.*

"구속 중에 로스는 '매춘부 킬러'라는 별명으로 불리고 로스의 독방 맞은편 독방에 있던 한밤의 스토커 연쇄살인범 리처드 라미레즈를 언급하며 '더블 R' 중 한 명이라고 불리기도 하는 등 인격 모독을 겪었다." 소송장에는 이렇게 적혀 있었다.

로스는 교도소에서 매일 혈액 검사를 받았다고 했다. "LA 경찰은 그에게서 3병의 혈액을 뽑아 갔

*1992년, 로스는 코카인을 판매하기 위해 소유하고 마약 판매로 받은 금전을 소지한 혐의로 기소되었다. 그 재판은 1994년 2월에 있었으며 미결정 심리로 끝났다. 2주 간의 재판 뒤 로스앤젤레스 배심원단은 로스의 소송이 의미 없으며 시의 승소로 판결했다. 로스는 실망과 분노에 휩싸여 시내 법원 청사를 나섰다.

으며 로스의 혈액과 그가 용의 선상에 있는 살인 사건의 최소 몇 곳 현장에서 발견된 [살인자의] DNA와 일치하는지 검사하기 위해 날마다 혈액 검사를 했다. 로스는 자신이 무죄임을 알기 때문에 LA 경찰에서 일치하지 않는다는 것을 알게 되면 언제 풀려나는지 묻자, 영영 풀려나지 않을 거라는 대답을 들었다."

로스는 또한 LA 경찰의 총기 검사관들을 겨냥해서 3명의 전문가들이 자신의 차 트렁크에서 발견된 "9밀리 스미스 앤 웨슨 권총에 실시한 총기 검사 결과를 조작했다"고 주장했다.

• • •

로스는 자유의 몸이 되었지만 경찰은 그가 살인 사건과 모종의 관계가 있다고 여전히 믿었다. 그들은 진짜 살인마가 아직도 바깥에 숨어서 수사 열기가 가라앉기를 기다리고 있었던 것을 알지 못했다.

1부 살인 장부 ··· 145

제2부

잠들었던 살인마의 귀환

1989-2010

미해결 사건의 단서들

1989년 봄, 로스앤젤레스 카운티 지방 검사는 LA 카운티 보안관 리키 로스에 대한 모든 기소를 취하하는 수밖에 없었다. 우연히 25구경 살인도 중단되는 것 같았다. 사우스사이드 살인마 전담반의 리치 해로 형사는 새로운 살인 사건으로 옮겨갔고 2002년 1월 강도-살인 분과에서 은퇴했다. 그의 파트너 빌 게일리는 23년간의 근무를 마치고 이미 1991년에 은퇴했다. 역시 사우스사이드 살인 사건을 담당했던 전설적인 형사 존 센 존은 LA 경찰에서 51년간 근무를 마치고 은퇴한 지 2년 뒤인 1995년에 사망했다.

80년대 후반에 해체되기 전, 사우스사이드 살인마 전담반은 연쇄살인범 대니얼 리 시버트와 루이스 크레인 등의 사건을 비롯해서 여러 건의 살인 사건 수사를 마칠 수 있었다.

하지만 사우스사이드 살인마 사건 중 여러 건은 해결되지 않았으며, 그중 몇몇은 이후 최소 6명의 연쇄살인범의 소행으로 확인되었다. 25구경 살인 사건도 마찬가지였다. 피해자 가족들은 사랑하는 이의 죽음이 풀 수 없는 미스터리라는 사실을 받아들이고 체념하고 있었다.

1993년 12월, 경찰은 또 한 명의 사우스사이드 괴물, 마이클 후버트 휴즈라는 흑인을 잡았다. 전직 경비원이자 해군 기계공이었던 그는 1992년에서 1993년까지 4명의 여성을 살해한 죄로 컬버시 경찰에 체포되었다.

여타의 연쇄살인범들과 마찬가지로, 휴즈는 마약에 중독된 여성들을 겨냥하고, 그들의 시신을 뒷골목이나 공원에 유기했다. 하지만 그가 한 짓은 그것뿐만이 아니었다. 그는 피해자들에게 상스러운 자세를 취하게 하는 것을 좋아했다. 피해자들은 옷을 벗은 채 다리를 벌리고 자위행위를 하듯이 한 손을 성기에 대고 있기도 했다.

그는 주로 젊은 흑인 여성을 목표로 삼았지만, 예외도 있었다.

26세의 테레사 마리 발라드는 1992년 9월 23일, 사우스 센트럴의 제시 오웬스 공원에서 하의를 벗은 채 다리를 벌린 모습으로 발견되었다. 38세의 브렌다 브레들리는 1992년 10월 5일, 근처 컬버시에서 역시 하의를 벗고서 무릎을 굽히고 손가락 두 개를 음부에 댄 모습으로 발견되었다. 33세의 테리 마일즈는 1993년 11월 8일 컬버시 골목길에서 침대 시트로 감은 몸을 태아처럼 만 자세로 발견되었다. 29세의 백인 여성 제이미 해링턴은 1993년 11월 14일 컬버시에서 쇼핑카트에 웅크리고 있는 모습으로 경찰에 발견되었다. 그녀는 145kg이었고 꽃무늬 끈으로 목과 발목이 묶여 있었다. 별개의 끈이 한쪽 발목과 쇼핑 카트 바닥에 연결되어 있었다. 그녀를 결박하는 데 사용한 시트 조각이 휴즈의 집에서 발견되었다.

미시건주 태생의 휴즈는 1998년 12월 16일 4건의 살인으로 유죄 판결을 받았고 가석방 가능성 없는 무기징역을 선고받았다. 휴즈는 이후 DNA 증거를 통해 1986년 5월에 있었던 36세의 흑인 매춘부 버나 패트리시아 윌리엄스 교살을 포함해 4건의 추가 살인에 연루되었음이 확인되었다. 윌리엄스는 본래 사우스사이드 살인마의 피해자로 간주되었던 여성이었다. 윌리엄스는 색색의 스카프로 목을 단단히 묶인 채 바지는 발목까지 내리고 다리를 벌린 모습으로 한 초등학교 계단에서 발견되었다. 윌리엄스의 살인은 사우스사이드 살인마 전담반 존 센 존과 빌 게일리가 수사했다.

• • •

이러한 연쇄살인범의 유죄 및 실형 선고에도 불구하고, 1990년 대 초 사우스 센트럴에서의 생활은 나아지지 않았다. 코카인은 여전히 그 지역에 만연해 있었다. 일자리는 사라지고 불법이 횡행했다. 갱단과 갱단 폭력이 심해지며 도시 살인 발생 비율이 역대 최고로 올랐다. 로스앤젤레스 경찰은 가장 힘든 시기에 접어들고 있었으며, 1991년 3월 3일 로스앤젤레스 카운티를 가로지르는 고속 추격전 끝에 4명의 백인 경찰관이 흑인 운전자 로드니 킹을 구타한 사건이 이 시기의 분위기를 전형적으로 보여주었다.

25세의 실직 중인 건설 노동자 킹은 50차례 이상 곤봉으로 구타당해 다리와 두개골을 포함해 여러 곳에 골절상을 입었다.

조지 할리데이는 아파트 발코니에서 이때의 구타 장면을 녹화했다. 그가 KTLA-TV에 500달러에 팔았다고 하는 9분짜리 비디오테이프로 인해 LA 경찰 스테이시 쿤 경사와 로렌스 마이클 파월, 티모시 윈드, 시오도어 브리즈노 수사관이 기소되었다.

2주 뒤, 1991년 3월 16일 킹 구타로 인해 불붙은 인종 분쟁은 1.79달러짜리 오렌지 주스 때문에 식료품점에서 15세의 흑인 소녀 라타샤 할린스를 총으로 쏜 사건으로 악화되었다. 한국계 미국인 식료품점 주인 두순자는 살인으로 기소되어 1991년 10월 재판을 받았다. 그 재판에서 검사들은 당시 상황과 가게를 나가는 할린스의 뒤통수에 총을 쏘는 장면을 보여주는 보안 카메라 영상을 제시했다.

배심원단은 두순자의 자발적 살인에 대해 유죄라고 선고했고, 이에 대한 최고 형량은 11년 금고형이었다. 판사는 두순자에게 보호관찰과 400시간 봉사 및 500달러의 벌금 판결을 내렸다. 두순자가 받은 형량은 LA 흑인 전체에게 가한 모욕이나 다름없었다.

6개월 뒤, 1992년 4월 LA의 흑인들은 겉보기에는 인종과 무관하다는 법무부의 조치에 또 한 번 분노했다. 이번에도 킹과 관련된 일이었다. 4명의 경찰관들이 구타에 대해 무죄 선고를 받은 것이었다. 이번에는 분노로 인해 폭력 시위가 줄지어 일어났다. 6일 동안, 한국인이 운영하는 수십 곳을 포함해서 상점을 약탈하고 방화했다. 시위자들은 수십 명의 자동차 운전자들을 공격했는데, 그중 한 명이 백인 트럭 운전자 레지널드 데니였다. 그를 무자비하게 공격하는 장면 역시 비디오테이프에 녹화되었다. 50명 이상이 사망하고 2,000명에 이르는 사람들이 부상을 입었다. 분노에 찬 이때의 폭동은 로드니 킹 폭동이라고 알려졌다.

경찰관들은 킹의 민권을 침해한 죄로 몇 달 뒤 연방 법원에서 재판을 받았다. 쿤과 파월은 유죄 판결을 받고 결과적으로 2년 6개월 징역형을 선고받았다. 브리즈노와 윈드는 무죄 판결을 받았다.

하지만 LA 경찰을 조이는 사회와 인종, 언론의 압박은 줄어들 기미가 없었다. 2년 뒤, 경찰이 여전히 초조한 상태로 과로하고 있을 때인 1994년 6월 13일, 전직 프로 축구 선수 O. J. 심슨의 전처

니콜 브라운과 그녀의 친구 로널드 골드먼이 부유한 브렌트우드 지역에서 살해되어 발견되었다. 며칠 뒤 심슨은 살인죄로 체포되었다.

이 사건을 담당한 경찰은 이미 만신창이가 된 LA 경찰의 평판을 더욱 갈가리 찢어놓았다. 1995년 1월에 시작된 심슨의 체포와 재판은, 현장에 처음 도착한 형사 중 한 사람이었던 강도-살인 부서 및 웨스트 LA 분과의 형사 마크 퍼먼이 증거를 얼마나 허술하게 수집하고 둔하게 수사했는지를 잘 보여주었다. 1995년 10월 3일, 배심원단은 4시간도 논의하지 않고 심슨이 무죄라고 판정했다. 그 평결에 논란의 여지는 있었지만, 적어도 거리에 평화는 찾아주었다. 인종 차별이 유죄 판결로 이어진다면 폭력 사태가 일어날지도 모른다는 예상은 사실이었다.

• • •

또 한 차례, 이번에는 다른 종류의 위기가 LA 경찰을 기다리고 있었다. 1999년, LA 경찰은 사상 최악의 부패 스캔들을 맞이했다. 그 진앙지였던 램퍼트 경찰서의 이름을 따서 램퍼트 스캔들이라고 알려진 그 사건은 부패한 갱단 진압반 경찰관 라파엘 페레즈의 비행 기소로 촉발되었다. 페레즈는 증거로 등록된 코카인을 훔친 죄로 기소되었다. 페레즈는 가짜 체포를 하고, 거짓 보고서를 쓰고, 용의자를 폭행하고, 증거를 조작하며, 무고한 시민에게 증거를 심는 등 만연한 부패 행위에 수많은 동료들을 연루시켰다. 곧바로 최악의 결과가 나왔으며 LA 경찰에 대한 대중의 신뢰는 사상 최저로 떨어졌다. 시에서는 민사소송을 해결하느라 7,500만 달러 이상을 썼다. 수십 건의 판결이 뒤집혔으며, 시는 LA 경찰 작전을 연방 정부가 감독한다는 결정을 받아들여야 했다.

램퍼트 스캔들의 여파는 쉽게 가시지 않았지만, 2000년대로 접어들면서 새로 발전한 DNA 검사가 LA 경찰의 부활을 알렸다. 이곳 경찰은 곧, 담요에서 발견한 정액이나 맥주병에 남은 타액 등 생물학적 표본을 채취하여 중범죄자의 데이터베이스와 비교할 수 있도록 용의자 프로파일을 만드는 방법으로 범죄를 해결하는 것으로 유명해졌다. 이 모든 것은 캘리포니아 법무부에서 미제 살인 사건과 성범죄를 해결하기 위해 DNA 검사에 5,000만 달러의 보조금을 지급한 것으로 시작되었다.

LA 경찰의 베테랑 성범죄 형사 데이비드 램킨은 10년 가까이 미해결 담당부서를 만들 것을 촉구했다. 2001년, 새로운 DNA 검사로 수사 가능성이 생겨나자 그는 원하는 것을 얻었고, 그 부서를 맡게 되었다. 그는 파커 센터 5층에 있는 LA 경찰의 이전 도서관에서 새로운 미해결 부서를 운영했다.

새 팀에 선출된 형사들은 수십 년의 경험을 가진 노련한 전문가들이었다.

그중 하나였던 팀 마르시아는 존경받는 형사였고 LA 경찰의 할리우드 경찰서에서 램킨과 함께 일했다. 마르시아는 미해결 부서에 들어오던 해, 다큐멘터리 〈제임스 엘로이의 죽음의 파티〉에도 출연했다. (실제 범죄를 나루는 작가 제임스 엘로이는 어머니의 살인 사건과 1947년, 블랙 달리아라고 불렸던 여배우 엘리자베스 쇼트의 미해결 토막 살인에 대한 관심으로 이 다큐멘터리를 제작했다.) 체계적이며 열심히 일하는 강도-살인 담당 형사로 이름이 나 있던 말 잘하는 릭 잭슨도

이 새로운 부서에 합류했고, 살인 수사에 뛰어난 리처드 뱅슨도 마찬가지였다.

미해결 사건 부서에는 빠른 추리력과 뛰어난 사건 해결 능력으로 유명한 갱단 살인 전문 형사 호세 라미레즈, 갱단 수사관이자 몇 안 되는 강도-살인 담당 여성 형사인 비비안 플로레스, LA 경찰 센트럴 분과에서 날카로운 기억력과 체계적인 수사로 정평이 나 있는 살인 담당 형사 클리프 쉐퍼드도 들어왔다.

이 형사들은 미해결 사건 중 어느 것이라도 해결 가능성이 있는지 확인하기 위해 모였다. 즉, 혈액, 피부, 정액 등 DNA 검사를 할 수 있는 현장 증거가 아직 남아 있는지 알아내는 것이 목표였다. 과학 증거를 구할 수 있다면, 그 샘플은 주에서 주는 보조금으로 실험실에 보내 테스트할 예정이었다. 일단 증거를 검사하면 그 결과를 지역, 주, 연방 중죄인 데이터베이스에 업로드하여 현장에 남아 있던 DNA가 이미 시스템에 올라와 있는 유전자 프로파일과 일치하는지 확인하는 것이었다.

DNA 검사를 할 수 있는 증거가 남아 있는 사건을 찾는 작업은 시간도 오래 걸리고 쉽지 않았다. 이전 담당 형사들이 수십 건의 사건에서 나온 수백 건의 증거를 이미 폐기한 후였다.

쉐퍼드 형사는 특히 증거 폐기에 화가 났다. 수십 건의 살인 사건을 영영 해결할 수 없고, 가족들은 평생 사랑하는 이에게 무슨 일이 있었던 것인지 모르고 살게 된다고 생각하면 그는 견딜 수가 없었다. 그렇다 하더라도 쉐퍼드는 그 일을 즐겼다. 살인 사건 기록, 수사 보고서를 읽고 살인자를 찾아낼 수 있는 아주 작은 정보를 찾는 이런 일이 좋아서 증거 수집을 맡은 것이었다.

쉐퍼드는 클리프턴 하이츠라는 세인트루이스의 중산층 백인 거주 지역에서 자랐다. 그의 어머니는 독일 이주민이었고, 1945년 당시 미육군에 있던 아버지를 베를린의 한 클럽에서 만났다.

그가 경찰을 직업으로 삼게 된 첫 계기는 열세 살 때 있었다. 이웃의 가게에서 캔디를 사고 있던 그에게 나이 많은 여성이 버스 정류장까지 한 블록만 같이 가달라고 부탁했다. 그녀는 밤에 거리 걸어 다니기를 두려워했고, 쉐퍼드는 그런 일에 마음이 쓰였다.

쉐퍼드는 1974년 5월 LA 특수기동대와 심바이어니즈 해방군 사이의 총격전을 텔레비전에서 생방송으로 보고 LA 경찰에 지원하고 싶어졌다. 도시 게릴라 집단이던 심바이어니즈 해방군은 19세의 상속녀이자 신문사 갑부 윌리엄 랜돌프 허스트의 손녀, 패티 허스트를 납치했다. 그녀는 캘리포니아주 버클리의 아파트에서 납치되어 여러 달 동안 포로로 살다가 납치범들과 한 편이 된 것 같았다. 그 단체를 끈질기게 추적한 뒤, LA 경찰은 무장을 하고 사우스 센트럴의 한 주택에 모인 그 단체를 포위했다. 텔레비전 뉴스 카메라도 대기 중이었다. 최루탄이 가옥 내에 있던 화약고에 불을 붙이자, 불길에 해방군 단원 4명이 사망했다. 2명은 달아나려다가 천 발을 연속 사격한 경찰의 총에 죽었다. 하지만 패티 허스트는 집 안에 없었다.

쉐퍼드는 바로 몇 달 뒤 LA 경찰에 지원했고, 범죄 기록 조사와 심리 검사를 받은 뒤 1975년 1월 20일에 채용되었다. 엘리지안 파크에 있는 경찰학교에서 5개월 동안 훈련을 받은 뒤, 쉐퍼드는 센트럴 경찰서에 전속되었다. 1년 뒤, 그는 파커 센터의 통신팀에 전속되어서 긴급 전화를 받아 경찰을 배치하는 일을 했다.

1984년 4월, 쉐퍼드는 사우스 센트럴의 마약 중독이 절정에 달한 시기에 사우스이스트 경찰서 순찰 훈련관이 되었다. 사우스이스트에서의 마지막 3년 동안 그는 재산 범죄, 성폭행, 대인 치사, 자동차 절도 수사를 담당했다. 1993년 12월 26일, 쉐퍼드는 1급 형사로 진급해서 자신이 근무를 시작했던 센트럴 서로 전속되었고 거기서 가택 절도를 담당했다. 1996년 살인 담당 형사직을 제안받았다.

2년 뒤 그는 41세의 폴라 밴스 살인 사건 수사를 배정받았다. 그녀는 1998년 8월 LA 시내 사무실 건물 옆 통로로 유인당했고, 그곳에서 살인범은 그녀를 땅에 쓰러뜨린 뒤 잔인하게 강간하고 목을 졸랐다. 이 무시무시한 범행은 희미한 흑백 감시 카메라에 녹화되어 있었다. 범행이 끝난 뒤 살짝 다리를 저는 덩치 큰 흑인이 걸어 나갔다. 이 기습적인 범행을 보고 쉐퍼드는 범인이 전에도 살인을 해본 적이 있을 거라고 생각했다.

쉐퍼드가 2001년 11월 미해결 부서에 합류했을 때, 밴스의 사건도 함께 가지고 갔다. 그 사건은 이 부서의 요건에 맞았고, 용의자의 DNA를 검사하도록 보냈다.

2003년 9월 8일, 쉐퍼드와 파트너 호세 라미레즈가 살인 사건과 관련해 LA 경찰 관하의 윌셔 경찰서에 있었을 때 라미레즈의 휴대전화가 울렸다.

"미해결 사건 하나가 나왔어요." 비비안 플로레스 형사가 말했다.

쉐퍼드와 라미레즈가 미해결 부서에 들어온 후 첫 사건이었고, 마치 잭팟이 터진 기분이었다. 서로 돌아온 쉐퍼드는 그 건이 밴스의 건과 관련 있다는 것을 알게 되었다.

폴라 밴스에게서 발견된 것과 같은 DNA가 라미레즈의 미해결 사건인, 45세의 자녀를 둔 기혼 여성이자 마약 중독이 심한 밀드리드 비즐리의 살인 때 발견된 DNA와 일치했다. 비즐리는 1996년 11월 6일, 콜든가 남쪽 하버 고속도로의 한쪽에서 발견되었다. 그녀는 옷을 일부만 입고 있었고 목에 끈으로 묶은 자국이 있었다.

이제 그들은 이 유전자 서명에 이름을 붙일 수 있었다. '체스터 드웨인 터너.'

37세의 터너는 추적하기 쉬웠다. 그는 2002년 3월 16일, LA 시내 스키드 로의 거리에서 남자친구와 텐트에서 살던 마리아 마르티네즈를 강간한 죄로 캘리포니아 제임스타운에 위치한 시에라 컨서베이션 센터 주립 교도소에서 8년 형을 살고 있었다.

폭행당하던 밤, 마르티네즈가 로스앤젤레스가에 있는 24시간 햄버거 가게로 걸어가고 있는데 터너기 다기오더니 라이디가 있는지 물었다. 마르티네즈는 그가 경비원으로 일하고 있는 미드나잇 미션에서 그를 본 것을 기억했다.

그녀가 터너에게 라이터를 건네자 그는 그녀의 손을 잡아당기고는 목덜미를 잡았다. 그는 그녀를 주차장으로 끌고 가서 바지를 내리라고 했다. 그는 그녀를 땅에 꼼짝 못하게 엎드리게 하고 몇 시간 동안 성폭행했다. 잔인한 폭행 뒤 터너는 자신이 가석방 중이며 경찰에 신고하면 죽여버리겠다고 했다.

그들은 함께 7번가와 메이플가 교차지점까지 걸어갔고, 거기서 마르티네즈는 충격 상태로 재빨리 달아났다. 그녀는 곧바로 LA 경찰의 센트럴 서로 갔다. 마르티네즈는 안으로 들어갔지만, 기다리라는 말을 듣고 다시 나왔다. 이튿날 그녀는 지역 기독교 전도 시설에 그 이야기를 했고 신고하라는 재촉을 받았다. 그리고 신고 했다.

유죄 판결을 받는다면 20년 이상 형을 받게 될 터너는 유죄를 인정하고 2002년 9월 7일 8년 형을 받았다. 터너는 유죄 답변의 일환으로 DNA 샘플을 제출했는데, 그것이 지역, 주, 연방 중범죄자 DNA 은행에 등록되었던 것이다.

쉐퍼드와 라미레즈는 터너의 다양한 범죄 경력을 살펴본 뒤 아칸소에서 출생하고 80년대 마약이 성행하던 시절 사우스 센트럴에서 자라며 고등학교를 중퇴한 터너가 밴스, 비즐리, 마르트네즈 이외에도 더 많은 피해자를 남겼을 것이라고 확신했다.

터너는 성기 노출로 체포된 적이 있었고, 90년대 초 건널목 교통정리원 앞에서 자위를 한 뒤 성추행범으로 등록된 바 있었다.

2001년 10월 3일, 터너는 마약을 대가로 성행위에 동의한 여성을 폭행했다. 그는 판지로 텐트를 만들고, 여성의 팔을 묶고 셔츠 조각을 입에 물렸다. 그는 여성을 수차례 성폭행한 뒤 발설하면 죽이겠다고 협박했다. 그녀는 이후에 터너에게서 폭행당한 것을 경찰관에게 말했지만, 형사들이 면담하러 도착했을 때는 사라지고 없었다.

터너의 이러한 과거로 인해 쉐퍼드와 라미레즈는 1987년부터 2002년까지 일어난 30건 가까운 미제 사건을 조사하게 되었다. 모두 사우스 센트럴과 LA 시내에서 여성과 관련된 사건이며 피해자들의 옷을 벗기고 강간한 뒤 교살한 것이었다.

형사들은 대부분의 연쇄살인범들이 어린 나이에 범행을 시작한다는 것을 알고 있었고, 학교 친구들이 추행범 체스터라고 별명을 붙였던 터너도 예외는 아니었다.

터너의 DNA는 추가로 8명의 피해자에게서 검출된 것과도 일치했다. 형사들은 깜짝 놀랐다. 그들은 터너가 성적 가학행위를 저지르는 살인범인 것은 알고 있었지만, 그가 얼마나 많은 범행을 저질렀는지는 몰랐던 것이다.

이런 발견 사실을 통해, 형사들은 1980년대 사우스사이드에 도사리고 있던 또 한 명의 연쇄살인범을 찾아냈다.

• • •

라미레즈와 쉐퍼드는 터너의 무자비한 살인 이력을 모두 찾아내 연결시켰다. 그는 20세 때 도미노 피자 배달원을 하면서 첫 번째 희생자를 냈다. 1987년 3월 9일, 다이앤 존슨은 사우스 센트럴 프리웨이 110번지 옆 보도에서 하의가 벗겨진 채 발견되었다.

루이지애나 출신의 26세 아넷 어니스트가 그다음 희생자였다. 그녀는 1987년 10월 29일, 바지는 발목까지 내려지고 블라우스가 걷혀 올라가 가슴을 드러낸 채 엎드린 자세로 발견되었다. 그녀의 시신은 존슨이 발견된 지점에서 세 블록 떨어진 곳에 있었다.

31세의 아니타 피시먼은 15개월 뒤인 1989년 1월 20일에 실종되었다. 의복 일부가 벗겨진 채로 부패한 그녀의 시신은 사우스 센트럴 사우스 피게로아가 9800번지 블록 근처 골목길 차고에 기대어진 채 문짝에 가려져 있었다.

그리고 9개월 뒤, 1989년 9월 23일 27세의 레지나 워싱턴은 피시먼의 시신이 발견된 곳으로부터 약 열 블록 떨어진 사우스 피게로아가의 빈집 차고에서 케이블에 목이 감긴 채 발견되었다. 그녀는 임신 6개월 반의 상태였다.

터너는 몇 년 동안 살인을 멈춘 것 같았지만, 그 후 1993년 4월부터 1998년까지 다섯 명의 여성을 더 살해했다. 그중에는 29세의 안드레아 트리플릿과 데사레 존스, 31세의 나탈리 프라이스도 있었다.

DNA를 통해 이 살인 사건들과 터너를 연결시켜준 폴라 밴스의 살인도 그중 하나였지만 마지막 사건은 아니었다. 마지막은 39세의 브렌다 브리스였으며, 그녀는 목에 졸린 자국이 있고 바지와 속옷을 무릎까지 내린 채, 체스터 터너가 가끔 살았던 LA 시내 리걸 호텔에서 한 블록 떨어진 이동식 화장실에서 발견되었다.

형사들이 터너의 살인을 모두 조사하기 시작하면서 모든 형사들이 두려워하는 것—잘못된 유죄 판결을 마주하게 되었다. IQ 62의 파트타임 청소부 데이비드 앨런 존스가 터너의 소행으로 보이는 살인 3건을 저지른 죄로 징역형을 살고 있었던 것이다.

존스는 확실한 목격자나 물증이 없는데도 유죄 판결을 받았다. 범죄 현장에서 채취한 머리카락, 혈액, 정액 샘플 중 어느 것도 그의 O형과 일치하지 않았다. 하지만 터너의 혈액형인 A형과는 일치했다.

존스의 희생자로 알려진 태미 크리스마스는 1992년 9월 30일, 한 초등학교의 이동식 교실에서 발견되었다. 32세의 데브라 윌리엄즈는 2개월 뒤 11월 16일 같은 초등학교의 계단 밑에서 발견되었다. 41세의 메리 에드워즈는 1개월 뒤 폐업한 모텔의 간이 차고에서 발견되었다. 시신이 발견된 이 모든 곳은 당시 터너가 어머니와 함께 살던 사우스 센트럴의 집에서 걸어갈 수 있는 거리였다.

LA 경찰 형사들은 1993년 초 이틀에 걸쳐 존스를 세 차례 인터뷰했다. 당시 33세였던 존스는 수감 중이었다. 그는 1992년 12월 자택 마당에서 한 여성을 강간했다고 체포되었다.

인터뷰 중 존스는 그 여성들을 살해하지 않았다고 했지만, 크리스마스, 윌리엄즈, 에드워즈와 성관계를 하고 싸움을 한 뒤 목을 조른 것은 시인했다. 하지만 그가 떠났을 때까지도 모두 숨을 쉬고 있었다고 주장했다. 그는 그 후 에드워즈의 살인, 크리스마스와 윌리엄즈의 치사죄로 유죄 판결을 받았다.

에드워즈와 윌리엄즈 사건의 DNA 증거가 터너와 일치한 뒤, 2004년에 무죄임이 밝혀질 때까지 존스는 9년간 교도소에서 복역했다. DNA 증거는 1998년에 폐기되어 남아 있지 않았지만, 존스는 크리스마스의 살인죄에 대해서도 무죄 선고를 받았다. 그리고 존스는 로스앤젤레스시로부터 72만 달러의 합의금을 받았다.

• • •

터너의 연쇄살인을 해결함으로써 근 20년간 사우스사이드 주민들을 사로잡은 불안이 크게 해소되었다. 희생자들의 가족, 연인, 친구들은 마침내 마음을 정리할 수 있었다. 지역 사회 전체, 특히 젊은 흑인 여성들—대부분 마약으로 심신이 약해진—은 안도의 한숨을 크게 내쉴 수 있었다.

LA 경찰도 마찬가지였다. 흑인 주민들과 험난한 사건을 많이 겪었던 경찰 역시 이 일로 잠시 한숨 돌릴 수 있었다.

25구경 살인자

미제 살인 사건과 체스터 터너를 연결시켜낸 것은 쉐퍼드와 라미레즈의 큰 성과였고 상사들도 이를 인정했다.

터너가 기소된 뒤 쉐퍼드가 파커 센터의 복도를 지나고 있는데 LA 경찰 간부 한 명이 그에게 질문을 던졌다.

"자네가 해결할 수 있는 다른 연쇄살인도 있나?"

"네." 쉐퍼드가 곧바로 대답했다. 그는 특히 한 가지 연쇄살인에 관심을 갖고 있었다. 1980년대 사우스사이드 살인마 사건이었다. 1984년, 쉐퍼드는 사우스이스트 경찰서에 배정된 이후 사우스사이드 살인마의 희생자를 찾느라 골목길과 공원을 순찰하며 초과근무를 했다. 그는 종종 살인 담당 형사들과 이야기를 나누고 찾아야 하는 용의자가 있는지 묻기도 했다. 그들은 늘 아무 실마리가 없기 때문에 용의자도 없다고 대답했다. 그러다가 사우스사이드 살인마 전담반은 해체되었고, 사건은 미제로 남았다.

쉐퍼드는 사우스사이드 살인마 자료를 재조사할 수 있게 되었다. 그는 문서저장실로 달려갔다가 곧바로 좌절했다. 사우스사이드 살인마 전담반은 알고 있었지만, 희생자들의 이름은 몰라 살인 사건 기록을 찾아내는 데 어려움을 겪었던 것이다. 서서히 사건 자료를 모아 읽는 동안, 그는 사우스사이드 살인마 전담반에 1985년에서 1988년 사이 25구경 살인 사건을 담당하는 별개의 전담반이 있었음을 깨달았다. 그 희생자들인 데브라 잭슨, 헨리에타 라이트, 메리 로우, 버니타 스팍스, 바바라 웨어, 알리시아 "모니크" 알렉산더는 모두 같은 25구경 권총으로 치명상을 입었으며 그들의 시신은 모두 웨스턴가에서 파생된 지저분한 골목길에 버려졌다. 또한 LA 카운티 보안관서의 사건 하나도 관련되어 있었다. 그 희생자 래크리카 제퍼슨은 탄환 검사를 통해 다른 사건과 연결되었다.

쉐퍼드는 그 탄환을 전부 다시 검사해달라고 요청했다. 화기 전문가의 결론은 80년대와 같았다. 모든 탄환이 같은 권총으로 발사한 것이었다.

또 한 가지 중요한 유사성이 있었다. 모든 희생자들은 팬티나 브라, 혹은 두 가지 모두를 입지 않고 있었다. 몇몇 경우는 옷을 대충 입히거나 살해한 뒤 다시 입힌 것 같았다.

쉐퍼드는 자료를 다시 살피던 중 한 명의 생존자 에니트라 워싱턴을 발견했다.

2003년 9월, 쉐퍼드는 반드시 필요한 현장 증거를 찾기 위해 살인 기록을 하나하나 샅샅이 뒤지고 있었다. 몇 달 동안 검토한 뒤, 쉐퍼드는 DNA 증거가 있는 3건에 대해서만 DNA 검사를 요청했다. 메리 로우, 버니타 스팍스, 바바라 웨어의 사건이었다. 데브라 잭슨과 모니크 알렉산더의 시신은 너무 심하게 부패해서 DNA를 검출할 수 없었고, 헨리에타 라이트 사건의 법의학 증거는 폐기된 후였다.

근 15개월이 지난 2004년 12월 9일, 쉐퍼드는 DNA 일치 결과를 얻어냈다. 1987년에 살해된 희생자 메리 로우에게서 발견된 DNA가 2003년 7월에 살해된 새로운 희생자 발레리 루이즈 맥코비에게서 발견된 DNA와 일치한 것이다.

쉐퍼드는 깜짝 놀랐다.

최근에 발견된 희생자는 학교 건널목 경비원이 경찰에 신고했다. 베티 워커가 야광 조끼를 입고 7월 11일 오전 6시 35분 덴버가 근처 108번가의 근무지에 도착했을 때, 자동차 한 대가 옆에 섰다.

"경찰에 신고해요." 남자가 침착하게 말했다. "저기 시체가 있어요." 그는 덴버가에서 연결되는 작은 골목길을 가리켰다.

워커는 돌아서서 쳐다보았다. "아무것도 안 보이는데요." 그녀가 말했다.

"음, 저기 있어요." 그는 이렇게 대답하고 차를 몰고 가버렸다. 이때 대화가 너무 갑작스러워서 워커는 그와 그의 차를 제대로 보지 못했다. 경찰에 진술할 때 기억하는 것이라고는 밝은 색의 중간 크기 자동차라는 것뿐이었다.

워커는 호기심에서 보통의 주택가를 지나 그 골목 어귀로 갔다. 출입구가 잠긴 골목 끝 근처 보도가 깔린 작은 길에 여성의 시신이 구부린 채로 있었다. 워커는 911에 전화를 걸었다.

죽은 여인의 옷가지는 비뚤어져 있었다. 청색의 긴팔 레오타드는 아래로 내려가 가슴이 드러나 있었다. 갈색 바지는 허벅지까지 내려가 엉덩이가 드러나 있었고, 속옷은 입지 않았다. 그리고 더러운 양말은 신고 있었지만, 신발은 없었다. 검정과 흰색의 울 스웨터가 머리를 부분적으로 가리고 있었다.

LA 경찰 살인 담당 팀장 샐 라바베라가 현장에 도착해 차에서 하얀 가림막을 꺼내 시신을 가려주었다.

가림막 뒤에서 살인 담당 형사 로저 앨런이 조사를 시작했다. 피해자의 왼쪽 어깨와 팔에 도로에 긁힌 자국이 있었고, 왼쪽 쇄골에도 찰과상이 있었다. 눈에서 점상 출혈도 발견되었다. 앨런은 범인이 시신을 유기한 것이라고 추리했다.

죽은 여성이 왼팔을 머리 위로 어색하게 올린 채 비틀어진 자세로 있던 것을 확인한 앨런은, 왼쪽 어깨와 팔에 있는 도로에 긁힌 자국이 자동차의 조수석에서 밀어낼 때 생긴 것이라고 판단했다. 그가 보기에 그녀는 차에서 밀려 떨어진 뒤 굴러 오른쪽 골반 쪽으로 멈춘 것 같았다. 오른쪽 어깨 뒤쪽의 타박상을 본 앨런은 여성이 차에서 던져진 후 몇 분 동안 살아 있었다고 추측했다.

앨런은 시신 근처의 전봇대에서 갱단의 낙서를 보았지만, 이 살인이 갱단과 직접 연관은 없을 거라고 생각했다.

부검 조사관 케이 프리츠는 피해자를 비닐 시트 위에 눕히고 옷 표면에서 흔적 증거를 채취했다. 왼쪽 가슴에는 깨문 것처럼 보이는 수상한 자국이 있었다. 머리에는 둔기로 맞은 외상의 흔적도 있었다.

목에는 넓은 밴드 같은 것으로 조른 자국이 있었고, 3일 후 부검을 실시한 대릴 가버 박사는 젊은 여성이 교살당했다고 결론 내렸다. 목에 걸려 있던 흰색 조개껍질 목걸이가 살인 무기였을 것으로 추측되었다. 목걸이에는 짧고 검은 머리카락 몇 가닥이 붙어 있었다. 피해자가 목이 졸리면서 조르는 것을 떼어내려고 자기 목을 할퀴었을 가능성도 있었다. 그녀를 살해하려면 지속적인 압박을 1~2분 동안 가했을 것이다.

약물 검사 결과 체내에서 마약과 알코올이 검출되었다.

그녀에게서 DNA를 검출해 샘플을 LA 경찰 과학수사부로 보냈다. 지문 조사 결과 피해자는 사우스 센트럴에 거주하는 35세의 발레리 루이즈 맥코비임이 밝혀졌다.

이 살인에는 25구경 탄환이 사용되지 않았지만, 16년 전에 저지른 살인 사건과 DNA가 정확히 일치한다는 사실이 의미하는 바는 단 하나였다. 1980년대 내내 사우스 센트럴에 도사리고 있던 살인범이 여전히 잡히지 않고 여성을 살해하고 있다는 것이었다.

쉐퍼드에게는 불운하게도, 다시 깨어난 사우스사이드 살인자는 카운티나 주, 심지어 연방 DNA 데이터베이스에도 등록되어 있지 않았다. 그가 등록되어 있었다면 체스터 터너의 경우처럼 일치하는 사람이 있었을 것이다. 그러므로 쉐퍼드가 찾는 연쇄살인범은 DNA 검사가 뒤따르는 범죄를 저지른 적이 없는 모양이었다.

2003년, 발레리

발레리 맥코비는 매춘으로 6차례 체포된 경력이 있는 마약 중독자이다. 그녀가 거리 부랑자로 살아가고 있을 때, 중범죄로 유죄 판결을 받은 적이 있는 포주 로버트 노블즈가 그녀를 도와주기로 했다.

그의 의도는 전혀 의롭지 않았다. 발레리는 그의 사업 계획일 뿐이었다. 그는 여인들의 중독을 치료해준 뒤 자신을 위해 일하는 매춘부로서 거리에 다시 내보냈다.

하지만 발레리는 중독으로 인해 변덕스럽고 종잡을 수 없는 성격이 되었다.

노블즈의 딸 루신다는 발레리를 만난 날을 기억했다. "[로버트가] 새벽 3시에 내 집 문을 두드렸어요. 나가보니 그녀를 데리고 있었어요."

"그녀는 〈뉴 잭 시티〉에 나오는 푸키 같았어요." 그녀는 크리스 락이 만든 마약 중독 캐릭터 베니 "푸키" 로빈슨을 언급하며 이렇게 말했다.

루신다는 그날 밤 그들을 자신의 집에서 재워주었고, 발레리는 그 후 몇 년 동안 루신다의 삶의 일부가 되었다.

노블즈는 발레리를 두 차례 임신시켰다. 그녀는 심포니라는 딸을 낳았는데, 아이는 체내에 마약 성분이 있는 채로 태어나 양육 기관에 맡겨졌다. 1999년 10월 22일에는 아들 매튜를 낳았다. 그녀는 한동안 마약을 끊고 섹션8 공공 주택에 살았으며, 마약 치료 시설에서 일하며 다른 중독자들을 돕기도 했지만 결국 다시 마약을 시작했다.

매튜가 두 살일 때 루신다는 배다른 동생의 양육권을 얻었고 이후에 입양했다. 발레리는 이따금 아들에게 전화를 걸기도 하고 만나러 오기도 했다. 발레리가 마약을 끊었을 때는 찾아와서 "아기를 되찾고 싶어서 울었다"고 루신다는 기억했다. "내가 그렇게 말했죠. '애 걱정은 말아요. 누나가 보고 있잖아요. 상황이 나아질 때까지 기다려요. 그저 아들이 잘 지낸다는 것만 알아둬요.' 발레리는 그 애를 사랑했어요. 그래서 거기 앉아서 계속 울었죠."

"마약만 안 하면 변호사든 교사든 할 수 있었을 거예요." 루신다가 말했다. "발레리는 나를 찾아왔을 때 아주 부끄러워했던 것 같아요. 상냥한 사람이었고, 더 잘되길 바랐지만 마약 때문에 그럴 수 없었어요."

발레리는 마약을 끊으려고 노력하면서 노블즈와의 관계도 끊으려고 했다. "발레리는 마약만 안 하면 훌륭한 사람이었다고 생각해요. 발레리가 정신을 차렸고, 아버지가 원치 않는 일을 시켰던 것 같아요." 루신다가 말했다. "발레리는 아버지와 연락을 끊었고, 아버지는 발레리를 찾고 싶어 했어요. 그녀를 정말 미워했어요."

루신다는 아버지로부터 발레리가 살해되었다는 소식을 들었을 때, "아버지가 죽인 줄 알았어요"라고 말했다. "아버지는 냉혹한

사람이거든요. 아버지는 어머니가 날 갖지 않았으면 거리에 내보
냈을 거라고 했어요."*

* 노블즈는 노숙자로서 구걸
하다가 2016년 버뱅크의 주류
상점 뒤에서 자연사했다.

　　루신다는 아버지가 발레리의 죽음과 무관하다
는 사실을 그 후로 7년 동안 알지 못했다.

• • •

　　쉐퍼드의 추리에 따르면 발레리 맥코비가 2003년에 살해되기
전, 살인의 마지막 희생자는 25구경 살인의 유일한 생존자, 1988
년 11월의 에니트라 워싱턴이었다. 쉐퍼드는 살인범을 찾는 과정
에서 온갖 질문을 던졌다. 그는 죽이려던 여성이 살아남은 것을
알고 살인을 멈춘 것일까? 왜 이제 와서 수면에 떠오른 것일까?
90년대에는 수감되어 있었을까? 어쩌면 살인을 멈추지 않았고, 경
찰이 다른 피해자를 발견하지 못한 것일지도 모른다. 그렇다면 그
가 그토록 많은 여성을 살해한 25구경 권총은 어떻게 되었을까?

2004년, 프린세스

6일 뒤 2004년 12월 15일 쉐퍼드는 동일한 신원 미상의 살인범이 잉글우드 경찰서의 한 살인 사건과 DNA를 통해 연결된다는 사실을 알게 되었다. 피해자는 위탁 양육 시설에서 달아난 15세의 소녀 프린세스 버소뮤였으며, 2002년 3월 9일 잉글우드에서 살해되었다.

프린세스의 짧은 생은 다른 사우스사이드의 희생자들보다 훨씬 더 참담하게 끝났다.

프린세스 버소뮤는 단 한 번의 기회도 갖지 못했다.

어머니는 프린세스가 아주 어렸을 때 버진 아일랜드 출신의 아버지 비너스 버소뮤에게 그녀를 버리다시피 하고 떠났다.

세 살 무렵 프린세스는 영양실조에 온몸이 멍투성이였다. 1989년 10월 14일 새벽 2시, 우연한 식중독으로 인해 경찰에 신고가 들어간 이후에야 프린세스는 괴로운 어린 시절에서 벗어날 수 있었다. 하지만 이미 깊은 상처가 남은 뒤였다.

당시 30세였던 비너스 버소뮤와 그의 애인 마사 저머니의 사우스 센트럴 아파트에 도착한 구급대원은 걷지도 말하지도 못하는 어린아이를 발견했다. 그들은 경찰에 신고했다.

〈로스앤젤레스 타임즈〉에 따르면 버소뮤는 경찰에게 아이가 실수로 의료용 알코올을 먹은 적이 있다고 하면서 "코카인에 노출되었을지도 모른다"고 말했다.

프린세스는 벨트와 나무 회초리로 심하게 맞은 상처와 타박상을 갖고 있었다. 엉덩이와 다리에는 담뱃불 화상이 가득했고, 손목과 발목은 밧줄로 오래 묶은 상처가 나 있었다. 며칠씩 옷장 속에 갇히기도 했다.

"세 살짜리 인간 펀치백이었어요." 토머스 존스 경사가 〈타임즈〉와의 인터뷰에서 말했다.

버소뮤와 저머니는 아동학대로 체포되었고 11건의 중범죄 아동학대와 아동폭행으로 기소되었다. 저머니는 아동학대 1건에 유죄를 인정하고 로스앤젤레스 카운티 교도소에서 1년간 복역했다. 그녀의 보호관찰 조건은 부모 수업을 받고 감독 없이 18세 미만의 아동과 접촉하지 않는 것이었다. 그녀는 아이들을 상대하는 직업을 가질 수 없게 되었다. 버소뮤는 1990년 10월 1일 징역 4년형을 받았다.

병원에서 퇴원한 뒤 프린세스는 인테리어 디자이너이자 전직 낙하산병이었던 데이비드 스마트와 그의 아내이며 노인들을 오랫동안 돌본 경력이 있는 전직 간호사 돌로레스에게 맡겨졌다.

흑인이었던 스마트 부부는 샌게이브리얼 산지의 로스앤젤레스 카운티 동쪽 경계선에 위치한 백인들이 주로 사는 부촌 클레어몬트에 살았다. 그들에게는 아들 데이비드와 딸 사마라가 있었고, 자애로운 그들 가족에게는 위탁 양육이 잘 맞았다. 돌로레스는 그 동네에서 사람들을 집에 초대하기 좋아하는 엄마로 유명했다. 그녀가 누군가에게 먹을 것을 대접하지 않는 날이 없었다. 프린세스는 그들의 두 번째 위탁 자녀가 되었다.

아동 보호 기관에서 스마트 부부에게 프린세스를 맡아달라고 요청했고, 가족은 아이를 두 팔 벌려 환영했다.

"아이 온몸에 화상이 있었어요. 특히 엉덩이에요. 몇 개는 생긴 지 얼마 안 된 것 같았어요." 스마트 부부의 딸 사마라가 훗날 이렇게 회고했다. 손목과 발목의 상처는 너무 깊어서 봉합해야 했다.

사마라는 어머니가 "그 애의 마음을 열고, 사랑받는다는 것과 안전하다는 것을 알려주기 위해 많은 시간과 사랑을 투자했다"고 말했다.

차츰 프린세스의 상처는 옅어졌고 위탁 가정의 애정 덕분에 그간 겪었던 이루 말할 수 없는 잔인한 경험이 남긴 상처로부터 치유되기 시작했다. 하지만 이렇게 안정적인 환경도 어린 시절 받았던 학대를 완전히 지울 수는 없었다. 프린세스는 밤중이면 두려움에 떨었다.

"밤에 자다가 깨어나서 '날 잡으러 왔어요! 날 때려요!'라고 소리를 지르곤 했어요." 사마라가 회고했다.

프린세스가 귀여운 미소를 되찾은 후에도 타인과 교감하기는 힘들었다. 학습 장애 진단을 받았고 학교에서 친구를 사귀지 못했다. 프린세스는 수동적이었다. 남의 말에 잘 속았다. 다른 아이들에게 쉽게 괴롭힘을 당했다.

프린세스가 새 가정에 잘 적응해나가고 있을 때, 재앙이 닥쳤다. 1997년 2월, 55세였던 돌로레스가 울혈성 심부전으로 사망한 것이다.

겨우 10세였던 프린세스는 그녀의 죽음을 극복하지 못했다. 밖에 나가지 않고 화를 냈다. 다른 어떤 것에도 관심을 보이지 않았다.

사마라는 프린세스가 어머니의 죽음에 대처하는 법을 몰랐으며 "저도 그 애가 어떤 일을 겪고 있는지 이해하지 못했어요"라고 말했다.

한편 데이비드의 건강도 악화되고 있었다. 그는 이미 한 차례 심근 경색을 겪었으며 혼자서 위탁 자녀 3명을 돌보기가 힘들었다.

그 무렵 사마라는 24세였고 자기 가족이 있었다. 그녀는 프린세스와 더 어린 2명의 위탁 여동생들을 돌보기로 했다. 그들은 학교에 가는 주중에는 사마라가 사는 란초 쿠카몽가의 집에서 지냈다.

하지만 이런 상태는 오래가지 못했다. 6명의 아이들을 돌보는 대학생 사마라는 지치고 말았다. 어린아이들은 다른 가족이 맡았지만 10년이나 스마트 가정에서 지낸 프린세스는 1998년 가을, 다시 카운티의 보호를 받게 되었다.

12세의 프린세스에게 집을 떠나는 일은 쉽지 않았을 것이다. 그녀는 위탁되는 모든 가정에서 도망쳤고, 2001년 12월 21일 마지막 위탁모 로니 스미스는 호손 경찰서에 실종 신고를 했다. 프린세스는 포주에게 걸려들어 잉글우드, 가데니아, 엘세군도로 에워싸인 도시 호손에서 매춘부로 일했다.

• • •

2002년 3월 9일 오후 12시 48분, 자신을 마이크라고 밝힌 남자가 911에 전화해서 잉글우드의 사우스 밴 네스로 뒤쪽 골목에서 벌거벗은 여성 시신을 봤다고 신고했다. 전화번호를 묻자 그는 전화를 끊어버렸다.

잉글우드 경찰서의 순경이 웃자란 잡초 속에서 모로 누워 있는 시신을 발견했다.

순경은 노란 범죄 현장 테이프로 그곳을 표시했고, 잉글우드 경찰서 살인 담당 형사 제프리 스타인호프와 그의 파트너가 오후 3시에 현장에 도착했다. 주위를 한번 돌아보니 1층 혹은 2층짜리 주택이 모여 있는 주거 지역이었다. 골목길에 쓰러져 있는 시신은 배 밑을 드러내고 있었다. 스타인호프는 파리가 우글거리는 분변이 묻은 타월 2개, 불타버린 예전 모델 도요타 차에서 떨어져 나온 검은 재와 깨진 유리를 지나 어깨 길이의 땋은 머리를 귀 뒤로 넘긴 어린 흑인 소녀의 시신을 살펴보았다. 목 뒤 헤어라인 밑에 졸린 자국이 있었다. 장신구는 착용하지 않았지만, 길고 가는 손가락 끝을 프렌치 스타일 매니큐어가 장식하고 있었고, 발톱의 붉은 네일 폴리시는 갈라져 있었다. 맨발에는 푸른 풀 자국이 묻어 있었다. 치모 주위를 따라 개미에게 물린 자국이 있었다.

과학수사관들은 DNA 증거 조사를 위해 샘플을 채취했다. 한편 부검 조사관 데브라 코월은 피해자의 코에서 흘러나온 혈액, 두 눈의 공막에 일어난 검은 출혈, 두 눈에 일어난 점상 출혈이 교살의 징후라고 스타인호프에게 말해주었다.

부검의 래피 자버리언 박사의 3월 12일 부검에 따르면 제인 도 #15는 키 152cm 체중 45kg, 14세에서 21세 사이였으며 성 경험이 있었다. 눈꺼풀은 부어올라 있었고, 둔부와 두 다리 뒤쪽에 오래

된 화상이 있었다. 짧은 생을 힘들게 살다 간 소녀였다.

피해자는 직장에 외상 흔적이 있었고 항문강에 혈액이 있었다. 목이 졸려 질식한 것이 사인으로 확인되었다.

스타인호프는 캘리포니아 법무부에 연락을 취해 로스앤젤레스 지역에서 실종된 49명의 여성 목록을 팩스로 전송받아 사망한 소녀와 대조할 수 있었다. 신장과 체중으로 17명이 추려졌으며 제인 도와 일치하는 실종 여성이 있는지 확인하기 위해 LA 카운티 주위 42개 경찰 기관에 전화를 걸기 시작했다.

3월 15일, 그는 몽타주 화가에게 피해자의 사진을 전달했다. 그녀의 신원을 빨리 알아내지 못하면 미디어에 발표해야만 했다.

10일 후, 스타인호프는 부검실에서 성폭력 증거를 받아 과학수사팀으로 보냈다. 이튿날 잉글우드 경찰서에서 제인 도의 스케치를 보도진에게 제출하며 실마리를 얻길 바랐다. 전화는 한 통도 걸려 오지 않았다.

4월 11일, LA 카운티에서는 제인 도와 일치하는 신원을 찾지 못하자, 스타인호프는 캘리포니아 법무부에 인근 오렌지, 산베르나디노, 리버사이드 카운티까지 실종 여성의 확인을 확장시켜달라고 요청했지만, 또다시 도움을 얻지 못했다.

같은 날, 로스앤젤레스 카운티 보안관 과학 수사관은 스타인호프에게 인간 타액에서 발견되는 소화효소인 아밀라아제가 질, 성기, 직장, 오른쪽 무릎, 오른쪽 발목, 왼쪽 유두, 오른쪽 유두에서 발견되었다고 전했다. 이 수사관은 그 타액으로 DNA 검사를 실시하고 지역, 주, 연방 DNA 데이터베이스에 업로드했다.

스타인호프가 5개월이나 기다린 끝에 호손 경찰서에 의해 제인

도의 신원이 프린세스 버소뮤임이 밝혀졌다. 9월 5일 목요일, 크리스 코낙 경사는 제인 도에 대해 부검의의 연락을 받았고, 프린세스 버소뮤라는 이름의 어린 매춘부와 유사점을 확인했다. 2001년 4월, 호손 경찰서 순경이 35세의 택시기사가 택시에서 프린세스와 성관계하는 것을 발견했던 것이다. 프린세스가 미성년자였기 때문에 그는 강간죄로 기소되었다.

코낙은 어린 소녀였던 프린세스를 측은히 여겼다. "굉장히 느린 아이라는 걸 알게 되었습니다." 코낙이 말했다. "정신적인 문제가 있는 게 아니라, 발달지체가 심했어요."

택시기사의 재판이 정해지기 직전 프린세스는 사라졌다. 코낙은 인근 매춘부들이 모이는 곳에서 프린세스를 찾아보았지만, 발견하지 못했다.

"그 애는 태어나 학대와 이용만 당했어요." 코낙은 프린세스에게 필요한 건 "이해와 사랑뿐"이었다고 말했다.

코낙은 스타인호프에게 전화를 걸어 제인 도의 이름을 알려주었다. 프린세스 버소뮤. 마지막으로 알려준 주소지는 호손이었다.

이튿날 스타인호프는 사진 한 장을 들고 위탁모 로니 스미스의 집을 찾았다. 스미스는 바로 프린세스를 알아보았다.

• • •

2006년 6월, 수퍼 홍키라는 별명으로 알려진 프레즈노의 대금 미납 상품 회수원 로저 하우스먼은 프린세스 버소뮤, 발레리 맥코비, 그리고 80년대에 사망한 7명의 여성의 살해 용의 선상에서 배제되었다. 그것은 내가 프레즈노 교도소로 하우스먼을 찾아간 직후의 일이었다.

하우스먼*은 자신이 일련의 살인 사건과 무관하다고 주장했으며, 과학은 그의 주장을 증명해주었다.

그 사이 LA 경찰의 미제 사건 담당 형사 클리프 쉐퍼드는 실마리를 찾아 조사를 계속했다. 쉐퍼드는 사우스사이드 살인마 전담반 형사들이 1980년대 살인 사건에 4명의 용의자, 도널드 레이 버딘, 데니스 "핑키" 핑크니, 지미 루이스, 그리고 전직 로스앤젤레스 카운티 보안관 리키 로스를 살펴보았음을 알게 되었다.

버딘은 곧장 용의자 목록에서 삭제되었다. 그는 1990년 12월 6일 이후로 수감 중이었고 3명의 여성에 대한 강제 구강성교, 강도, 총기 폭행, 폭력에 의한 감금죄로 128년 형을 선고받았다. 그는 발레리 맥코비나 프린세스 버소뮤를 살해할 수 없었다. 또한, 그의 DNA는 1997년 4월 9일 자로 중범죄자 데이터뱅크에 등록되어 있었다. 그가 범인이라면 그의 신원이 나왔을 것이다.

경찰 정보원 쉘리 브라운의 지목으로 80년대 헨리에타 라이트 사건의 용의자가 된 루이스는 수감 중이지도, 데이터베이스에 DNA가 등록되어 있지도 않았다. 쉐퍼드는 조사팀에게 그를 추적해서 DNA 샘플을 얻어 달라고 부탁했다. 사복 경찰이 플로렌스가의 아츠 페이머스 칠리 핫도그 가게에서 루이스가 사용한 뒤 쓰레기통에 버린 플라스틱 스푼과 종이 냅킨을 주워 쉐퍼드에게 전달했다.

쉐퍼드는 이후에 루이스의 집을 찾아갔다가 루이스가 인터뷰에 응하자 놀랐다. 그는 쉐퍼드에게 자신이 헨리에타 라이트를 죽였다는 누명을 썼으며 예전 연인의 거짓말이라고 말했다. 쉐퍼드는 쓰레기통에서 구한 DNA가 오염되었을 가능성이 있으므로 깨끗한 샘플을 요청했다. 루이스는 곧바로 응했다. 그는 곧 용의 선상에서 벗어났다.

한동안 이어진 수사 끝에 쉐퍼드는 나머지 2명의 용의자는 사망했음을 알게 되었다. 헨리에타 라이트의 살해로 1986년 체포되었지만 고소가 취하된 핑크니는 1990년 7월 LA 시내에서 강도 행위 중 트럭 기사의 총에 맞아 사망했다. 로스는 2003년 6월 2일, 발레리 맥코비의 살인 사건 발생 5주 전에 54세로 자연사했다.

쉐퍼드는 조금이라도 가망이 있어 보이는 실마리는 무엇이든 붙잡고 수사를 계속했다. 7개월 후 살인범이 다음 피해자를 노릴 것은 아무도 모르고 있었다.

2007년, 제니시아

"지낼 곳을 마련했어요!" 제니시아 피터스는 2006년 따뜻한 12월 말 오후에 전화로 어머니 레이번에게 신이 나서 말했다. "내 물건 아직 놔뒀어요?"

그날은 일요일, 그해의 마지막 날이었고 제니시아는 예전에 방에서 쓰던 가구와 가방에 넣어둔 옷가지가 있는지 궁금했다. 레이번은 로스앤젤레스에서 동쪽으로 80km쯤 떨어진 소박한 교외 지역 폰타나의 집 창고에 그것들을 보관해두었다.

지난 7개월 동안 어머니와 자매들이 니시아라고 부르던 제니시아는 지저분한 모텔을 전전하며 지냈다. 그녀의 인생은 전도유망했지만 마약 중독이 그 모든 것을 꺾어버렸다. 하지만 그녀는 상황을 바꾸어보려고 노력하고 있었다.

제니시아는 장난꾸러기 아기였다. 베이비 가가라는 애칭으로 불린 소녀는 1981년 12월 15일에 태어났으며 온몸에 바셀린을 바르거나, 주방 싱크대 안에 기어들어 가거나, 주방의 통조림에서 레이블을 떼어내는 버릇이 있었다. 피터스 가족은 통조림의 내용물이 무엇인지 모르고 따야 했다.

제니시아는 춤추는 것도 좋아했다. 여덟 살 때, 언니 조바나와 함께 '레이디스 앳 워크'라는 댄스 그룹을 시작했다.

그러나 어린 시절의 즐거움은 오래가지 못했다. 십 대 말, 제니시아의 친구 3명이 집단 강간과 마약 거래로 사망했다. 다른 친구들은 마약에서 살인에 이르는 온갖 죄목으로 긴 징역형을 받았다. 제니시아 역시 비슷한 운명에서 벗어날 수 없었다.

열아홉 살 때 임신한 제니시아는 앞일이 걱정되었다. 어머니는 이렇게 말했다. "니시아, 아기가 태어나면 내가 도와줄게. 걱정 마. 내가 도와줄 거니까." 그리고 2002년 2월 4일, 아들 저스틴이 태어났다. 언니 조바나가 탯줄을 잘라주었다.

제니시아는 좋은 엄마였고, 레이번은 육아에 도움을 주면서 닭 튀김을 먹을 때는 옥수수와 콩을 좀 더 곁들여 먹으라고 조언하기도 했다.

저스틴이 한 살쯤 되었을 때, 제니시아는 잉글우드 성인 학교를 졸업했고 LA의 사우스웨스트 칼리지 컴퓨터 수업에 등록했다. 그녀의 어머니는 모든 자녀가 대학을 졸업하기를 기대했다. 레이번은 가난에서 벗어날 길은 교육이라고 생각했다. 제니시아는 컴퓨터 프로그래머나 어머니처럼 교사가 되고 싶었지만, 인생은 계획대로 되지 않았다.

그녀는 심각한 코카인 중독에 빠져들었고, 곧 매춘 관련 범죄로 수감되었다. 레이번이 저스틴의 양육을 맡았다.

제니시아는 형을 받고도 중독을 고치지 못했다. 석방되자마자 그녀는 다시 거리로 나갔고, 웨스턴가에서 매춘을 했다.

그러나 제니시아가 레이번에게 전화를 건 2006년 12월의 마지막 날, 그녀는 세상을 다 가진 기분이었다. 레이번은 딸이 의지할 남자를 만났다고 생각했지만 제니시아는 자세한 이야기를 털어놓지 않았고, 레이번은 따져 묻지 않았다. 전화 통화 중 제니시아는 저스틴과 다시 살 수도 있다고 말했다. 레이번은 제니시아가 올바로 살 때까지 저스틴은 폰타나에서 지낼 거라고 확실히 못 박아두었다.

제니시아는 전화를 끊기 전에 엄마에게 이렇게 말했다. "저스틴한테 사랑한다고 전해주세요."

• • •

2007년 1월 1일 오전 9시경, 자전거를 갖고 있는 노숙자 랜디 에르난데스가 골목길과 쓰레기통을 뒤지며 재활용병과 캔을 줍고 있었다. 그는 사우스 웨스턴가 9508번지 골목 끝의 회색 쓰레기통 옆에 자전거를 세우고 안으로 기어들어 갔다.

찢어진 종이 상자와 말라붙은 크리스마스트리, 그 밖에 써어가는 것들을 치우던 그는 거대한 검은 비닐봉투를 발견했다. 그것을 잡아당겨 보았지만, 너무 무거워서 움직이지 않자 안에 재활용품이 잔뜩 든 줄 알고 찢어보았다. 중지 이외에는 손톱을 모두 빨갛게 칠한 사람 손이 재활용품 대신 쑥 튀어나왔다.

에르난데스는 쓰레기통에서 기어나와 처음 만난 사람에게 911에 신고하라고 말했다. 그가 놀라 달아나자 에르난데스는 자전거를 타고 공중전화로 가서 직접 전화를 걸었다. 그다음에는 현장으로 돌아가서 버려진 회색 캐딜락 옆에 서서 경찰을 기다렸다.

77번가 경찰서 순경이 에르난데스와 이야기를 나눈 뒤 쓰레기통으로 다가갔다. 순경은 트리를 꺼내고 버려진 5x15cm짜리 목재를 이용해 쓰레기를 퍼낸 뒤 커다란 검은 봉투를 발견했다.

봉투 위는 하얀 플라스틱 끈으로 묶여 있었지만, 에르난데스가 낸 구멍을 통해 안을 들여다본 순경은 사람의 시신을 확실히 볼 수 있었다. 살인 담당 형사 에릭 크로손과 데이비드 크레이그는 2시가 조금 지나 도착했다.

크로손은 포켓나이프로 봉투의 구멍을 더 찢었다. 그도 붉은 매니큐어 바른 손을 보았다.

쓰레기통은 8개 가구가 사는 2층짜리 아파트 건물 뒤 골목길에 있었다. 건물의 창문이 북쪽 범죄 현장 쪽으로 나 있었지만, 높이가 182cm 정도 되는 검은 철제 펜스로 시야가 가려져 있었다. 살인범이 시신을 유기하는 것을 아무도 보지 못했을 것이다.

쓰레기통과 여성의 시신을 포함한 내용물은 모두 트럭에 실려 LA 카운티 부검실로 보내졌다. 형사들은 DNA 증거를 하나도 놓치고 싶지 않았다.

부검실에서는 쓰레기통을 모로 놓아 시신이 상하지 않도록 했다. 범죄 전문가는 검은 쓰레기봉투를 열고 젊은 여성의 시신을 꺼냈다.

부검의 리사 슈아이닌은 10월 3일의 부검에서 피해자가 등 아래에 총을 맞아 척수를 다쳤으며 하반신이 마비되었을 것이라는 의견을 밝혔다. 달아나거나 탈출할 수 없었을 것이다. 왼쪽 눈은 점상 출혈 징후를 보였다. 사인은 25구경 권총 총상과 질식 가능성도 있었다.

피해자는 사망하는 과정에서 몇 분 동안 숨을 쉬지 못했다. 살인자는 피해자가 사망한 뒤 시신을 구부려 쓰레기봉투에 넣은 뒤

케이블 정리용 타이로 묶었다.

부검의 보고서에 따르면 피해자는 큰 하트 펜던트가 달린 금목걸이와 흰색과 검은색의 귀고리, 노란 금속 귀고리를 하고 있었다. 오른쪽 가슴에는 "섹시"라는 문신이 있었다. 성폭행 증거를 채취하기 위해 손톱 밑, 치모, 가슴, 질, 항문에서 DNA 증거를 찾았다. 약물 검사에 따르면 체내에서 코카인이 검출되었다.

현장에 탄피나 혈흔은 없었다.

여성의 시신이 발견된 다음 날, 제니시아 레빗 피터스라는 신원이 밝혀졌다. 경찰은 그녀를 데스티니로 알고 있었다. 그녀는 쓰레기통에서 여섯 블록 떨어진 지저분한 페어레인 모텔 근처에서 자주 목격되었다.

모텔 청소부는 제니시아가 사망하던 날 12월 31일 오후 8시경 주차장에서 그녀를 보았다. 머리카락이 흐트러져 있었고 울고 있었으며 청소부는 무슨 일인지 물었다. 그녀는 대답하지 않았다. 그다음 그들은 함께 코카인을 한 대 피웠고, 제니시아는 근처 딜러의 아파트에서 코카인을 좀 구하러 나갔다. 청소부는 그날 밤, 오전 12시 30분쯤 그녀를 한 번 더 보았다. 그녀는 그 동네의 포주, 흑인 여성 한 명과 함께 짙은 색 지프를 타고 페어레인으로 돌아왔다.

형사들은 모텔 주위에 제니시아의 가장 최근 사진을 돌렸고, 한 매춘부가 사진 속의 여성이 데스티니라고 확인해주었다. 그녀는 데스티니가 그 모텔 단골이라고 경찰에게 말했다. 그녀는 12월 31일 자정 전에 제니시아가 모텔 뒤에서 마약 중독자와 동네 여성 몇 명과 어울리는 것을 마지막으로 보았다. 곧 사망하게 될 데스티니가 오전 1시쯤 어디론가 걸어갔다.

제니시아의 시신이 쓰레기통에서 발견된 날 아침, 레이번 피터스는 근처 잉글우드에서 가족과 함께 새해를 맞이하고 있었다. 그녀는 웨스턴가에서 흑인 십 대가 사망한 채 발견되었다는 뉴스와 헬기가 날아다니는 소리를 들었다. 그 피해자가 자기 딸일 수도 있다는 생각은 하지 않았다. 그녀는 제니시아가 가족 모임에 참석하기를 바라고 있었다. 곧 5세가 될 저스틴은 엄마에게 줄 늦은 크리스마스 선물을 갖고 있었다. 선글라스였다.

하지만 제니시아는 오지 않았다.

가족 중 누구도 그런 상황을 걱정하지 않았는데. 이틀 뒤인 1월 3일, 형사 2명이 제니시아의 큰언니 샤미카의 잉글우드 아파트에 찾아와 제니시아를 아는지 물었다.

"네, 동생인데요." 그녀가 말했다.

"들어가도 되겠습니까?" 형사들이 물었다.

"아뇨." 그녀가 말했다. "동생에게 무슨 일이 있나요?"

"안으로 들어가서 말씀드려도 되겠습니까?" 형사들이 다시 물었다.

"무슨 일이 있어요?" 샤미카는 다시 물었다.

그녀가 살해되었다고 형사들이 말했다. 샤미카는 형사들에게 들어오라고 했다. 32세의 샤미카는 충격 상태로 소리 없이 앉아서 형사들의 설명을 들었다. 그녀는 곧바로 레이번에게 청천벽력 같은 소식을 알리려고 전화를 했지만, 어머니는 전화를 받지 않았다. 샤미카는 레이번의 집 바로 옆에 사는 이모에게 전화를 했고, 샤미카의 이모가 레이번에게 샤미카에게 연락하라고 전했다.

전화를 끊고 나자 레이번은 바로 저스틴이 떠올랐다. 엄마가 죽었다는 이야기를 아이에게 어떻게 할까?

레이번이 딸을 잃은 슬픔에 괴로워할 때, 제니시아 피터스의 살해는 LA 경찰에 한층 더 긴박감을 주었다. 그녀의 시신이 발견되고 몇 달 뒤 형사들은 제니시아가 사우스 센트럴의 거리에 도사린, 25구경 권총으로 무장한 연쇄살인범에 의한 가장 최근의 희생자였음을 알게 되었다.

800

2007년 4월 27일, 제니시아 피터스의 시신이 사우스사이드의 쓰레기통에 유기된 지 4개월이 지난 시점에 LA 경찰 과학수사 팀은 미제 사건 담당 클리프 쉐퍼드 형사에게 사건별 DNA 내역을 기록한 팩스를 보냈다. 파커 센터 5층에 자리 잡은 미제 사건 팀은 과학수사팀에서 보내는 모든 DNA 통지를 전달받았다. 클리프 쉐퍼드 형사는 그날 쉬는 날이어서 미제 사건 감독관이 그 정보를 3층 데니스 킬코인 형사의 사무실로 가져갔다. 그는 유명 살인 사건과 연쇄살인 사건을 담당하는 특수 살인 전담반의 임시 감독관이었다.

킬코인은 팩스 내용을 읽었다. 제니시아 피터스 현장의 비닐 타이에서 발견된 타액은 DNA를 통해 2002년의 프린세스, 2003년의 버소뮤와 발레리 맥코비의 살인 사건과 연결되었다. 킬코인은 곧 그 DNA가 1980년대 7명의 여성을 총으로 쏘아 살해한 신원 미상의 살인범과도 연결된다는 것을 알게 되었다.

"과장님에게 이야기하세." 킬코인은 이렇게 말했고, 두 경찰은 강도-살인 담당팀을 이끄는 카일 잭슨의 사무실로 갔다. 킬코인은 문을 닫았고 잭슨에게 소식을 알렸다. 제니시아 피터스의 살해는 놀라웠다. 그 살인범이 여전히 활동 중이며 멈출 생각이 없을 것이라는 의심을 확인시켜주는 일이었기 때문이다.

잭슨은 확실한 일처리로 유명했다. 그는 킬코인에게 범인을 잡기 위한 전담반을 만들어야 한다고 말한 뒤 상사들에게 새로운 전개를 알리러 나섰다.

1시간 뒤, 잭슨은 전담반이 결성될 것이며 킬코인이 운영할 것이라는 소식을 갖고 돌아왔다.

데니스 킬코인의 입장에서 보았을 때, 전담반 일은 적절한 때 주어졌다. 그는 변화를 필요로 하고 있었다. 26년간 살인 담당 형사로 일하면서 한밤중에 끔찍한 살인 현장에 출동하며 살다 보니 여위고 수척해졌다. 온몸의 에너지가 고갈된 상태였다. 휴식이 필요했고, 전담반 일은 반가운 도전이었다.

킬코인은 1977년 2월 14일부터 LA 경찰에서 근무하기 시작했다. 경찰학교 훈련 뒤 그는 할리우드 경찰서와 웨스드밸리 경찰서에서 순경으로 시작했다가 훗날 다시 할리우드 서로 돌아왔다.

1982년 여름, 킬코인은 할리우드의 살인 담당 조사관 러스 커스터에게 도와달라는 요청을 받고 형사가 되고자 하는 목표에 한 걸음 다가갔다. 베테랑 살인 담당 형사였던 커스터는 젊은 경찰관에게 멘토가 되어주었다. 킬코인은 3년간 수사를 배우고 코리아타운, 세련된 멜로즈가, 화려한 행콕 파크를 포함하는 윌셔 경찰서로 전근했고, 거기서 강도 및 살인 사건을 담당했다. 그는 그곳에서 1년간 일하다가 다시 할리우드로 전근하여, 몇 년 뒤 커스터가 충격적인 죽음을 맞이할 때까지 그와 함께 일했다.

그 사건은 1990년 10월 9일에 일어났다. 커스터는 할리우드의 힐탑 헝가리 레스토랑에서 식사를 하다가 '벨라 마코'라는 가석방자와 레스토랑 주인 사이의 말다툼을 듣게 되었다. 마코는 레스토랑 손님들을 협박하기 시작했고, 커스터가 중재에 나섰다. 그가 다가가자 마코는 총 4발을 쏘아 커스터의 가슴과 심장을 맞혔다. 커스터는 권총을 꺼내 마코를 3차례 쏘았다. 커스터는 1시간 뒤 버뱅크의 성 요셉 메디컬 센터에서 사망했다. 마코는 현장에서 즉사했다.

숱 많은 회색 머리카락과 경찰의 트레이드마크인 콧수염을 가진 193cm의 덩치 좋은 보스턴 출신 킬코인은 1994년 강도-살인 팀에 들어간 이후로 가장 유명한 사건들을 수사했다. 그중에는 O. J. 심슨 살인 기소와 1997년 코미디언 빌 코스비의 아들 에니스의 살인 사건도 포함되어 있었다. 에니스 코스비는 어느 날 밤늦게 펑크 난 타이어를 갈기 위해 55번 고속도로에서 나와 스커볼 센터 드라이브로 접어들었다가 진녹색 벤츠 스포츠 컨버터블을 세운 뒤에 살해되었다.*

보스턴 경사의 증손자였던 킬코인은 강한 정신력을 가진 꼼꼼한 형사였고, 편안한 태도와 날카로운 재기로 동료들 중 인기가 많았다. 그의 사건 해결 비율 역시 높았다.

* 우크라이나 출신의 십 대 미카일 마카세프가 1997년 3월 에니스 코스비를 살해한 죄로 체포되었고 가석방 가능성 없이 종신형을 선고받았다.

그는 얼마 전 악명 높은 블랙 위도우 살인자들의 사건도 해결했다. 두 명의 노인, 올가 러터슈미트와 헬렌 골리는 노숙자 남성들과 친구가 되어 그들의 생명 보험금 수혜자를 자신으로 바꾼 뒤 사고를 위장해서 보험금을 타냈다. 70대의 그녀들은 블랙 위도우라는 별명을 얻었고 기소되어 결국 2명의 살인과 280만 달러의 보험금 횡령에 대해 유죄 판결을 받았다. 그들을 수상쩍게 여긴 보험사 직원이 킬코인에게 신고하면서 수사가 시작되었다. 둘 다 가석방 가능성 없는 종신형을 선고받았다.

킬코인은 새로운 전담반 결성을 비밀에 부치기로 했다. 그는 활동 중인 연쇄살인범을 경찰이 추적한다는 뉴스가 알려지면 로스앤젤레스 도시 전체가 충격에 휩싸일 것을 우려했다. 노스 할리우드에 사는 할머니에게 겁을 줄 필요가 있을까? 그는 이렇게 생각했다. 하지만 이것은 잘못된 선택이었음이 드러났다. 적어도 지역사회 관계 면에서는 그랬다. 킬코인과 LA 경찰은 희생자의 가족과 사우스 센트럴 지역 사회에 활동 중인 연쇄살인범이 있다는 뉴스를 알리지 않는 것에 대해 큰 비판을 받게 되었다.

하지만 킬코인은 그 결정이 옳았다고 믿었다. 이 살인범에게 경찰이 최근 살인을 확인했음을 알리고 싶지 않았다. 그에게 겁을 주어 숨게 하고 싶지 않았다. 전담반은 상내에 대해 파악할 시간이 필요했다.

킬코인은 이 새로운 전담반이 20년 이상 LA 경찰을 조롱해온 살인범을 반드시 잡을 거라고 생각했다.

• • •

킬코인은 전담반에서 원하는 형사를 다방면에 걸쳐 철저하게 선발했다.

클리프 쉐퍼드는 이 사건을 3년 동안 수사했고 25구경 살인 사건에 대해 가장 잘 아는 사람이었다. 하지만 쉐퍼드는 전담반은커녕, 남의 도움도 원하지 않았다. 킬코인은 곧 쉐퍼드의 그런 자존

심이 방해가 된다는 것을 깨달았다. 그러나 그는 100건 이상의 미제 사건을 다루고 있었으므로 전담반에 꼭 필요했다.

쉐퍼드의 파트너 폴 콜터는 적임자였다. 콜터의 근무 윤리와 능력, 글 솜씨는 이전 수사에서도 킬코인에게 좋은 인상을 남겼다. 콜터는 모두에게 존경받는 성품을 가졌고 집요하며, 윌셔 경찰서에서 살인 담당 형사로 시작한 지 10년 만인 1998년부터 강도-살인 사건 담당팀에서 오랜 경력을 쌓고 있었다. 그는 경찰관으로서 30년간 경력 중 200건 이상의 살인 사건을 수사했고, 그중에는 1998년에 일어난, 〈내 언니 샘〉에 출연한 여배우 레베카 쉐퍼의 충격적인 살인 사건도 있었다. 21세의 쉐퍼는 광적인 팬에 의해 웨스트 할리우드의 아파트 입구에서 살해당했다. 콜터는 1947년 살해된 갱스터 벅시 시걸의 플래밍고 호텔 사장 자리를 이어받은 라스베이거스의 갱스터 데이비 버먼의 딸 수전 버먼의 살인 사건도 수사했다. 수전 버먼은 2000년 크리스마스이브에 뒤통수에 총을 맞고 사망한 채 베네딕트 캐니언의 자택에서 발견되었다. 콜터는 친한 친구이자 부동산 거부 로버트 더스트가 그녀를 처리한 것으로 의심했다.*

킬코인은 사우스 센트럴을 잘 알고 주민과 사이가 좋은 전담반 대원들이 필요하다고 생각했다. 특수 살인 형사 "달러" 빌 팰런은 1980년대에 쉐퍼드와 함께 사우스이스트 경찰서에서 순찰을 했다. 팰런은 사귀기 편한 사람이었고 킬코인은 그가 경찰과 사우스 센트럴 주민들 사이에서 중재 역할을 해주기를 바랐다. 팰런의 추천으로 사우스이스트와 77번가 경찰

* 로버트 더스트는 2015년 수전 버먼을 살해한 후 일급 살인죄로 기소되었다. 그에 대한 HBO의 다큐멘터리 〈징크스: 로버트 더스트의 삶과 죽음〉을 방송하기 하루 전이었다. 다큐멘터리 속에서 그는 그 살인을 자백하는 것처럼 보인다. 그는 지금까지 결백을 주장해왔고 재판은 보류 중이다.

서에서 근무해온 강도 사건 담당 흑인 형사 대릴 그로스도 선발되었다.

사우스 센트럴에는 히스패닉 인구가 많았고 킬코인은 스페인어를 말할 줄 아는 형사도 원했다. 그는 강도-살인 사건팀에 강도 사건 담당 형사로 들어오기 전, 할렌벡 경찰서의 살인 사건팀에서 근무한 로드 "엘 구아포" 애머더를 뽑았다. 킬코인은 여성 형사와 성범죄 수사 경험이 있는 사람도 원했다. 강간 조사 경력이 있는 성범죄 사건 수사관 지나 루발카바가 두 가지를 모두 만족시켜주었다.

전담반은 경찰서에서 이전에 시청각실로 쓰던 8층의 방, 800호실을 사무실로 배정받았다. 그곳은 아무도 쓰지 않는 창고 같은 곳이었다. 전화선도 없었다. 컴퓨터도 없었다. 카펫을 교체하고 벽에는 페인트칠을 해야 했다. 가구도 없었다. 킬코인과 콜터가 시의 고물처리장에서 테이블과 의자, 캐비닛을 주워 모으는 동안 쉐퍼드는 복도를 돌아다니며 버려진 가구와 컴퓨터, 팩스를 찾았다.

사무실을 장만하자 팀은 새로운 전담반의 이름을 정하기로 했다. 골목길 살인자, 웨스턴가 살인마 등의 몇 가지 제안이 나왔지만 모두 동의하지 않았다.

LA 경찰의 간부 한 명이 전담반 이름을 뭐라고 지을 건지 물었을 때, 콜터가 800 전담반이라고 했다.

"800이라." 간부는 놀랐다. "피해자가 800명이나 될 거라고 생각하나?"

"아뇨." 콜터가 말했다. "전담반 사무실의 방 번호입니다."

800 전담반은 모두 합치면 100년 가까운 경력을 가진 7명의 베

테랑 경찰로 이루어졌다. 하지만 그들에게도 이 사건은 미스터리였다. 쉐퍼드가 약간의 진전은 이루었지만, 그들은 처음부터 시작하는 셈이었다. 킬코인은 이 사건이 얼마나 해결하기 어려운지 굳이 말하지 않았다. 20년 이상 형사들의 수사망을 빠져나간 사건이었다. 그리고 이 시점에서도 확실한 실마리라고 할 것은 없었다. 쉐퍼드는 데니스 핑키, 렛 루스, 지미 루이스가 1986년 헨리에타 라이트 살인을 저질렀다고 거짓 제보한 경찰 정보원 쉘리 브라운을 찾는 중이었다. 그들 모두 용의 선상에서 제외되었지만, 쉐퍼드는 그 살인에 대해서 보도되지 않은 것을 안다는 점에 비추어 브라운이 살인에 연루된 누군가를 알 거라고 느꼈다.

콜터, 킬코인, 팰런, 쉐퍼드 형사는 모두 은퇴까지 5년이 남지 않았고, 그들은 그 전에 이 마지막 사건을 해결해내고 말겠다고 결심했다.

연쇄살인범 추적

훌륭한 형사들은 사고력이 뛰어나고 도전적인 과제를 반긴다. 800 전담반의 형사들은 모든 증거를 다시 살펴 연결고리를 찾아낼 생각이었다. 그들은 이전에 존재했던 모든 실마리가 오래전 사라졌음을 알고 있었다. 용의자와 목격자들은 이제 찾아내기 어려워졌다. 목격자 중 일부는 사망했거나, 생존해 있더라도 세월이 흐르며 기억이 희미해져 도움이 되기 어려울 것 같았다. 또 하나의 문제는 범죄가 일어난 지역이 경찰을 신뢰하지 않는 곳이라는 점이었다. LA 경찰이 1965년 왓츠 폭동 시절 이후로 지역 사회 관계를 크게 개선하기는 했지만 경찰과 사우스 센트럴 주민 사이에는 여전히 악감정이 남아 있었다.

800 전담반 형사들은 살인범 프로파일을 작성해야 했다. 그들은 그가 약점을 노리고 이용할 수 있는 취약한 여성을 고른다는 것을 알고 있었다. 그는 여성을 마약과 매력으로 꾀어 차에 태우는 기회주의적인 살인자였다. 그는 파악하기 어려운 상대였다. 그것은 분명했다. 그렇지 않았다면 80년대에 잡혔을 것이다. 하지만 새로운 전담반 형사들은 1980년대 형사들에게 없었던 유리한 점을 갖고 있었다. 살인자의 DNA였다. DNA 검사의 발전으로 그것

이 가능해졌다. 킬코인은 이 사건을 DNA 기술로 해결할 수 있다고 확고히 믿었다. 이미 갖고 있는 DNA 증거와 비교할 용의자만 있으면 되었다.

킬코인의 계획은 살인 기록을 새로운 시각으로 살피고 80년대 형사들이 간과한 사실이나 실마리를 찾아내는 것이었다. 형사들은 용의자와 목격자, 피해자의 남자 친구들을 전부 모아 지역, 주, 연방 데이터베이스에서 확인할 예정이었다. 그들의 데이터가 거기 없다면, 전담반은 용의자를 하나하나 찾아내어 DNA 증거를 채취할 계획이었다.

대부분의 연쇄살인범들은 친숙한 영역에서 살인을 하므로 이자도 다를 것이 없다고 생각했다. 그는 사우스 센트럴에 거주하거나 과거에 거주한 적이 있었다.

형사들이 조사를 시작하고 연쇄살인범의 프로파일이 형태를 갖추면서, 살인범의 퍼즐 조각이 나타나기 시작했다.

형사들은 연쇄살인범이 살인을 한 번 저지르고 나면 살인 욕구가 더 강해지고 그래서 점점 더 많은 살인을 하게 된다는 것을 알게 되었다. 그렇다면 이 25구경 살인자가 13년 반 동안 쉰 이유는 무엇일까? 어쩌면 쉬지 않았을지도 모른다. 그가 다른 기지로 옮겨 다니는 군인이라서 다른 곳에서 살인을 계속했을지도 모른다. 그렇다면 휴지기가 존재하는 이유가 될 것이다. 혹은, 그 사이에 교도소에 수감되었지만, 살인이나 성폭력이 아니라서 DNA 검사를 받지 않았을 수도 있다.

다른 연쇄살인범과 달리, 이 용의자는 남의 이목을 끌지 않았다. 샌프란시스코 베이 지역 신문에 편지를 보내 살인을 자랑한 악명 높은 별자리 살인마나 경찰과 미디어에 편지와 오싹한 카드를 보낸 BTK 살인마 데니스 레이더처럼 잘난 체하지도 않았다. 연쇄살인범은 20세에서 40세 사이의 지능이 높은 백인 남성이라는 고정관념이 있었지만, 세월이 지나면서 그것도 변했다. 자신을 무시한 예전 여자 친구를 연상시키는 아름다운 젊은 여성들을 살해한 테드 번디 같은 자들만이 연쇄살인범의 표준은 아니었다.

형사들은 2007년 여름 내내 책상에 앉아 살인 사건 파일을 읽었다. 그들은 용의자에 대해 좀 더 폭넓은 프로파일을 작성한 뒤 그의 특성에 집중했다. 그다음에는 더 많은 질문을 던졌다. 이 살인범은 누구인가? 레이더처럼 자식을 애지중지하는 아버지인가? 혹은 그린 리버 킬러 게리 리지웨이처럼 80년대 시애틀-타코마 지역에서 80명 가까운 매춘부들을 살해했다고 주장하는 섹스 중독자인가?

어쩌면 살인범은 자기 어머니를 연상시키는 여성에게 복수를 하고 있는 것일지도 모른다. 혹은 그렇게 사적인 이유가 있는 것이 아니라 단순히 냉혹한 살인일까? 사람을 죽이고도 빠져나가기 쉽기 때문에 마약에 중독된 흑인 여성을 살해하는 것일까? 그 여성들이 죽어 마땅하다고 생각했을까? 욕구가 심해질 때까지 살인을 참을 수 있었을까? 긴 시간 동안 살인을 꼼꼼히 계획하다가 덤벼들었을까? 동기가 무엇이든, 그는 한 번 공격했다 하면 호랑이처럼 치명적이었다.

13년 반 동안 어디로 사라졌던 것인지는 모르지만, 그는 원래 자리로 돌아왔다. 킬코인은 그가 다시 살인을 할 거라고 확신했다. 대부분의 연쇄살인범들은 잡힐 때까지 살인을 멈추지 않고, 이자가 다시 살인을 할 때 킬코인은 전담반이 현장에 출동해 있기를 바랐다. 그는 사우스 센트럴의 모든 경찰서에 골목이나 쓰레기통에서 여성 시신을 발견하면 전담반에 알리라고 연락했다. 그는 부검실에도 로스앤젤레스 카운티 내에서 유기된 여성 시신을 만나면 알려달라고 했다. 800 전담반은 다른 시신이 나타나면 달려갈 준비가 되어 있었다.

한편 전담반 형사들은 23년 전으로 거슬러 올라가 사우스 센트럴에서 일어난 150건의 흑인 여성 살인 파일을 꺼내 기해결 사건과 미해결 사건 모두 찾아냈다. 살인범의 범죄마다 모두 검사 보고서와 DNA가 달려 있다고 생각한다면 오산이라고 킬코인은 생각했다. 용의자 대부분은 여러 차례 범죄 경력이 있는 자들이었고, 지역, 주, 연방 중범죄자 데이터뱅크에 등록되어 있는 자였지만, 이자는 달랐다. 그는 경찰 데이터베이스에 등록되어 있지 않았다. 어쩌면 그의 살인 중 몇 건은 경찰이 놓친 것일 수도 있었다.

형사들은 이 살인범이 10건의 살인을 저지른 것으로 확인해두었지만, 킬코인은 그것은 그가 저지른 살인 중 절반밖에 안 되는 것이 아닐까 의심했다. 피해자를 쓰레기통과 골목길에 내던지는 미치광이였다. 여성 중 몇몇은 매립지에 버려졌다고 가정해도 무리가 없을 것이다. 문제는 그 수였다.

• • •

800 전담반이 살인 기록을 조사하는 과정에서 반복되는 패턴이 등장하기 시작했다. 버니타 스팍스와 재니시아 피터스의 시신은 사우스 센트럴의 같은 골목길에서 발견되었다. 래크리카 재

퍼슨은 유일한 생존자 에니트라 워싱턴이 범인의 총에 맞기 전에 들렀던 오서스 S. 화이트의 집 바로 옆 아파트에 산 적이 있었다. 메리 로우의 시신은 화이트의 집에서 여섯 블록 떨어진 곳에서 발견되었다. 프린세스 버소뮤의 시신은 네 블록 떨어진 곳에서 발견되었다.

전담반 형사들은 80년대 형사들과 마찬가지로 1987년 살인 사건에 익명의 제보자가 있었다는 점에 흥미를 느꼈다. 그 제보자는 한 남자가 파란색과 흰색이 섞인 밴에서 바바라 웨어의 시신을 던지는 것을 목격했다고 했고, 그 밴은 코스모폴리탄 교회의 소유였다. 하지만 그는 왜 자기 신원을 밝히지 않았을까? 형사들은 그가 그 교회와 관련이 있을 거라고 추측했다. 킬코인은 교회 신도들을 자세히 살펴보면 그 제보자의 신원을 확인할 실마리를 얻지 않을까 생각했다.

그 점을 염두에 둔 형사들은 그 교회의 성직자부터 신도까지 남성들을 조사했다. 테이프의 음성을 들으면 누군지 알 수 있을까?

그 사이 쉐퍼드 형사는 1987년 교회 밴에서 발견한 신원 미상의 지문 3개를 FBI가 운영하는 전국적인 지문 시스템, 통합 자동 지문 확인 시스템(IAFIS)에 보냈다. 몇 주가 걸렸지만, 밴의 내부 승객 좌석 창문에서 채취한 지문이 신도 아서 윌슨의 것이라는 결과가 나왔다. 쉐퍼드는 놀랐다. 윌슨의 어머니, 이본 카터는 그 교회의 서점 및 미용실에서 일했다. 당시 22세였던 윌슨과 그의 누이 쇼니스는 웨어가 살해된 밤 그 교회에 있었으며 형사들에게 조사를 받았다. 그 당시 윌슨은 발사 잔여물 검사를 받았고, 잔여물은 발견되지 않았다.

쉐퍼드는 윌슨을 쉽게 찾을 수 있었다. 그는 플로리다의 디퍼니악 스프링스에 있는 월튼 교도소에 수감되어 있었다. 2007년 6월 3일, 코카인 소지로 체포된 것이었다. 킬코인은 2007년 12월 5일, 쉐퍼드와 콜터에게 미스터리 제보자의 테이프를 들고 플로리다로 가서 윌슨이 그 목소리의 주인을 알 수 있는지 확인하고, DNA를 채취하도록 했다. 그때 형사들은 올랜도에 들러 그의 어머니와 누이도 만날 예정이었다.

윌슨은 협조적이었지만, 형사들에게 기억나는 것이 없다고 했다.

일반적인 이야기를 잠시 나눈 뒤 쉐퍼드가 테이프를 틀어주었다. "누구 음성인지 알면 알려주십시오." 그가 말했다. "혹시 우리 운이 좋으면 누군지 알 수 있을지도 모르니."

윌슨은 그 목소리가 자기보다 나이가 많고 교회에 가끔 왔던 피부색이 밝은 흑인 같다고 했다.

"나이가 얼마나 더 많았습니까?" 콜터가 물었다.

"대여섯 살이요." 윌슨이 대답했다.

"얼굴은요?" 콜터가 물었다. "콧수염이 났다거나, 수염이 없다거나?"

"별로 크지 않은 아프로 머리를 했는데, 길이가 3cm쯤 되었고 곱슬머리였어요. 예쁘장한 소년 같은 남자요."

"그 지역에 사는 사람이었어요?" 콜터가 물었다.

"그건 모르겠지만, 그 사람을 태워다 주었던 거 같아요."

"이름은 기억 안 납니까?" 콜터가 물었다.

"네." 그가 말했다.

"왜 이 사람을 기억하죠?" 쉐퍼드가 물었다. "음성 때문인가요,

아니면 교회에서 무슨 일을 했나요?"

"사람들이 교회에 오면 나는 조용히 앉아서 이리저리 뜯어보곤 했어요." 윌슨이 말했다. "어떤 사람들은 보면 뭔가 다른 점이 있어요. 이 사람은 뭔가 문제가 있었던 거 같아요. 이름은 모르겠어요."

"그가 교회와 다른 관련은 없었나요?" 쉐퍼드가 물었다.

"등록 교인이었는지는 모르겠지만, 서너 번은 왔어요." 윌슨이 대답했다.

"그럼 이 목소리가 그 사람 같다는 말입니까?" 콜터가 물었다.

"그 목소리를 들으니 그 얼굴이 떠올랐어요." 윌슨이 말했다.

"교회에서 이 사람이랑 몇 번이나 대화를 나눴어요?" 콜터가 물었다.

"아마 주고받은 말이라곤 '안녕하세요'라든가 '하나님에게 감사한다'거나 그런 것뿐이었을 거예요. 신도가 많지 않아서 교회에서는 모두 복도에 모여서 이런저런 사람들과 이야기를 나누곤 했어요. 나는 이야기를 듣고 사람들 얼굴을 보곤 했어요."

"이 사람 차를 기억해요?" 쉐퍼드기 물었다. "아니면 직장 유니폼을 입고 나타난 적 있습니까? 멋지게 차려입었다든가?"

"멋지게 차려입지 않았어요." 윌슨이 말했다. "정식 유니폼 같지는 않았지만, 일할 때 입는 디키스 같은 작업용 바지를 입었어요. 그런 거요."

"덩치가 컸나요?" 쉐퍼드가 물었다.

"172cm는 되었다고 봐요." 윌슨이 말했다.

"다부진 체구에?" 쉐퍼드가 물었다.

"중간이요." 윌슨이 대답했다.

윌슨은 더 이상 아는 게 없었고 형사들은 밴에 대해 질문했다.

윌슨은 그 밴이 그날 예배 중 사라졌다 하더라도 아무도 몰랐을 거라고 말했다.

"밴의 키를 갖고 있는 사람이 누가 있었습니까?" 콜터가 물었다. "아니면 키를 사무실에 두나요?"

"사무실에 두었던 것 같아요." 윌슨이 대답했다.

콜터와 쉐퍼드는 누구든지 밴을 가지고 나갈 수 있었음을 알게 되었다.

형사들은 면회를 마치고 DNA 샘플을 얻었다. 이튿날 그들은 윌슨의 어머니 이본 카터와 누이 쇼니스를 만나러 올랜도로 갔다.

"밴을 도둑맞은 줄 알았어요." 이본 카터가 형사들에게 말했다. "그렇게 들었거든요. 신도들을 태우느라 그 밴을 쓰곤 했어요."

"밴의 키는 어디 있었습니까?" 콜터가 물었다.

"사무실 안에요." 그녀가 말했다.

"사무실에 들어갈 수 있는 사람은 누구였습니까?" 콜터가 물었다.

"이닐 풀, 프레드, 거기서 일하는 사람은 전부 들어갈 수 있었어요." 카터가 대답했다. 프레드 토머스가 밴을 주로 운전하는 사람이었다.

"테이프를 들려드리겠습니다." 콜터가 말했다. "잘 들어보세요. 20년이 지난 건 알고 있지만, 혹시 누구 음성인지 아시는지 확인하고 싶습니다."

그들은 테이프를 틀었다.

"어떻게 보면 프레드의 음성 같아요." 카터가 말했다.

"다시 들려드릴까요?" 콜터가 물었다.

"네 다시 틀어주세요." 카터가 말했다.

그들은 테이프를 다시 틀었다.

"처음 시작할 때는 정말 프레드 목소리 같았어요. 그런데 제 생각이 틀릴 수도 있어요."

쇼니스 카터는 그들이 어머니와 인터뷰할 때 다른 방에 있었다. 그녀는 1987년 경찰 조사를 받았을 때 16세였다.

"그날 밤 누군가 파란 밴을 목격했다고 경찰서에 신고를 했습니다." 콜터가 말했다. "혹시 누구 목소리인지 알 수 있는지 들어보세요."

"목소리가 귀에 익습니까?" 그가 테이프를 튼 후에 물었다.

"다시 틀어주실 수 있어요?" 쇼니스가 물었다. "잠깐. 다시 틀어주세요. 프레드 같아요……. 처음에는 프레드 목소리 같았어요."

형사들은 희망을 느끼며 로스앤젤레스로 돌아갔다. 2008년 1월 22일 LA 경찰의 조사팀은 프레드 토머스를 찾아가 DNA를 얻어냈다. 오래 걸리지 않았다. 그는 자동판매기에서 음료를 샀고, 컵을 쓰레기통에 버리자 형사가 몰래 그것을 수거해서 DNA 검사를 한 것이다. 4일 뒤인 1월 26일, 과학수사팀 범죄전문가가 쉐퍼드에게 전화를 했다. 토머스의 컵에서 채취한 DNA는 살인범과 일치하지 않았다. 형사들은 실망하지 않고 다음 번 실마리, 경찰 정보원 쉘리 브라운을 추적했다. 1월 30일, 쉐퍼드와 콜터는 린우드에 위치한 교정 시설로 가서 보호 관찰 위반으로 수감 중인 41세의 브라운을 만났다. 브라운은 여러 차례에 걸쳐 데니스 "핑키" 핑크니와 렛 루스, 지미 루이스 3명이 헨리에타 라이트의 살인에 연루되어 있다고 거짓 제보를 했다.

몇 분간 인사를 주고받은 뒤 쉐퍼드는 용건을 말했다. "86년에 3번가와 버넌가 교차지점에서 발견된 여성 기억합니까?" 쉐퍼드가 물었다.

"칼에 찔린 여자요?" 그녀가 물었다.

"아뇨." 쉐퍼드가 대답했다.

"기억하기 힘들어요." 그녀가 말했다.

"당시 애인 기억납니까?" 쉐퍼드가 물었다.

"그때 약을 많이 했거든요." 그녀가 말했다.

"데니스는요? 핑키라고 불렀던?"

"아, 핑키." 그녀가 말했다. "기억상실증에 걸렸거든요. 7년 전에 머리를 다쳤어요. 어떤 흑인 남자가 하이드 파크 옆의 잉글우드에서 머리를 총으로 쳤어요."

"데니스를 체포시켰나요?" 쉐퍼드가 물었다.

"네."

"데니스가 여자를 죽였다고 했어요?" 쉐퍼드가 말했다.

"기억이 안 나네요." 그녀가 말했다.

"지미는 기억나요? 그 사람도 체포시켰는데." 쉐퍼드가 말했다.

"오래전 일이라서요." 그녀가 말했다.

"이 여성 기억합니까?" 쉐퍼드가 헨리에타의 사진을 보여주며 물었다.

"네. 기억해요."

"이 여성이 골목길의 그 여성일 수도 있습니까?" 쉐퍼드가 물었다.

"네. 살해당한 여자예요. 그들이 어떻게 그녀를 죽였는지 기억해 보는 중이에요. 아무것도 기억이 안 나요."

형사들은 브라운이 진정하도록 잠시 쉬었다.

"직접 그 여자가 살해당하는 걸 보진 못했어요." 그녀가 말했다.

"이름은 헨리에타입니다." 쉐퍼드가 말했다. "창문으로 그때 일을 봤다고 했어요."

"기억이 안 나요. 그 여자 위에 침대가 있었던 건 기억나요."

"경찰이 범죄 현장 테이프를 치는 건 보지 못했죠?" 쉐퍼드가 물었다. "이 여성에게 무슨 일이 있었는지 아주, 굉장히 구체적으로 설명했는데."

"내가 뭐라고 했는지 모르지만 사실일 거예요. 왜냐면······." 그녀가 말했다.

"하지만 핑키에 대해서 거짓말한 건 인정했잖아요." 쉐퍼드가 말했다.

"맞아요." 그녀가 말했다.

"그리고 지미가 죽었다고 했는데, 그런 것 같지 않아서요." 쉐퍼드가 말했다. "그래서 만나러 온 겁니다."

"모르겠어요." 브라운이 말했다. "기억이 안 나요."

"당신이 직접 본 게 분명하다고 생각합니다." 쉐퍼드가 말했다. "생각해봐야 합니다. 시간을 좀 드린 후에 다시 와서 만나겠습니다."

그 말을 남기고 형사들은 교도소를 떠났다.

• • •

2008년 3월 17일, 쉐퍼드는 LA 공항 근처 도시 호손의 자택에서 프레드 토머스를 만났다. 코스모폴리탄 교회의 기사였던 그는 DNA 검사를 통해 용의 선상에서 벗어났고 테이프의 목소리가 누군지 알아들을 수 있느냐는 질문을 받았다.

"누구 목소리 같은지 알겠습니까?" 쉐퍼드가 물었다.

"듣고 보니 내 목소리랑 거의 비슷하군요." 토머스가 말했다. "정말 비슷해요."

"전화를 걸었습니까?" 쉐퍼드가 물었다.

"전화한 기억은 없어요." 그가 말했다.

막다른 지경이라는 느낌으로 쉐퍼드는 면담을 마쳤다.

1개월 뒤, 4월 15일 수감자 아서 윌슨은 용의 선상에서 벗어났다.

토머스와 윌슨이 제외되자, 쉐퍼드와 콜터 형사는 교회에서 근무하던 이닐 풀로 넘어갔다. 2008년 8월 5일 풀은 자택에서 가진 인터뷰에서 1987년 1월의 그날 밤을 생생히 기억한다고 말했다. 그녀가 안쪽 사무실에서 교회 비서 마바 로슨과 이야기하고 있을 때 경찰이 문을 두드렸다.

"살인 사건이 났다고 했어요." 풀이 말했다. "우리는 방금 들어왔다고 했죠." 풀은 쉐퍼드와 콜터에게 경찰이 자기 아들 드웨인을 찍어 그를 범인으로 몰았다고 했다.

"애한테 수갑을 채웠어요." 그녀가 말했다. "애가 그 여자를 죽인 죄로 몇 년 징역형을 받을 거라고 했어요. 내가 그 앤 아무도 안 죽였다고 했죠."

다행히 그들은 드웨인을 풀어주고 교회로 다시 데려다주었다.

폴은 교회 뒷골목에서 차를 탄 남자를 본 것과 아들이 체포되는 상상을 한 이야기도 해주었다.

"아들 드웨인한테 교회 옆의 골목길을 지나가는 엘 카미노가 한 대 있다고 했어요." 그녀가 말했다. "그것 참 이상하죠. 매일 밤 1시나 2시쯤 되면 그가 여길 지나가요. 드웨인도 봤다고 했지만 신경 쓰지 않았어요. 드웨인에게 형사들이…… 잔뜩 몰려온다고 했어요. 그러니 조심하지 않으면 형사들이 와서 너한테 수갑을 채우고 잡아갈 거라고 했어요. 엘 카미노를 타고 여길 지나가는 사람이 한 짓이라고 했어요. 그건 그 일이 있기 2주 전이었어요. 그게 내 생각이었어요."

"엘 카미노를 탄 사람의 인상착의가 어땠습니까?" 콜터가 물었다.

"어두워서 잘 안 보였어요. 키가 큰 사람이었어요."

"죽은 여자는 교회 화장품 가게에 와서 가끔 물건을 사곤 했어요." 그녀가 말했다. "몸집이 조그만 치어리더 같은 여자였어요."

"그걸 어떻게 압니까?" 콜터가 물었다.

"교회에서 일했고, 아들 제임스가 그 여자를 보곤 했으니까요. 제임스는 손님들과 알고 지냈고, 자기 손님이 누군지 알아봤거든요. 그 애는 손님에게 말을 걸기도 하고, 손님들이 화장품을 사려고 하면 뭘 쓰고 뭘 쓰지 말라고도 말해줬어요. 그래서 얼굴을 기억했죠. 그 여자가 노란 스커트를 입고 작은 상의를 입고 있는 것도 봤어요. 그 여자가 여기 오는 손님이냐고 물었더니 제임스가 그렇다고 했어요."

"그게 살해된 여성인지 어떻게 압니까?" 콜터가 물었다.

"알아요." 그녀가 말했다. "보여줬거든요."

"경찰이 사진을 보여줬습니까?" 콜터가 물었다.

"죽기 전에 본 거였어요." 그녀가 말했다. "전에 그 여자를 상점에서 봤는데, 아들이 손님들을 상대하니까, 엄마, 살해당한 여자가 그 여자야, 라고 했죠."

· · ·

2008년 봄, 800 전담반은 여러 차례 실마리를 좇다가 실패한 이후 희망을 놓치지 않으려 마음을 다잡고 있었다. 그때, 불현듯 캘리포니아주에서 이전까지는 알려지지 않았던 과학수사 도구를 승인했다.

그 사이, 나는 〈L. A. 위클리〉에서 다른 범죄 기사를 다루느라 바빴지만 연쇄살인범은 머리에서 떠나지 않았다. 그 범인이 또 사람을 죽일지 늘 궁금했다.

그가 이미 살인을 저지른 것은 알지 못한 채 말이다.

잠들었던 살인마

클리프 쉐퍼드는 기사를 한 자 한 자 읽을 때마다 점점 심장이 빠르게 뛰었다. 이것은 수년 동안 진전이 없는 수사를 성공시킬 수도 있는 도구였다. 2008년 5월 12일 오후, 800 전담반의 쉐퍼드는 책상에서 신문을 읽다가 가족 DNA 검사에 관한 기사를 보았다. 캘리포니아 주지사 제리 브라운이 얼마 전, 논란이 되는 검사를 승인해서 범죄 용의자의 가까운 인척을 DNA 검사에 포함시킬 수 있도록 했다. 다시 말해, 용의자가 당국에 의해 DNA 검사를 받지 않아 중범죄자 DNA 데이터베이스를 검색해도 일치하는 결과가 나오지 않는다면, 형제나 숙부, 아버지 등 용의자의 DNA와 일부를 공유하는 사람으로 검색할 수도 있다는 의미였다.

2002년 영국에서는 가족 수색이 허용되어 유명한 범죄사건 몇 건을 수사하는 데 성공한 반면, 미국에서는 윤리적 문제 때문에 여러 주에서 그 기술을 승인하지 않았다. 민권 운동가들은 가족 수색이 프라이버시 침해이며 무고한 가족, 특히 수감 중인 흑인과 히스패닉의 가족이 경찰 수사의 표적이 되도록 만들 수 있다고 우려했다. 소수자 가족이 다른 경우보다 가족 수색을 받을 가능성이 더 크다는 것이었다.

쉐퍼드는 기사를 더 읽어나가는 동안 캘리포니아 법무부에서는 가족 수색을 공공 안전에 큰 위협이 되는 성폭력과 살인 관련 사건에만 국한한다는 것도 알게 되었다. 다른 수사 실마리가 모두 사라진 뒤에야 수색 승인을 받을 수 있었다.

쉐퍼드는 20년에 걸친 살인이라면 모든 요건을 만족시킨다고 생각했다. 그래서 이틀 뒤, 콜터, 쉐퍼드, 킬코인은 캘리포니아 법무부의 질 스프릭스를 만나러 새크라멘토로 갔다.

스프릭스는 점심식사를 함께 하면서 새로운 가족 DNA 수색 도구를 테스트할 사건으로 연쇄살인범이 최적이라고 했다. DNA가 중범죄자 데이터베이스에 등록되어 있지 않은 연쇄살인범이 활동 중이며, 경찰은 용의자의 DNA를 검사하고 수백 명의 사람들을 인터뷰하느라 수천 달러를 썼지만 소용없었다. 이제는 다른 선택권이 없었다.

2주 뒤 LA 경찰은 캘리포니아 법무부의 과학수사부서에 주 중범죄자 DNA 데이터뱅크 내 유죄판결을 받은 범죄자들에 대해 가족 수색을 실시해달라는 공식 요청서를 제출했다.

그러나 그러기 위해서는 특별한 소프트웨어 프로그램을 구축해야 했다. 형사들은 그 살인범을 찾아낼 새로운 접근 방법은 얻었지만, 당분간은 기다려야 했다.

• • •

내가 연쇄살인 조사를 시작한 지 2년이 지났다. 살인 사건에 대한 경찰 수사가 진전을 보이는 것 같지는 않았지만, 그렇다고 내가 포기한 것은 아니었다. 오히려 그 반대였다. 사우스 센트럴의 미제 살인 사건에 대한 관심은 사라지지 않았다.

나 역시 클리프 쉐퍼드 형사만큼 그 범죄와 범인에 대해서 궁금했다. 특히 살인 사건 공백 기간인 13년 반 동안 무슨 일이 있었는지 궁금했다. '나 역시' 살인범이 군인이라 이곳저곳으로 옮겨 다니는 것인지, 혹은 그가 이미 수감된 것인지 의아했다. 그리고 '나 역시' 그 질문에 대한 대답을 찾고 있었다.

나는 쉐퍼드와 정기적으로 연락을 취하며 새로운 진척 사항이 있는지 확인했다. 우리는 종종 만나 사건을 차근차근 살피기도 했고, 몇 차례 사우스 센트럴 지역을 함께 차로 돌아다니기도 했다. 나는 수사에 대해 설명해달라고 끊임없이 쉐퍼드를 졸랐다. 누군가 용의 선상에서 제외되었는지? 용의자가 있는지? 범인을 잡는 데 어려움이 있다고 그는 계속해서 말했다. 그래도 나는 끊임없이 성가시게 굴었다. 그리고 마침내 2008년 어느 여름 날 오후, 나의 집요함에 보답이 있었다. 2년이나 같은 질문을 자꾸만 받는 데 지친 쉐퍼드가 입을 연 것이다.

"또 한 건이 더 있소." 쉐퍼드가 말했다. "그자가 마지막 희생자 이후로 한 명을 더 살해했소."

쉐퍼드는 더 자세한 이야기는 하지 않았다. 이름도, 날짜도, 위치도 알려주지 않았다. 그가 한 말은 그 살인 사건을 조사하는 새로운 전담반에 들어갔다는 것뿐이었다.

사무실로 돌아온 나는 쉐퍼드가 한 말을 곱씹어보았다. 새로운 희생자를 찾아낼 방법을 강구해야 했다. 나는 곧장 로스앤젤레스 카운티 부검실의 수사 실장보로 있는 에드 윈터에게 연락했다. 결국 윈터와 그가 준 사우스 센트럴의 골목과 공원에서 살해된 채로 발견된 38명의 여성 목록이 2년 전 내가 이 연쇄살인범 추적을 시작하도록 만든 것이니까.

윈터와 만났을 때 새로운 희생자가 있다는 걸 안다는 말은 하지 않았지만, 진전은 없으나 이 기사를 아직도 쓰고 있다는 말은 했다. 2005년 6월, 그의 목록에서 마지막 여성이 사망한 채 발견된 날 이후에 사망한 여성의 부검 보고서를 살펴보고 싶다는 계획을 알렸다.

그는 내게 부검 보고서를 주기로 했고, 나는 뭔가 알아내면 알려주겠다고 했다. 그는 나를 수상쩍은 표정으로 보았지만 아무 말도 하지 않았다. 그는 내게 더 할 이야기가 있지만, 내가 뭔가 정보를 알려줄 때까지 기다리기로 한 것 같았다.

몇 주 걸리기는 했지만 부검실에서 보낸 커다란 갈색 봉투가 마침내 내 책상 위에 놓였다. 그 안에는 2005년 6월 이후 살해된 12명의 여성에 대한 부검 보고서가 들어 있었다. 사망 원인은 총기, 목 졸림, 구타로 다양했다. 희생자 대부분은 흑인이거나 히스패닉이었다.

보고서를 살펴보니, 2007년 1월 1일에 사망한 25세의 제니시아 레빗 피터스의 살해가 눈에 띄었다. 그녀는 연쇄살인범 피해자의 프로파일과 일치했다. 흑인이며 시신이 사우스 센트럴 골목길에 유기된 것이다. 총에 맞은 것도 같았다. 유일한 차이점은 다른 희생자들처럼 가슴이 아니라 등에 총을 맞은 것이었다.

이 사건에 대해 좀 더 알아내야 했다. 이 수사를 담당한 77번가 경찰서 형사에게 전화를 걸어 그녀의 죽음에 대해 알아보았다. 형사는 사건이 시내의 강도-살인 사건팀으로 이송되었다고 했다.

"강도-살인 사건팀이요?" 내가 물었다. "왜 거기죠?"

"그쪽에 물어보세요." 형사가 말했다.

"형사님은 모르세요?" 내가 물었다.

"이젠 우리 담당이 아니니까요." 그의 대답은 도움이 되지 않았다.

LA 경찰의 강도-살인 사건팀은 유명인의 살인이나 복잡한 상황에 놓인 살인, 연쇄살인 등을 주로 담당했다. 그곳의 형사들은 다른 형사들보다 적은 수의 사건을 맡아 집중 수사를 할 수 있었다. 제니시아의 사건이 시내로 이송되었으므로, 나는 이 사건이 연쇄살인과 관련 있다고 확신했다. 다음에는 프린세스 버소뮤 사건을 담당하는 잉글우드 경찰서로 전화를 걸었다. 거기 형사도 내 추측이 옳다는 것을 확인해주었다. 제니시아 피터스 사건은 그 연쇄살인범과 연관이 있으며 그녀의 살인 사건으로 인해 LA 경찰이 전담반을 꾸렸다는 것 말이다.

나는 새로운 경찰서장 빌 브래턴과 면담 요청을 냈고, 그 수사를 담당하는 800 전담반의 반장이라고 자신을 소개한 데니스 킬코인 형사와 접촉하게 되었다.

그는 만나서 이야기하자고 했다.

• • •

며칠 뒤 킬코인과 나는 경찰 본부 옆 스타벅스에서 마주 앉았다. 킬코인에 대한 첫 인상은 그가 상냥하고, 호감 가며, 매력적인 남자라는 것이었다.

나는 이 비밀 전담반과 제니시아 피터스에 대한 기사를 쓸 계획이라고 말했다. 킬코인은 제니시아의 죽음이 미제 연쇄살인과 연관되어 있으며, 제니시아의 살인이 DNA 증거를 통해 수십 년 동안 사우스 센트럴에 도사리고 있던 연쇄 총기 살인범이 저지른 9건의 살인과 연결되었다고 했다. 그리고 2007년 4월 전담반을 꾸렸음을 확인해주었다. 그는 제니시아가 쓰레기봉투에 든 채로 발견되었으며 살인범의 DNA가 그 봉투를 묶는 데 쓴 타이에서 발견되었다고 했다.

이 시점에서 800 전담반은 1년 이상 연쇄살인을 수사해왔고, 형사들은 1980년대나 마찬가지로 수사에 난항을 겪고 있다고 킬코인은 인정했다.

2002년 LA 경찰 최고 직위에 오른 브래턴 서장이 의구심을 표명했음에도 불구하고 전담반을 비밀에 부친 것은 킬코인의 결정이라고 했다. 킬코인은 살인범에게 경찰이 수사 중임을 알리고 싶지 않았다. 미디어에서 떠들어대면 범인이 잠수해버려서 다시 잡을 수 없을지도 몰랐다.

나는 LA 경찰이 범인을 찾기 위해 가족 DNA 수색을 해볼 계획이라는 이야기를 들었다고 했다.

"거기 대해선 노코멘트입니다." 그가 말했다.

그날, 제니시아 피터스의 어머니 레이번 피터스에게 전화를 걸어 정체불명의 연쇄살인범 손에 사망한 딸에 대해서 인터뷰를 하고 그를 찾기 위해 꾸려진 새로운 전담반에 관해 이야기를 하고자 했다. 그녀는 내 전화를 받고 놀랐는데, 제니시아에 관한 기사를 인터넷에서 검색하려는 순간에 내 전화가 온 것이기 때문이었다. 레이번은 온라인에서 아무 기사도 찾을 수가 없었다. 떨리는 음성에서 그녀의 감정을 느낄 수 있었다. 그녀는 딸의 살인에 대해 아무도 관심을 갖지 않는다고 느끼고, 나와 간절히 이야기하고 싶어 했다. 우리는 만나기로 했다.

며칠 뒤 50대 초반의 아름다운 여성이 폰타나의 한 패밀리 레스토랑에서 내 앞에 앉았다. 레이번은 말솜씨가 좋고 우아한 여성이었지만, 딸의 죽음에 큰 충격을 받은 것이 분명했다. 그녀는 제니시아의 여섯 살짜리 아들 저스틴을 키우고 있었고, 힘든 상황으로 인해 기운이 하나도 없어 보였다.

"애가 엄마를 매일 찾아요." 그녀가 말했다. "우리는 할 수 있는 모든 것을 하고 있어요. 최선을 다하고 있지만, 난 애 엄마는 아니니까요."

레이번은 강도-살인 사건팀 형사들이 제니시아의 살인 사건이 일어난 지 6개월쯤 뒤에 찾아왔다고 했다. 그들은 레이번에게 온갖 질문을 했지만 수사에 대해서는 아무런 정보도 주지 않았다. 레이번은 경찰이 자신의 딸이 연쇄살인범의 무작위 살인에 희생된 거라고 말해주지 않은 것에 화가 났다.

여성들이 흑인이 아니거나 흑인 거주 지역에서 살해당하지 않았다면 경찰은 연쇄살인범의 존재를 대중에 공표했을 것이라고 레이번은 말했다. 또한 새로운 전담반이 만들어진 것을 지역 사회나 희생자 가족에게 숨기지도 않았을 거라고 했다. 희생자들이 백인이었다면 역타격이 두려워 연쇄살인범의 존재를 알렸을 거라고 그녀는 말했다.

레이번은 미디어에서 제니시아의 살해와 전반적인 흑인 범죄를 보도하는 방식도 문제 삼았다. 제니시아의 시신이 2007년 발견되었을 때, 2005년 5월 카리브해 아루바에 졸업 여행을 갔다가 실종되어 크게 보도되었던 금발 소녀 나탈리 할러웨이와 달리 제니시아의 사건은 6시 뉴스에도 보도되지 않았다. 미디어는 할러웨이 사건을 끝도 없이 방송했다. 기자들이 조사하러 그 이국의 섬까지 파견되기도 했다. 레이번의 딸이 쓰레기통에서 발견되었을 때, 조사하러 파견된 기자는 아무도 없었다. 기자 회견도 없었다. 보상금도 없었다.

"그 애에 대해선 아무도 신경 쓰지 않았어요." 그녀가 딱 잘라 말했다.

제니시아 레빗 피터스는 언니 조바나와 11개월 반 터울로 세상에 태어났다. 레이번 피터스는 세상의 어떤 엄마보다 행복했다. 그런데 이제 세상의 어떤 엄마보다 가슴 아팠다.

LA 경찰이 연쇄살인범의 존재를 감춘 것에 분노한 사람은 레이번 피터스뿐만이 아니었다.

• • •

2008년 여름, 사전 약속 없이 포터와 메리 알렉산더의 집에 찾아갔을 때, 어떤 반응을 얻을지 알 수 없었다. 사우스 센트럴에 대해서는 아는 것도 별로 없었고, 솔직히 그 지역에 혼자 찾아가는 것은 무섭기도 했다. 체격이 작고 세련된 언니 아만다에게 이런 이야기를 하자 함께 가주기로 했다. 나중에 점심을 산다는 조건으로.

우리는 모드 주니어를 타고 사우스 센트럴의 거리를 돌아다녔다. 나는 근무용 블라우스와 바지를 입고 언니는 플랫폼 힐에 짧은 바지, 탱크톱을 입었다. 팔에는 구찌 백을 자랑스레 걸고 있었다.

언니가 차에서 기다리는 동안 내가 인터뷰를 마칠 계획이었다. 알렉산더 부부가 문을 열자 나는 미제 살인 사건에 대해 〈L. A. 위클리〉에 기사를 쓰고 있는데 그들의 딸 모니크의 사건도 포함될 거라고 알렸다. 20년 이상 모니크의 죽음에 대해 아무도 궁금해하지 않았기 때문에 그들은 나를 보고 놀랐다. 그들은 누군가가 모니크의 사건에 관심을 가져준 것에 감사하기도 했다. 마침내 그들의 이야기를 들어줄 사람이 나타난 것이었다.

그들은 나를 반갑게 맞아주었고, 몇 분 뒤 언니는 내게 전화로 인터뷰가 언제 끝날지 물었다. 차에서 혼자 기다리는 것이 무서워진 것이다. 알렉산더 부부에게 언니가 차에서 기다리고 있다고 말했다.

"집으로 들어오시라고 하세요." 메리가 내게 말했다.

아만다 언니도 거실의 소파에 함께 앉았다. 메리는 사진 앨범을 꺼내더니 활달하고 전도유망한 소녀, 모니크에 대한 추억을 나누어주었다. 메리는 앨범을 넘기며 울음을 참고 있었다. 스탁턴 출신의 터프한 카우보이 포터도 감정을 감추지 않았다. "소중한 딸이었죠." 포터는 십 대의 모니크 사진을 가만히 쳐다보며 말했다. 딸의 사건이 해결되지는 않았지만, 1988년 9월 사건 이후 경찰이 몇 차례 의례적으로 찾아온 이후로 알렉산더 부부는 경찰과 대화한 적이 없었다.

모니크의 죽음은 여전히 포터의 뇌리에서 떠나지 않은 것 같았다. 그의 눈빛에서 느낄 수 있었다. 그녀의 이름을 말할 때 그의 두 눈에는 눈물이 글썽거렸다. 그는 딸의 죽음과 중독이 자신의 탓이라고 여겼다. 거리의 위험에서 딸을 보호해주지 못했다고 자책했다. 그의 고통은 딸을 빼앗긴 날과 다를 바 없이 생생했다.

"우리 가족은 모두 일을 했어요." 포터가 1980년대의 삶에 대해 이렇게 말했다. "우리 막내는 당시 우리가 어떻게 할 수 없는 일을 겪었어요."

"변명은 하지 않겠어요." 그가 덧붙였다. "아이를 잃게 되다니 너무나 슬픈 일이었어요. 모니크는 소중한 아이였어요. 모두에게 사랑받았어요."

"그 애가 자라서 어떤 사람이 되었을지 궁금해요." 메리가 말했다. "마음이 편할 날이 없어요."

내가 살인 사건에 대해 아는 대로 전하는 동안 메리는 거의 말없이 앉아 있었다. "내게 참 소중한 아이였어요." 메리는 침착하게 말했다.

메리와 모니크는 소파에 누워 발을 서로 맞대고 자전거를 타듯이 앞뒤로 밀고 당기는 게임을 함께 했다. 메리가 드러누우면 모니크는 그 옆에 함께 눕곤 했다. 그리고 모니크가 비버리힐즈에 갔다가 집에 돌아오면 항상 엄마에게 신이 나서 이렇게 말했다. "엄마, 빌리힐스에 갔다 왔어."

모니크의 죽음 이후 메리는 한동안 회복하지 못했다. 조카들도, 모니크의 친구들도 바라볼 수가 없었다. 마음이 너무 아팠다. 왜 계속 살아야 하는지 알 수 없었다. 방에 틀어박혀 며칠씩 울기만 했다. 남은 아이 키빈, 아니타, 도넬, 대린은 엄마가 회복하지 못할 거라고 생각했다. 건강이 악화되었다. 두통이 사라지지 않았고 몇 년 동안 병원을 드나들며 살았다. 몇 번의 연말이 지나가고 알렉산더 가족은 마지못해 살아갔다.

포터는 다른 방식으로 대처했다. 그는 결국 모니크의 물건을 챙겨 창고에 넣었다. 그리고 딸의 묘지에 집착하며 원하는 대로 안 되면 유해를 다른 곳으로 옮겼다. 한 번은 트랙터가 공동묘지의 잔디를 깎거나 묘지 위로 지나가는 것을 견딜 수 없어 딸의 유해를 납골당으로 옮긴 적도 있었다. 그다음에는 그 지역에 각다귀가 너무 많아 또 유해를 이장했다. 마침내 그와 메리와 모니크가 나란히 안치될 수 있는 납골당을 찾았고, 그 후로는 옮기지 않았다.

포터는 레이번 피터스와 마찬가지로, 경찰이 모니크가 연쇄살인범의 희생자이며 그녀의 죽음이 사우스사이드 살인마 전담반, 그리고 최근 발족한 800 전담반의 수사 대상임을 알리지 않은 것에 분노했다.

이따금 포터는 모니크의 살해를 퍼즐 조각 맞추듯이 머릿속으로 짜 맞추어보려고 했다. 그는 딸을 죽인 범인이 그 지역을 잘 알고 남의 눈에 띄지 않는 법을 안다고 여겼다. 그래서 그가 그토록 오랫동안 잡히지 않은 것이라고 포터는 믿었다.

그의 생각이 옳았다.

• • •

메리 로우의 어머니 베티와 메리의 여동생 케네이사도 내가 그날 언니와 함께 만나러 갔을 때와 마찬가지로 충격 상태였다. 베티는 딸이 마약을 하는 흑인이었기 때문에 경찰이 살인범을 찾는 데 관심이 없었다고 믿었다.

케네이사는 6년 터울임에도 언니 메리와 유난히 가까웠다. 자매는 자라면서 이층 침대를 함께 썼다. 그들은 사촌과 함께 리틀 이모션스라는 싱글 그룹을 시작하기도 했고, 가족 모임이나 동네 공원에서 공연도 했다. 메리는 그룹의 리더였고 의상도 만들었다.

메리는 인기 많은 십 대 소녀였다. 그녀는 〈소울 트레인〉의 댄서였고, 이웃 소녀들은 그녀를 우러러보았다. 케네이사가 〈아메리칸 밴드스탠드〉의 댄서가 되었을 때, 메리는 매니저가 되어주었다. 그녀는 춤을 가르쳐주고 격려도 해주었다.

1987년 11월 1일, 경찰이 소식을 가지고 찾아왔을 때 문을 연 것은 케네이사와 아버지였다. 당시 임신 7개월이었던 케네이사는 20세였다. 그녀는 곧 아들을 낳았고, 메리는 조카를 보지 못했다.

• • •

나는 새로운 정보를 얻을 수 있을지 모른다는 기대를 느끼며 피해자 가족에게 인터뷰를 하러 찾아갔지만 늘 슬픔을 느끼며 나왔다. 피해자 가족의 얼굴에서 절망을 보았고, 그들이 느낀 부당함의 이야기에 마음이 아팠다. 그들은 모두 경찰이 살인 사건을 진지하게 조사하지도, 범인을 열심히 추적하지도 않았다고 확신했다.

내가 범죄 기자로서 5년 동안 다룬 모든 살인 사건은 모두 다 충격적이었지만, 이 가족들이 느끼는 고통은 너무나도 선연했다.

LA 경찰이 20년 동안 수사에 진전을 이룬 것도 있었지만, 흑인 주민들과 경찰 사이의 관계는 별로 변하지 않았다. 소통의 부재로 인해 신뢰는 사라졌다.

· · ·

2008년 8월 28일, 가족들과 인터뷰를 한 지 몇 주 뒤, 내가 당시까지 나온 것 중 가장 심도 있게 조사한 독점 기사 "잠들었던 살인마 돌아오다"가 〈L. A. 위클리〉에 실렸다. 잠들었던 살인마라는 별명이 처음으로 기사에 등장한 것이 그때였다. 자신만만하고, 지적이며, 진지한 편집자 질 스튜어트가 그에게 이름을 붙여야 한다고 주장했다. 나 역시 그에게 이름을 붙여 대중의 의식 속에 그를 심어놓는 것이 최선일 것 같았다. 모두가 BTK, 별자리 살인마, 샘의 아들*은 기억했다. 우리는 뉴스 보도가 가하는 최초의 충격이 가신 후에도 이 연쇄살인범이 오래도록 기억되기를 원했다.

* 미국의 유명 살인마들

기사가 발표되기까지는 며칠 남아 있었기 때문에 우리는 스튜어트의 사무실에 모여 앉아 이 연쇄살인범을 가장 잘 설명해줄 별명이 무엇인지 의논했다. 웨스턴가 살인자는 고려 대상에 올랐지만 마음에 들지 않아 떨어졌고, 결국 '잠들었던 살인마'로 결정되었다. 이 살인범이 살인 행각 사이에 13년 반의 휴지기를 가졌다는 것을 잘 설명해주는 말이라 우리 두 사람의 마음에 들었다.

기사는 2007년 제니시아 피터스의 살인을 심층 취재했고, 그것이 80년대 사우스 센트럴을 공포로 몰아넣었던 동일한 살인범의 소행이며, LA 경찰이 15개월 동안 잠들었던 살인마를 잡기 위해 비밀 전담반을 운영 중이라는 소식을 처음으로 알렸다.

800 전담반 팀장 데니스 킬코인과의 인터뷰와 800 전담반이 사용하는 무기 중에는 가족 DNA 수색이라는 비교적 새로운 과학

기술도 있다는 사실도 포함되었다. 나는 연쇄살인범이 이웃에서 활동 중이라는 사실을 듣지 못한 데 분노를 표시한 친인척들의 인터뷰도 포함시켰다. 그리고 그들 중에는 인종 차별을 느꼈다고 말한 이들도 있었다.

· · ·

이 기사는 LA 시위원회에 불을 지폈고, 특히 윌리엄 브래턴이 취임하기 전 경찰서장이었던 버나드 팍스에게 강한 인상을 남겼다. 팍스의 선거구는 시신이 발견된 지역을 에워싸고 있으며, 그는 시위원회에 포상금을 내걸라는 압박을 가했다. 기사가 나온 지 일주일 뒤, 시위원회는 잠들었던 살인마의 체포와 유죄 판결에 도움이 되는 정보에 대해 시 역사상 최고액인 50만 달러의 포상금을 내걸었다.

스튜어트와 나는 기사가 진지하게 받아들여지고 포상금 설정에 도움이 되었다는 사실에 몹시 기뻤다. 기자로서 나는 변화를 이루고 싶었고 이 포상금이 범인을 잡는 데 소중한 실마리를 가져다주기를 바랐다.

한 가지 예측하지 못한 것은 엄청나게 많은 사람들이 이런저런 조언을 하려고 전화를 해 온 것이다. 대부분 전화를 걸어 온 사람은 이웃이나 친구가 잠들었던 살인마가 아닐까 염려하고 있었다. 그중 몇몇은 경찰에 아무 신뢰가 없어서 경찰에 신고하기를 거부하기도 했다. 나는 형사들이 어떤 일을 겪고 있는지 느낄 수 있었다. 800 전담반은 내 기사가 나간 뒤 수십 통의 제보 전화를 받았고, 대부분은 수사 후 제외되었다.

제보자들과의 통화는 상당히 흥미로웠다. 처음에는 대부분이 그럴싸했다. 사실, 나는 여러 차례 스튜어트의 사무실로 달려가 "이 사람이 범인을 아는 것 같아요"라고 외쳤다. 하지만 제보자가 CIA가 자신의 전화를 도청한다는 소리를 하면 실망하고 말았다.

놀랍게도 전화를 건 여성 대부분이 자기 남편이나 연인을 비난했다. 여성들이 그저 앙심을 품은 것인지, 외도에 복수를 하는 것인지, 아니면 정말로 자신의 생각이 옳다고 믿는 것인지 가늠하기 어려웠다. 나는 그 정보를 경찰에 전달했다.

어느 날 아침, 책상에 앉아 있는데 전화가 울렸다. 프랑스 억양을 가진 한 여성이었다. 그녀는 이름이 마니이며 자기 친구 배리에 대해서 이야기하고 싶다고 했다. "그 친구가 범인일지도 모르겠어요." 그녀가 말했다.

이전이었다면 그 말에 나는 정신이 퍼뜩 들었을 테지만, 전화를 너무 많이 받고 난 이후라 지친다는 느낌이 들었다. "왜 그가 범인이라고 생각하세요?" 내가 물었다.

"그냥 느낌이 그래요." 그녀가 말했다. "심리학을 공부하는데, 연쇄살인범의 징후를 알거든요."

그것뿐인가? 나는 생각했다. 느낌이라고?

배리는 40대의 매력적인 흑인 남성이라고 그녀는 말했다. 여성을 좋아하는 카사노바 스타일의 남자였다. 하지만 그는 성격이 못됐고 이전 연인에게 폭행을 한 적이 있었다.

그녀는 자기 친구가 성적으로 매우 적극적이며 모타운의 전설, 마빈 게이의 성품과 연쇄살인범 테드 번디의 주도면밀함을 갖췄다고 했다.

"그 친구는 80년대 사우스 로스앤젤레스에서 살기도 했어요."
그녀는 당시 그가 불행한 결혼 생활을 했고 아내 몰래 마약에 중
독된 매춘부를 자주 만났다고도 덧붙였다.

"로스앤젤레스에는 그런 사람들이 많아요." 내가 말했다. "또 다
른 점은 없나요?"

"있어요. 그 친구가 이 사건에 집착하고 있어요." 그녀가 대답
했다. "그가 범인이라는 걸 내가 어떻게 알았겠어요?" 그녀가 말
했다.

나는 그녀에게 경찰에 전화해서 내게 말한 내용을 전하라고
했다.

"그럴 순 없어요." 그녀는 경찰을 믿지 않았고, 친구가 무고하다
면 경찰의 괴롭힘을 받게 할 수 없다고 말했다.

그녀가 그다음에 한 말이 내 흥미를 끌었다. "오늘 그 친구랑 저
녁을 먹을 거예요. 그 친구 DNA를 채취하면, 당신의 신문사에서
검사해줄 수 있나요?"

나는 〈L. A. 위클리〉는 DNA 검사 회사가 아니라고 말했다. 그
녀는 자기 정체를 밝히지 않고 샘플을 경찰에게 전해줄 수 있는
지 물었다. "그건 할 수 있을 것 같네요." 내가 말했다. "그건 요청
할 수 있어요." 나는 그녀에게 전화번호를 물었지만 알려주지 않
았다.

"내가 전화할게요." 그녀는 이렇게 말하고 전화를 끊었다.

그녀에게서 다시는 전화가 오지 않을 거라고 생각했다. 하지만
내 생각이 틀렸다.

2주 뒤, 그녀에 대해서 완전히 잊고 있는데 마니가 다시 전화를

걸었다. "샘플이 있어요." 그녀가 말했다. "나중에 그걸 전해줘도 될까요?"

나는 다시 깜짝 놀랐다. 그녀가 그렇게 하리라고 예상하지 못했던 것이다. 내가 무슨 일에 걸려든 것일까? 마니는 그날 오후에 물건을 들고 〈L. A. 위클리〉에 들르겠다고 했다. 전화를 끊은 뒤 나는 클리프 쉐퍼드 형사에게 전화를 걸었다. "친구가 범인이라고 믿는 여자와 통화를 했어요." 내가 말했다. "나중에 DNA 샘플을 가져온대요. 그거 가져가면 검사해주실 수 있어요?"

대답은 침묵이었다……. 처음에는 그랬다.

쉐퍼드는 회의적이긴 하지만 샘플을 받아주기로 했다.

"혹시 모르잖아요. 그가 범인일 수도 있죠." 내가 말했다.

"글쎄요." 그는 이렇게 말하고 전화를 끊었다.

그날 오후, 〈L. A. 위클리〉의 사무실 관리자 피터 플레처가 내게 전화를 해서 마니가 로비에 있다고 알렸다. 플레처는 리셉션 근처의 방에서 그녀를 만나라고 했다. 그 방은 광고부에서 의뢰인에게 돈을 받는 데 쓰는 방이며 비디오카메라가 설치되어 있었다. 마니가 위험한 행동을 한다면 그가 녹화할 것이다. 별일이 다 있다는 생각이 들었다.

프런트에 도착하자 그녀는 이미 방에 들어가 있었다. 30대 중반의 예쁘장한 백인 여성이 유리 파티션 너머에 앉아 있었다. 마니는 이런 상황에 심기가 불편했지만, 나는 개의치 않았다. 내게 보이는 것은 그녀의 손에 든 하얀 비닐봉투뿐이었다. "그건가요?" 내가 봉투를 가리키며 물었다.

"네." 그녀가 말했다. "포크예요." 마니는 그 친구의 집에서 저녁을 먹었다고 했다. 페투치니 알프레도를 만들어 먹었고, 식사를 마친 뒤 그녀는 접시를 주방으로 가져가면서 포크를 훔쳤다.

"경찰에 넘길게요." 내가 말했다.

"얼마나 걸릴까요?" 그녀가 물었다.

"잘 모르겠어요." 내가 말했다. "적어도 몇 주는 걸릴 거예요."

그녀는 못마땅한 표정이었다.

"제 추측이에요." 나는 이렇게 말했다. "전화번호를 알려주시면 소식 오는 대로 알려드릴게요."

"내가 전화할게요." 그녀는 일어나서 밖으로 나갔다.

그녀가 나가자마자 나는 계단 한 층을 뛰어올라 질 스튜어트의 사무실로 갔다. 그 방은 405번 고속도로로 접어들기 전 주요 통로인 세펄비다로를 마주하고 있었다.* 그녀는 30m쯤 걸어가더니 걸음을 멈췄다. 5분쯤 기다리니 갈색 세단이 앞에 섰다. 남성 운전자의 얼굴을 잘 볼 수 없었지만, 차량 번호판은 볼 수 있었다. DNA가 잠들었던 살인마의 것으로 밝혀진다면, 경찰이 마니를 찾도록 전해줄 차량 번호는 알게 된 셈이었다.

* 2008년 여름, 〈L. A. 위클리〉는 할리우드의 사무소에서 컬버시의 사무실 건물로 이전했다.

파커 센터의 로비에서 쉐퍼드를 만났다.

"여기 있어요." 나는 포크가 든 봉투를 건네며 말했다.

"몇 주 후에 알려드리겠소." 그가 웅얼거리며 말했다.

쉐퍼드는 그것이 범인의 것일지도 모른다는 가능성을 무시할 수 없다는 걸 알고 있었다.

"어떻게 그렇게 오래 걸려요?" 내가 물었다.

"검사하는 샘플이 많으니까요." 그가 말했다. 사실이었다. 사실,

경찰 수사 동안 과학수사팀은 100개의 DNA 샘플을 검사했고, 그 중 내가 전달한 것이 2개였다.

그 후 몇 주 동안 마니는 이틀마다 한 번씩 전화를 했다. 그녀는 시간이 오래 걸리는 것에 초조해했다. 그녀를 진정시키려고 검사하는 샘플이 많다고 말해주었다.

일주일 뒤, 쉐퍼드에게서 전화가 왔다.

"일치하지 않소." 그가 말했다.

마니가 전화를 걸어 왔을 때, 나는 그 소식을 전했다. 그녀는 만족하지 않았다. 그녀는 자기 친구가 범인인데 경찰이 뭔가 잘못했다고 확신했다.

"그 사람은 아니에요." 내가 말했다. "그럼 기뻐하셔야죠." 마지막 통화를 끝내기 전에 내가 그렇게 말했다.

• • •

몇 주 뒤 자기 남편이 '잠들었던 살인마'라고 확신하는 여성에게서 전화를 받았다. 이번에도 그녀는 정보를 별로 알려주지 않았지만, 자기 이름은 폴린이라고 말했다.

폴린은 남편이 사우스 센트럴에서 자랐으며 연쇄살인범 뉴스가 나온 이후로 수상쩍게 행동하고 있다고 말했다. 그를 의심하는 이유는 딱 잘라 말할 수 없으며, 육감이라고 했다. "그저 사실을 알고 싶어요." 그녀가 말했다. 마니처럼 그녀도 DNA 검사로 남편이 범인이 아니라는 것을 알고 싶었지만, 경찰에 가고 싶지는 않았다. 경찰이 개입해서 남편을 조사하기 시작했는데 남편이 범인이 아니라면 인생이 뒤집히는 것을 원하지 않았다. "혹시 익명으로 할 수 있는 방법이 있을까요?" 그녀가 물었다.

이번에도 나는 DNA를 형사에게 전해주기로 했다. 우리는 전화를 끊었고, 그녀에게 다시는 연락이 오지 않을지도 모른다는 생각을 이번에도 하기는 했다. 하지만 마니처럼 몇 주 뒤 그녀는 전화를 해서 샘플을 채취할 수 있었다고 했다. 그녀는 다음 날 오후 웨스트 할리우드의 사무실 건물에서 만나자고 했다.

"어떻게 생기셨죠?" 그녀가 내게 물었다.

"금발이에요." 내가 말했다.

"내가 찾아갈게요." 그녀가 말했다.

그다음 날은 엄청나게 덥고 유난히 습했다. 기온이 35℃까지 올라갔다. 나는 현관이 보이는 나무 밑 공원 벤치에 앉아서 폴린을 기다렸다. 몇 분 뒤 날씬하고 옷을 꽤 잘 입은 중년의 흑인 여성이 벤치 끝에 자리를 잡았다.

"안에 컵이 들어 있어요." 그녀가 들고 있는 봉투를 턱짓으로 가리키며 말했다. "그리고 정액이 묻은 화장지도 있어요."

"포크에 묻은 타액을 가져올 줄 알았는데요?" 내가 깔끔 떨며 말했다.

"이게 최선이었어요." 그녀가 말했다.

모드 주니어로 돌아가는 동안 킬코인 형사에게 전화를 걸었다. "남편이 범인이라고 믿는 여성에게서 받은 정액 샘플이 있어요." 내가 말했다. "가져가도 될까요?"

침묵이 흘렀다.

"지금은 출장 중이오." 그가 말했다. "파커 센터로 내일 아침에 와줄 수 있소?"

"좋아요. 그런데 시원한 데 넣어둬야 하나요?" 내가 물었다. "바깥은 너무 더워서요."

"그렇소. 냉장고에 넣어두시오."

"정말요?" 내가 물었다.

"샐러드드레싱이랑 야채 옆에 두시오." 그는 내 채식주의 식습관을 이렇게 한 번 놀리더니 전화를 끊었다. 나는 그것을 케첩과 머스타드 옆에 보관했다.

이튿날 아침 파커 센터에서 만난 여성 형사가 인터뷰실로 안내해주었다. "이게 일치하면 증언을 해야 된다는 거 아시죠." 그녀가 말했다. 나는 거기까지는 생각하지 못했고, 냉방이 되는 곳인데도 땀을 흘리기 시작했다.

몇 주 뒤 킬코인은 일치하지 않는다고 알려 왔다. 그는 이런 결말에 익숙했지만, 나는 그렇지 않았다. 그가 바로 범인이기를 기대하고 있었다.

심령술사들도 전화나 이메일을 했다. 생제르맹이 나의 보도를 돕고 있다고 주장한 한 심령술사는 범인 이름이 마이클이며 그의 피해자 수가 33명이라고 했다. 마이클은 피해자를 모텔 방으로 꾀어 들여서 죽인 뒤 시신을 사우스 센트럴에 버린다고 했다. 그는 결혼한 변호사이며, 아내는 그가 바람을 피운다고 의심하지만 살인자라고는 생각하지 못한다고 했다. 그는 젊고 생김새는 타이거 우즈와 O. J. 심슨의 중간쯤이라고도 덧붙였다. 귀여운 나쁜 남자 타입이라는 것이었다.

발송자 주소가 없는 편지도 받았다. 봉투를 열자 복사한 컬러 사진이 최소 8개가 들어 있는 종이 한 장이 들어 있었다. 절반은 같은 흑인 남자가 다른 흑인 여자들과 섹스하는 사진이었다. 30대 후반이나 40대 초반으로 보이는 남자였고, 여자들은 카메라를 향해 포즈를 취하고 있었다. 몇몇 사진은 여성 성기 클로즈업이었다. 한 장은 같은 남자가 아프리카 전통 의상을 입고 어떤 행사에서 수료증을 받는 장면이었다.

이 사람이 범인일까? 어째서 이 사진을 내게 보여주려고 한 걸까?

나는 그 페이지를 복사해서 쉐퍼드 형사에게 보냈다. 그러면 그 사람을 찾아낼 수 있을지도 모르니까.

또다시 막다른 길

800 전담반 형사들은 아직 코스모폴리탄 교회 신도들의 조사를 마치지 못했다. 내 "잠들었던 살인마 돌아오다" 기사가 나오기 전날, 로드 애머더 형사와 폴 콜터 형사는 조지아 주 메이컨으로 가서 F. P. 매튜스를 만났다. 카리스마 넘치는 매튜스는 80년대 코스모폴리탄 교회를 떠나 조지아에서 계속 성직을 맡고 있었다. 그는 전 세계에 많은 신도를 갖고 있으며 신이 내린 기적의 사나이로 유명하다고 했다. 그는 설교 중에 자신이 다섯 번 죽었다가 살아난 예언자라고 말했다고 했다.

매튜스는 예고 없이 메이컨 외곽의 2층짜리 큰 집에 찾아온 형사들을 보고 놀랐지만, 코스모폴리탄 교회에 대한 애머더와 콜터의 질문에 응했다. 매튜스는 형사들에게 친한 친구인 오웬 멀론도 코스모폴리탄 교회에서 성직을 맡았으며 집 앞마당의 높이 152cm 폭 91cm의 콘크리트 납골당에 안장되었다고 알려주었다. 매튜스가 멀론이 2007년 4월에 74세로 사망하기 전 이따금 로스앤젤레스로 돌아갔다는 이야기를 하자 형사들의 흥미는 극에 달했다. 만약 멀론이 살인자라면 긴 휴지기가 있었던 이유가 설명되었다.

내키지 않는 일이기는 했지만, 형사들은 멀론의 DNA 샘플이 있어야 그를 용의 선상에서 제외시킬 수 있다는 사실을 알았다. LA로 돌아온 콜터는 조지아 수사국에 의뢰해 멀론의 유해에서 DNA 샘플을 채취하기 위해 진술서를 작성했다. 그와 또 한 명의 형사가 조지아로 돌아가 납골당의 봉합 부분을 떼어내고 관을 꺼낼 때 참관했다. 관을 지역 부검의에게 가져가자 그가 멀론에게서 대퇴골과 턱뼈를 떼어냈다. 멀론의 관 안에 자그마한 양철 상자가 들어 있었다. 부검의가 그것을 들자 달그락거리는 소리가 났다.

그것이 25구경 권총이었을까? 형사들은 궁금했다. 콜터는 곧바로 킬코인에게 전화를 했다. 잠시 형사들은 희망을 가졌지만 다시 낙심했다. 상자 안에서 난 소리는 멀론의 개 목줄이 낸 것임이 밝혀졌다. 개는 주인과 며칠 차이로 죽었고 화장되었다.

800 전담반 형사들은 F. B. 매튜스의 DNA와 멀론의 시신에서 나온 샘플을 스프릭스의 DNA 검사실로 보냈다. 48시간도 안 되어 2명의 성직자는 과학자들에 의해 무죄임이 밝혀졌다. 그들의 DNA 샘플은 잠들었던 살인마가 남긴 흔적과 일치하지 않았다.

• • •

용의자들이 제외되어 초조함이 점점 더해가는 가운데, 한 가지 유망한 실마리가 경찰 본부 현관으로 들어왔다. 중년의 텍사스 출신 여성이 성년이 된 딸을 데리고 와서 잠들었던 살인마 사건을 다루는 형사를 만나고 싶다고 했다. 3층의 인터뷰실에서 그녀는 콜터 형사와 애머더 형사에게 전담반을 만나러 텍사스에서 왔다고 말했다.

그녀의 전남편은 살인자였다. 부부는 1980년대 사우스 센트럴에서 살았고 그녀는 전남편이 그 기간 동안 여성을 살해했을 수도 있다고 추측했다. 그는 함께 살 때 그녀를 계속 구타 강간했으며 수양딸을 성추행했다. 그녀의 딸은 잠들었던 살인마에 대한 보도를 보고 양아버지가 80년대 사우스 센트럴에 살다가 그곳에서 떠난 것과 시기가 비슷한 것을 알게 되었다.

형사들은 LA에서 계속 살던 전남편이 잠들었던 살인마가 살인을 저지른 기간 동안 수감되어 있었는지 확인했고, 그렇지 않다는 것을 알게 되었다. 이튿날 전담반 형사들은 감시팀에게 이 새로운 용의자를 추적해서 DNA 샘플을 구해 오라고 요청했다.

그 여성은 나중에 형사들에게 전화해서 더 많은 정보를 전했다. 그녀는 몇 년 전 큰아들이 아버지의 가게에서 벌거벗은 여성들의 사진을 발견했다고 말했다. 그때 그녀가 따져 묻자 그가 화를 내면서 사진이 친구 것이라고 말했다. 그들은 그 문제에 대해서 더 이상 거론하지 않았다.

감시팀 형사들은 용의자를 따라 컴튼의 알메나가 탬스 23 식당으로 가서 그가 빨대가 꽂힌 스티로폼 컵과 포크 2개를 버리는 것을 보았다. 형사들은 그 컵과 빨대를 수거해서 증거로 등록했다. 하지만 그 샘플에는 DNA가 충분하지 않았다.

콜터와 쉐퍼드는 컴튼의 자택에 용의자를 찾아갔다. 그들은 성폭행 수사 중이라고만 했다. 남자는 형사들에게 DNA 샘플을 주었고, 그가 잠들었던 살인마가 아님이 곧 확인되었다.

• • •

2008년 12월 2일, 캘리포니아 법무부의 질 스프릭스가 전화를 걸었을 때 킬코인은 사무실에 있었다. 그는 좋은 소식을 기대했지만, 나쁜 소식일지도 모른다고 마음을 다잡았다. 그의 생각이 옳았다.

그와 800 전담반이 잠들었던 살인마의 친척을 찾아내 수사에 도움을 주기로 기대하고 있었던 가족 DNA 수색이 수포로 돌아간 것이었다.

이것은 800 전담반에게 큰 타격이었다. 사기는 사상 최저로 떨어졌다.

"좌절하기도 지쳤는데, 알아낸 건 아무것도 없군요." 킬코인은 그 소식을 듣고 얼마 후 이렇게 털어놓았다.

생존자

잠들었던 살인마 기사가 나온 지 몇 달 뒤, 나는 당시 유일한 생존자로 알려진 여성, 에니트라 워싱턴을 찾아냈다.

사건 당시 두 자녀를 둔 30세의 여성이었던 에니트라는 1988년 11월, 노먼디가의 주류 상점 근처에서 한 남자의 차에 탄 뒤 폭행을 당하고도 기적적으로 살아남았다. 그 남자는 그녀를 총으로 쏘고 성폭행한 뒤, 폴라로이드 카메라로 사진을 찍고 그녀를 차에서 내버렸다. 나는 그녀가 범인에 대해 기억하는 것과 폭행에 대해서 알고 싶었다. 그러나 전화를 다섯 번 걸었는데도 받지 않았다. 그녀는 과거의 일을 묻어놓길 바라는 것 같았다.

그래서 그녀가 자동응답기에 메시지를 남겼을 때 나는 놀라고 말았다. 그 메시지가 내가 바라던 것은 아니었지만 말이다.

"당신과 이야기하고 싶지 않습니다." 단조롭고 분노 섞인 그 어조는 에니트라의 진지한 성격과 일치했다. 나는 포기하는 대신 그녀에게 다시 전화를 시도하라는 신호로 받아들였다. 전화를 걸면 곧바로 자동응답기로 연결될 줄 알았는데, 그녀가 전화를 받자 당황했다. 내가 누군지 소개했다. 그녀의 반응은 메시지만큼이나 무뚝뚝했다.

"네. 누군지 알아요. 메시지를 그렇게 많이 남겼으니 말이죠."

직설적인 사람이었다.

"내가 왜 당신과 이야기를 해야 하죠?" 그녀가 물었다.

나는 에니트라에게 사건에 대해서 아는 대로 말했고, 그녀에게 일어난 일에 대해 기사를 쓰고 싶다고 했다. 몇 분 정도 경찰 수사에 대해 이야기를 주고받은 뒤 에니트라는 경찰에 용의자가 있는지 물었다.

"없는 것 같아요."

그녀가 잠시 아무 말도 하지 않더니 이렇게 말했다. "범인은 경찰일 거예요."

"왜 그렇게 생각하세요?" 내가 물었다. 이 기사를 쓰기 위해 3년간 조사하는 동안 전에도 들었던 가설이었다.

"너무나 조직적이니까요." 그녀가 말했다. "잡히지도 않고."

나는 그녀가 그저 이웃사람이 그렇게 끔찍한 짓을 저지를 수 있다고 믿고 싶지 않은 것은 아닐까 궁금했다.

전화를 끊기 전, 에니트라는 웨스트 센트리로의 소울 푸드 레스토랑에서 만나자고 했다. 내가 점심 식사 후 매니큐어 예약에 데려다준다는 조건이었다.

통화하는 태도로 보아 그녀가 터프한 사람인 것은 알 수 있었다. 그래도 직접 만났을 때 어떤 사람인지는 알 수 없었다. 여러모로 그녀는 나와 정반대였다. 나는 연간 살인 사건이 1건 미만인 조용한 오타와에서 자랐고, 파란 눈에 금발을 가진 불가리아인의 후손이었다. 그녀는 80년대 연간 살인 사건이 1,000건에 달하던 LA에서 자랐다.

우리의 공통점은 자신만만하고 직설적인 태도였다.

버사의 소울 푸드 레스토랑에 우리가 들어서자, 남자들은 고개를 들었고, 50세의 아름다운 내 점심 식사 상대가 테이블을 지나가자 그들의 눈길이 뒤따르는 것이 느껴졌다.

"이봐요." 누군가가 외쳤다. 에니트라는 그를 무시하고 근처의 4인용 테이블에 앉았다. 내가 미처 메뉴를 집어 들기도 전에 그녀는 메뉴를 보더니 웨이트리스를 불러 케일과 치킨, 그레이비를 곁들인 라이스를 시켰다.

"배가 고프네요." 그녀가 말했다. "뭐 시킬래요?"

"뭐가 맛있어요?" 내가 물었다.

"다 맛있어요." 그녀가 말했다. "채식주의자가 아니라면요."

"생선은 먹어요." 내가 조심스레 말했다.

그녀는 외계인을 보는 눈초리로 나를 쳐다보았다.

에니트라는 그 사건에 대해 거의 아무에게도 말하지 않았고, 나는 20년이 지났지만 여러모로 그 사건이 그녀에게 큰 상처를 남긴 것을 알 수 있었다.

점심을 먹는 동안 그녀는 검은 블라우스를 계속 위로 끌어올렸고, 상처로 인해 피부 색소가 옅어진 가슴께를 만졌다.

"거기가 총에 맞은 곳인가요?" 내가 물었다.

"그래요." 그녀가 재빨리 손을 무릎에 얹으며 대답했다.

점심 식사 동안 그녀는 그 사건에 대해서는 자세히 설명하지 않았고, 내게 교회에 오면 인터뷰를 하자고 했다.

나도 좋다고 했다.

며칠 뒤 나는 사우스 피게로아가의 프리윌 침례교회에 약속 시간보다 30분 일찍 도착했다. 긴 노란 드레스와 세트인 머리 장식을 쓰고 있는 에니트라가 보였다. 그녀는 나를 데리고 주방으로 가서 동그랗게 모여 앉아 손을 잡고 기도하는 신도들과 함께 앉으라고 했다. 매주 일요일 예배 전, 교구 신도들이 주방에 모여 어려운 일을 겪는 친구와 신도들을 위해 기도하는 시간을 가졌다. 에니트라는 갱단에 들어간 어린 소녀를 위해 기도했다. 단정한 파란 수트에 넥타이를 맨 노신사는 암 진단을 받은 이웃을 돌봐달라고 기도했다. 한 나이 든 여성은 이혼 절차를 밟고 있는 딸을 위해 기도했다. 한 남자는 종양으로 고통받는 아내를 위해 기도해달라고 청했다.

"아멘." 그들은 기도를 한 뒤 말했다.

곧 교회에 사람들이 북적였고 우리는 다른 사람들과 함께 예배당에 모였다.

"제 아들 자만과 함께 앉아요." 에니트라가 수트에 타이를 맨 잘생기고 말쑥한 십 대를 가리키며 말했다. 그는 1993년생으로 어머니가 폭행을 당한 지 5년 후에 태어났다. "자만, 크리스틴과 함께 앉으렴." 그녀가 말했다.

"네, 엄마." 그가 예의바르게 말했다.

"자만은 프로 야구 선수가 될 거예요." 그녀가 자랑스레 말했다. 9학년의 자만은 야구 능력과 성품을 보고 선수를 선출하는 유소년팀 사우스 베이 로키스의 포수였다.

그녀는 우리에게 "신은 선하고 현명하십니다"라고 말하더니 교회 앞으로 나아가 성가대에 앉았다.

그 후 에니트라와 나는 다양한 소울 푸드 레스토랑에서 여러 차례 만나서 사건에 대해 이야기했다.

에니트라는 범인이 자신을 찾아올 거라는 두려움을 늘 느끼며 살았다고 담담히 말했다. 그녀는 그가 돌아와 자신을 죽일 거라는 불안을 떨치지 못했다.

"가끔은 그가 나를 계속 추적한다는 느낌을 받아요." 그녀가 말했다. "그는 내가 살아남은 것을 알고 있고 내가 죽기를 바랄 거예요. 집에 한밤중에 전화가 와서 수화기를 들면 누군가 말없이 듣기만 할 때가 있어요."

어느 날 그녀는 버스에서 누가 자신을 노려보는 것을 느꼈다고 털어놓았다. 폭행을 당한 지 1~2년 지난 뒤였다.

그녀는 1998년 폭행 때 가방과 신분증을 잃어버렸고, 그가 그것을 여전히 갖고 있을 거라고 생각했다. 버스 사건 일주일 뒤 같은 남자가 거리를 걸어오다가 그녀에게 물었다. "날 알아요?"

그녀는 이렇게 대답했다고 기억했다. "알아야 하나요?"

그는 돌아서서 걸어갔다. 그녀는 처음에는 그가 아니라고 생각했지만 곧, '세상에! 그놈이었어!'라고 생각했다. 하지만 그 생각을 떨쳐버렸다.

그녀는 경찰에 신고하는 것이 내키지 않았다. 경찰에 그 일에 대해서 말했을 때 형사가 거리를 돌아다닌 것을 비난했기 때문이다.

그녀는 폭행당한 날 코카인을 한 것을 인정했지만, 질 나쁜 인간이어서가 아니었다. 그보다 사적인 이유가 있었다.

"살을 빼려던 중이었어요."

그녀는 남자와 헤어진 후 상처를 받았고, 체중을 줄여 전 남자친구에게 보란 듯이 나서고 싶었다고 했다.

대부분, 그녀는 그 사건 이후 삶에 적응하기가 얼마나 힘들었는지 이야기했다. 당당하고 품위 있는 여성이었던 그녀는 피해자가 된 것이 부끄러웠다. 그녀는 그 일을 친구 대부분에게, 그리고 몇몇 가족에게도 비밀로 했다. 남자친구들이 어떻게 반응할지 몰라 이야기하는 것이 두려웠다.

대신 그녀는 교회에서 위로를 찾았다.

"나는 늘 신과 가까이 지냈었어요." 그녀가 말했다. "하지만 그 이후로는 더욱 가까워졌죠."

내가 에니트라 앞에 나타나면서 에니트라는 털어놓을 상대를 만났다. 그녀는 막 폭발하기 직전의 상황이었다.

그러던 어느 날, 그녀가 이렇게 선언했다. "내가 미끼가 되어야 한다면 미끼가 되겠어요." 두세 번, 점심을 먹기 전 사우스 센트럴 거리를 차로 다니면서 범인이 잠시 친척에게 들른 집을 찾기도 했다. 그녀의 계획은 이랬다. 그 집을 찾는다면, 그녀는 바로 문을 두드려 누가 나오는지 볼 것이다. 만약 우리가 찾는 사람이라면 그건 그때 생각할 일이었다. 우리는 그 집을 찾지 못했다. 찾았다 해도, 나는 그녀의 안전을 위해 차에서 내리지 못하게 했을 것이다.

이렇게 드라이브 하는 동안, 그녀는 내가 차를 너무 느리게 운전한다고 꾸짖고 자기가 알려주는 방향에 집중하지 않는다고 말했다.

"집을 보려면 천천히 운전해야죠." 내가 말했다.

"그렇게 느리게 할 건 없어요." 그녀가 받아쳤다.

운전을 너무 느리게 한다고 비난받은 것은 평생 그때가 처음이었다. 그러더니 그녀는 나의 작은 도요타의 크기를 비난했다. "좀 더 큰 차가 필요하겠네요." 그녀가 잘라 말했다.

폭행범을 처음 본 가게 앞에서 시작한 날도 있었다. 거리를 돌아
다니는 동안 그녀는 자신이 기억하는 모습과 일치하는 집을 12채
는 골랐다. 하얀 색에 앞마당에는 울타리가 있는 집이었다. 나는
그 사이 집의 사진을 찍곤 했다.

"창문에 철창이 있었어요?" 내가 물었다.

"기억이 안 나요." 그녀가 말했다. "그가 집 옆으로 돌아간 건 확
실하니 거리에서 보면 옆에 문이 있는 집을 찾아야 해요."

그녀는 폭행 직후에는 집을 분명히 기억해서 당시 경찰에게 그
곳을 안내할 수 있었지만, 20년이 지난 뒤라 그 지역도 많이 변했
다고 말했다.

우리는 그날 2시간 더 그곳을 돌아다녔고, 그러자 그녀는 점심
을 먹자고 했다. 나는 좋지만 소울 푸드 식당은 가지 말자고 부탁
했다. 내가 더 이상 케일이나 마카로니와 치즈는 먹을 수 없다고
하자 그녀는 웃었다.

"가끔 샐러드를 먹으면 큰일 나요?" 내가 놀렸다.

"당신은 운전만 늙은이처럼 하는 게 아니라 먹는 것도 그래요."
그녀가 외쳤다.

우리는 오랜 친구처럼 이렇게 티격태격했다.

• • •

함께 시간을 보내고, 전화 통화를 하고, 주위를 돌아다니고, 살
인자가 누구인지 실마리를 준 사람들과 만난 뒤, 에니트라는 차츰
마음을 열고 살아온 이야기를 들려주었다.

그녀의 어머니 캐롤라인 매튜스는 일리노이 게일스버그에서 성공회 교회를 다니며 자랐다. 그녀는 미인 대회에 나왔고, 외모 덕분에 신문 잡지에서 모델 일을 했다. 캐롤라인은 18세에 서던 캘리포니아 대학교에서 심리학을 공부하러 LA로 왔다. 그녀는 에니트라의 아버지, 뉴올리언스 출신의 케이준 가톨릭 내셔니얼 조셉 워싱턴을 만나기 전에 잠시 결혼했었다. 그는 미 육군으로 복무했고, 축구 장학생으로 UCLA에 들어가서 캐롤라인을 만나기 전에 일본 오키나와에 주둔했다.

그들은 1958년 12월 31일에 결혼했다. 두 아이 중 첫째였던 에니트라는 1958년 10월 17일 난산 끝에 태어나 왼쪽 몸이 마비되었다. 아버지의 집념과 결의 덕분에 그녀는 5세에 보조 장치 없이 걷는 법을 배웠다. 동생 쉐밋이 1961년에 태어났다. 캐롤라인은 그 후에 은행의 모델로 다시 일하게 되었고, 가족들이 주택 융자 얻는 것을 도와주는 직원이 되었다. 에니트라의 아버지는 성공한 목수였지만 가장 사랑하는 것은 딸이었다.

가족은 에니트라가 5세가 될 때까지 사우스 센트럴의 2층 아파트에서 살았다. 그다음 그들은 잉글우드의 편안한 중산층 생활로 옮겨갔다.

"이웃은 아버지가 엄마의 기사라고 생각했어요." 그녀가 말했다. 그가 백인 거주 지역에서 비싼 차에 아름다운 여성을 태우고 다녔기 때문이다.

그들은 멋진 삶을 살았다. 에니트라와 동생이 어렸을 때 가족은 그리피스 공원에서 말을 타곤 했다. 토요일은 에니트라와 동생이 엄마와 보내는 날이었다. 그들은 아침을 먹으러 나가서 쇼핑도 했다. 내서니얼은 가족의 머리를 담당했고, 아이들은 싱크대 앞에 서서 머리를 감았다. 그는 아이들에게 구두 닦는 법도 알려주었다.

에니트라와 동생은 흑인 학생이 10%뿐인 고급 사립학교에 다녔다. "누구랑 싸움을 벌이면 하루 종일 앉아서 손을 잡고 있어야 했어요. 그런 적은 딱 두 번뿐이었지만요."

그녀는 여름이면 뉴올리언스 조부모님 댁에 찾아갔고 아버지가 병에 걸리기 전까지는 거기서 고등학교에 갈 계획이었다. 아버지는 1972년 백혈병 진단을 받았다.

에니트라는 진학 대신 아버지의 기사가 되었다. 아버지가 너무 쇠약해져 운전을 할 수 없을 때, 보훈병원에 진료를 받으러 갈 때면 그녀가 도왔다. 아버지는 뒷자리에 누워 있고 그녀는 운전을 했다. 아버지는 기사용 모자를 사야겠다고 그녀에게 말했다.

내서니얼 워싱턴은 1974년 1월, 자택에서 43세를 일기로 사망했다. 그는 골수 이식을 기다리고 있었다. 15세였던 에니트라는 아버지의 죽음이 매우 힘들었다.

"화가 나고, 마음이 아프고, 분했어요. 아무에게도 신경 쓰고 싶지 않았어요." 그녀가 말했다. "세상에 화가 났어요."

그때의 상실은 학교 수업에도 영향을 주었다. 그녀는 수업을 빼먹기 시작했고 몬테카를로를 몰고 비버리힐즈 고등학교로 가서 복도를 걸어 다니거나 아무 수업에나 앉아 있었다. 그녀는 항상 오후 2시면 잉글우드 고등학교로 돌아와 배구 연습을 했다.

학교를 너무 자주 결석하는 바람에 학교에서 어머니에게 전화를 했고, 6개월간 차를 빼앗겼다.

에니트라는 타고난 엔터테이너였다. 그녀는 발레와 탭 댄스를 좋아했고 어린 시절에는 라스베이거스 쇼에서 롤라 팰라나의 뒤를 이어받는 것이 꿈이었다. 고등학교 졸업반 때 그녀는 댄스 공연단 자리를 제안받았지만, 어머니는 허가서에 서명해주지 않았다. 어머니는 딸이 의사가 되기를 바랐다.

에니트라는 결국 댄스를 포기하고 의사 조수가 되기 위해 수업을 듣기 시작했다. 그리고 임신 6개월이라는 사실을 알고 있었을 때도 그 수업을 듣는 중이었다.

그녀는 기말 시험날 진통을 시작했다. 1977년, 19세였던 에니트라는 아들 네이선 제임스를 낳았다.

그다음에는 1983년, 쉐레즈라는 딸을 낳았다.

5년 뒤 그녀의 삶은 강인하고 활달한 그녀 자신도 상상할 수 없는 방식으로 망가져버렸다.

막중한 책임

2007년 봄에 800 전담반이 비밀리에 탄생한 것과는 매우 대조적으로, 2009년 2월 말이 되었을 때 킬코인과 그의 팀은 잠들었던 살인마에게 미디어가 관심을 가져주기를 간절히 바랐다.

50만 달러의 포상금을 홍보하는 간판이 사우스 센트럴 주위에 나붙었지만 실마리는 별로 나오지 않았다. 웨스턴가와 98번가 교차지점 모퉁이에 세워진 첫 번째 간판은 크게 보도되었다. 하지만 이후에 세워진 간판은 관심을 훨씬 적게 받았다.

2008년 12월, 형사들은 실종 아동 센터에서 일하는 화가가 그린 잠들었던 살인마의 스케치 3개를 발표했다. 이 스케치는 에니트라 워싱턴이 범인을 묘사한 뒤 1988년에 몽타주 화가가 그린 것을 바탕으로 했다.

킬코인은 에니트라의 폭행 이후 20년이 지나 경찰도 잠들었던 살인마의 생김새를 알지 못하므로, 대중이 3가지 버전을 모두 보기를 바란다고 했다. 스케치 한 장은 노화를 거의 반영하지 않았고, 다른 하나는 건강한 삶을 살았을 때의 노화를 반영했으며, 나머지는 마약이나 알코올의 영향을 받은 경우 노화를 반영했다.

"몇 달마다 한 번씩 미디어에 그 스케치를 1면에 실어달라고 요청해야 합니다." 킬코인이 이제는 나를 포함한 언론에 굽실거려야 한다는 사실에 짜증이 나서 말했다. 그는 2년 전 연쇄살인범과 전담반에 대해 대중에 알리지 않기로 결정했던 사람이었다. 그는 원치 않았지만 태도를 180도 바꿨다.

그는 대중이 이 미스터리를 푸는 데 도움을 줄 수 있으며, 미디어가 그들에게 반복적으로 이를 상기시켜야 한다는 것을 알고 있었다. 1977년 그가 담당했던 사건에서 빌 코스비의 아들을 죽인 살인범을 잡게 된 것도 가십 잡지가 포상금을 내건 덕분이었음을 잘 알고 있었던 것이다.

킬코인은 이제 미디어와 대중이 바바라 웨어 살인 사건에서 코스모폴리탄 교회 신도를 암시한 익명의 제보자의 정체를 밝혀 전담반의 실수를 만회해주기를 바랐다. 그는 테이프를 꺼내 미디어에서 틀기로 했다. "미디어가 무엇을 찾는지 알고 있고, 미디어가 그걸 알면 기뻐할 것이며 우리는 이익을 볼 수 있다는 것을 알고 있습니다." 그가 800 전담반 형사들에게 말했다. "대중이 이걸 풀고 싶어 한다면, 그러라고 합시다. 언론을 진정시킵시다. 전화벨이 울리게 합시다."

LA 경찰서장 빌 브래턴은 2009년 2월 25일, 파커 센터 옆 빌딩에서 기자 회견을 열었다. 미디어 보도 면에서는 큰 성공이었다. 뉴욕 시의 경찰국장 시절 미디어를 매료시켰던 브래턴은 CNN, ABC, NBC와 같은 거물과 지역 언론사, 해외 언론사까지 불러 모았다.

2008년 8월, 나의 잠들었던 살인마 기사가 나온 이후 브래턴이 그 사건에 대해 말한 것은 처음이었다. 브래턴은 운집한 기자들에게 잠들었던 살인마가 "현재 LA에서 활동 중인 유일한 연쇄살인범"이라고 말했다.

브래턴이 별명을 쓴 것은 형사들과 내게 모두 놀라웠다. 형사들은 그 이름을 싫어해서 브래턴이 그 이름을 쓰자 나를 노려보았다.

기자 회견 후 800 전담반은 100통 이상의 전화를 받았다. (그들은 수사 기간 전체를 통틀어 750통의 제보를 받았다.) 유망해 보이는 실마리도 몇 가지 있었다. 하지만 결국, 이번에도 아무것도 나오지 않았다.

• • •

하지만 기자 회견 직후 한 통의 중요한 전화가 있었다. 바바라 웨어의 양어머니 다이애나가 건 것이다. 그녀는 화가 머리끝까지 나 있었다.

"바바라에 대한 이야기를 NBC에서 들어야 하는 이유가 뭐죠?" 그녀는 킬코인에게 따졌다. "이런 일이 벌어진 게 두 번째라고요." LA 시내에서 30km 떨어진 샌게이브리얼 밸리 동부 웨스트 코비나에 살고 있던 다이애나는 바바라의 다른 친척들과 마찬가지로 기자회견을 텔레비전에서 보았다. 그리고 그들은 이런 일이 있다는 연락을 받지 못한 데 충격을 받았다.

킬코인은 당혹스러웠다. 그는 바바라 웨어에게 살아 있는 친인척이 없다는 말을 들었다. 그는 기자 회견 전에 그들에게 연락을 취하지 않은 것이 큰 실수였음을 곧 깨달았다. 다이애나는 화를 낼 권리가 있었다.

"20년 동안 경찰에게 한 마디도 못 들었는데, 이제 기자 회견에서 들어야 하나요?" 다이애나 웨어가 화를 냈다.

다이애나는 내 기사와 잠들었던 살인마에 대해서는 알고 있었지만, 이 모든 상황이 수양딸의 살인자를 찾아내는 데 미칠 영향에 대해서는 경찰에게 직접 들은 바가 없었다.

킬코인은 당황했다. "전화 드렸어야 하는데 죄송합니다." 그가 말했다. "사과드립니다. 직접 가족분과 만나고 싶습니다."

"우린 경찰에서 아는 걸 전부 다 알고 싶어요. 텔레비전에서 보는 게 아니구요." 그녀가 말했다. 다이애나는 킬코인에게 연락하겠다고 말했다.

2009년 3월 2일 안개 낀 아침, 킬코인과 실비나 이니게스 형사는 역사적으로 흑인 거주 지역이었던 크렌쇼 지역을 지나 바바라 웨어의 가족을 만나러 갔다. 킬코인은 어떤 일을 겪을지 알 수 없었다. 상황이 과열될 때를 대비해 말을 부드럽게 하는 여성 동료 이니게스를 대동했다. "젊은 여성과 함께 가면 그들이 너무 심하게 고함치지 않기를 바랐던 거죠." 그가 나중에 이야기했다.

그와 이니게스는 1960년대의 소형 주택이 자리 잡고 있는, 가로수가 늘어선 조용한 거리로 걸어갔다. 그들은 수트를 입은 흑인 남성 5명과 동시에 약속한 장소에 도착했다. 항상 흠잡을 데 없이 옷을 차려입는 다이애나 웨어가 그들을 맞이했다. 그녀의 태도는 딱딱했지만, 킬코인의 인사에 예의 바른 미소로 답하고 집으로 맞이했다. 안으로 들어가니 바바라의 친척이 20명쯤 주방 카운터에서 커피를 마시고 페이스트리를 먹고 있었다. 킬코인은 가구가 말발굽 모양으로 배치되어 있는 넓은 거실로 바로 안내되었다. 말발

굽이 열린 쪽에는 하얀 플라스틱 의자 하나가 놓여 있었다. 그는 그 불편한 자리가 자기 것이라고 생각했고 그 생각은 옳았다.

그는 자리에 앉자마자 바바라의 살인 수사 처리에 대해 가족이 견뎌온 오랜 세월의 불만에 얼굴을 한 대 얻어맞은 기분이었다. 다이애나가 먼저 입을 열었다. "우리는 눈먼 장님이었어요." 그녀가 말하자 친지들도 동의의 뜻으로 고개를 끄덕였다. "기자 회견을 우리에게 알리지 않은 이유가 뭔가요? 집에서 텔레비전을 보니까 그게 나오더라구요."

킬코인은 침착하고 평온한 태도로 경청하고 사죄했다. 그는 그 다음 1시간 동안 내내 그렇게 했다.

가족은 차례대로 킬코인에게 질문을 던지고 수사에 대해 할 말을 했다. 대부분은 경찰이 투명하지 않고 80년대에 수사가 부족했다고 여기며 실망을 표했다. 그들은 익명 제보자의 음성을 당시에 공개하지 않았던 이유를 도무지 이해할 수 없었다. 가족은 경찰이 몇몇 여성을 매춘부라고 부른 것에도 분개했다. 바바라는 매춘부가 아니라고 그들은 주장했다. 또 하나의 쟁점은 경찰이 바바라의 살인자가 연쇄살인범이라고 알려주지 않았다는 사실이었다.

킬코인은 그것이 왜 문제가 되는지 이해할 수 없었지만, 그렇게 말하지는 않았다. 그는 그 사실을 알려준다고 해도 바바라가 살아 돌아오는 것은 아니라고 생각했다. 하지만 후회스럽기는 했다. 20년간 아무런 소식도 없었는데, 이 가족은 텔레비전을 틀고 보니 익명의 제보자가 그들이 사랑한 친척을 "골목길에 시체나 뭐 그런 것"이라고 아무렇지도 않게 부르는 녹음테이프가 재생되고 있던 것이다. 용납할 수 없는 일이었다.

그러나 킬코인은 동정심 많은 행인이나 피해자가 아니라 경찰 입장에서 생각하고 있었다. 가족은 그 범죄가 경찰 탓이라고 비난하고 있었지만, 그는 경찰의 책임은 없다고 느꼈다. 그들의 일은 사건을 해결하는 것이었다.

불편한 자리에서 1시간을 보낸 뒤, 킬코인은 손을 들었다. "이제 제가 말할 차례입니다. 우리가 더 잘할 수 있었고, 기자 회견에 대해서 알려드리지 않은 건 잘못이라는 걸 인정합니다." 그가 말했다. "매우 죄송합니다. 다시는 이런 일이 없을 겁니다. 제가 잘못했습니다. 제 잘못이니 사죄드립니다. 연락을 취했어야 합니다."

"화가 나고 불만을 가지신 것 알고 있습니다. 1시간 동안 경청했으니 몇 가지 말씀드려야 되겠습니다. 지난간 일은 바꿀 수 없습니다. 80년대에 일어난 일이나 경찰에 대해 여러분이 갖고 있는 인식은 바꿀 수 없습니다. 80년대 사건에 많은 자원을 투입했습니다. 저는 과거 일을 변호할 수는 없습니다. 그때 일어난 일을 바꿀 수도 없습니다.

이제 해야 할 일은 앞으로 나아가는 것이고, 그러려면 여러분의 도움이 필요합니다. 함께 수사해야 합니다. 여러분도 저를 도와주셔야 합니다. 다 함께 수사를 전개하고 사건을 해결할 방법을 찾아봅시다. 함께 하면 해답을 찾을 수 있을지도 모릅니다."

킬코인이 말을 마치자 몇 명은 동의하며 고개를 끄덕이고 약간 편안한 표정을 짓는 것을 볼 수 있었다. 그가 자기 의견을 밝혔고, 그 말이 공감대를 형성한 것 같았다. 그는 그들의 협조를 구할 수 있을 것 같았다. 모임이 끝날 무렵, 그는 종이 한 장을 돌리고 전화번호와 이메일 주소를 적어달라고 했다. 그는 LA 경찰에서 잠들었던 살인마 사건에 대해 기자 회견을 가질 때마다 연락을 취하겠다고 약속했다.

"그들은 내 제안을 받아들이고 있었지만, 그래도 친해지진 않았습니다." 킬코인이 이후에 내게 말했다. "아직은 비즈니스 관계였어요. 그건 어쩔 수 없었어요. 그때 한 고비를 넘겼고, 그 정도면 발전이 있다고 생각했어요. 그런 불만이 그들만의 것은 아니었어요. 가족이 살해를 당하면 피부색이나 환경은 문제가 되지 않습니다. 불만을 느끼고, 화가 나고, 대답을 원하는데, 원망을 할 가장 가까운 상대가 수사관입니다. 그들이 분풀이를 할 상대가 바로 우리고, 사건이 해결되지 않으면 사건을 해결하지 못한 원인으로 손가락질할 상대가 바로 우리입니다. 그들은 자식의 가정교육을 분석하지도 않고, 갱스터가 되지 않도록 지도하지도 않습니다. 누군가를 비난하고 싶어 하죠. 그게 인간 본성입니다."

수사 중에 킬코인은 가족과 매우 가까워진다고 했다. "그들이 분풀이를 하고 사적인 감정을 털어놓을 상대가 우리이고, 사건이 끝나면 그걸로 끝입니다. 그 악몽의 일부이니 우리와의 관계는 끊어버리는 것이죠."

모임에서 다이애나 웨어는 피해자 가족 모두가 모이는 것이 좋겠다고 했다. "피해자 중에 서로 아는 사람도 있을지 몰라요." 그녀가 말했다. "어쩌면 피해자들 사이에 연관성이 있었는데 지금까지 알지 못한 것이 있을지도 모르고요." 킬코인은 좋은 생각이라고 여겼다.

몇 주 뒤 그들은 날짜를 정했다. 그러나 그 모임을 가질 장소를 정하는 것이 문제였다. 킬코인은 가족 몇몇이 사는 지역 근처 77

분과서의 휴게실을 제안했는데, 다이애나와 다른 가족이 반대했다. 그들은 중간 영역을 원했다. 해결책을 갖고 나선 것은 에니트라 워싱턴이었다.

제니시아의 어머니 레이번 피터스가 내게 그 일을 알려주었다. LA 경찰은 다음 날 4월 5일 오전, 프리월 침례교회에서 피해자 가족과 모임을 갖는다고 했다.

"무슨 일로 모이나요?" 내가 물었다.

형사들은 가족들이 희생자들이 서로 아는지, 함께 아는 친구가 있는지 알아보기 위해 모이기를 원한다고 그녀가 말했다. "오실 건가요?" 그녀가 물었다.

"네, 갈 거예요." 내가 대답했다.

전화를 끊은 뒤, 내가 나타나면 전담반 형사들의 반응이 어떨지 궁금해졌다. 그 시점에서 킬코인과 형사들은 나와 별로 친하지 않았다. 그들은 이 사건을 공개하는 것을 싫어했고, 공개된 것이 내 탓이라고 여겼다. 내 기사가 나간 뒤 그들은 대중에게 질타를 받았고, 그래서 그 기사를 좋아하지 않았다. LA 경찰은 원하는 정보만 퍼뜨리는 데 익숙했고 수세에 몰리는 것을 즐기지 않았다. 사건을 해결하라는 압박이 컸다.

나는 모임에 간다고 킬코인에게 알리기로 했다. 기습하고 싶지 않았다.

"가지 말라는 말은 못하겠군요." 휴대폰으로 연락하자 그가 기운 없이 말했다. "하지만 이건 가족들을 위한 모임입니다."

"레이번이 초대했어요." 내가 힘주어 말했다.

"다른 가족도 거기 올 겁니다." 그가 말했다. "당신이 오는 걸 원하지 않을 수도 있어요."

"그럼 가족들에게 결정하라고 하는 게 어때요?" 내가 말했다.

"한 명이 싫다고 하면 나가야 할 겁니다." 그가 말했다.

"좋아요." 나도 동의했다.

나는 이튿날 아침 11시에 교회에 도착했다. 목사님이 나를 주방으로 안내했고, 그곳에는 살해된 여성의 가족이 30명쯤 모여 이야기를 나누고 있었다. 킬코인, 쉐퍼드, 콜터, 팰런 형사도 수트에 타이를 매고 와 있었다. 그들은 모임을 위해 사 온 코스트코의 서브머린 샌드위치와 음료, 포테이토칩과 콘칩 옆에 서 있었다.

나는 모니크 알렉산더의 가족 메리와 포터가 핑크색과 흰색의 체크무늬 테이블보가 덮인 카페테리아식 대형 테이블에 앉아 있는 것을 보았다. 그들은 들어오는 나를 보고 미소를 지으며 손을 흔들었다.

딸 샤미카와 조바나를 데리고 온 레이번 피터스는 내게 자기 테이블로 오라고 손짓했다. 우리는 포옹했고, 그들과 함께 앉았다. 그녀가 나를 초대했으니까. 보통 때는 차가운 다이애나 웨어를 포함해서 모두가 약간 긴장한 표정이었다. 나도 긴장했지만 이유는 달랐다. 나는 형사들이 언제든지 나를 교회에서 쫓아낼 거라고 예상했다. 실내는 팽팽한 긴장감이 감돌았다. 고통도 느껴졌다. 거기 모인 사람들 모두는 잠들었던 살인마 때문에 딸, 동생, 언니, 어머니를 잃었다. 가족 대부분은 서로 처음 보는 사이였지만, 한 미치광이 살인마 때문에 이제 영영 하나로 연결될 것이다.

모인 사람들의 감정은 분명했다. 가족들은 경찰이 과거와 현재 수사를 담당하는 방식에 불만을 느꼈다. 그들은 무시당하는 것 같았고 연쇄살인범이 나돌아 다니는 것을 모르고 있었다는 사실에 화가 났다. 연쇄살인범이 도사리고 있는 것도 모르고, 그들의 딸과 손녀들이 혼자서 학교를 가거나 직장에 걸어갔다. 1980년대에 가족의 시신이 쓰레기통이나 골목길에 버려진 채 발견된 이후 그들 대부분은 형사들과 이야기한 적이 없었다. 그때의 상처가 오랜 세월 동안 곪았다. 상처는 깊었고 낫지 않았다. 그럼에도 불구하고 20여 년 만에 처음으로 그곳에 모인 가족들은 살인범을 찾을 수도 있다는 진짜 희망을 느끼기 시작했다.

주위를 돌아보며 모인 사람들의 얼굴을 살펴보니 에니트라 워싱턴이 혼자 문가에 서 있어서 그녀 쪽으로 걸어갔다.

"여기 있는 게 불편하네요." 그녀가 말했다.

그녀의 말에 놀라서 이유를 물었다.

"난 여기 어울리지 않아요. 살아남았으니까요."

에니트라는 터프한 사람이었지만, 생존자 특유의 죄책감을 감추지 못했다.

오전 11시 15분, 목사님은 모두에게 환영인사를 전하고 가족들에게 형사들과 손을 잡고 기도하자고 청했다. 우리는 모두 모여 원형을 만들었다. 냉철한 형사들이 어색하게 손을 내밀어 서로 손을 잡는 걸 보고 웃지 않을 수 없었다. 짧은 기도 후 목사님은 가족에게 대형 테이블에 앉으라고 권했다.

살해당한 여성들의 가족은 처음으로 함께 앉았다.

알렉산더 가족은 헨리에타 라이트의 딸 로쉘 잭슨 옆에 앉았다. 그녀는 어머니가 1986년에 사망했을 때 아직 어린 아기였다. 그들 맞은편에는 다이애나 웨어와 딸 라리나가 앉았다. 거기서 조금 떨어진 곳에는 레이번과 제니시아의 자매가 앉았다.

시작 기도가 끝난 뒤 킬코인은 앞으로 나가서 이렇게 말했다. "여기 〈L. A. 위클리〉의 기자가 와 있습니다." 그가 말했다. "이 모임은 가족들을 위한 모임이지 기자 인터뷰가 아니라고 말씀드렸습니다. 그녀가 나가기를 바라는 분이 계시면 손을 들어주십시오. 그러면 기자는 나가겠습니다."

"여기 함께 있었으면 좋겠어요." 레이번이 말했다.

"함께 했으면 좋겠어요." 메리가 말했다.

"맞아요." 포터도 덧붙였다. "여기 있어도 좋습니다."

나는 어떻게 될지 몰랐는데 지지를 받아 기뻤고 가족 중에 손드는 사람이 없어서 마음이 놓였다. 킬코인은 한숨을 쉬더니 이렇게 말했다. "좋습니다. 기자는 계셔도 됩니다."

그다음 킬코인은 곧장 용건으로 들어갔다. 그는 30명의 가족에게 도움이 필요하다고 말했다.

"가족 간에 무슨 연결 고리가 있는지 찾고 있습니다. 피해자들이 서로 아는 사이였는지? 안다면 어떻게 아는 사이였는지?"

하지만 가족들은 수사에 대해 먼저 이야기하고 싶어 했다. 그들은 궁금한 것이 많았고 대답을 찾고 있었다. 범인이 왜 그렇게 잡기 어려운지? 살인이 무슨 의식에 관련된 것인지? 범인이 아직도 살인을 하는지? 다른 곳에서는 살인한 것이 아닌지? 형사들도 날마다 서로 질문하는 것들이었다.

그다음에 그들은 이야기를 나누며 온갖 가능성을 연결해서 연결고리를 찾아보았다. 이웃, 가족, 직업, 교회, 지역 사회 활동, 학교, 친구. 하지만 죽은 여성들이 서로 연결된 흔적은 없었다.

래크리카 제퍼슨의 숙모 이본 벨은 죽은 여성 중 몇 명은 알아볼 수 있지만, 어디서 아는 사이인지는 모르겠다고 했다. 그 정도였다.

가족들은 캘리포니아 법무부에서 2008년 실시한 가족 DNA 검사가 살인자의 친척을 찾아내지 못했다는 뉴스를 이미 들었다. 레이번은 전담반에 해체 시한이 있는지 궁금해했다.

"아뇨." 킬코인은 이렇게 말했지만 사실 그도 알 수 없는 노릇이었다.

동맹의 부활

실마리가 보이는가 하면 실망의 연속이었다. 800 전담반은 77번가 경찰서의 경찰관이 다이아몬드 바에서 나온 비즈니스맨이 웨스턴가에서 매춘부를 찾고 있는 것을 보고 신원 확인을 한 것에 주목했다. 그 남자는 가족이 있었으며, 벤츠를 타고 거리를 돌아다니며 밤을 보냈다. 킬코인은 감시팀에게 그의 뒤를 밟으라고 요청했다. 그는 시계처럼 정확하게 오전 3시에 집을 나와서 웨스턴가를 다니며 여자들을 데리고 사우스 센트럴의 주택으로 갔는데, 형사들이 조사해보니 그의 어머니가 살던 곳이었다. 그다음에 그는 집으로 돌아가 옷을 갈아입고 출근했다. 그의 일과에는 점심시간에 매춘부들이 있는 곳에 차를 타고 가는 것도 포함되었다. 감시팀은 그의 DNA 샘플을 몰래 채취했고, 그는 곧 용의 선상에서 제외되었다.

"그냥 섹스를 좋아하는 놈이더군요." 킬코인이 말했다.

• • •

돌파구 없이 하루하루가 지나면서 800 전담반의 사기는 점점 더 땅에 떨어졌다. 킬코인은 형사들에게 제보 전화에 집중하면서 바바라 웨어가 발견된 인근 지역에도 다시 집중하라고 전했다. 그 지역에서 80년대에 누가 살았는지 알아내어 찾아낸 뒤, 제보자의 음성을 듣고 누군지 알 수 있는지 알아보기로 했다. "1987년에 그 지역이 어떤 모습이었는지 확인할 것이고, 기록 보관소나 부동산 거래 내역을 확인해야 한다면 그렇게 합시다." 그가 말했다.

킬코인은 쉽지 않은 작업임을 알고 있었다. 사우스 센트럴 지역은 지난 20년 동안 크게 변했다. 과거 중산층 흑인 주민이 대다수를 이루었던 그 지역은 현재 주로 멕시코 출신의 히스패닉이 거주하고 있었다. 얼마 전 800 전담반 형사들은 현재 주민 중에 80년대에 그곳에 살았던 사람이 있는지 조사했지만, 아무도 찾아내지 못했다.

킬코인은 익명의 제보자가 바바라 웨어가 발견된 곳 주위에 살았으며, 한 블록도 안 되는 모퉁이 상점 공중전화에서 전화를 걸었다고 생각했다. 통화 중 그는 아는 사람이 너무 많아서 이름을 밝히지 않는다고 했다. 킬코인은 그가 골목길에서 살인범이 시신을 버리고 차를 몰고 가는 것을 다 보았을 것이라고 추측했다.

경찰이 일반 전화는 추적할 수 있으므로, 제보자는 사우스 센트럴 주민 대부분이 그렇듯 경찰과 접촉하기 싫어 공중전화를 사용하고 자기 신원을 밝히지 않았을 것이다. 킬코인은 제보자가 범인이라고 생각하지 않았다. 실제 범인이라면 그렇게 오랫동안 전화를 걸지 않았을 것이다. 하지만 시간이 지나고 범인을 찾지 못하자 제보자-범인 관계에 대한 킬코인의 생각은 흔들렸다.

• • •

몇 주 뒤 전담반 형사들은 해당 지역에서 우편물을 배달하던 퇴직 집배원을 찾아냈다. 그는 근무가 끝나면 그 지역 주류 상점에서 사람들과 어울리며 맥주를 마시는 습관이 있었다고 말했다. 하지만 그를 찾느라 쓴 2주는 시간 낭비였다. 집배원은 두어 명의 이름밖에 기억하지 못했다. 더군다나 그는 제보자의 음성이 누구 것인지 알지 못했다.

전담반 형사들은 에니트라가 폭행범이 들렀다고 한 집에 살았던 노인 오서스 S. 화이트가 거주한 지역도 알아낼 계획이었다. 그 시점에서는 모든 시도를 해볼 수밖에 없었다.

한편 빌 팰런 형사는 2009년 2월 17일, 보훈병원의 간호사가 받은 자백서 관련 내용의 편지를 보훈부 조사관으로부터 받았다.

그 편지에서 환자는 자신이 매춘부 몇 명을 죽였으며 무장하고 지역 학교에 갈 계획이었다고 주장했다. 팰런은 그 환자의 아버지를 찾아내 아들에게 정신 질환이 있으며 일주일째 행방불명임을 알아냈다. 팰런이 염려하기 전, 조사관이 환자는 현재 윌셔로의 보훈병원 정신병동에 입원 중임을 알려주었다.

이튿날 애머더와 팰런은 그 환자를 만났다. 환자의 동의를 받아 그들은 타액 샘플을 얻을 수 있었다. 그는 형사들에게 감정적으로 롤러코스터를 타고 있다고 말했다. 그는 지난 10년 동안 받은 의료 서비스에 불만을 느꼈다. 형사들이 협박 편지에 대해 묻자 자신이 썼지만 화풀이였다고 했다. 그도 곧 용의 선상에서 제외되었다.

쉐퍼드는 모니크 알렉산더가 사망할 당시 사귀던 로니 루이스에게 관심을 돌렸다. 루이스에게 전과가 꽤 있다는 것을 알게 된 것이다.

　루이스는 2001년 4월 19일 2건의 살인 사건으로 체포되었다. 하지만 그 사건으로 재판을 받기 전 LA 카운티 지방검사는 DNA 증거로 그 사건의 범인이 2명의 다른 남성임을 확인하고는 기소를 취하했다. 루이스는 4개월 동안 구금되어 있었다.

　현재 결혼해서 샌버나디노 산맥 근처 도시 하일랜드에 살고 있는 루이스는 중범죄 데이터베이스에 등록되어 있지 않았다. 쉐퍼드는 루이스가 2건의 살인 사건 후 DNA 검사를 받았으며 LA 경찰에서 그 내용을 여전히 갖고 있다는 것을 알게 되었다. 그는 그 샘플을 잠들었던 살인마와 대조해달라고 요청했다. 루이스도 곧 용의 선상에서 제외되었다.

· · ·

　당연하게도, 일부 지역 주민, 운동가, 가족은 전담반의 느린 수사 전개에 불만을 표시했다. 나는 지역 운동가이자 80년대 사우스사이드 살인마 사건에 대한 경찰 수사를 비난하며 시위를 했던, 연쇄살인범과 싸우는 흑인 연맹의 창립자 마거릿 프레스코드에게 연락을 취했다. 그녀는 그 시절부터 시작해 아직도 사람을 죽이는 연쇄살인범이 있다는 사실에 깜짝 놀랐다.

　프레스코드는 KPFK의 라디오 호스트가 되었다. 사회 문제를 다루는 그녀의 쇼 〈체류자의 진실〉은 지역 및 국가, 국제 정책이 여성과 소수 단체에 미치는 영향을 다뤘다.

　짧은 아프로에서 갈색 블론드 레게머리로 스타일을 바꾼 프레스코드는 20년 전 LA 카운티 보안관서의 리키 로스가 잡히면서 연쇄살인은 끝난 줄 알았다고 말했다. 그때와 변함없는 상황에 화가 난 프레스코드는 2009년 5월 29일부터 몇 달 동안 시위와 기자 회견을 조직했으며, 파커 센터 앞 보도에서 철야 농성도 했다.

80년대 사우스사이드 살인마 전담반은 2009년의 전담반과는 많이 달랐다. 80년대 경찰 고위층은 프레스코드의 말이 비생산적이고 터무니없다고 여긴 반면, 킬코인과 전담반은 프레스코드가 할 말을 하도록 도와주고자 했다. 프레스코드는 경찰과 열린 관계를 원했다. 킬코인도 프레스코드에게 마찬가지였다. 적어도 어느 정도는 그랬다. 그는 경찰 정보를 그녀에게 제공할 생각은 없었지만, 연맹을 위해 기자 회견을 조직하고 책자를 인쇄해주는 것은 환영했다.

경찰과 적대적 관계에 익숙했던 프레스코드는 킬코인의 태도를 어떻게 받아들여야 할지 알 수 없었다. "어떻게 돌아가는지 두고 볼 거예요." 내가 〈L. A. 위클리〉에 실을 기사를 위해 인터뷰했을 때, 그녀는 이렇게 말했다.

프레스코드는 연쇄살인과 싸우는 흑인 연맹을 되살려내 희생자의 가족들에게 연락을 취했다. 다이애나 웨어와 포터 알렉산더, 메리 알렉산더는 프레스코드가 파커 센터 앞에서 연 5월 29일 기자 회견에 참석했다. 그때 800 전담반은 수사에 대한 정보 부족과 진전 부족으로 비난을 받았다. 프레스코드는 경찰을 질타했고, 다이애나 웨어와 알렉산더 부부는 "모든 생명은 소중하다"와 "흑인 여성의 생명도 생명이다"라는 글귀를 들고 있었다. 이 표어는 훗날 '흑인의 생명도 생명이다' 운동으로 확산되었다.

"LA 남부 주민들은 연쇄살인범이 있다는 것을 전혀 모르고 있습니다." 그녀는 모인 소수의 기자들에게 말했다.

프레스코드는 특히 경찰이 바바라 웨어 사건의 익명 제보자 테이프를 공개하는 데 20년이 걸린 것에 흥분했다. 기자 회견 동안 그녀는 경찰에게 여러 가지 요구를 했으며, 전담반이 수사에 대한 보고서를 2개월에 한 번 제출하고, 희생자와 가족에게 보상금을 지불하며, 사우스 센트럴 흑인 여성 살해 사건 중 실제 미제 건수를 발표하라고 촉구했다.

프레스코드는 미국 법무부가 잠들었던 살인마의 사건을 수사해 줄 것을 요구하며 발표를 마쳤다.

6월 25일 오후, 나는 사우스 센트럴에서 프레스코드가 여는 또 한 건의 기자회견으로 향하는 중이었다. 이것은 제니시아 피터스와 버니타 스팍스가 사망한 채 발견된 골목길 근처 제시 오웬스 공원으로 연결되는 거리에서 열렸다. 자동차 라디오를 듣고 있는데 마이클 잭슨의 사망 소식이 들려왔다. 기자 회견에 도착하자 프레스코드, 다이애나 웨어, 몇 명의 운동가들이 모여 있었다. 기자는 스페인 언론사의 기자와 나뿐이었다. 다른 기자들은 모두 마이클 잭슨의 비극적인 삶을 보도하기 위해 로널드 레이건 UCLA 대학 병원으로 달려간 것이다.

대다수 기자의 불참에도 불구하고 프레스코드는 잠들었던 살인마 사건에 대한 경각심을 불러일으키기 위한 목적으로, 그 지역에 몽타주를 붙여 연쇄살인 중단을 위한 지역 사회 정보 캠페인을 시작한다고 발표했다.

이 살인 사건은 경찰, 시장, 언론이 중요하게 여기는 사건이 아니라고 그녀는 말했다.

프레스코드는 LA 카운티 리 바카 보안관이 1988년 그의 관할 구역에서 살해된 래크리카 제퍼슨의 살인 사건에 대해 공개적으로 말하지 않은 것에 화를 냈다. 프레스코드는 LA 경찰이 희생자들에게 보상금을 지급하는데, 바카는 보상금을 신청해주지 않은 것에 분노했다.

"바카가 신경쓰지 않는다고 해서 그녀의 죽음을 무시해도 됩니까?" 그녀는 기자회견에서 이렇게 물었다.

기자 회견이 끝난 뒤 프레스코드, 다이애나 웨어, 몇몇 교회 신도들이 그 지역에 흩어져 상점 상인과 행인에게 전단지를 나누어 주었다. 나는 지역 주민 중에 잠들었던 살인마 사건에 대해 아는 사람이 너무나 적은 것에 놀랐다. 나와 이야기를 한 여성 교회 근무자는 연쇄살인이 심란하기는 하지만, 그 지역 주민들은 무고한 생명을 앗아가는 마약, 학생들을 모집하는 갱단, 자동차 총격을 더 걱정한다고 했다. 그 여인들의 죽음은 슬픈 일이지만, 낯선 사람 차에 타는 것은 너무나 어리석은 일이라는 것이다.

• • •

잠들었던 살인마를 추적하기 위한 800 전담반의 노력은 LA 경찰이 다른 미제 사건을 해결하는 데는 도움을 주었다. 70년대 백인 노파들을 폭행한 소위 웨스트사이드의 강간범을 잡은 것도 그 중 하나였다.

LA 경찰 성범죄 형사 다이앤 웹은 미제 사건 팀과 함께 그 사건을 해결하는 데 도움을 준 형사였다. 웹이 맡은 일은 LA에 등록된 성범죄자를 감시하는 것이었는데 내가 쓴 잠들었던 살인마 기사를 읽고 한 가지 아이디어를 떠올렸다.

그녀는 LA에 등록된 성범죄자 5,212명 중에서 잠들었던 살인마의 프로파일에 맞는 남자들을 찾아내는 데이터베이스를 구축할 수 있었다. 그런 다음 그 목록으로부터 그중 모두에게 요구되는 DNA 테스트를 빠져나간 사람이 있는지 알아낼 수 있었다.

웹은 데니스 킬코인 형사에게 그 계획을 설명했고, 킬코인은 허가했다. 웹이 데이터베이스에서 40세와 100세 사이 흑인 성범죄자를 검색하자 잠들었던 살인마의 기준에 부합하되 DNA 검사를 하지 않은 성범죄자 92명이 나왔다. 그들의 이름을 알아낸 웹은 경찰관들에게 그들을 모두 찾아내 DNA를 채취해 오라고 요청했다.

당시 72세였던 공무원 보상보험사정인 존 플로이드 토머스는 2008년 10월 22일 LA, 경찰 사우스웨스트분과에 걸어 들어왔다. 그는 책상에 앉아 있는 경찰관에게 자신이 전화를 받았으며 경찰에 샘플을 제출하라는 지시를 받았다고 했다. 성폭행으로 징역형을 받았던 토머스는 시키는 대로 했다.

과학수사팀에서 검사하는 데 5개월이 걸렸지만, 그의 DNA는 결국 1970년대와 80년대 소위 웨스트사이드 강간범 살인 사건에서 증거로 나온 DNA와 일치함이 밝혀졌다. 그의 방식은 모든 희생자에게 똑같았다. 그는 백인 노파를 찾아 강간한 뒤 손으로 목을 졸라 살해했다. 그의 희생자들은 로스앤젤레스의 미드-윌셔 지역, 로스앤젤레스 카운티의 웨스트사이드 지역, 잉글우드에 살았다.

68세의 에셀 소콜로프는 1972년 토머스의 피해자로 처음 알려진 여성이었다. 1975년 9월 20일, 79세의 코라 페리가 그다음이었다. 그다음 67세의 은퇴한 학교 행정직원 엘리자베스 맥컨의 옷이 벗겨진 시신이 1976년 2월, 아파트 근처 65년형 시빌 자동차에서 발견되었다. 80세의 은퇴한 교사 메이벨 허드슨은 2개월 뒤 차고에서 살해되었다. 그리고 10월, 56세의 이블린 버너가 잔인한 토머스에게 강간 살해당했다.*

* 2011년 4월 존 플로이드 토머스는 7건의 살인에 대해 유죄를 인정했다. 그는 가석방 가능성 없이 종신형을 살고 있다.

체포

열정과 확신을 갖고서 3년 전 출발한 800 전담반은 2010년이 되자 좌절에 좌절을 거듭하고서 우울해진 형사 네 사람만 남았다. 초과근무 시간도 줄었고, 경찰차 열쇠는 반납했다. 4명의 형사 데니스 킬코인, 클리프 쉐퍼드, 빌 팰런, 폴 콜터 중에서 킬코인만이 출퇴근용 경찰 차량을 갖고 있었다.

다른 3명의 형사 로드 애머더, 대릴 그로스, 지나 루발카바는 다른 부서의 새로운 사건을 맡았다.

사기가 사상 최저로 떨어진 상태에서 킬코인은 상사에게 잠들었던 살인마 사건 수사를 잠시 쉬며 새로운 살인 사건을 맡을 수 있을지 물었다. 그럴 수는 없었다. 잠들었던 살인마 사건은 LA 경찰에게 매우 중대한 사건이었다.

킬코인은 전담반이 아직 해체되지 않은 것이 놀라웠다. 그가 참여했던 전담반은 대부분 진전이 없으면 3~6개월 내에 해체되었다.

정치. 그것 때문에 이 전담반이 유지되고 있는 것이라고 그는 결론을 내렸다. 경찰은 잠들었던 살인마 사건에 많은 돈과 인력을 투입했지만 여전히 유력한 용의자 한 명 찾아내지 못했다. 전 서장 브래턴과 그의 후임 찰리 벡이 전담반을 완전히 폐지함으로써 흑인 주민이나 흑인 시의원을 화나게 할 수 없기 때문이라고 킬코인은 믿었다. 킬코인은 그런 상황이 다행이라고 여겼지만, 형사들에게 할 일을 주기 위해서라도 새로운 수사를 할 수 있으면 좋을 것 같았다.

그러던 3월 초, 라스베이거스에서 개최된 캘리포니아 살인 수사관 협회 컨퍼런스의 휴식 시간에 킬코인은 캘리포니아 법무부의 질 스프릭스와 이야기를 나누었고, 스프릭스는 가족 수색을 새로 시작할 때가 되었다고 했다.

2008년 수색이 실패한 후, 캘리포니아의 중범죄자 DNA 데이터베이스는 100만에서 140만으로 증가했다. 킬코인은 데이터베이스에 추가된 40만 명의 범죄자 중에서 잠들었던 살인마의 친척을 발견해낼 수 있으리라는 희망을 다시 품었다.

3월 31일 LA 경찰은 캘리포니아 법무부에 2차 가족 수색을 해달라고 정식 요청했다.

한 달, 또 한 달이 지났다. 6월 말이 되자 킬코인은 또 허사였다고 생각했다.

하지만 6월 30일 수요일 오후, 그는 마침내 모든 것을 뒤바꾸어 놓을 전화 한 통을 받았다.

• • •

킬코인은 당황하고 말았다. 전화가 울리고 스프릭스가 건 것임을 알았을 때, 킬코인은 이튿날 아침 매달 갖는 조찬 모임 계획을 확인하려고 연락한 것이라고 생각했다. 스프릭스는 한 달에 한 번

새크라멘토에서 밥 호프 공항으로 와서 지역 경찰과 모임을 가졌다. 그녀는 보통 차를 빌려 LA 시내 천사들의 모후 대성당까지 와서 모임이 열리는 로스앤젤레스 카운티 감독관 위원회 사무실 앞에 차를 세웠다. 킬코인은 그녀와 함께 아침식사를 하곤 했다. 이번에는 찰리 벡 서장이 함께하기로 했지만, 스프릭스는 킬코인에게 약속을 취소해야 한다면서 벡에게도 전해달라고 했다.

"그러죠." 킬코인이 말했다.

그다음 스프릭스가 물었다. "왜 취소하는지 안 물어봅니까?"

"바쁜 분이고 실험실 13곳을 책임지고 있잖습니까." 킬코인이 대답했다. "충분한 이유가 있겠지요. 이유는 말하지 않아도 됩니다."

"조금도 궁금하지 않아요?" 그녀가 캐물었다.

"알겠습니다." 킬코인이 미끼를 물었다. "무슨 일입니까?"

스프릭스는 이야기를 할 수 있도록 조용한 곳으로 가라고 했다.

킬코인은 책상에서 일어나 콜터와 쉐퍼드, 팰런을 지나 복도 끝의 비서실로 갔다. 그는 스프릭스에게 가십거리가 있는 줄 알았다. "무슨 일입니까?" 그가 말했다.

"자리에 앉았어요?" 그녀가 물었다.

"아뇨. 아직 서 있습니다."

"그럼 앉으세요." 그녀가 말했다.

킬코인은 의자에 앉았다.

"잠들었던 살인마 사건 때문이에요." 그녀가 태연히 말했다.

킬코인은 자리에서 벌떡 일어났다.

"실마리가 나왔습니까?" 그가 물었다.

"그건 말할 수 없어요." 그녀가 말했다.

그녀는 이틀 뒤인 금요일 LA에 갈 것이며 로스앤젤레스 캘리포니아 주립대에 있는 DNA 실험실에서 모임을 준비해달라고 요청했다. 그녀는 로스앤젤레스 카운티 지방 검사 스티브 쿨리와 벡도 참석하기를 바랐다. "하지만 아무에게도 말하면 안 돼요." 그녀가 덧붙였다.

"음, 벡에게 실험실에 가자고 하면서 아무 설명도 안 할 수는 없습니다." 킬코인이 말했다. "데니스 할아범이 먹이사슬에서 그 정도 높은 자리는 아니거든요."

스프릭스는 그의 말을 무시했다. "실망할 일은 없을 테니 반드시 모이도록 하세요." 그녀가 말했다.

"실마리가 나온 겁니까?" 킬코인이 다시 말했다.

"그건 말할 수 없어요." 그녀가 말했다.

"놈이 살아 있습니까?"

스프릭스는 꿈쩍도 하지 않았다.

킬코인은 전화를 끊고 감전이라도 당한 느낌을 받았다. 스프릭스의 말을 제대로 들은 것인지 알 수 없어서 다시 전화를 걸었다.

"이거 꿈입니까?" 그가 물었다. "방금 당신이 전화를 걸어 정보를 가져온다고 말한 게 맞습니까?"

"맞아요. 방금 전화를 걸었어요." 그녀가 말했다. "공항에서 누가 날 픽업하도록 주선해주세요."

"내가 가겠습니다." 그가 말했다.

구체적인 이야기는 하나도 오가지 않았지만, 노련한 형사는 많은 것을 알 수 있었다. 가족 DNA 검사에서 뭔가 나온 것이 아니라면, 스프릭스가 회의를 소집할 리 없었다.

"머릿속이 시속 100km로 돌고 있었습니다." 그가 내게 말했다. "찾았다!'라고 외치고 싶었지만, 그럴 수 없었어요. 잠시 입을 다물지 못해 모든 일을 망치는 장본인이 되고 싶진 않다고 생각했죠."

그러나 그에게도 말할 상대는 있었다. 서장에게 전해야 했다. 서장은 킬코인이 휴대폰으로 전화를 했을 때 60번 고속도로로 귀가하던 중이었다. "고속도로에서 나오면 전화해주십시오." 킬코인이 말했다.

몇 분 뒤 킬코인은 상사에게 스프릭스와의 통화 내용을 전했다.

킬코인은 그날 하루를 어떻게 보냈는지 정신이 하나도 없었다. 산타 클래리타 근처 LA 카운티 북부의 집으로 80km를 달려 퇴근할 때까지도 마찬가지였다. 그의 부인과 두 아들은 플로리다의 처가에 가 있었고 킬코인은 처음으로 그들이 집에 없어서 다행이라고 여겼다. 그는 그 소식을 누구에게도 말하지 않을 자신이 없었던 것이다. 그는 베란다에 의자를 가져다가 앉아서 시가 한 대에 불을 붙이고 차가운 맥주를 땄다. 길고 힘겨운 과정이었다. 그는 800 전담반의 여정이 마침내 끝날 것인지 궁금했다.

그날 밤 그는 잠도 제대로 잘 수 없었다. 새벽 4시 30분에 일어나 옷을 입고 1시간 30분 동안 운전해서 경찰 본부로 갔다. 오전 7시, 킬코인과 벡은 벡의 10층 사무실로 가서 이야기를 나눴다. 킬코인은 가족 DNA 검사에서 뭔가 나온 것이 확실하다고 했다. 그렇지 않고서야 스프릭스가 모임을 소집할 이유가 없지 않은가?

마침내 7월 2일 금요일이 되었을 때, 킬코인은 스프릭스와 법무부 수사부장을 밥 호프 공항에서 태우고 벡, 지방 검찰청의 팻 딕슨, LA 과학수사팀 팀장과 만나기 위해 캘리포니아 주립대의 DNA 실험실로 갔다.

스프릭스는 곧장 본론을 말했다. 실험실에서 DNA가 일치하는 가족을 찾아냈다고 했다. 수색은 잠들었던 살인마의 친척일 수 있는 사람들의 유전자 프로파일을 200개 내놓았다. 그 목록의 상위 5개 중에서 1명이 범죄 현장에서 발견된 DNA와 공통적인 유전자 표지자를 갖고 있었다.

그 프로파일은 28세의 크리스토퍼 존 프랭클린의 것이었다. 그는 2009년 여름, 중범죄 화기 소지 고발에 대해 유죄를 인정한 후 주 DNA 데이터베이스에 등록되었다. 유죄 판결을 받은 중범죄자로서 그는 DNA 샘플을 주에 제출해야 했다. 크리스토퍼의 DNA는 실험실 근무자들이 2차 수색을 시작하기 겨우 10개월 전에 등록되었다.

경찰과 만나기 전, 법무부는 크리스토피의 친인척에 대한 조사 대상을 2명의 남자로 좁혔다. 첫 번째 캘리포니아의 리버사이드에 거주하는 숙부는 알고 보니 친척 관계가 아니었다. 그다음은 로니 데이비드 프랭클린 주니어였는데, 사우스 센트럴에 오랫동안 거주했으며 출생 기록에 따르면 크리스토퍼의 아버지였다.

스프릭스는 모인 경찰에게 살인 사건이 일어난 장소들을 구글 맵에서 보여주고 그곳을 크리스토퍼 아버지의 거주지와 비교해주었다.

스프릭스는 그것은 실마리에 불과하다고 말했다.

킬코인은 회의를 마친 뒤 가장 먼저 전담반의 폴 콜터 형사에게 전화를 걸었다. 그는 이미 뭔가 중대한 일이 벌어지고 있다고 짐작하고 있었다. 킬코인은 로니 데이비드 프랭클린 주니어의 범죄 경력을 조사해달라고 요청했다.

"그자에 대해서 가능한 건 전부 찾아주게." 그가 콜터에게 말했다. "하지만 크리스토퍼 프랭클린의 이름을 컴퓨터에 입력하지 말아주게. 그는 조사를 받는 게 아니네. 나중에 재판 때 어떤 기록도 튀어나오지 않길 바라네."

킬코인은 미국민권자유연맹 같은 기관에서 가족 수색을 마녀사냥이나 다름없다고 여기는 것을 알고 있었다. 경찰이 범죄를 저지르지 않았을지도 모르는 친척을 조사하기 때문이다. 킬코인은 아무도 크리스토퍼 프랭클린 근처에 접근하거나 컴퓨터에 그의 이름을 입력하지 않기를 바랐다. 법정 공방을 피하고 싶었던 것이다.

킬코인이 사무실에 돌아왔을 때 콜터는 용의자에 대한 보고서를 완성해놓았다. 로니 프랭클린 주니어(57세)와 아내 실비아는 1986년 이후로 웨스트 81번가 1728번지, 잠들었던 살인마 살인 사건 발생지점의 진원지에서 살았다. 그들의 민트색 방갈로는 에니트라 워싱턴의 폭행범이 그녀를 쏘기 전 잠시 들렀던 집 옆의 옆집이었다. 손자손녀를 둔 프랭클린의 인상착의는 에니트라가 묘사한 폭행범과도 일치했다. 프린세스 버소뮤는 네 블록 떨어진 81번가에서 발견되었다. 래크리카 제퍼슨은 81번가와 웨스턴가 교차 지점 모퉁이 조디 게이트우드의 아파트에서 마지막으로 목격되었는데, 그곳은 프랭클린의 집에서 한 블록도 안 되는 거리였다. 프랭클린은 잠들었던 살인마 살인 사건 동안 한 번도 구속되거나 수감된 적이 없었다.

두 형사는 눈빛을 교환했다. 그들은 범인을 잡았다고 확신했다.

이제 LA 경찰의 감시팀이 킬코인과 콜터의 직감을 확인해주기만 하면 되었다. 로니 데이비드 프랭클린 주니어가 바로 잠들었던 살인마라고.

• • •

사복형사팀은 2010년 7월 2일 오후 10시경 과제를 받았다.

비밀 작전은 간단했다. 교대제로 하루 24시간 로니 프랭클린 주니어를 추적하며, 그가 버리는 것 중 DNA를 검출할 것을 무엇이든 가져다가 증거로 사용하라.

1시간 뒤, 고밀도 마약 거래 구역(HIDTA) 전담반의 팀원으로 구성된 감시팀이 아무도 모르게 프랭클린의 방갈로 앞에 진을 쳤다. 그들이 거기 자리를 잡은 지 25분도 안 되어 프랭클린이 집에서 나오더니 2005년형 진녹색 혼다 어코드에 타고 8km쯤 떨어진 버킹엄가와 팰미라가 교차 지점에 있는 아파트로 갔다. 그는 사복형사들이 자신을 뒤쫓고 있다는 사실을 알지 못했다. 감시팀이 지켜보는 가운데, 프랭클린의 연인으로 밝혀진 흑인 여성 소니아가 아파트에서 나오더니 프랭클린의 옆자리에 올라탔다.

감시팀은 프랭클린과 소니아를 따라 할리우드의 주유소, 그리고 산페르난도 밸리 북부 노스 힐즈의 로스코로에 위치한 오리지널 타임스 햄버거 가게로 갔다. 팀은 그 차를 따라 405번 고속도로로 접어들어 32km를 달린 뒤 산타모니카로 출구로 나왔다. 프랭클린은 마지막으로 돌로레스 레스토랑으로 들어갔다. 형사들은 프랭클린과 연인을 따라 식당 안으로 들어가서 그들이 카운터에서 테이크아웃 음식을 시켜 다시 차에 타는 것을 지켜보았다. 프랭클린과 소니아는 아파트로 돌아갔고, 새벽 2시 38분에 도착했다. 유부남인 프랭클린은 거기서 밤을 보냈다.

같은 형사팀이 다음 날 밤에도 프랭클린을 뒤따랐다. 그들은 프랭클린이 집 주위를 차로 돌아다니며 신원을 알 수 없는 흑인 남자와 이야기를 나누더니 이런저런 일을 하는 것을 보았다. 그는 귀가한 후 7월 4일 새벽 2시까지 머무르다가 감시팀이 지켜보는 가운데 1992년형 검정 닛산에 타고 인근 주유소로 가서 웨스턴가와 43번가 주위에서 돌아다녔다. 그곳에는 매춘부 2명이 모퉁이에 서 있었다. 프랭클린은 그녀들을 세 번 지나치더니 근처에서 차를 세웠다.

그다음에 일어난 일은 감시팀의 임무에서 벗어나는 것이었다. 그들은 그다음에 어떻게 진행할지 지시를 받아야 했다.

자택에서 취침 중이던 킬코인은 전화소리에 깨어났다.

"프랭클린이 여성들에게 말을 걸기 위해 차를 세우고 있습니다." 사복형사 한 명이 말했다. "여성이 차에 타면 어떻게 할까요?"

"사람을 죽이게 두면 안 됩니다." 킬코인이 대답했다. 킬코인은 형사들에게 프랭클린을 지켜보고 누군가를 태우면 순찰차가 그를 불러 세운 뒤 "여성은 내리게 하고 그는 보내라"고 했다.

"DNA 샘플을 채취할까요?" 형사가 물었다.

"아뇨." 킬코인이 대답했다.

그는 이 기회를 놓치고 싶지 않았다. 킬코인은 법적으로 형사가 아무에게나 DNA 샘플을 요구할 수 없다는 것을 알고 있었다. 법적 증거로 사용하려면 프랭클린이 공공장소에서 DNA가 검출될 수 있는 것을 버려야만 했다. "입에 스틱을 넣어 타액을 묻혀내면, 불법 수색이 되었을 겁니다." 킬코인이 말했다. "그의 집 베란다나 집 안, 자동차나 쓰레기통을 뒤질 수는 없습니다. 그가 보도에 침을 뱉는다면, 그건 괜찮습니다. 그건 버려진 것으로 간주합니다."

다행히 사복형사들이 개입하지 않아도 되었다. 몇 분 뒤 조사팀의 존재를 모르고 그 지역에서 순찰하던 경찰차가 프랭클린 차 뒤에 서서 경광등을 켰다. 프랭클린은 재빨리 달아났다.

조사팀은 프랭클린의 뒤를 좇아 소니아의 아파트로 갔다. 그는 아파트 앞에 차를 세우고 휴대폰으로 전화를 했다. 12분 뒤 그는 집으로 갔다.

7월 4일 그날 오후, 시내 전역에서 사람들이 독립기념일을 축하하는 가운데 같은 감시팀이 프랭클린과 소니아를 따라 랠프스 슈퍼마켓에, 그리고 서던 캘리포니아 대학교 근처 로스앤젤레스 콜리세움으로 갔다. 그곳에서 프랭클린과 소니아는 불꽃놀이를 구경했다. 이번에도 사복형사들은 담배꽁초 하나 버리지 않는 프랭클린에게서 DNA 샘플을 구할 수 없었다.

• • •

감시팀이 프랭클린의 뒤를 밟는 동안, 클리프 쉐퍼드 형사는 휴가를 냈다. 그는 7월 4일 일요일 오전 렌트한 차를 운전해 5번 고속도로를 타고 오렌지카운티의 라구나 우즈로 가서 돌아가신 어머니의 콘도에서 가구를 비우던 도중에 콜터로부터 사건에 큰 진전이 있다는 소식을 들었다.

"용의자를 추적 중입니다." 콜터가 말했다.

쉐퍼드는 깜짝 놀랐다. 갑자기 엄청난 진전이 일어난 것이었다.

그의 온몸에 아드레날린이 퍼졌다. 그는 차를 돌려 집으로 가서 샤워를 하고 수트를 입고서 경찰 본부로 갔다. 도착했을 때 콜터는 셔츠와 청바지 차림으로 책상에 앉아 있었다.

"뭐가 나왔나?" 쉐퍼드가 콜터에게 물었다.

콜터는 이름 2개를 얻었다고 알려주었다. 리버사이드에 거주하는 남자는 친척이 아니었다. 남은 용의자 로니 프랭클린은 81번가와 웨스턴가 교차지점에 살았다.

쉐퍼드는 이 중대한 진전이 이틀 전에 일어난 것을 알고 킬코인이 비밀에 부친 것에 분노했다.

그는 이걸 금요일에 알아내고서 자신에게는 알리지 않다니 예의도 없다고 생각했다. 그토록 오랫동안 수사에 전념했는데, 그 소식을 알려주지 않다니 따귀라도 맞은 기분이었다. 그러나 쉐퍼드는 킬코인과 싸우지 않기로 했다. 따지고 보면 킬코인은 그의 상사였고, 불평을 하다가 전담반에서 제외되고 싶지는 않았다. 그는 수사를 끝까지 마치고 싶었다.

그리고 사실, 쉐퍼드는 킬코인의 행동이 그렇게 놀랍지는 않았다. 킬코인은 이따금 쉐퍼드가 내게 정보를 흘린다고 생각한다는 힌트를 주었고, 쉐퍼드는 그런 이유로 이 최신 소식을 전달받지 못했다고 생각했다.

그는 서운함을 제쳐두고 당면한 과제에 집중했다. 형사로서 지난 6년 동안 가장 열심히 수사한 사건이 해결되기 직전이었다. 콜터가 용의자의 주소를 알려주자 모든 것이 맞아 들어가는 것 같았다. 논리적으로도 완벽했다. 그자는 말 그대로 자기 뒷마당에서 사냥을 한 셈이었다.

이튿날인 7월 5일 월요일, 프랭클린을 추적하는 사복형사들이 마침내 성공했다. 정오가 조금 지났을 때, 프랭클린은 아내의 은색 혼다 밴을 타고 그의 집 근처에서 기다리는 소니아와 그녀의 두 딸을 태우러 갔다. 그들은 40km 떨어진 오렌지카운티의 부에나 파크 몰 존스 인크레더블 피자로 갔다. 사복형사 아트 스톤은 프랭클린과 일행이 한 아이의 생일 파티가 진행 중인 4번 파티 룸으로 들어가는 것을 지켜보았다. 그는 베이지색 반팔 셔츠와 베이지색 바지를 입고 있었고, 자주색 테이블보를 덮은 긴 테이블 가장자리에 앉았다. 레스토랑 직원들이 풍선을 부는 것을 아이들이 구경했고 어른들은 뷔페 테이블에서 피자를 가져왔다.

이것이 바로 스톤이 기다리던 기회였다. 프랭클린이 피자를 먹는 사이 스톤은 레스토랑 매니저에게 협조를 요청했다. 몇 분 뒤 스톤은 직원용 파란 셔츠를 입고 파란 야구 모자를 쓰고서 프랭클린의 테이블을 치웠다. 아이들의 생일 파티 테이블을 치우는 그 중년의 백인 남자를 의심한 사람이 있다면, 일을 배우러 와 있던 레스토랑 사장의 처남이었을 것이다.

스톤은 사용한 접시를 커다란 플라스틱 통에 넣었다. 그 통 안에는 스테인리스 쟁반이 들어 있었고, 거기에 프랭클린이 쓴 접시와 식기를 다른 사람들의 것과 분리해서 놓았다.

몇 시간 뒤 스톤은 원하는 것을 얻었다. 포크, 냅킨, 플라스틱 컵 2개, 먹다 남은 피자 조각, 먹다 남은 초콜릿 케이크가 놓인 흰색 도자기 접시—모두 프랭클린의 것이었다. DNA 검사에 충분한 증거를 입수한 스톤은 유니폼을 내놓고 근처 콜스 백화점 주차장으로 갔다. 거기서 나머지 형사팀이 기다리고 있었다. 그들은 증거품을 포장하고 사진을 찍은 뒤 콜터와 킬코인에게 제출했다. 킬코인은 그 증거를 등록한 뒤 잠들었던 살인마의 프로파일과 대조하기 위해 범죄 실험실로 직접 배달했다.

실험실 기술자는 대조 작업이 이튿날 아침이면 완료될 것이라고 했다. 킬코인은 뛸 듯이 기뻤다.

하지만 이튿날 기술자는 실망스러운 소식을 전했다. 연휴 때문에 결과가 그다음 날 아침, 7월 7일 수요일이 되어야 나온다는 것이었다. 오전 5시까지는 답이 나올 거라고 했다.

킬코인은 지치고 조급한 상태로 귀가했다. 이 사건에 달린 것이 너무나 많았고, 그는 그 부담을 느끼고 있었다. 연쇄살인범을 잡는 것은 경찰에게는 대단한 일이 될 것이다. 그리고 이것은 그의 길고 다사다난했던 커리어에서 가장 큰 사건이었다. 이만한 사건은 처음이었다.

• • •

〈L. A. 위클리〉의 편집자 질 스튜어트에게서 전화가 왔을 때, 나는 오타와의 부모님 댁에 있었다. 스튜어트는 LA 경찰에서 뭔가 큰일이 벌어지고 있는데 미제 사건 범인 체포라는 귀띔을 얻었다. 그녀는 잠들었던 살인마의 체포일 것이라고 짐작했다.

"형사들에게 알아볼게요." 내가 말했다.

전화를 끊고 쉐퍼드에게 전화했다. 그는 받지 않았다. 다음에는 킬코인에게 전화했다. "안녕하세요, 미제 사건 범인을 체포한다는 설이 있던데. 잠들었던 살인마랑 관련 있는 건가요?" 내가 물었다.

"아뇨." 킬코인이 대답했다.

"정말이에요?" 내가 말했다. "잠들었던 살인마 사건이 아니면 뭔데요?"

"나도 모르겠군요." 그가 말했다.

"거짓말하는 거 아니죠?"

"네." 그가 꿋꿋이 말했다.

나는 스튜어트에게 다시 전화해서 킬코인이 한 말을 전했다.

. . .

2010년 7월 7일 수요일 오전 5시, 킬코인은 책상에 앉아 전화를 기다리고 있었다. 전화는 오지 않았다. 1시간 뒤 그는 실험실로 전화를 했다. 그는 너무 초조해서 잿빛 머리카락을 쥐어뜯고 싶었다.

기다렸다가 다시 전화를 걸었다. 여전히 받지 않았다.

킬코인의 전화는 오전 6시 30분에 마침내 울렸지만, 콜터였다. 그는 프랭클린의 DNA가 살인과 연결되어 있음이 확인되면, 경찰이 법적으로 가택 수색을 할 수 있도록 해줄 영장에 로스앤젤레스 고등법원 판사 윌리엄 파운더스의 서명을 받기 위해 자택 앞에 차를 세우고 1시간째 기다리고 있었다. 25구경 권총, 카메라나 폴라로이드 사진, "잠들었던 살인마"와 관련된 어떤 뉴스나 잡지 기사, 즉 〈L. A. 위클리〉, 〈미국의 도망자들〉 비디오클립, CNN 웹사이트/블로그, 관련 안내문의 사진이나 추가 미제 사건에 관련된 기사" 등을 찾기 위한 영장이었다. 수색 영장을 작성한 콜터는 연쇄 살인범들이 자신의 살인 사건에 대한 기사를 수집하는 것으로 유명하다는 것을 알고 있었다.

"실험실이 우리를 갖고 논다고 생각했습니다." 킬코인이 말했다. "그때까지도 소식이 없었으니까요."

킬코인이 콜터와 전화를 끊은 지 15분 뒤, 실험실에서 문자메시지가 왔다. "양성 결과"가 전부였다.

킬코인은 피자와 냅킨에서 발견된 DNA가 잠들었던 살인마의 유전자 프로파일과 일치한다는 사실을 확인했다. 피자 조각의 치즈가 단단히 굳어서 샘플을 채취하기에 적당히 단단한 표면이 되었다. 식기에서는 DNA를 얻지 못했다. 샐러드드레싱 때문에 기름기가 너무 많았던 것이다.

양성 결과라는 문자메시지를 읽자마자 그는 콜터에게 다시 전화를 걸었다.

"맞네." 킬코인이 말했다. 콜터는 차에서 내려 집 앞에 나와 서 있던 파운더스 판사에게로 걸어갔다. 그는 콜터를 안으로 맞이한 뒤 수색 영장을 읽고 서명한 뒤 행운을 빈다고 말해주었다.

게임이 시작되었다.

LA에서 가장 난폭한 범죄자들을 추적해내는 특수수사팀의 사복형사들이 프랭클린을 구속하는 일을 맡았다.

오전 9시 20분 형사들이 찾아갔을 때 프랭클린은 집 앞 거리에서 자동차를 옮기려는 참이었다.

형사들은 프랭클린을 77번가 경찰서로 연행했다. 프랭클린이 경찰차 앞에 서 있을 때 콜터와 킬코인은 경찰서 주차장으로 들어왔다.

"우리 소개를 하러 들렀습니다, 프랭클린 씨." LA 경찰이 20년 이상 찾아온 사람이 마침내 킬코인의 눈앞에 서 있었다.

평소에 웨이트트레이닝이라도 하듯이 다부진 체구의 프랭클린은 흰 티셔츠 위에 카키 긴팔 셔츠를 입고 운동화를 신고 작업복 바지를 입고 있었다. 킬코인은 프랭클린의 셔츠 포켓 위에 적힌 글을 보고 기술자나 주유소 직원이 입을 만한 것이라고 생각했다. 에니트라를 만났을 때 범인이 기술자들이 입는 유니폼 같은 것을 입고 있었다고 말한 것이 기억났다.

프랭클린을 마침내 만나게 된 콜터에게 처음 든 생각은 '우리가 그렇게 오래 찾아온 놈이 바로 이자구나'였다. 그가 수사하고 취조한 다른 연쇄살인범 마이클 휴즈가 떠올랐다. 80년대와 90년대 초 사우스 센트럴을 공포에 몰아넣은 휴즈와 마찬가지로, 프랭클린은 말투도 부드럽고 순종적인 것 같았다.

킬코인과 800 전담반 형사들은 곧, 프랭클린이 1980년대 LA 경찰 정비소에서 일한 자동차 기술자였으며, 그 후에는 도시 미화원으로 쓰레기 수거를 했다는 사실을 알게 되었다.

"당신의 자택 수색 영장과 체포 영장을 갖고 왔습니다." 킬코인은 수갑을 차고 경찰차에 기대어 있던 프랭클린에게 이렇게 말했다. "시내로 가서 좀 더 설명하겠습니다."

프랭클린은 아무런 질문도 하지 않았다. 그는 예의바르고 공손했다. "네, 감사합니다." 그는 침착한 어조로 이렇게 대답했다.

프랭클린은 LA 시내 경찰 본부로 연행되어 582번 취조실에서 콜터와 킬코인을 기다렸다. 콜터와 킬코인은 수색 영장으로 무엇을 찾아냈는지 확인하러 프랭클린의 자택에 들렀다. 형사들은 복도 옷장에 걸려 있는 재킷 주머니에서 25구경 권총을 찾아냈다.

그다음 경찰 본부로 가는 동안 킬코인은 비서에게 희생자 가족들에게 연락해달라고 전했다. "가능한 빨리 본부로 오라고 전해주시오. 지금 와야 한다고만 말하시오. 차량이 없으면 형사들에게 지원하라고 하시오."

"가족들에게 알리는 것이 매우 중대한 사안이었습니다." 킬코인이 훗날 내게 말했다. "피해자 가족들의 감정을 상하지 않게 하려고 노력했고, 다이애나 웨어 사건 이후로는 더욱 그랬습니다."

킬코인은 본부에 도착한 뒤 알렉산더 가족에게 전화를 했다. 메리 알렉산더가 전화를 받았다.

"앉아 계십니까?" 킬코인이 물었다.

"아뇨." 메리가 말했다. "앉아야 할까요?"

"네." 킬코인이 대답했다. "범인을 잡았습니다. 당장 여기로 오세요." 전화를 끊기 전에 메리가 남편의 이름을 외치는 소리가 들렸다.

킬코인은 이미 자신과 콜터가 프랭클린의 취조를 맡기로 정해두었다. 그는 콜터가 수사하는 것을 보았고, 사람들에게서 정보를 끌어내는 재주를 인정했다. 이 취조에 많은 것이 달려 있었다. 첫 번째 과제는 프랭클린의 입을 여는 것이었다. 그들에게는 커리어에서 가장 중요한 취조가 될 것이며, 그들이 취하는 모든 행동은 지방 검찰뿐만 아니라 윗선에서 낱낱이 살필 것이다. 간부 여럿이 비디오실에서 지켜보고 있을 것이다.

콜터와 킬코인이 오후 12시 50분에 취조실로 들어가니 실내는 어둡고 프랭클린은 잠들어 있었다. 그들은 그를 깨웠고 그가 체포되었다는 사실을 염려하지 않는 것을 알 수 있었다.

···

  거주지, 직업, 가족의 이름 등 일반적인 질문을 한 뒤 콜터는 본론으로 들어갔다.

  "왜 여기 와 있는지 압니까?" 콜터가 프랭클린 맞은편에 앉으면서 물었다.

  "아뇨, 모릅니다." 프랭클린은 침착하고 편안한 목소리로 말했다.

  "우리는 수사 중입니다." 콜터가 말했다. "선생님의 체포 영장을 받았고, 살인죄로 기소하고 있습니다."

  "살인이요?" 프랭클린이 물었다.

  "네." 콜터가 대답했다. "표정을 보니 궁금한 것이 있는 것 같은데, 우리도 몇 가지 질문할 것이 있습니다."

  콜터는 프랭클린에게 묵비권과 변호사를 선임할 권리를 읽어주었다. 물론, 노련한 형사들은 프랭클린이 그 권리를 포기하고 그때 그 자리에서 입을 열기를 바랐다. 프랭클린이 변호사를 요청한다면, 그들은 한 가지 질문도 할 수 없었다. 취조는 시작도 하기 전에 끝나게 될 것이다.

  "여기 앉아서 그 이야기를 하고 싶습니까?" 콜터가 물었다.

  "무슨 일인지 모르겠군요." 프랭클린은 체포에 대해서 놀라거나 화난 기색을 전혀 보이지 않고 아무렇지도 않다는 듯 말했다.

  "여기 앉아서 영장과 기소에 대해서 이야기를 나누고 싶습니까?" 콜터가 물었다.

  "네." 프랭클린이 대답했다.

콜터는 프랭클린에게 LA 경찰이 2007년에 일어난 살인 사건을 수사해왔다고 설명했다.

"젊은 여성의 사진을 보여드릴 테니 아는 사람인지 확인해보시죠." 콜터는 이렇게 말하고 제니시아 피터스의 사진을 프랭클린 앞에 놓았다.

"선생님 이름을 무작위로 뽑은 게 아닙니다." 콜터가 말했다. "선생님은 이 젊은 여성과 함께 신원이 확인되었습니다. 그건 이해합니까?"

"네, 알겠습니다." 프랭클린이 대답했다.

"거기 대해서 질문이 있습니까?" 콜터가 물었다. "왜 신원이 확인되었는지?"

"글쎄요." 프랭클린은 어깨를 으쓱였다. "아는 사람이 많은데, 이 여자는 모르겠군요."

"DNA라는 것에 대해 들어봤을 겁니다." 콜터가 말했다.

"네." 프랭클린이 대답했다.

"음, 선생님의 DNA가 이 여성의 죽음과 관련해서 확인되었습니다." 콜터가 말했다. "어떻게 그런 일이 일어났을까요?"

"모르겠군요." 프랭클린이 대답했다.

"이 여성을 본 적이 한 번도 없습니까?"

"네, 없습니다."

콜터는 프랭클린에게 발레리 맥코비, 프린세스 버소뮤, 모니크 알렉산더의 사진도 보여주기 시작했다.

"그리고 이 사건들도 모두 선생님과 연관이 있습니다." 콜터가 말했다. "이 아가씨를 만나서 잠깐 사귄 적이 있는데 사망한 채로 발견된 게 우연이라고 말할 수는 있습니다. 그런데 4명의 여성 사진을 보여드렸습니다. 그러니까 우연이라고 하기에는 좀 어려워지는 셈입니다. 그렇죠?"

"그렇군요." 프랭클린이 대답했다.

형사들은 앞에 앉은 사람이 얼마나 냉담한지 알 수 있었다. 그는 완전히 아무렇지도 않다는 태도였다. 너무나 오만하다고 킬코인은 생각했다. 킬코인은 손을 뻗어 프랭클린을 한 대 치고 싶었지만, 예의바르고 점잖은 태도를 유지하며 용의자를 프랭클린 씨라고 불렀다. 킬코인은 취조 중에 벌떡 일어나 용의자에게 덤벼드는 성격으로 유명했다. 그러는 것이 효과가 있을 때도 있지만, 없을 때도 있었다. 오늘은 그럴 날이 아니었다. 그는 프랭클린에게 그런 접근이 효과가 없으리라는 것을 감으로 알 수 있었다. 이자는 너무나 수동적이었다. 지나치게 공격적으로 나가다가는 프랭클린이 완전히 입을 닫아버릴 것 같았다. 그가 계속 말을 하게 할수록 더 유리했다.

프랭클린은 전혀 긴장하지 않는 것 같다고 콜터는 생각했다. 침착해 보였다. 그리고 말수도 별로 없었다. 형사들에게 필요한 것은 프랭클린이 말실수를 하는 것이었다.

"교회 다닙니까?" 킬코인이 물었다.

"네. 다닙니다." 프랭클린이 대답했다. "사실 오늘 밤에 교회에 가야 됩니다."

"노먼디가에 있던 교회, 코스모폴리탄 교회를 기억합니까? 거기 기억나죠?" 킬코인이 물었다. "거기 다녔습니까?"

"아뇨." 프랭클린이 말했다.

"그 교회 밴을 운전한 적이 있습니까?" 킬코인이 물었다.

"아뇨." 프랭클린이 대답했다.

"그 교회 다니는 사람들을 압니까?" 킬코인이 물었다.

"아뇨." 프랭클린이 말했다.

콜터는 프랭클린에게 메리 로우의 사진을 보여주었다.

"모르는 사람입니다." 프랭클린이 사진을 보더니 말했다. "리알 토에 살던 여자처럼 생겼군요. 집사람 친구인데, 이름이……기억이 안 납니다."

"이건 다른 사람입니다." 콜터가 프랭클린 앞에 버니타 스팍스의 사진을 놓으면서 말했다. 프랭클린은 그녀도 모른다고 했다. 그럼에도 불구하고, 무신경한 발언을 했다.

"와, 체격 좋네요." 프랭클린이 말했다. "뚱뚱하다는 말입니다. 모르는 사람입니다."

형사들은 다시 노선을 바꿨다.

"무기를 소지한 적 있습니까?" 콜터가 물었다.

프랭클린은 형사들에게 22구경 롱라이플과 38구경 리볼버, 9구경과 22구경 권총을 갖고 있다고 했다. "9밀리짜리는 팔았지만, 텍사스에서 가져온 겁니다." 프랭클린이 형사들에게 말했다. 38구경 리볼버는 아버지 물건이라고 했다. "몇 년 전에 도둑맞았습니다. 그때 집에 누가 침입했어요. 1988년에는 차를 훔쳐갔고, 91년에는 집에 도둑이 들었죠. 총 두 자루를 잃어버렸습니다."

잃어버린 다른 총은 22구경 권총이라고 했다.

"그럼 권총은 그것만 갖고 있습니까?" 콜터가 물었다. "다른 권총은 없습니까?"

"네." 프랭클린이 대답했다.

"장롱에 있던 25구경은요?" 콜터가 물었다.

"25구경요?" 프랭클린이 물었다. "라이플인가요?"

"아뇨." 콜터가 대답했다.

"25구경이라." 프랭클린이 대답했다. "권총이요? 아뇨, 그건 제 물건이 아닙니다."

"그래요?" 콜터가 물었다.

"처남 것입니다. 처남 물건을 두 가지 갖고 있어요. 집세를 못 내서 쫓겨났거든요. 지난주에 처남 짐을 챙겨 왔습니다."

"또 다른 건 뭡니까?" 콜터가 물었다.

"샷건이요." 프랭클린이 말했다. "같은 옷장에 있습니다."

콜터는 프랭클린 앞에 바바라 웨어의 사진을 놓았다.

"본 적 없습니다." 프랭클린은 고개를 저으며 말했다. "아무것도 모릅니다."

"이번에도 모욕당하는 기분이군요. 자, 성인답게 이야기합시다. 선생님과 장난치는 거 아닙니다. 여기 테이블 위에 카드를 내놓고 있습니다." 콜터는 프랭클린 앞에 사진들을 펼쳐놓았다. "여기 카드를 내려놓습니다. 글쎄 하나라면 잘 모르겠지만 둘이라면 선생님 운이 그리 좋지 않은 것 아닙니까."

프랭클린은 껄껄 웃었다.

"이걸 좀 보시죠." 콜터가 잘라 말했다. "선생님은 운이 다한 겁니다. 달리 해명할 길이 없다면 말입니다. 감추는 거 없이 말해봅시다. 곧이곧대로 말하는 겁니다."

"그건 알겠습니다." 프랭클린이 대답했다.

그 말과 동시에 콜터는 프랭클린에게 헨리에타 라이트의 사진을 보여주었다. "전혀 기억이 없습니까?"

"네." 프랭클린이 말했다. "모르는 여잡니다. 못생겼군요. 모르는 사람입니다."

"뭐라고요?" 콜터가 물었다.

"못생겼다고요." 프랭클린이 키득거렸다. "모르는 사람입니다. 미안해요. 몰라요."

형사들에게는 이 시점에서 프랭클린에게 반박할 정보가 없었다. 그들이 아는 것을 가지고 질문하지 않는다면 취조에 역효과가 생길 수 있었다. 프랭클린은 순진한 체하고 있었다. 자발적으로 아무런 정보도 내놓지 않았다. 마치 형사들이 뭘 아는지 말할 때까지 기다리는 것 같았다.

콜터는 마지막 사진, 데브라 잭슨을 내놓았다.

"모른다고 하는 이 사람들이 말입니다." 콜터가 사망한 여성들을 가리키며 말했다. "과학 증거를 통해 로니 데이비드 프랭클린 주니어를 가리키고 있습니다. 거기 앉아서 당신을 노려보며 손가락질하는 이 얼굴들을 보십시오. 내 정보를 무시하지 말고."

"그러려는 건 아닙니다." 프랭클린은 어깨를 으쓱였다. "누굴 모욕할 생각은 없어요."

"제 머리는 희끗희끗해지고 있어요." 콜터가 말했다. "거의 대머리가 되어가고 있죠. 이제 이 일에서도 끝이 다 되어갑니다. 이런 일이 처음도 아니고 당신도 마찬가지죠. 살 만큼 살아봤잖습니까. 저는 당신의 경험을 존중합니다. 아마 자동차 수리 기술은 최고일 겁니다. 일도 잘하고. 우리도 이 일을 꽤 오래 했습니다. 당신이 이 젊은 여성들에게 그런 짓을 한 거라고 확신하지 않는다면, 여기까지 연행하지 않았을 겁니다. 설명 좀 해보겠습니까?"

"하지도 않은 일에 설명할 게 없군요." 프랭클린이 대답했다.

"그럼 그저 운이 나빴다는 겁니까?" 콜터가 물었다.

"뭐가 나빴다는 말도 아닙니다." 프랭클린이 말했다. "그저 이 사람들을 모른다는 겁니다."

"이게 내 카드입니다." 콜터가 사진을 내려다보며 말했다. "내 패는 이겁니다. 내 패가 당신 패보다 훨씬 나은 것 같습니다, 로니. 블러핑도 소용없습니다. 포커 칩니까?"

"아뇨." 프랭클린이 말했다. "카드 안 합니다."

킬코인은 다시 전략을 바꾸기로 했다. 아버지로서 호소한다면 프랭클린이 입을 조금이라도 열지 모른다고 여겼다.

"프랭클린 씨, 오늘 큰일이 난 겁니다." 그가 말했다. "당신은 집에서 살그머니 나오곤 했죠. 한밤중에 웨스턴가나 피게로아가에서 일하는 이 여성들을 차에 태우고 섹스를 했습니다. 그들을 죽이고 로스앤젤레스 시내 여기저기 골목길에 시신을 버렸죠. 집에서 멀지 않은 곳에 말입니다."

여성들의 사진을 가리키며 킬코인이 계속했다. "여기 몇 명인지 보입니까? 그들의 가족들이 전부 슬퍼하고 있습니다. 가족들이 25년이나 이 일로 고통당하고 있는데⋯⋯. 당신 딸이 살해되어 골목길에 버려지고 25년이나 어떻게 된 영문인지 모른다면 어떻겠습니까? 하지만 누군가 딸에게 지문처럼 DNA 흔적을 남겼다면요?"

"어린 딸이 밖에 나갔는데 어떤 남자가 문제가 있어서 그 애를 차에 태우고 멋대로 한 다음에 죽이고 쓰레기처럼 골목길에 버렸는데, 소화전 옆을 지나가는 개처럼 자기 자국을 남긴 겁니다. 그게 당신입니다. 당신이 이 짓을 할 때마다 흔적을 남겼습니다. 이제 과학이 당신을 잡은 겁니다. 프랭클린 씨, 당신의 서명이 이 젊은 여성들 모두에게 남아 있습니다. 그건 부인할 수 없는 사실입니다. 빠져나갈 구멍은 없습니다. 정신을 차리고 대체 어떻게 이런 일이 벌어진 것인지 입을 열어야 합니다. '로니 프랭클린'이라는 자가 차를 고치지 않을 때면, 부인과 자녀와 함께 있지 않을 때면, 쓰레기 트럭을 몰거나 경찰차를 고치지 않을 때면, 왜 밤중에 몰래 나가는지. 그는 자기 통제가 안 됩니다. 어떻게 이런 일이 있었습니까? 이 가족들도 당신처럼 이유를 알고 싶어 할 겁니다."

"밤중에 몰래 나가지 않습니다." 프랭클린은 취조 중 처음으로 불안한 표정을 지었다. "갈 곳이 있습니다. 애인이 있어요."

"밤마다 창녀를 찾아서 웨스턴가를 돌아다니는 것도 알고 있습니다." 킬코인이 말했다. "어젯밤에도 거기 나갔죠. 경찰들이 경광등을 켜니 당신은 집으로 돌아왔습니다. 이틀 전 밤에도 나갔고. 토요일 밤이었습니다."

"차를 49번가와 웨스턴가 교차지점에 세웠을 때 경찰이 불을 켜기에 봤습니다." 프랭클린이 경찰이 차를 옮기라고 했던 밤에 대해 말했다. "나는 휴대폰을 쓰던 중이었습니다."

"토요일 밤 41번가와 웨스턴가에선 무슨 일이었습니까?" 콜터가 물었다.

"그날 밤에는 친구랑 있었습니다." 프랭클린이 대답했다. "그 친구 애인이……, 그러니까……."

"잠깐만요." 킬코인이 말했다. "헛소리는 듣고 싶지 않아서 말입니다. 전화를 했다는 헛소리를 듣느라 시간을 낭비하지 않을 겁니다. 당신의 지상에서 유일한 DNA가 25년 동안 이 젊은 여성들에게서 발견된 사실을 어떻게 설명할 겁니까?"

"설명할 수 없습니다." 프랭클린이 말했다.

"지난 몇 년 동안 뉴스 안 봤습니까?" 킬코인이 말했다. "뉴스에서 당신을 뭐라고 부르는지 압니까? 뉴스에서 당신을 뭐라고 하는지 말해보세요. 잘 알고 있을 테니."

"뉴스에서 어떤 남자 이야기하는 건 들었어요." 프랭클린이 말했다.

"뭐라고 합니까?" 킬코인이 물었다.

"뭐더라? 살인마?" 프랭클린이 물었다.

"뭐요?" 킬코인이 말했다.

"자는 살인마?" 프랭클린이 물었다.

"잠들었던 살인마요." 킬코인이 말했다.

"그런 이름인 건 압니다." 프랭클린이 말했다. "텔레비전에서 봤습니다. 텔레비전을 좋아하니까요."

"그래서 우리가 여기 앉아 있는 겁니다. 폴과 데니스가 이 자리에서 잠들었던 살인마랑 이야기를 하고 있습니다. 그게 바로 로니 데이비드 프랭클린 주니어입니다." 킬코인이 말했다.

"나는 아닙니다." 프랭클린이 말했다. "미안하지만, 아니에요."

"좋습니다. 그러면 어째서 당신 DNA가 이 여성들에게서 발견되었는지 말해보세요." 킬코인이 말했다.

"전혀 모르겠군요." 프랭클린이 웃으면서 말했다. "이 여자들과 만난 적이 없습니다. 어떻게 내 DNA가 거기 있는지 모르겠습니다."

"웃고 있군요." 콜터가 말했다. "이건 웃을 일이 아닙니다."

"그런 말을 하니까 말입니다." 프랭클린이 말했다. "내가 그들과 만나지 않은 건 알잖습니까."

"좋습니다. 그러면 당신의 DNA가 어떻게 이 시신에 묻은 겁니까?" 킬코인이 물었다.

"글쎄요." 프랭클린이 말했다.

"당신의 조그마한 DNA가 말입니다." 콜터가 말했다. "당신의 조그마한 흔적이 이 여성들 전부에게서 검출되었고, 지금 당신을 지목하고 있습니다."

"그들은 대답을 들을 권리가 있습니다." 킬코인이 피해자 가족에 대해 말했다. "왜 딸에게 이런 일이 일어났는지? 나도 그들과 같은 생각입니다. 몇 년 동안 그 가족들을 여러 번 만났는데, 25년 동안 답을 모른 채 살고 있으니, 당신에게서 대답을 들어야 할 것 같습니다. 여기서 빠져나갈 길은 없습니다. 여기서 빠져나갈 길은 절대 없습니다. 당신의 DNA가 여기 있는 딸들 모두에게서 나왔는데 여기 앉아서 '글쎄요, 어젯밤에는 전화를 하느라 차를 세웠는데요'라고 말할 겁니까."

"그때 뭘 했는지 아는 건 애인 때문입니다." 프랭클린은 웨스턴 가에서 여자를 찾다가 잡힌 밤으로 화제를 전환했다. "애인 집에서 방금 나왔는데, 그때 그 사람이 전화를 했습니다. 이전에 운전 중에 전화를 하다가 걸린 적이 있어서 차를 세우고 통화를 한 겁니다."

"로니, 그건 사소한 문제죠." 콜터가 말했다. "차에서 전화를 하다가 걸리고 말고보다 더 심각한 문제가 있습니다. 그게 문제이고, 당신이 다시는 교도소 밖에서 햇빛을 보지 못하도록 우리는 할 수 있는 모든 일을 할 겁니다. 알겠습니까?"

"알겠습니다." 프랭클린이 말했다. "하지만, 난 그 일과 아무 상관도 없습니다."

프랭클린은 굳이 왜 휴대폰을 쓰려고 차를 세운 이야기를 하는 것일까? 킬코인은 생각했다. 무엇 때문에 이자는 이런 식으로 행동할까?

"자동차 수리 일도 끝났습니다." 킬코인이 말했다. "입을 열고 로니 프랭클린 씨가 어쩌다가 이런 일을 저질렀는지 말하지 않는다면 당신은 곧장 웨스턴가의 간판스타가 될 겁니다. 왜 이러는 겁니까? 당신한테 다른 두 사람이 있거나 그런 겁니까? 우리가 모르는 로니 프랭클린이 밤중에 나타나서 2년에 한 번씩 사람을 죽인 겁니까?"

"나는 아무도 죽이지 않았으니 모릅니다." 프랭클린이 말했다.

"이 여성들 중 한 명이 살아 있으니 오래전에 끔찍한, 아주 끔찍한 짓을 한 남자를 법정에서 내려다보고 있을 겁니다." 킬코인이 말했다. "이 여성들은 말을 할 수 없지만, 말을 할 수 있는 여성도 한 명은 있습니다."

"로니, 당신은 다음 달이면 58세입니다." 콜터가 말했다. "당신은 이 일에서 빠져나올 수 없습니다. 지금이 바로 마지막 기회입니다. 적어도 커리어 막바지의 우리가 가족에게 뭔가 해명할 거리를 가지고 갈 수 있습니다. 그 정도는 해야 한다고 생각하지 않습니까?

누군가 당신 딸 크리스털의 사진을 보여주고 있다면, 당신도 그 정도는 바라지 않겠습니까?"

"네." 프랭클린이 대답했다.

"저 가족들도 그 정도 권리는 있습니다." 콜터가 말했다. "당신은 끝장났습니다. 로니 프랭클린의 인생은 끝난 겁니다."

"웨스턴가를 서성이는 것도 이제 끝입니다." 킬코인이 말했다.

"일단 당신이 갇히면 로니가 어디 갔는지 사람들이 신경 쓸 것 같습니까?" 콜터가 물었다. "사람들은 각자 나름대로 살아갈 거고, 그래야 합니다. 당신 가족의 삶은 오늘 이후로 완전히 바뀔 겁니다."

킬코인은 핑곗거리를 내놓고 프랭클린이 그걸 붙잡을지 보기로 했다.

"당신이 신사인 건 알고 있습니다." 킬코인이 말했다. "양심도 있고, 영혼이 있다는 것도 압니다. 그런데 마음속에 문제가 있는 겁니다. 그 문제 때문에 이런 슬픈 일이 벌어졌고, 그러는 사이에 당신은 흔적을 남겼습니다." 킬코인이 말했다. "그 세월이 지나는 동안에, 어쩌면 당신에겐 축복일 수도 있겠지만, 과학이 발전해 로니 프랭클린이 통제할 수 없는 일을 막아준 겁니다. 그래서 오늘 우리가 만나게 된 겁니다. 당신이 지적이고, 양심 있는 사람인 걸 압니다. 영혼도 있다는 걸 압니다. 우리에게 말하고 싶을 겁니다. 이 젊은 여성들의 가족들에게 미안하다고 사과하고 어떻게 이런 일이 벌어졌는지 모르겠다고 하고 싶을 겁니다. 마음을 터놓고 이야기해야 합니다. 우리도 아직 해답을 갖고 있진 않지만, 수사를 할 겁니다. 자, 그럼 조건이 뭡니까, 로니?"

"조건은 없습니다." 프랭클린이 말했다. "이 사람들은 하나도 모릅니다. 미안합니다."

"얼굴이 기억 안 나는 겁니까?" 킬코인이 물었다. "골목길에서 쓰레기 수거하는 일이 직업이지만, 이들을 쓰레기처럼 버리고 있죠. 이 젊은 여성들을 골목길이나 쓰레기통에 버리고 그 위에 물건을 덮어놓고, 이들은 당신에게 쓰레기입니다. 어떻게 그런 생각을 합니까? 이건 당신 이웃이나 아들이 한 일이 아닙니다. 당신 숙부나 처남이 한 일도 아닙니다. 당신이 한 일입니다. 말을 해보세요, 로니."

"할 말 없습니다." 프랭클린이 말했다. "아무도 모릅니다."

"그러면 그만일 것 같습니까?" 킬코인이 물었다.

"그러면 그만일 거 같다고 하진 않았습니다." 로니가 말했다. "이 사람들을 모르니 변호사를 구해야 되겠습니다. 그것뿐입니다."

"달리 할 말이 없군요." 킬코인이 말했다. "이제 변호사를 원한다니……."

킬코인은 프랭클린에게 혈액 샘플과 타액 샘플을 채취해야 한다고 알렸다.

"질문 없습니까?" 킬코인이 말했다.

"없습니다." 로니가 말했다.

두 형사는 일어나 취조실을 나갔고 엘리베이터를 타고 10층으로 갔다. 다이애나 웨어와 포터, 메리 알렉산더, 그들의 아들 도넬과 대린 등 가족들이 회의실에 모여 있었다. 그들은 소식을 들었다. 메리 알렉산더가 울기 시작했고, 다른 이들도 뒤따랐다.

킬코인은 대린과 도넬, 사우스 센트럴의 삶에 익숙한 터프한 두 남자의 눈에서 흐르는 눈물을 보고 놀랐다. 마음이 아팠다. 콜터 역시 평소에 감정 표현이 없는 다이애나 웨어의 두 눈에 글썽이는 눈물을 보고 마음이 아팠다. 그는 그녀를 끌어안았다.

3부

시련과 고난

2010-2016

로니

　로니 데이비드 프랭클린 주니어가 클라라 쇼트리지 폴츠 형사 법원 9층에 있는 창문 없는 법정의 피고인석으로 호송되는 동안 격려나 지지의 뜻으로 고개를 끄덕거리거나 손을 흔드는 가족들은 없었다. 아무도 오지 않았기 때문이다. 30년 이상 결혼생활을 한 실비아도 나타나지 않았다. DNA 프로파일로 아버지를 체포되게 만든 34세 아들 크리스토퍼와 37세 딸 크리스털도 오지 않았다.

　대신 2016년 2월 16일, 기다란 나무벤치가 4열로 놓인 방청석은 각종 매체와 경찰, 지방검사보, 프랭클린이 살해혐의를 받고 있는 여성들의 가족이 빼곡하게 채우고 있었다.

　사랑하는 가족이 어떻게 되는지도 모르고 수많은 세월을 보낸 후, 프랭클린이 체포된 후에도 법무부의 진창 같은 변덕을 5년을 더 헤치고 나온 다음에야 오랫동안 유예되었던 재판이 이제 시작될 참이었다.

　모니크 알렉산더의 부모 메리와 포터는 두 아들 대린, 도넬과 함께 109호 법정 방청석 두 번째 열에 앉아 있었다. 그 옆에는 독감에도 불구하고, 바바라 웨어의 새엄마 다이애나 웨어가 앉아 있었다. 프린세스 버소뮤의 언니 사마라 허라드도, 헨리에타 라이트의 딸 로쉘 존스와 헨리에타의 언니 앨리스도 와 있었다.

방청석 맞은편에 있는 좀 더 짧은 벤치에는 특별수사대 형사 데니스 킬코인과 폴 콜터가 앉아 있었다. 법의 심판대에 앉히려고 오랜 세월 추적해온 남자를 바로 몇 미터 뒤에서 볼 수 있는 위치였다. 지금은 둘 다 은퇴했지만, 형사생활의 마지막 3년을 잠들었던 살인마를 쫓는 데 바친 그들은 이 사건의 결과에 지대한 관심을 가지고 있었다.

지방검사보 베스 실버먼이 막 모두진술을 시작할 참이었다. 프랭클린이 체포된 지 2,050일 만의 일이었다.

프랭클린은 실버먼과 공동검사 마거릿 리조와 통로를 사이에 두고 건너편에 피고측 변호인과 함께 앉아 있었다. 모두 로스앤젤레스 상급법원 판사 캐슬린 케네디를 바라보고 있었다.

프랭클린은 세상이 처음으로 그의 사진을 본 2010년과 많이 달라 보였다. 5년 반의 수감생활로 그는 변해 있었다. 한때는 시체를 대형 쓰레기통에 던져 넣을 수 있을 정도로 강해 보였던 억센 남자는 이제 안경 낀 63세 늙은이가 되어 자신의 변호팀 옆에 구부정한 자세로 앉아 있었다. 체포된 후로 체격이 줄어든 것 같았다. 파란 긴소매 셔츠와 청색 바지가 말라버린 몸 위로 헐렁하게 늘어져 있었다.

체격이 작아진 것을 제외하면, 면도도 말끔하게 했고 희끗희끗한 머리도 짧게 깎여 있었다. 전형적인 연쇄살인마가 아니라 대학 교수나 책 좋아하는 할아버지 같은 생김새였다.

지금은 잠들었던 살인마로 알려진 이 남자에게서는 당황스러운 기색도, 감정의 동요도 보이지 않았고, 뒤의 방청석을 돌아보는 일도 한 번 없었다. 뒤통수에 쏟아지는 유족들의 적의에 찬 따가운 시선도, 눈도 깜빡하지 않고 그의 일거수일투족을 기록하는 언론의 시선도 안중에도 없다는 듯이, 그는 그저 정면의 법정 벽만 뚫어져라 바라보고 있었다.

법정에 있는 사람들 거의 모두가 그의 유죄를 확신하고 있었지만, 그 이유는 누구도 헤아리지 못했다. 그는 그저 여자를 증오하고 여자 때문에 화가 나면 죽여버리는 그런 사람일까? 아니면 더 복잡한 동기가 있었던 걸까?

가장 중요한 문제는 그가 흥청망청 살해를 저지르던 도중 정말로 13년 반 동안 휴지기를 가진 것일까, 라는 문제였다. 경찰은 그런 일은 없었을 거라고, 몇몇 불운한 신원미상의 희생자들이 쓰레기매립지에 묻힌 채 발견되지 않은 거라고 의심하고 있었다.

로니 프랭클린은 여러모로 카멜레온 같은 사람이었다.

그는 1952년 8월 30일 로스앤젤레스에서 태어났다. 그의 어머니 루비는 텍사스 출신의 완고한 전직 미용학교 학생이었고, 아버지 로니 시니어는 만사태평한 항만노동자였다. 연표가 정확하지는 않지만, 오래지 않아 로니 주니어가 태어났고, 아마도 루비가 아직 그를 임신하고 있었을 때, 로니의 부모는 크게 싸움을 해서 로니 시니어가 루비를 차에서 내동댕이쳤다. 그것 때문에 의사들은 루비의 왼쪽 발목을 다시 접합해야 했다.

그녀는 살아남았고, 로니 주니어는 사우스 센트럴의 이스트 78번가, 다음에는 그랜드가, 다음에는 85번가에서 어머니와 아버지, 다섯 살 아래 여동생 패트리샤와 함께 성장했다. 루비가 그전에 낳은 아들 오티스는 텍사스의 친척들 집에서 컸지만, 여름 동안은 프랭클린 가족 집에 찾아왔다.

프랭클린은 다소 병약한 아이였다. 늘 감기를 날고 살았고 고약한 편두통에 시달려 걸핏하면 구토를 하고 어두운 방에 꼼짝 않고 누워 있어야만 했다. 이런 증상들은 40대 초반이 되어서야 진정되었다. 성인이 되어서는 출혈성 궤양으로 고생했다.

프랭클린은 읽기와 쓰기에 문제가 있는 열등생이었다. 5학년 때 루비가 대학생 과외교사를 붙여줬지만, 과외수업도 성적에는 도움이 되지 않았다. 그는 고등학교 내내 고전하며 여러 학교를 전전하다 콤튼의 도밍게즈 고등학교로 전학 가 직업 연계 프로그램에 등록해서 아침에는 학교에 가고 오후에는 일터에 갔다.

프랭클린은 공부에는 소질이 없었지만 차 수리 솜씨는 뛰어났다. 재주 많은 자동차광이라는 정체성은, 사람들과 어울리기 좋아하는 십 대 소년에게 있어 여자아이들에게는 멋진 모습을 보여줄 수 있고 동네 깡패 패거리들에게는 찾아갈 수 있는 사람임을 보여주는 생명줄이 되었다. 아버지는 그가 일곱 살 때 운전을 가르쳐주었다. 열네 살 때는 첫 번째 차를 주고 동네 주위에서 몰고 다니게 해줬다.

소년 시절 그는 말주변이 좋고 여자아이들과 새롱거리며 장난을 쳐댔고 입에 발린 말이 늘 준비되어 있었다.

어린 시절 처음으로 좋아한 상대는 일곱 살인가 여덟 살 때 이웃에 살던 여자아이였다. 8학년 때는 케이트라는 소녀에게 빠져 열네 살에 동정을 바쳤다. 그들은 1년 정도 사귀었다. 9학년 때는 섀넌이라는 동급생을 사귀었지만, 학기말에 섀넌이 다른 주로 이

사 가면서 관계가 끝났다. 프랭클린은 몇몇 사람들에게 섀넌이 임신해서 자기 아들을 낳았다고 말했다. 프랭클린이 과연 그 아이와 관계가 있는지, 아니면 그 이야기가 사실인지조차 분명하지 않다.

다음 진지한 연애대상은 레이첼이었다. 그들은 11학년과 12학년 내내 사귀었다.

이 시기 그는 다른 사람들이 보기에 말재주가 좋은, 온순하고 공손한 소년이었다.

하지만 그때부터 그는 변하기 시작했다.

1969년 프랭클린은 겨우 16세의 나이로 차량 중절도죄로 두 번 체포되었다. 다음 해에는 강도죄로 체포되었다.

그러고는 졸업을 겨우 2주 앞두고 동급생과 싸워서 도밍게즈 고등학교에서 퇴학당했다. 그는 배달부로 일했고, 그러던 중 아버지가 군대에 가는 게 어떠냐는 제안을 했다.

19세 생일을 한 달 앞둔 1971년 7월 26일, 프랭클린은 미국 육군에 입대했다. 기본훈련은 캘리포니아주 몬터레이 베이에 위치한 오르드 요새에서 받았다. 1972년 1월, 그는 해외로 파병되어 독일 슈투트가르트의 켈리 병영의 71 방공포병대에 배치되었다.

프랭클린이 성적 일탈을 보이기 시작한 곳이 바로 그곳이었다.

독일에서 저지른 강간

1974년 4월 17일 새벽 12시 30분, 남자친구 집에서 자신의 집으로 돌아가고 있던 열일곱 살의 잉그리드 W의 삶은 끔찍하게 바뀌었다. 그녀가 슈투트가르트에서 북쪽으로 14km 떨어진 마을 아스페르크로 가는 기차를 타기 위해 주펜하우젠 기차역에서 기다리고 있을 때, 미국 흑인 남자 셋이 탄 피아트 자동차 한 대가 옆에 와서 섰다. 그중 두 사람이 차에서 내려 길을 물었다. 잉그리드는 할 수 있다면 기꺼이 도왔겠지만, 미처 대답을 하기도 전에 그중 한 남자가 어깨를 잡고 차 뒷좌석에 밀쳐 넣더니 뒤따라 차에 올라탔다. 한 사람은 흰 손잡이가 달린 30cm 길이의 고기 써는 칼을 목에 갖다 댔다.

"죽여버릴 테다." 그가 위협했다.

통신판매용 카탈로그에 정보입력 작업을 하는 그 실습생은 영어라고는 거의 한 마디도 몰랐지만, 그 말은 알아들었다. 그녀는 여전히 피부를 바싹 압박하는 칼의 위협을 받으며 공포에 질려 차 시트에 기댔다. 주펜하우젠 기차역에서 루드비히스부르크시를 향해 달려가는 차 안에서 그녀는 창밖을 바라보며 생각했다, 난 죽었어.

30분 정도 지났을까, 운전사가 길에서 벗어나 어둡고 텅 빈 들판 속으로 차를 몰고 들어갔다. 그가 시동을 껐고, 그때부터 잉그리드의 진짜 지옥이 시작되었다.

운전사가 잉그리드를 협박해 옷을 벗게 했고, 세 남자가 칼로 위협하며 번갈아 그녀를 강간했다. 간간히 칼로 배를 그으며 죽이겠다고 위협했다. 손전등을 조명 삼아 비추며 자기들이 하는 짓을 사진으로 찍기도 했다.

잉그리드의 본능이 싸워서는 안 된다고 말했다. 고분고분 말을 들으면 목숨은 살려주기를 바랐다. 운전사의 동정을 얻어볼 희망으로 폭행이 잠시 멈춘 사이에 대화를 시도해보기까지 했다.

강간은 동트기 직전까지 계속되었다. 상황이 다 끝난 것 같다고 느낀 잉그리드는 남자들이 집까지 데려다줄 수 있도록 장단을 맞춰주었다. 집에 오는 길에, 나중에 경찰에게 도움이 될 수도 있지 않을까 해서 운전사에게 전화번호를 주었다.

집에 도착하자 어머니와 함께 사는 아파트 안으로 살금살금 들어가 목욕을 하고 추한 몰골을 최대한 씻어냈다. 마침내 그녀는 발작적인 수면 속으로 빠져들었다.

그날 오후, 잉그리드는 기차를 타고 루드비히스부르크 경찰서에 가서 폭행사건을 신고했다. 그 끔찍한 시간을 경찰에게 자세히 설명했고 운전사가 전화해서 데이트 신청을 했다는 말도 했다.

형사들은 그녀의 이야기를 믿지 않았다. 우선, 강간범 중 하나가 왜 데이트 신청을 하겠는가? 말이 되지 않았다. 형사들은 잉그리드가 매춘부가 아닌지 알고 싶어 했다.

잉그리드는 격분해서 아니라고 했고, 이제 경찰이 자기가 거짓

말한다고 생각하고 있다는 걸 확실히 알겠다며 자기가 폭행신고를 하면서 실수를 한 게 있냐고 물었다. 하지만 형사들은 그 비슷한 사건 이야기를 듣고 곧 생각을 바꾸었다. 인상착의가 똑같은 세 남자가 잉그리드가 납치되었다고 말한 시각보다 1시간 전에 열여덟 살짜리 소녀를 잡아가려고 했던 것이다. 그 소녀는 남자친구를 버스까지 데려다주고 집에 돌아오는 길에 피아트 한 대가 천천히 옆을 지나가는 걸 보았다고 경찰에 말했다. 그녀는 차에 대해 별다른 생각을 하지 않았고 담배를 사러 자판기 앞에 멈춰 섰다. 다음 순간 한 남자가 뒤에서 그녀를 붙잡고 손으로 입을 틀어막은 채 차로 끌고 갔다. 뒷좌석에 앉은 또 한 남자가 그녀의 다리를 잡고 안으로 잡아당기려고 했다. 뒷목에 일격이 느껴지더니 누군가 경찰을 소리쳐 부르는 소리가 들렸다.

납치시도를 목격한 주민은 침실 창밖에서 차가 끼이익 하고 미끄러지는 소리가 커다랗게 들리더니 "도와줘요" "안 돼요"라고 외치는 여자 목소리가 들렸다고 경찰에 증언했다. 창가로 달려가자 한 여자가 차 안으로 끌려들어 가고 있고 키 큰 흑인 남자가 여자를 두 번 때리는 모습이 보였다. 증인의 남편이 창밖에 대고 경찰을 고함쳐 불렀다. 그러자 남자가 여자를 내팽개치고 차에 올라탔고, 차는 헤드라이트도 켜지 않은 채 달려가 버렸다.

경찰은 세 강간범을 잡을 기회가 생겼다고 보고 잉그리드에게 협조를 요청했다. 경찰은 그녀가 묘사한 인상착의에 기반해 미군에 사건을 알렸고, 다음 날 밤 잉그리드는 루드비히스부르크 기차역 바깥에 서서 '데이트할' 남자를 기다리고 있었다. 루드비히스부르크 경찰들과 미군이 근처에서 지켜보고 있었다. 잉그리드가 강간범을 발견하면 주머니에서 손수건을 떨어뜨리게 되어 있었다. 거기서부터는 경찰이 상황을 맡을 것이다.

남자가 다가오자 손수건이 보도에 떨어졌고, 경찰이 신속하게 진입했다. 젊은 흑인 남자는 놀라 보였지만 저항하지는 않았다. 심지어 경찰들이 부츠 안에 숨겨놓은 커다란 칼을 발견했을 때도 저항하지 않았다.

칼을 본 잉그리드의 얼굴이 창백해졌다. 잉그리드는 그 칼이 자기를 죽이려 가져온 거라고 생각했다.

남자의 신분증을 가져간 경찰은 남자가 슈투트가르트의 외곽지구 뫼링겐에 있는 켈리 병영에 배치된 21세의 로니 데이비드 프랭클린 주니어 일병이라는 것을 알았다.

프랭클린은 주방감독이자 상주요리사로 전문4급 계급을 얻었다. 1973년 3월 그는 1972년 3, 4분기 32 방공사령대 "최고 식당" 상을 받았다.

1972년 7월, 휴가에서 늦게 돌아와 무단이탈로 간주되어 강등 처벌을 받는 등 징계처분을 받은 적도 몇 번 있었다.

프랭클린은 어머니가 몇 년 전 교통사고의 합병증으로 고생하시는데 돌봐줄 사람이 자기뿐이라 독일로 돌아오는 비행기를 놓쳤다고 주장했다.

프랭클린은 1974년 5월 5일 구류되었고 잉그리드 강간 및 납치, 탈출한 열여덟 살 소녀 납치미수로 고발당했다. 같은 미군인 프랭클린의 두 공범도 같은 죄목으로 고발되었다.

프랭클린은 잘못을 인정하지 않았다. 그는 독일 경찰에 그날 밤 자신의 폭스바겐의 클러치가 나가서 친구 차를 빌렸다고 말했다.

그는 두 일병들과 동네 술집에서 만났다. 친구를 만나러 가는 길에 동료 군인 중 하나가 길거리에 있는 젊은 여자가 지인이라고 했다. 프랭클린이 길가에 차를 세웠고 두 사람이 내렸지만 곧 자기들이 아는 사람이 아니라는 걸 깨달았다. 여자가 겁에 질려 비명을 질러대자 그들은 급히 차를 몰고 가버렸다.

이야기는 계속되었다. 1시간쯤 후, 기차역을 지나가는데 젊은 여자가 히치하이크를 하고 있었다. 그들이 차를 세우자 여자가 차에 탔다.

프랭클린은 루드비히스부르크로 가는 길에 가속 페달이 헐거워져서 수리하느라 길가에 차를 댔다고 했다. 동료 둘은 차에서 내렸고, 그는 여자와 뒷자리에 앉아 있었다.

프랭클린은 여자가 취해서 기분이 좋고 남자친구가 없으며 집까지 데려다주면 같이 섹스를 하고 싶다고 말했다고 주장했다. 여자와 섹스하려 했지만 자기는 발기가 되지 않았다고 했다. 대신 두 동료가 했다.

일을 끝내자, 히치하이커는 그와 함께 앞좌석으로 넘어가더니 그에게 전화번호를 주었다.

프랭클린은 여자를 절대 폭행하지 않았다고 말했다. 그리고 동료 중 하나가 칼을 가지고 있는 것은 봤지만 그걸로 뭘 했는지는 몰랐다.

동료 중 하나는 경찰에게 자기는 그날 밤 헤로인에 취해 있었다고 말하며 용케 탈출한 18세 소녀를 차 안으로 끌어당기려 한 일이 없다고 주장했다. 어디서 주유를 할 수 있냐고 물은 것밖에 없다는 것이다. 동료가 그 여자 팔을 잡고 드라이브를 권하긴 했지만 강간하려 하지는 않았다고 말했다.

그러고는 차 안에서 잠들었다가 깨어보니 프랭클린이 길가에 차를 세우고 있었다. 젊은 여자 하나, 그러니까 잉그리드가 프랭클린 옆에 앉아 있었다. 여자에게 말을 붙여보려 했지만 독일어를 이해할 수 없었다. 프랭클린이 차를 세웠고, 그와 프랭클린이 자리를 바꾼 다음 프랭클린과 여자가 섹스를 했다. 그들은 다시 자리를 바꿨고, 그가 여자에게 자기와 섹스하겠냐고 물었다. 여자가 아무 말도 하지 않고 거부도 하지 않아서 섹스를 했다고 말했다. 끝낸 후에는 동료가 여자와 섹스하는 걸 찍었다고 했다. 칼을 소지하거나 가지고 다닌 적은 없다고 부인했고, 섹스는 합의에 의한 것이었다고 주장했다.

또 한 명의 강간 추정범이 경찰들에게 한 이야기는 달랐다. 그는 18세 소녀의 팔을 잡은 것은 자기가 아니라 동료였다고 주장했다. 자기는 여자가 비명을 못 지르게 하려고 애썼고, 그게 안 되자 차를 몰고 갔다고 했다. 여자를 때리거나 차에 억지로 태우려고 한 사람은 없었다고 주장했다.

그러고 나서 히치하이킹을 하려는 잉그리드를 만났고 프랭클린이 차를 길가에 대고 여자에게 말을 걸었다고 했다. 프랭클린이 그 십 대에게 독어로 몇 마디 하자, 여자가 루드비히스부르크행 표지판을 가리키고 차에 탔다고 했다. 그들은 길에서 벗어났고, 프랭클린이 뒷좌석으로 넘어와 여자와 섹스를 했다. 프랭클린이 끝내자 히치하이커가 다른 군인을 가리켰고, 그가 여자와 섹스를 끝내고 나자 다음에는 그가 했다. 섹스가 끝나자, 여자가 조수석으로 휙 넘어가더니 프랭클린에게 키스를 하며 주소를 주었다고 그는 말했다. 그러고는 여자를 집까지 데려다주었다.

자기는 칼을 가지고 있지 않았지만, 친구는 가지고 있었다고 했다.

사건은 독일법정에서 다루어질 예정이었다. 일반적으로 독일법정은 미국법과 충돌이 있을 경우에는 병사들의 징벌을 미군에게 맡겼다. 하지만 이번 경우 독일 검찰은 프랭클린과 다른 두 미국인들에게 내려질 처벌이 극히 경미할까 봐 우려했다. 잉그리드는 독일 시민이고, 따라서 그 남자들은 독일법에 따라 기소되기로 결정되었다.

프랭클린의 어머니 루비가 아들을 위해 독일까지 왔다. 그녀는 독일에서 석 달 반을 머물렀고, 1974년 11월과 12월에 걸쳐 재판이 열리는 8일 동안 미군대표와 함께 관람석에 앉아 있었다.

검사는 사건을 맡은 판사들에게 이 사건은 지난 10년간 그가 본 것 중 가장 잔인한 강간사건이라고 말했다. 그는 다른 두 사람이 프랭클린보다 더 위험해 보인다고 말했다.

재판에서 잉그리드와 열여덟 살 피해자는 그들의 폭행에 대해 증언했다.

강간에 대해 거짓말을 하고 있지는 않은지 판단하기 위해 잉그리드를 조사한 청소년 정신과 의사도 증언했다. 의사는 그런 정교한 이야기를 지어내려면 동기가 있든지 IQ가 높아야 한다고 증언했다. 그는 잉그리드에게는 그 두 가지가 다 없다고 믿으며, 따라서 진실을 이야기하고 있다고 결론 내렸다.

프랭클린의 변호사는 프랭클린이 혼자서 그런 짓을 했을 리가 없으며 그날 밤은 두 남자의 영향을 받았던 거라고 주장했다. 여자를 공격하는 것은 프랭클린답지 않은 짓이라고 변호사는 주장했다. 프랭클린은 잉그리드가 자기를 좋아한다고 생각했다고 말했다.

변호사는 프랭클린에게 선량한 시민이 되어 잘못을 보상하고 가족에게 돌아갈 기회를 줄 것을 청했다.

세 남자의 세 변호사들은 모두 잉그리드가 한 증언의 신뢰성을 걸고 넘어졌다. 한 변호사는 잉그리드가 전에 절도죄로 체포되었던 이력과 법정에서 교통사고에 대해 거짓 증언을 했던 일을 거론했다. 잉그리드는 두 번째 경우 거짓말을 했던 것은 집에 늦게 돌아와서 어머니가 화낼까 봐 두려워서였다고 설명했다.

결국 판사단은 잉그리드와 다른 젊은 피해자의 손을 들어줬다. 그들은 잉그리드에게 거짓말을 할 이유가 없다며, 1974년 12월 20일, 잉그리드 납치 및 강간과 다른 피해자 납치 시도 건에 대해 프랭클린에게 유죄를 선고했다.

그는 독일감옥에서 3년 4개월 형을 선고받았다. 두 공범은 약 1년을 더 받았다. 1975년 7월 초 프랭클린이 슈투트가르트의 슈탐하임 감옥에 수감되어 있을 때, 그의 군 제대 문제를 결정하기 위한 군사위원회가 열렸다.

프랭클린의 지휘관은 군조사위원단에게 프랭클린은 식당을 운영했고, 늘 깔끔하고 쾌활했으며 최고의 요리사였다고 말했다. 하지만 중죄 때문에 그가 돌아오는 것은 원하지 않는다고 말했다.

중위 하나는 프랭클린은 출세 지향적이지 않고 친한 친구도 거의 없었으며 외톨이로 보였다고 말했다. 프랭클린은 대부분의 여가시간에 스테레오 장비를 만지작거리거나 그걸로 음악을 녹음했다. 장교는 프랭클린에게 제대를 권했다.

프랭클린은 위원회에 잉그리드 사건에 대해 말했다. 그는 친구들에게 비난을 돌리려고 했다. 가속페달을 고치려고 차를 세웠을 때, 둘 중 하나가 뒷좌석에서 잉그리드에게 큰 소리로 말하는 것을 들었고 다음 순간, 그가 화를 내며 칼을 꺼내는 것을 보았다고 했다.

프랭클린은 죄가 없는 척하며, 여자가 동료 둘과 섹스를 한 다음 내려주러 기차역에 돌아왔지만, 그녀가 프랭클린에게 자기는 이 근처에 살지 않는다며 집에 데려다 달라고 말했다고 주장했다. 차에서 내려주자 잉그리드가 자기에게 키스를 하며 전화번호를 주고 손을 흔들며 걸어갔다고 주장했다. 다음 날 여자에게 전화를 했고 그날 경찰에게 체포되었다고 말했다.

프랭클린은 자기가 법정에서 감정을 분출하는 바람에 판사와 검사를 화나게 해서 유죄판결을 받게 되었다며 그 잘못의 일부는 변호사 탓이라고 비난했다. 자기가 저지르지 않은 일로 비난당해서 화가 났다고 위원회에 말했다.

자기가 잉그리드와 섹스를 했다는 것도 동료 둘의 거짓말이라며 잉그리드가 자기를 원했기 때문에 질투한 것이라고 주장했다. 잉그리드를 차에 태운 것은 자기도 전에 오도 가도 못한 상황에 처한 적이 있기 때문에 그 심정을 알았기 때문이라고 말했다.

또한 둘 중 한 사람이 칼을 꺼내 자기 얼굴에 들이댔다고도 주장했다.

하지만 위원회는 프랭클린의 무죄 주장을 받아들이지 않고 제대를 권고했다.

군은 먼저 프랭클린을 사우스캐롤라이나의 잭슨 요새로 이동시켰고, 그는 1976년 5월 5일, 거기서 재입대가 불가한 제대를 명받았다. 불명예제대로 인해 프랭클린은 시나 주, 카운티의 일거리를 구하기 힘들었을 것이다.

프랭클린의 공범들도 불명예제대를 당했다.

군에서 본토로 보내기 전에 프랭클린은 정신감정을 받았다. 거기서 프랭클린은 살면서 불면증과 가벼운 불안증과 우울증을 여러 번 겪었고, 잦은 감기와 어깨 통증, 몇 초간 지속되는 가슴통증으로 고생했으며, 1972년에는 임질을 한 번 앓았다고 주장했다. 심각한 정신병 이력은 없었고, 기억력이 좋고 사고절차도 정상적이었으며, 옳고 그름도 구분할 수 있었다.

하지만 프랭클린은 독일에서의 경험으로 귀중한 교훈을 배운 듯했다. 끔찍한 범죄를 저지를 때는 자신을 고발할 피해자를 살려둬서는 안 된다는 교훈이었다.

범죄 인생

군에서 제대한 후 프랭클린은 집으로 돌아갔고 로스앤젤레스 트레이드 테크니컬 대학에서 장차 아내가 될 실비아 리노를 만났다. 그녀는 스물한 살이었다. 그들은 1년 후 결혼해서 아이를 둘 낳았다. 딸 크리스틸은 1978년 12월에, 아들 크리스토퍼는 1981년 8월에 태어났다.

가족은 사우스 센트럴 플레이스 111번지에서 살았다. 로니 시니어가 죽고 1년 정도가 지난 1986년, 그들은 웨스트 81번가에 목조 단층집을 샀다.

다시 민간인이 된 프랭클린은 갖가지 직업을 전전했다. 주유소에서 일하고, 퇴역군인회에서 환자 스케줄 담당자로 일하다가, 경비원도 하고 나중에는 트럭운전을 하기도 했다. 엔터테인먼트 회사를 하는 친구 하나가 팀을 꾸려 회사의 보수관리 일을 하라고 그를 고용했다. 그는 건강보험 혜택을 원해서 시 업무에 지원했고, 1981년 LA 경찰 중앙지부의 주차안내원으로 취직했다. 보조정비사로 승진했지만, 1년 후 시 공중위생국에서 청소부 일을 맡으면서 그 일을 그만뒀다. 청소부 일이 보수가 더 좋았고, 젊은 아빠에게 더 많은 초과근무 시간을 제공했다.

공중위생국에 있는 동안 그는 끊임없이 상해청구를 했고, 이는 그가 오른팔을 제한적으로밖에 쓰지 못했다는 의미였다. 프랭클린이 실제로 다쳤는지 아닌지는 나중에 질문하게 될 것이다. 프랭클린은 채용된 지 6개월 후인 1983년 1월 6일 회전근개 부상으로 처음으로 장애배상을 청구했다. 1985년 10월 21일까지 그는 네 번의 상해청구를 했다.

헨리에타 라이트가 살해당하기 5개월 전인 1986년 3월 21일, 러브 트랩 바 근처 골목길에서 메리 로우의 시신이 발견되고 9일 후인 1987년 11월 10일에도 또 한 번 상해청구를 했다. 래크리카 제퍼슨과 모니크 알렉산더가 살해된 채 발견되고 에니트라 워싱턴이 총에 맞고 강간당했던 1988년에도 프랭클린은 여전히 휴가 중이었다.

프랭클린이 신고한 부상들과 부상 정도는 1991년 11월 5일 그가 장애급여를 신청한 후 처음으로 문제시되었다.

시에 고용된 정형외과 의사인 호머 L. 윌리엄스 박사와 멜빈 R. 스톨츠 박사는 프랭클린의 진단을 놓고 다른 의견을 보였다. 윌리엄스 박사는 프랭클린이 일을 할 수 있다고 보았지만, 스톨츠 박사는 아니라고 했다. 세 번째 정형외과의사 스탠포드 M. 노엘 박사가 불려와 프랭클린을 검사했다. 그는 "프랭클린 씨는 불행히도 장애라고 볼 수밖에 없다"고 판단했다.

프랭클린에게는 이제 자기가 좋아하는 일, 즉 자기 뒷마당에서 불법 차량개조 판매사업을 하고 사우스 센트럴 길거리를 돌아다니며 매춘부들을 찾아다닐 시간과 돈—일을 하지 않아도 들어오는 장애급여—이 생겼다.

···

프랭클린은 대외적으로는 자상한 아버지, 후에는 할아버지, 그리고 가난하고 나이 많은 사람들의 차를 수리해주는 친절하고 사려 깊은 이웃의 가면을 유지했다.

"이웃들의 차를 공짜로 수리해주곤 했어요." 프랭클린의 친구이자 이웃인 폴 윌리엄스 주니어는 내게 말했다. "돈이 없는 사람들이 많았어요. 때로는 자기가 부품들을 사주기도 했습니다. 많은 사람들에게 그렇게 해줬어요. 부품들을 싸게 줬고, 사람들은 프랭클린을 신뢰했지요."

프랭클린은 늘 얼굴에 미소를 띠고 있었다고 했다. 또 스포츠와 좋아하는 범죄프로그램들 이야기를 하는 것도 좋아했다.

윌리엄스에게 프랭클린은 잡담을 즐기는 수다쟁이였고, 잡담을 어찌나 좋아했는지 70년대와 80년대 시트콤 〈신시내티의 WKRP〉에 출연했고 후에는 버트 레이놀즈와 결혼했다가 이혼한 여배우의 이름을 따서 프랭클린에게 로니 앤더슨이라는 별명을 지어주었다.

"프랭클린은 참 말이 많았어요." 윌리엄스는 말했다. "늘 이야기를 했죠. 많은 이웃들은 조용히 지내지만, 로니는 완전히 정반대였어요. 이건 고정 우스갯소리였죠. 100km 속도로 거리를 달려가고 있으면 로니가 깃발을 흔들어 정지시켜요. 도로로 걸어 나와서 차를 멈추게 하는 겁니다. 그러고는 당신 일과 다른 사람들 일에 대해 이야기를 하는 거죠. 거기서 벗어나려면 핑계를 찾아내야만 해요. 우린 웃으면서 말하곤 했죠. '로니 영감이 날 잡았어.' 거기 서서 로니가 말하는 걸 꼼짝없이 들을 수밖에 없어요. 벗어나려면 방법을 찾아내야만 했죠."

프랭클린은 약을 하지도, 마리화나를 피우지도 않았다. 그는 자칭 '절대금주주의자'였지만, 실제로는 사람들과 어울릴 때 술을 마시기도 했다. 그는 8세 즈음에 처음으로 스타우트 몰트 독주 한 캔을 마셨다. 그는 그때 취한 다음 다시는 몰트 독주는 건드리지도 않았지만, 군에 있을 때 가끔 맥주는 마셨다고 인정했다.

프랭클린과 아내의 결혼생활은 표면적으로는 좋아 보였다. 하지만 사실 프랭클린에게는 실비아가 몰랐거나 모른 체했던 여자 친구와 매춘부들이 수두룩하게 있었다.

결혼생활을 하는 동안 프랭클린에게는 적어도 4명의 여자 친구가 있었다. 첫 번째는 알렉시스라는 여자로 1982년에 데이트를 시작했다. 그들은 3, 4주 정도에 한 번씩 만났고, 2년 정도 관계를 지속했다. 알렉시스 다음은 슈퍼마켓에서 만난 간호사였다. 그다음은 비벌리라는 여자로 1980년대 중반에 만나기 시작했다.

소니아는 마지막으로 알려진 여자 친구였다. 그녀는 잠복형사가 프랭클린의 DNA를 몰래 채취했을 때 프랭클린과 함께 존스 인크레더블 피자 가게에 있었다.

프랭클린은 여자 친구들뿐만 아니라 매춘부들과도 시간을 보냈고, 여자들과의 난잡한 관계는 점차 그의 몇몇 친한 친구들 사이에서 늘 하는 이야깃거리가 됐다.

프랭클린은 1970년대 후반 드레그 레이스(주로 중고차에 고속용 엔진을 갈아 끼워 하는 자동차 경주—역자 주)를 하면서 만난 동료 자동차 애호가 레이 데이비스에게 매춘부들과 만난 이야기를 늘 떠벌려댔다. 프랭클린은 차고에서 자기가 찍은 다양한 여자들의 사진다발을 들고 나오곤 했는데, 그 대부분이 누드사진이었다. 훗날 재판에서 프랭클린에게 불리한 증언을 하는 데이비스는 그중 몇몇 사진들은 프랭클린이 머리를 도려냈다고 말했다.

"내 여자들이야." 프랭클린은 데이비스에게 뻐기곤 했다.

프랭클린은 늘 섹스 생각을 하고 있는 것 같았다. 사진이나 최근 정복한 여자에 대해 자랑을 늘어놓지 않을 때면, 자기 "여자들"을 위해 산 브래지어와 팬티들이 잔뜩 든 가방을 친한 친구들에게 보여줬다. 그것들은 실비아의 눈을 피해 마당에 있는 캠핑용 트레일러와 차고에 감춰놓았다.

프래클린은 자기 "여자들"을 가슴과 다른 신체부위의 크기와 모양에 따라 이름 붙였다. 한 여자는 "늘어진 가슴"이라고 불렀다. 또 한 여자는 "무 다리"였고, 또 다른 여자는 "대짜 엉덩이", 또 한 여자는 "젓가락 다리"였다. 별명을 붙일 거리가 없으면 "내 친구"나 "내 여자"라고 불렀다.

프랭클린은 데이비스에게 밤에 실비아가 잠들고 나면 몰래 빠져나와 매춘부들을 찾아다닌다고 털어놓았다. 실비아가 깨어 있는 밤이면 도넛을 사러 나간다고 둘러댔다고 경찰은 말했다.

프랭클린은 때로 전리품을 태우고 와서 데이비스 집 앞에 차를 세우곤 했다. "이 여자 어디서 건진 거야?" 어느 늦은 밤 그가 찾아왔을 때 데이비스가 물었다. 여자는 조수석에 조용히 앉아 있었다. "아, 어젯밤에 건졌지." 프랭클린이 말했다.

• • •

프랭클린의 이런 면모를 아는 사람들은 그가 부정한 남편이자 바람둥이일 뿐만 아니라 여자들이 자기와 자고 자신의 사제 포르노 컬렉션을 위해 포즈를 취하도록 꼬드길 수 있는 사람이라는 것을 알고 있었다. 또한 그가 앞주머니에 넣고 다니는 25구경 권총을 자랑하고 다녔다는 것도 잘 알려져 있었다.

그들은 겉으로 드러난 프랭클린의 모습은 알고 있었지만, 안에 숨어 있는 진정한 악, 그러니까 아무 낌새도 채지 못한 여자들을 죽여서 쓰레기처럼 던져버리도록 그를 몰아대는 진짜 악은 아무도 알지 못했다.

프랭클린은 그를 잘 알고 있다고 생각한 사람들에게 또 하나의 비밀을 감추고 있었다. 경찰과의 정기적 만남 말이다. 그는 강도, 중절도죄, 장전된 무기 소지, 강도도구 소지, 총기를 사용한 폭행으로 여러 번 체포되었다. 그 모든 추적에도 불구하고, 경찰은 수십 년 동안 그가 저지른 더 엄청난 불법행위, 즉 강간과 살해 행각에 대해 알지 못했다.

그래도 경찰은 그의 자동차 장물 부품 사업은 주시하고 있었다. 1993년경, 프랭클린은 사우스 센트럴에서 주요 장물수령인으로 간주되고 있었다.

그의 사업장을 폐쇄할 첫 번째 기회는 1993년 2월 25일 "지금 저쪽에 자동차 스트리퍼(자동차에서 부품들을 떼어내는 것을 뜻하는 은어)"라는 경찰 무선신호와 함께 찾아왔다. LA 경찰 순찰대원 크리스 오웬이 수사에 호출되었다. 그는 프랭클린의 집으로 차를 몰고 가서 프랭클린과 당시 11세였던 아들 크리스토퍼가 뒷마당 차고에서 빨간색 도요타 MR2를 놓고 작업하고 있는 것을 몰래 지켜보았다.

부자는 경찰 헬리콥터가 머리 위에서 빙빙 돌 때까지 자기들이 감시받고 있다는 것을 눈치채지 못했다. 프랭클린은 차고에서 나와 차 밑에 숨으려고 했고 크리스토퍼는 차고 문 뒤에 숨었다.

오웬은 신속하게 들어가 프랭클린에게 도요타 소유주가 누구냐고 물었다. 프랭클린은 말했다. "제가 방금 샀습니다."

오웬은 도요타 번호판을 조회했다. 절도 차량으로 나왔다. 프랭클린의 집을 뒤지자 몇 대의 차와 자동차 부품들, 뒤죽박죽 쌓인 엔진들이 나왔다. 부품 일부가 뜯겨져 나간 지프 렝글러와 서로 다른 스포츠카들에서 나온 엔진들, 1988년형 셰비 카마로, 1968년형 포드 무스탕, 닷썬 280Z, 1989년형 폰티악 파이어버드도 발견했다. 엔진에 있는 차량 등록번호들은 조회 결과 신고된 절도차량들과 일치했다.

40세의 프랭클린은 6건의 중절도죄로 기소되었다. 1993년 5월 24일 예비공판에서 (22년 후 프랭클린의 살인재판에서 판사가 될) 로스앤젤레스 상급법원 판사 캐슬린 케네디는 프랭클린에게 범죄에 대해 재판을 받으라고 명령했다.

프랭클린은 재판을 받는 게 최선이 아니라고 판단했고, 따라서 여섯 건의 중절도죄에 대해 인정했다.

두 달 후 다른 판사인 로스앤젤레스 상급법원 판사 로버트 페리 앞에서 집행유예 공판이 열렸다. 프랭클린은 변호인 윈스턴 파크먼을 통해 자기는 그 엔진들이 장물인지 전혀 몰랐고, 〈리사이클러〉 잡지를 통해 사들인 거라고 주장했다. 나중에는 장물이라는 의심이 들기 시작해서 그 잡지를 이용하는 고객들과 거래를 끊기로 결심했다고 말했다.

파크먼은 판사에게 징역형을 내리지 말아달라고, 그 대신 집행유예와 지역봉사를 고려해달라고 청했다.

"이 일 이후로는 피고가 더 이상 법을 저촉하는 일이 없을 거라고 확신합니다." 파크먼은 말했다.

하지만 페리 판사는 프랭클린의 무죄가 어딘지 마음에 걸렸다. 프랭클린의 집행유예 보고서가 신경 쓰였기 때문이다. 보고서에서 수사관은 프랭클린을 3개월 사이에 약 30대의 차량을 훔친 "장물 주요 관련자"라고 분류해놓았다.

"네, 그렇습니다. 피고는 〈리사이클러〉에 난 광고에서 그 물건들을 사들인 겁니다, 판사님." 파크먼은 공판에서 말했다. "피고는 차를 훔친 사람, 즉 피고가 알기로 차를 훔쳤다고 확실히 말할 수 있는 사람들과는 일절 상대한 적이 없습니다."

"이 물건들은 모두 〈리사이클러〉에 광고된 것들입니다." 파크먼이 계속해서 말했다. "제가 보기에 피고는 세상을 잘 모르거나, 그때는 잘 몰라서—지금은 알지요, 물론—사람들이 물건을 훔쳐서 판매광고를 하고 빠져나간다는 것을 알지 못했던 겁니다."

페리 판사는 카운티 지방검사보 켄트 카힐에게 징역 대신 집행유예를 주는 것에 대해 어떻게 생각하느냐고 물었다.

"180도쯤 다른 견해입니다." 카힐은 이렇게 말하며 청소년 차량절도로 두 번 체포되었던 1969년부터 시작되는 프랭클린의 범죄이력 세부목록을 내밀었다. "그리고 청소년강도, 총기 소지, 그다음 1984년에는 장물수수, 89년에는 강도도구 소지, 91년에는 245[흉기를 이용한 폭행] 한 건. 이렇게 여러 번을 환경 탓이라고는 절대 말할 수 없죠. 이자의 이력을 볼 때, 변호인이 여기 와서 이 사람은 기본적으로 상황에 내몰린 순진한 인간이라고 주장하는 것은 사람들을 바보로 알고 이용하려는 것입니다. 이건 그냥 웃긴 짓이에요."

카힐의 말은 끝나지 않았다. "이 사람은 여섯 건의 중죄를 저질렀고 이제 유죄 선고를 받는 겁니다." 그는 계속해서 말했다. "1969년부터 절도, 강도, 강도도구, 장물수수 범죄이력이 있는 사람이라구요. 순진한 데라고는 하나도 없는 인간입니다. 반대로, 전 이자가 법정이 순진하다는 희망을 갖고 거래를 하고 있다고 봐요."

그러더니 카힐은 카운티 교도소에 1년형 이하를 선고한다면 "이 사건의 이력, 사실과는 전혀 맞지 않는 벌이 될" 거라며 징역형에 처해야 한다고 촉구했다.

양측의 말을 다 들은 후 페리는 프랭클린에게 카운티 교도소에서 365일간 수감될 것을 선고했다. 초만원 상황인 교도소 형편으로 볼 때 프랭클린은 겨우 4개월 남짓 형을 살게 될 것이다. 또 중죄 집행유예 3년을 선고받고 당장 수감생활을 시작할 것을 명받았다. 집행유예의 조건으로 프랭클린은 "어떤 흉기도 소유나 사용, 소지"해서는 안 된다는 명을 받았다.

"집행유예 조건을 이해하고 받아들이겠습니까?" 페리가 물었다.
"네." 프랭클린이 대답했다.

• • •

수감 경험은 프랭클린의 악질적 행동을 줄이는 데 어떤 도움도

주지 않았다.

다음 9년 동안 프랭클린은 차량 중절도, 강도, 총기로 인한 GBI(중상)가 아닌 흉기 폭행죄로 체포되었지만 큰 형량은 면했다.

마지막 사건의 경우, 프랭클린이 데이트하던 여자에게 분노해서였다. 프랭클린이 여자를 태우고 달리고 있는데, 여자가 엔진을 끄고 차에서 뛰어내리려고 했다. 프랭클린의 주장에 의하면, 그는 여자를 안으로 잡아당겨 때리고는 다리가 질질 끌리는 채로 조금 달려갔다고 했다. 그리고 차를 멈춘 다음 다시 안으로 끌어당기려고 했지만 여자가 그를 뿌리치고 달아났다. 목격자가 나서서 차로 달려오더니 프랭클린에게 일격을 가했다.

그는 짭짤한 차량절도 사업도 그만두지 않았다. 그리고 그러는 내내 살인행각도 계속되었다. 경찰이 그의 업무거래들을 지켜보고 있었음에도 불구하고 그 수많은 사우스 센트럴 여자들 살인 사건들과는 조금도 연관 짓지 못했다.

2003년 초, 프랭클린의 기나긴 감옥행 도피도 끝이 났다. 판사가 눈감아주기에는 너무 많은 차량절도건이었다.

이번에는 2002년 12월 22일, 글렌데일 갤러리아 주차장에서 절도신고가 된 1998년형 인피니티 QX4였다. 인피니티에는 로잭 절도방지장치가 달려 있어서, 캘리포니아 고속도로 순찰경찰 도나 마르티네즈와 파트너가 다음 날 아침 신호를 따라 프랭클린의 집까지 추적해 갔다. 그들은 프랭클린이 차에 들어가 길 한쪽에서 다른 쪽으로 운전해 주차해놓은 다음 서서 친구와 이야기하는 것을 지켜봤다.

경찰들은 이제 50세가 된 프랭클린을 현장에서 체포했다. 가석방자인 친구도 경찰과 이야기하던 도중 바짓가랑이에서 루거 357 리볼버 권총이 떨어지는 바람에 프랭클린과 함께 구류되었다.

이때쯤 프랭클린은 멍청한 척하면서 경찰을 상대하는 데 익숙해져 있었다. 그는 자기 권리를 포기하고 경찰들에게 이야기하겠다고 동의했다. 그리고 이제는 연습으로 단련된 이야기를 늘어놓았다. '그 차가 도난차량인지 전혀 몰랐다. TV와 DVD 플레이어를 설치해달라는 부탁을 받았을 뿐이다. 그 인피니티 차량은 노먼디가와 50번가 교차지점 모퉁이에 있는 자기 집에서 자동차 수리점을 하는 마이크라는 업무상 지인이 4주 전 갖다놓은 차였다. 마이크는 프랭클린의 집 앞에 차를 주차하고 우편함에 키를 뒀지만 작업에 필요한 돈은 놓고 가지 않았다.' 또한 프랭클린은 마이크를 찾으려 애썼지만 그럴 수 없었다고 주장했다. 그 때문에 그 차는 손도 안 댄 상태로 그의 집 앞에 그대로 있었다. 경찰이 그를 잡았을 때 그는 거리 청소하는 날 딱지를 떼지 않기 위해 차를 길 한쪽에서 반대쪽으로 옮기려고 했을 뿐이었다고 했다.

프랭클린의 가석방 친구는 처음에는 프랭클린이 그 인피니티를 1년 정도 소유하고 있었고 그 차가 프랭클린의 집 앞에 주차되어 있는 것을 예전에 봤다고 경찰에 말했다. 나중에 더 질문을 하자 그날 아침 이전에는 전혀 본 적 없는 차라고 말했다.

프랭클린은 2003년 1월 14일 장물수수와 차량절도죄를 저지른 적 없다고 주장했다. 다시 한 번 그의 처분은 법원의 결정에 달리게 되었다. 이번에는 집행유예과에서 프랭클린에게 주 교도소 징역형을 내릴 것을 권했다.

"이번 범죄의 경우, 피고의 동기는 일하지 않고 쉽게 현금을 챙

길 필요와 욕심이었던 것으로 보인다." 집행유예 담당관은 판사에게 제출한 보고서에 이렇게 썼다.

"피고가 이 나이에도 여전히 범죄를 저지르고 있고 피고가 과거 집행유예의 기회를 얻었다면, 주 교도소에서 가능한 최고의 징역형을 구형하는 것이 공동체에 가장 이익이 될 것이다." 집행유예 담당관은 이와 같이 적었다. "집행유예를 거부하고, 피고에게 수감 전 복역기간을 감안한 주 교도소 징역형을 내릴 것을 촉구한다."

4월 2일 프랭클린은 270일 수감을 선고받았고 더 긴 징역형은 피했다. 일단 감옥에 들어간 프랭클린은 또다시 과부하에 시달리는 로스앤젤레스 법체계의 덕을 보았다. 군 보안관 공무원들이 카운티 교도소의 혼잡을 덜기 위해 재소자들을 일찍 내보내고 있었고, 프랭클린도 그중 하나였다.

프랭클린은 그 후 7년은 감방에 가지 않았다. 그가 다시 징역형을 받았을 때 고려된 사항은 차량 중절도보다 훨씬 심각했다.

지역 명사

잠들었던 살인마의 체포로 프랭클린은 로스앤젤레스에서 큰 화젯거리가 되었다. 그와 수십 년에 걸친 그의 살인행각에 관한 뉴스가 끝도 없이 나왔고, 그것들은 사우스 센트럴 지역 사회를 근저까지 뒤흔들었다.

이웃들은 동네 사람이 동네 여자들을 죽였다는 데 분노했고, 프랭클린의 집은 분노의 표적이 되었다.

실비아는 그 후 집을 나가고 없었지만, 프랭클린의 이웃이자 친구 폴 윌리엄스 주니어는 그 분노를 직접 목격했다. 어느 날 밤 집 밖에 앉아 있는데 검정색 닛산 한 대가 프랭클린의 차고로 들어가는 길에 섰다. 누군가 프랭클린의 민트그린색 집을 가리키며 말하는 소리가 들렸다. "여기 이 집 맞지?" 최악의 사태를 염려한 윌리엄스는 집 안으로 들어갔다. 1분 후 총소리가 들리더니 차가 끼이익 하며 전속력으로 멀어지는 소리가 들렸다. 윌리엄스는 경찰에 말했지만 경찰은 총알구멍을 발견하지 못했다. "허공에 쏜 게 분명합니다." 그는 말했다.

또 어느 날 아침에는 잠에서 깨어보니 프랭클린의 집 앞면에 검정 스프레이로 "강간범"과 "살인자"라는 말이 적혀 있었다.

월리엄스는 프랭클린이 체포된 후 그 집 관리를 자청했다. 그와 몇몇 이웃들이 집을 회색으로 다시 칠해 낙서를 지웠다. 민트그린은 지나치게 눈에 띄는 색이었다.

캘리포니아 역사상 가장 끔찍한 연쇄살인마 중 하나인 그의 정신세계를 조금이라도 알아보려고 노리는 기자들이 81번가에 대거 몰려들었다. 프랭클린에 대한 이야기들이 무성했다. "그 사람은 여자를 좋아하는 성격이었어요." 이웃 로지 헌터는 〈로스앤젤레스 타임즈〉에 말했다. "쉰일곱 살에도 정말 잘생겼죠."

폴 윌리엄스 주니어와 친척은 아닌 또 다른 여성 이베트 윌리엄스는 예전에 프랭클린이 자기 차를 고치면서 여자 속옷이 잔뜩 든 갈색 상자를 보여준 적 있다고 〈로스앤젤레스 타임즈〉와의 인터뷰에서 말했다.

"딱 로니다운 짓이었어요." 그녀는 말했다.

폴 윌리엄스 주니어는 그 속옷에 대해 프랭클린이 팔려고 했던 거라고 말했다. "여자를 유혹하는 방법이었을 수도 있죠. 하지만 확실히 팔려고 했던 겁니다." 그는 말했다. "프랭클린은 늘 뭔가 팔려고 했어요. 사람들은 늘 뭔가를 사러 왔고요."

한 이웃은 프랭클린이 매춘부들 이야기를 자주 했고 "약쟁이들"이라고 부르면서 싫어했다고 〈로스앤젤레스 타임즈〉와의 인터뷰에서 말했다.

"좋은 사람이었지만 변덕스런 늙은이였어요." 역시 폴 윌리엄스 주니어의 친척이 아닌, 오랜 이웃 프랜시스 윌리엄스는 말했다. "그냥 더러운 이야기를 했어요. 이상한 곳에서 이상한 짓을 하려고 여자들을 만난다고 하더라구요."

어느 이웃은 프랭클린이 텔레비전과 컴퓨터 같은 전자제품을 파는 부업을 했다고 말했다. "평면 TV 두 대를 사서 하나는 아들 방에 두고 하나는 딸 방에 뒀어요." 이웃 토미아 보우던은 〈로스앤젤레스 타임즈〉에 말했다. "훔친 물건이냐고요? 아, 그럼요. 하지만 그렇다고 살인자가 되는 건 아니잖아요."

이웃 모두가 기자들에게 이야기를 할 태세라거나 프랭클린에 대한 비난에 반색하는 것은 아니었다. 폴 윌리엄스 주니어는 경찰이 친구에게 함정을 팠다고 굳게 믿고 있었다. "난 이 사건 전체가 마음에 안 들어요." 그는 내게 말했다. "난 기본적으로 로니가 그런 짓을 하지 않았다고, 이건 속임수라고 생각해요. 처음에 로니가 체포되었을 때 난 경찰이 로니의 DNA를 갖고 있다는 말을 믿지 않았어요." 윌리엄스는 경찰을 신뢰하지 않기 때문에 대체로 경찰의 말을 믿지 않았다.

"경찰이 학생 또래 애들에게 마약 죄를 뒤집어씌우는 걸 내 눈으로 봤어요. 경찰을 믿을 이유가 없습니다. 난 생각했죠, 이 사건에는 뭔가 잘못된 데가 있다고."

· · ·

그러는 동안 프랭클린은 수십 년간 힘없는 여자들을 사냥한 끝에 먹잇감의 입장이 되는 것이 어떤 것인지, 죄의 대가를 치르는 것이 어떤 것인지 알아가고 있었다.

그의 새 거처는 K-10, LA 시내에 있는 남자 중앙 교도소의 소위 막강 재소자용 구역으로 악명 높거나 특히 폭력적인 재소자들이 수감되는 곳이었다. 과거에는 자신만의 역겨운 왕국의 왕으로서 멋대로 굴었지만, 교도소에서는 인간 이하의 취급을 받는다는 의미였다.

체포된 지 닷새 만에 프랭클린은 그를 혼내주기로 작정한 다른 재소자에게 불시에 두 번 머리를 공격당했다. 아마 같은 수감자들 사이에서 서열을 정하려고 한 짓일 것이다. 두 사람은 재소자들이 변호사와 만날 때 사용하는 접견실에 있었다. 5세 여자아이를 성폭행하고 죽여 유죄판결을 받은 안토니오 로드리게즈는 변호사 접견을 막 마치고 의자에서 수갑이 풀리는 순간 기회를 포착했다. 프랭클린은 무엇이 자기를 때렸는지 알기도 전에 바닥에 쓰러졌다. 중상을 입히기 전 보안관이 겨우 29세의 로드리게즈를 제압할 수 있었다.

유예된 정의

프랭클린의 체포로 LA 경찰과 LA 사우스사이드가 환호한 지 5년이 지난 2015년, 로니 프랭클린 주니어 사건은 지리멸렬하게 시간을 끌고 있었다. 프랭클린은 10명의 여자를 살해하고 1명의 살인 미수죄로 기소되었지만, 희생자의 가족들은 그가 체포되기 하루 전과 마찬가지로 정의와는 거리가 먼 상황에 처해 있었다. 증거테스트, 변호팀과 검사들 사이의 끊임없는 언쟁으로 인한 지연이 109호 법정에 좌절의 그림자를 드리웠다.

이때쯤 800 전담반 데니스 킬코인과 폴 콜터, 클리프 쉐퍼드는 관료주의로 인해 지연되는 재판을 기다리지 못하고 모두 은퇴한 상태였다. 킬코인이 마지막으로 2013년 4월에 경찰을 떠났다.

킬코인이 떠나면서 사건의 책임은 갱단 살인에서 잔뼈가 굵은 대린 듀프리 형사에게 넘어갔다. 킬코인이 직접 고른 듀프리는 2010년, 프랭클린이 체포되기 사흘 전에 800 전담반에 합류했다. 그전에는 (살인(murder)을 거꾸로 써서) 레드럼(Redrum)이라고 이름 붙인 특수 마약단속팀에서 일했는데, 그곳은 LA 경찰관들이 래퍼 비기 스몰스와 투팍 샤커의 살인에 연루되어 있을 가능성을 조사하는 팀이었다.

듀프리는 800을 이끌기에 최적의 선택이었다. 이 사교적인 흑인 형사는 사우스 센트럴에서 자라 프랭클린 부모의 집이 있던 85번가에서 다섯 블록 떨어진 집에서 코카인과 환각제 역병을 이겨내고 살았다. 듀프리는 6세 때부터 떠돌이 개와 동네 양아치들에 맞서 호신용 막대기를 들고 다녔다. 빈민굴에서 사는 것은 치열하지는 않아도 늘 전투가 벌어지는 교전지대에서 사는 것과 같다고 그는 나중에 내게 말했다. 처음으로 시체를 봤을 때 그는 10세였다. 95번가에 있는 초등학교에 가느라 골목길을 걸어가던 중이었다. 십 대 시절 그는 어머니에게서 사우스사이드 살인자의 살인행각 이야기를 들었고, 버니타 스팍스와 제니시아 피터스의 시신들이 20년 간격을 두고 쓰레기장에서 발견된 골목에서 길 건너편에 있는 제시 오웬스 공원에서 축구를 했다.

듀프리는 고등학교 축구 스타였고 그 후에는 샌디에고 주립대학에 진학해 경제학 학위를 받고 졸업했다. 24세가 된 1991년 그는 LA 경찰에 들어갔다. 그는 많은 친척과 친구들에게 자신의 새로운 직업을 숨겼다. 흑인이면서 경찰이 된다는 것은 떠벌릴 일이 아니라고 그는 내게 말했다. 마치 배반자가 되거나 변절을 하는 것과 같았다.

사우스웨스트 경찰서에서 순찰경관으로 의무근무를 마친 후 듀프리는 반 누이 경찰서에 배치되어 자임 핏시몬스와 파트너가 되었다. 그들의 공조는 훗날 제이크 젤렌할과 마이클 페냐 주연의 2012년 형사영화 〈엔드 오브 왓치〉의 소재가 되었다. 그는 2006년 강도-살인 사건팀에 들어갔다. 거기서 일하는 동안 그는 500건이 넘는 살인현장에 갔다.

듀프리와 프랭클린이 한 동네에 살았을 수도 있던 시절, 형사의 어린 시절은 프랭클린과 모든 면에서 정반대였다. 듀프리는 아버지 없이 자랐고, 가까운 사람이 성폭행을 당한 후로 폭행 희생자들에게 약했다.

그보다 앞서 800 전담반에서 일했던 모든 형사들 중 듀프리가 프랭클린의 성격을 가장 잘 알았다. 그는 프랭클린이 말실수를 해서 살인을 인정할지도 모른다는 희망을 품고 규칙적으로 프랭클린이 감옥에서 하는 전화를 엿들었다. 프랭클린은 절대 실수하지 않았다. 하지만 그 전화들을 통해 듀프리는 잠들었던 살인마의 정신세계에 대한 통찰을 얻었다.

듀프리가 본 것은 허풍선이, 아는 체하는 인간, 그리고 듀프리의 표현을 따르자면, "대장이 되려는 인간"이었다.

"당신이 프랭클린한테 여자 4명과 잤다고 하면, 그 인간은 자기는 7명이랑 잤다고 할 겁니다." 듀프리는 내게 말했다. "늘 당신보다 한 수 위에 있으려고 기를 쓰죠."

듀프리는 프랭클린이 체포된 후로 거의 매일 제보를 얻었고 프랭클린의 희생자들을 찾아 수백 개의 단서들을 추적했다. 예심에 참석하러 2주마다 한 번씩 법정에 갔고, 800 전담반 형사들 중 가장 마지막까지 남아 있었다.

프랭클린이 유죄선고를 받는 것을 보려는 듀프리의 열망은 대개 800 전담반 전임형사들인 콜터와 킬코인, 쉐퍼드에 대한 존경심에서 비롯되었다. 하지만 그보다 그는 희생자들에게 정의를, 그 가족들에게는 만족과 종결을 가져다주고 싶었다. 살해된 젊은 여성들 가족들의 삶은 힘들었다. 어마어마한 고통이 그들 주위에 무겹게 드리워져 있었다. 그중 많은 사람들은 허리가 굽고 약해져서 지팡이를 짚고 걸었다 .

듀프리가 맞닥뜨린 가장 큰 장애물 중 하나는 희생자 가족들에게 경찰이 그들의 적이 아니며, 이 사건이 경찰에게도 매우 중요한 사건이라는 확신을 주는 것이었다. 그 가족들이 불신을 직접 대놓고 말하지는 않았지만, 듀프리는 원래부터 불신이 자리 잡고 있다는 것을 잘 알고 있었다. 경찰은 흑인 따위 신경 쓰지 않는다는 것은 잘 알려진 정서였다. 듀프리는 그게 틀렸다는 것을 입증하고 싶었다.

"그 사람들에게 내가 그냥 유니폼만 입고 있는 게 아니라는 걸 알게 하고 싶었어요. 난 마음을 썼습니다." 그는 나중에 내게 말했다. "이 사건을 맡은 사람들은 모두 정말로 그 사람들을 걱정했습니다. 인종은 눈에 들어오지 않았어요."

• • •

예심은 2주마다 한 번 열렸고, 바바라 웨어의 새어머니 다이애나는 매번 버스를 타고 왕복 50km를 달려왔다. 전직 사무직 직원이었던 다이애나는 이제 익숙하게 엘리베이터를 타고—화제가 되는 모든 사건들의 심리가 열리는—형사법원 건물 9층으로 올라가서 캐슬린 케네디 판사의 법정 방청석에 자리를 잡는다.

다이애나의 남편 빌리 웨어는 2002년 11월 67세의 나이에 암으로 죽어서 딸의 살인자가 체포되거나 재판을 받는 것을 보지 못했다. 그래서 다이애나는 의붓딸뿐만이 아니라 빌리를 위해서도 심리에 매번 참석했다. 바바라의 장례식 때 다른 아이들은 아버지가

우는 모습을 처음으로 봤고, 그건 모두에게 지울 수 없는 기억으로 남았다.

다이애나는 쇠약해져가는 건강에도 불구하고 그 사건을 끝까지 지켜보겠노라고 스스로에게 다짐했다. 버스정류장에서 형사법정 건물까지 한 블록을 걷는 것만으로도 숨이 찼다.

그녀는 프랭클린이 정의의 심판을 받는 것을 보고 싶었다. "그저 제가 그 정도로만 오래 살 수 있기를 바랍니다." 그녀는 예심이 열리던 초반에 내게 말했다.

그건 그녀가 규칙적으로 되풀이하던 생각이었다. 심리가 열릴 때마다 다이애나는 두 번째 열, 매리와 포터 알렉산더 옆에 앉았다. 그들도 정의를 향해 가는 길고 힘든 길 때문에 좌절하고 있었다.

• • •

포터 알렉산더는 생애 대부분을 사우스 센트럴에서 살았다. 그는 사람들을 정중하게 대했고 같은 대접을 바랐던 점잖은 사람이었다. 그는 집세징수원 일을 하느라 온 도시를 돌아다녔고 다양한 문화를 즐겼다. 아버지이자 할아버지로서 가족에게 꾸준히 헌신했다.

"이 일이 왜 이렇게 오래 걸리는지 이해가 안 됩니다." 어느 날 예심이 끝난 후 포터는 내게 말했다. "우린 2주마다 한 번씩 여기 오지만 아무 소용이 없어요. 심리는 고작 5분 동안 열리고, 우린 실망한 채 떠납니다. 여기 무슨 정의가 있습니까?"

내겐 내놓을 대답이 없었다. 로스앤젤레스 카운티에서 사형선고가 내려지는 사건들은 다른 사건들보다 기소하는 데 거의 백이면 백 더 오랜 시간이 걸려서, 일반적으로 4년에서 8년이 소요됐다. 판사들은 비용이 많이 드는 중대사건이 항소법원에서 부결될 것을 특히 우려해서, 실수가 생기지 않도록 변호인들에게 일반적으로 훨씬 더 후한 준비시간을 준다. 동시에 변호인들은 어느 순간 주에서 사형을 없애지 않을까 하는 희망을 품고 절차를 질질 끌며 늑장을 부리게 된다. 그게 사형이건 종신형이건 협의에 의한 더 약한 선고이건, 희생자의 가족들은 대부분 일이 가능한 한 빨리 진행되어 뭔가 끝맺음을 하고 자신의 삶을 계속 살아나갈 수 있기를 바란다.

포터와 메리, 다이애나는 그저 프랭클린이 사형수 감방에 들어가는 걸 볼 때까지 살 수 있기만을 바랐다. 버니타 스팍스의 어머니는 이미 사망했고, 메리 로우의 어머니 베티와 래크리카 제퍼슨의 어머니 완다도 마찬가지였다. 이런 소모적 상황과 가차 없는 세월의 흐름, 정의를 바라는 가족들의 끝없는 열망이 결합되어 케네디 판사는 재판 날짜를 정해달라고 탄원하는 수많은 편지를 받게 되었다. 그래도 연기는 계속되었다.

사형 제도에 반대하는 프랭클린의 변호인팀—TV 프로그램 〈리처드 시몬스 쇼〉 프로듀서였다가 무료로 이 사건을 맡은 루이자 펜산티와 이력서에 12건의 사형 사건을 올려놓고 있는 숙련된 형사사건 전문 변호사 세이무어 암스터—이 기본적으로 일을 지연시키고 있다고 가족들은 믿고 있었다.

암스터는 자신의 동기는 최고의 변론을 준비하는 것뿐이라고 주장했지만, 그 말을 믿는 가족들은 아무도 없었다.

"[암스터가] 뭘 하고 있는지는 장님도 뻔히 볼 수 있을 겁니다. 시간을 끌고 있는 거죠." 포터는 2013년 판사에게 속도를 내달라고 요청하며 편지에 썼다. "변호사는 이 핑계 저 핑계를 대고 있고, 법원은 3년 동안 이런 일을 허락하고 있습니다… 변호사는 아직 탄도 테스트도 안 했어요. 법원은 언제가 되어야 마침내 암스터 변호사에게 이 테스트를 해서 더 이상 지체 말고 이 사건을 진행시키라고 말할 겁니까? 제 가족들과 다른 가족들이 원하는 것은 그저 정의뿐입니다."

• • •

의문시된 것은 변호인의 전략뿐만이 아니었다. 몇몇 사람들은 왜 펜산티가 프랭클린을 변호하고 있는지조차 의아해했다. 굵직한 중죄 사건들을 다루긴 했지만 사형 사건에서 대표 변호인을 한 적은 없었기 때문이다.

펜산티는 로스앤젤레스에서 자랐고 처음에는 교직을 선택했다. 초등학교에서 아이들을 가르쳤지만 곧 적성에 맞지 않다는 것을 깨달았다. 법조계로 와서 특히 형법 변호사가 되기 전까지는 빌딩 도급과 부동산업자로 일했고 나중에는 배우, 영화 프로듀서 조수, 새미 데이비스 주니어와 로빈 윌리엄스 등을 고객으로 둔 홍보담당자로도 잠깐씩 일을 했다.

그녀는 끈덕진 태도와 모든 고객들이 무죄라는 믿음으로 법적 지지기반을 쌓았다. 수많은 인상적 승리를 잘 보여주는 웹사이트도 가지고 있는데, 거기에는 여러 명의 희생자들을 추행해서 기소된 고객을 집행유예로 석방시킨 사건과 불법 밀항조직을 운영해서 고객이 받은 8년형을 협상을 통해 클럽페드라는 별명으로 불리는 최소 경비 체제의 연방 교도소에서 8개월로 감형시킨 사건 등이 실려 있었다.

그 웹사이트에서 홍보하지 않는 하나는 이것이다. 펜산티는 캘리포니아 주법에 의해 처벌을 받은 적이 있다. 주법 웹사이트에 따르면 그녀는 2013년 5월 "법률 서비스를 유능하게 수행하지 못한" 죄로 1년간 집행유예에 처해졌다. 부당 수임료를 즉각 돌려주지 않았고, 더 이상 변호하지 않는 고객 이름으로 재정 신청을 했던 것이다.

다른 변호사 암스터는 LA 대배심이 프랭클린을 기소한 후인 2011년 11월에 프랭클린의 법무팀에 합류했다. 펜산티는 중대사건에 경험이 있는 변호사를 하나 더 영입할 필요가 있다고 생각했고, 그래서 빈곤층 범인 변호 프로그램의 회원인 암스터에게 연락했다.

두 사람은 암스터가 변호사로 일하던 법률사무소에서 펜산티가 변호사 보조원으로 일하던 몇 년 전부터 알던 사이였다. 나중에는 반 누이에서 법률사무실을 같이 썼다.

"펜산티는 진심으로 고객들의 무죄를 믿고 있으며 그걸 배심원들에게 전달하는 능력이 있어요." 암스터는 내게 말했다. "절대 질 수가 없어요."

로스앤젤레스 토박이인 암스터는 1982년 변호사가 되었다. 그는 5학년 때 모의 유엔재판에 참가한 후 자기가 변호사가 되어 약자들을 대변하리라는 것을 알았다. "착한 유대인 소년"이 이스라엘의 주적 이집트를 대변하도록 선택된 거라고, 그는 내게 말했다.

"제가 믿지 않아도 주장할 수 있고, 그 일을 굉장히 잘할 수 있는 사람이란 게 분명했으니까요."

암스터는 키가 작고 철사 같은 뻣뻣한 머리에 신경과민에 시달리는 남자였고, 법정에서의 행동은 연극적이었다. 대대로 여배우들을 배출한 어머니 쪽에서 물려받은 특성이라고 그는 말했다. 그의 어머니 프랜신은 조안 크로포드 주연의 1945년 영화 〈밀드리드 피어스〉에서 천진한 소녀 베다 피어스 역을 거절할 수밖에 없었는데, 할머니가 할리우드의 도덕성 부족을 우려하며 딸이 유혹당하진 않을까 두려워했기 때문이라고 했다. 그 역은 앤 블라이스에게 갔고 아카데미 여우조연상 후보로 올라갔다. 또 어머니의 대고모인 애너 챈들러는 보드빌 스타이자, 바브라 스트라이샌드의 영화 〈퍼니 걸〉의 소재가 된 배우 패니 브라이스와 가장 친한 친구 사이였다.

법정에서의 명성으로 말하자면, 암스터는 2003년 26세의 신참 형사 매튜 파벨카를 살해해 1급 살인죄를 인정한 데이비드 A. 가르시아 사건에서 검사들을 성공적으로 설득해 사형 고려를 배제시켰다.

또한 아들 케네스가 불리한 증언을 한 결과, 1996년 사업가 데이비드 카즈딘을 살해한 죄로 기결수가 된 산티 카임스 건에 대해 2006년 새 재판을 하기 위한 항소와 재정 신청 건도 담당했지만, 이는 기각되었다. 메리 타일러 무어가 산티 역으로 출연한 〈모전자전: 산티와 케니 카임스의 기이한 이야기〉를 포함해 두 편의 TV용 영화의 소재가 된 산티 카임스는 이미 2000년에 82세의 뉴욕 사교계 명사 이렌 실버먼을 살해한 죄로 유죄선고를 받은 바 있었다.

암스터는 카임스의 항소건을 맡아 훗날 잠들었던 살인마 건으로 다시 만나게 되는 캐슬린 케네디 판사가 몇몇 증인들이 공범이자 공모자이며, 결과적으로 카즈딘의 살해에 잠재적 책임이 있다는 사실을 배심원들에게 알리지 않는 실수를 했다고 제2지방 항소법원에 주장했다. 그의 주장은 판사를 설득하지 못했다.

암스터는 여가시간에는 자신이 설립한 비영리조직을 통해 발달장애 청소년, 학대받는 청소년, 빈곤층 아이들을 변호했다. 그는 이 아이들이 자라서 범죄자가 되지 않도록 일찍부터 돕는 게 매우 필요하다고 믿었다.

암스터는 정부에서 경찰을 고용하는 데 예산을 더 써서 아이들이 범죄에 물들지 않게 해야 한다고 생각했다. 사회 프로그램에 돈을 쓰는 게 사형제도를 위해 수백만 달러를 쓰는 것보다 훨씬 낫다고 그는 믿었다. 그가 보기에 사형제도는 무익했다. 사회를 더 낫게도, 더 안전하게도 만들지 못하는 제도였다.

범죄자들은 범죄를 저지르기 전에 그 결과를 절대 생각하지 않는다고 그는 단정했다. 그리고는 빠져나갈 생각만 한다는 것이다.

지금은 이 악명 높은 사건에서 주요 인물이 되었지만 암스터도 사건을 맡는 게 마음에 걸렸었다. 그에게는 잠들었던 살인마 같은 사건에 들어가면서 그 여러 가지 국면과 잠재적 결과를 생각해볼 정도의 경험이 있었다. 그 일을 할 사람은 암스터밖에 없다는 확신을 준 사람은 열여섯 살짜리 딸 헤일리였다. "난 그 애 아빱니다. 그러므로 누구도 나보다 더 잘할 수는 없겠죠." 누구나 이해할 수 있는 아빠에 대한 딸의 편견에 대해 킬킬거리며 그가 말했다.

···

로니 프랭클린의 사형제 반대 변호팀은 사형제에 찬성하는 베스 실버먼과 마거릿 리조의 로스앤젤레스 카운티 지방검사보들에 맞서 싸울 준비를 하고 있었다.

실버먼은 2006년부터 사무실 재판팀 일원이었다. 이 엘리트 팀은 마이클 잭슨의 죽음과 관련하여 콘래드 머레이 박사의 재판과 선고뿐만 아니라 음악프로듀서 필 스펙터와 이전 〈바레타〉 배우 로버트 블레이크의 살인 사건 재판을 담당했지만, 실버먼은 그 사건 관련 일은 하지 않았다.

실버먼은 시카고에서 태어났지만 두 살 때 가족이 캘리포니아로 이주했다. 실버먼이 처음부터 법조계에서 일하려고 한 것은 아니었다. 그녀는 학교 신문사에서 일했고 사진기자 일을 하려고 했다. 1989년 위스콘신 대학에서 언론학으로 학위를 딴 후, 그녀는 법조계에서, 특히 검사로 일하기로 결심했다. 그리고 샌디에고 로스쿨에서 법학 학위를 딴 뒤 1994년 지방검사보 사무실에 들어왔다.

실버먼은 샌퍼나도 밸리에서 조직폭력배 사건들을 맡으면서 검사직을 시작했고, 2006년에는 형사법원 건물에 있는 중범죄과에 들어왔다. 실버먼은 탁월한 법정 소송가로 명성을 쌓았다. 날카로운 지성과 강한 직업윤리가 있었고, 절대 지는 법이 없었다. 사형 사건의 적임자로 다섯 건의 사형 재판에서 기소를 맡았고 다섯 건 모두에서 유죄판결을 받아냈다.

실버먼은 사형 건들에서 100% 승률을 자랑할 뿐만 아니라 다른 이유에서도 잠들었던 살인마 사건을 맡을 자격이 충분했다. 그녀는 수년간 각종 살인 사건들의 기소 준비를 하느라 사우스 센트럴 골목을 찾아다녔기 때문에 그곳 골목들을 잘 알고 있었다. 2011년에 실버먼은 사우스 센트럴의 연쇄살인범 마이클 휴즈를 성공적으로 기소했다. 휴즈는 80년대와 90년대 초반 여자 셋과 15세 고등학생을 목 졸라 죽인 살인마였고, 사형선고를 받았다. 휴즈는 90년대 초반 4명의 여성을 살해한 죄로 유죄판결을 받고 이미 종신형으로 복역 중이었다.

3년 후인 2014년, 또 다른 연쇄살인 사건이 실버먼을 같은 골목길로 불러들였다. 이번에는 1980년대 후반 세 명의 여자들을 잔인하게 때리고 목 졸라 죽인 다음, 사우스 센트럴의 뒷골목과 쓰레기통에 버린 새뮤얼 리틀의 재판이었다. 휴즈와 마찬가지로 리틀의 DNA가 그와 살인을 연결시켰다. 같은 해, 실버먼은 80년대와 90년대 사우스 센트럴 근처에서 발견된 4명의 여자들에게서 자신의 DNA가 나온 체스터 터너의 기소권을 확보했다. 배심원이 터너를 사형시켜야 한다고 투표한 것은 그때가 두 번째였다. 그는 이미 다른 10명의 여자들을 죽인 죄로 사형 선고를 받은 상태였다.

실버먼이 집어넣은 이 세 살인자들은 프랭클린이 상대를 찾아 돌아다녔던 바로 그 어둡고 후미진 거리에서 사냥했다. 그들 또한 흑인 여자들을 먹잇감으로 삼았고, 그중 많은 여자들은 마약중독자들이었다. 나중에 실버먼은 연쇄살인 사건 기소에서 공식을 발견했다고 내게 말했다. 여러 면에서 그들은 모두 똑같이 역겨운 목적을 가진, 똑같이 역겨운 포식자들이라는 것이다.

실버먼과 함께 잠들었던 살인마 사건을 담당한 동료 검사는 여러 면에서 그녀와는 정반대였다. 이탈리아와 아일랜드계 혈통인 마거릿 리조는 미국에서 가장 큰 쇼핑 장소라는 사실로 나름 유명해진 뉴저지 패러머스 출신이었다. 일곱 형제 중 넷째인 리조는 노스웨스턴 대학에서 이학사 학위를 받은 후 보스턴 대학에서 미생물학으로 석사를 마쳤다. 보스턴의 한 병원에서 임상 미생물학자로 일하다가 캘리포니아 팔로알토로 가서 남편과 함께 스탠포드 대학에서 일했고 그 후에는 로스앤젤레스에 왔다.

1994년 UCLA에서 연구원으로 일하던 중 리조는 직업을 바꾸고 싶다고 생각했다. 그리고 사우스웨스턴 로스쿨에 야간학생으로 등록했다. 5년 후, 그녀는 이혼한 상태였으며 지방검사보 사무실에 들어갔다.

신임 시절 리조는 공항법정에서 가정폭력과 성폭력 사건들을 다루기 시작했다. 2006년 가정폭력과로 전속되었고, 거기서 가정폭력살인, 심각한 아동학대, 아동실해 사건들을 맡았다. 한 사건에서는 아버지가 2세 아들의 머리를 쐈다. 또 다른 끔찍한 사건에서는 입양한 아들이 울어대자 좌절한 남자가 어찌나 호되게 때렸는지 아이 머리가 벽에 처박혔다. 아이는 머리에 중상을 입고 사망했다.

리조는 또한 의학과 과학 경력을 요구하는 사건들을 맡았다. 연구실 화재로 인한 연구조교 사망사건으로 UCLA와 화학과 교수를 기소할 때 보조를 했다. 또, 임신한 전 여자 친구에게 유산약 미소프로스톨을 몰래 투약한 레스토랑 경영인 사건에서도 공동 기소를 맡았다.

또 사무실 내 법과학 연구팀의 일원이자 DNA 훈련팀 팀장도 맡고 있던 차에, DNA 전문 지식으로 인해 실버먼과 함께 잠들었던 살인마 사건을 맡으라는 임명을 받았다.

로스앤젤레스 역사상 가장 큰 사건 중 하나를 맡기 전 리조가 실버먼과 이야기해본 일은 몇 번에 불과했다. 2010년 7월 3일 늦은 오후 그녀가 형사법원 건물 사무실에 앉아 있는데 상사가 들어오더니 중범죄과 과장 팻 딕슨이 그녀를 부른다고 말했다. 리조는 계단을 이용해 17층으로 걸어 내려가 딕슨의 사무실에 들어갔고, 거기서 딕슨과 실버먼, 800 전담반 형사 데니스 킬코인과 폴 콜터와 맞닥뜨렸다.

딕슨의 질문은 하나였다.

"가족 DNA 조사에 대해 뭘 알고 있나?"

기본적인 설명을 하고 나자, 과장은 그녀에게 실버먼과 함께 기소팀에서 일하라고 말했다.

그때까지만 해도 리조는 그 사건이 증거 테스트로 지연되고, 공판 전 법정에서 감정이 격해지는 일을 겪고, 담당자들이 무능하다는 비난을 당하리라는 것을 알지 못했다. 게다가 5년이 지난 지금까지도 재판 시작이 여전히 요원하리라는 것 역시 알지 못했다.

• • •

매번 심리가 끝나고 나면 실버먼과 리조, 800 전담반 형사 듀프리는 법정 바깥에서 희생자 가족들과 이야기를 나누며 그들의 기분을 달래주고, 모두 함께 노력하고 있다는 걸 상기시켜주려고 했다. 알렉산더 가족과 다이애나 웨어는 그저 고개를 저을 뿐이었다.

정기적으로 격려를 받는데도 불구하고 가족들의 실망은 계속되었고 종종 지연에 넌더리를 내기도 했다. 하지만 탈선은 없었다. 끝없는 장애물에도 불구하고 로니 프랭클린 주니어의 재판이 진행되어 자신들이 그 자리에 있기를 바라는 간절한 마음은 결코 약해지지 않았다. 그들은 언젠가는 자신들이 맨 앞줄에 앉으리라는 것을 알고 있었다.

• • •

재판을 향한 5년간의 험난한 여정에서 가장 큰 구멍이 2014년 초반 등장했다. 그 구멍은 안 그래도 지리멸렬한 소송절차를 정지시킬 기세를 보였다. 문제는 프랭클린의 변호사 루이사 펜산티의 예전 직원이 관련된 섬뜩한 참수 사건이었다.

그 일은 2014년 2월 10일 중범죄과 지방검사보 존 르윈이 전화 한 통을 받으면서 시작되었다.

잉글우드를 담당하고 있는 LA 카운티 지방검사보 발레리 콜은 오스카 브리지스*라는 살인용의자를 인터뷰하는 문제로 LA 카운티 보안관서 살인 담당 형사 루이 아길레라에게 이야기를 좀 해줄 수 있을지 알고 싶어 했다.

아동 성추행으로 두 번 유죄선고를 받은 전력이 있는 54세의 브리지스는 1월 23일 사우스 버몬트가의 한 모텔에서 머리가 일부 잘린 상태로 발견된 21세의 텍사스인 로버트 브루어 살인 혐의로 막 체포되어 구금되어 있었다. 브리지스는 잠들었던 살인마 사건 검사 베스 실버먼의 이름을 살짝 틀어 세스 실버먼이라는 가명으

*오스카 브리지스는 21세의 로버트 브루어와 싸우다 칼로 찔러 죽인 일이 없다고 주장했다가 2016년 6월 주교도소에서 25년에서 종신형을 선고받았다.

로 불리고 있었다.

브리지스는 예전에 자기 상사였으며 "불법적이고 비윤리적인 일들"을 하고 있다는 한 변호사에 대해 검사에게 이야기하고 싶다고 했다.

그 문제의 변호사가 바로 루이스 펜산티였다.

르윈과 아길레라는 다음 날 7시간 동안 브리지스와 면담했고, 면담을 하는 동안 그는 참수 살인을 고백했지만, 동시에 예전 상사를 비난했다.

브리지스는 성범죄자 등록을 하지 않은 일로 2003년 펜산티가 그의 변호를 맡았을 때 처음으로 만났고, 나중에 펜산티에게 고용되었다. 브리지스는 펜산티가 비윤리적으로 다른 변호사들로부터 고객들을 빼내 왔다고 주장했고, 펜산티가 그에게 너무 심한 압력을 가한 나머지 마약과 술을 과용하고 결국에는 브루어를 죽이게 된 거라고 덧붙였다. 그리고는 펜산티가 잠들었던 살인마 사건을 "비윤리적이며 십중팔구 불법적으로 졸라서 맡은 것이 분명하다"고 주장했다.

실버먼과 같은 부서에서 일하는 르윈은 하루 종일 브리지스의 고발을 들은 후 전화를 받은 것을 후회했다. 그 고발은 어떤 사람에 대한 것이든 충분히 지저분했지만, 펜산티에게 곧바로 던져진 것이기 때문에 사법계에 어마어마한 파장을 불러올 소지가 있었다.

르윈은 상사뿐 아니라 사무실 내 윤리 전문가의 조언을 받아 고발 사항들을 글로 적어 잠들었던 살인마 판사 캐슬린 케네디에게 결정을 맡겼다.

르윈은 브리지스와 인터뷰를 한 지 9일이 지난 2월 20일에 케네디의 판사실에서 그녀를 만났다.

르윈의 말을 들은 케네디는 말했다. "펜산티가 어쩌다 로니 프랭클린을 변호하게 되었는지 늘 의혹이 있었지만, 누구도 잘못의 증거를 찾지 못했어요. 늘 이런 식이었죠. '흠, 도대체 어떻게 펜산티가 이 건을 맡았지?'"

케네디는 펜산티가 고객들을 빼간다는 불평을 다른 변호사들에게 들었다고 르윈에게 말했다. 또 펜산티가 프랭클린 사건에서 거의 하는 일이 없다고도 덧붙였다. "그러니까, 자기 이름을 말할 때 빼고는 거의 입을 열지 않는다는 말이죠." 그녀는 말했다.

"이 사람은 능력 있는 변호사를 가질 권리가 있어요." 르윈은 프랭클린을 가리켜 말했다. "그런 주장을 하는 사람이 아동성범죄로 두 번 유죄선고를 받고 방금 한 남자의 목을 자른 사람인 건 분명하지만요."

"맞습니다." 케네디가 말했다. "무슨 이유에서건 자기만의 속셈이 있을 수도 있죠."

그렇게 말하며 케네디는 르윈에게 감사 인사를 했고 다른 판사들과 그 문제를 상의해봐야겠다고 말했다.

그 후 3월 14일, 케네디는 프랭클린과 그의 변호사들인 펜산티와 암스터, 그리고 검사팀 베스 실버먼과 마거릿 리조와 심리를 열었다.

"브리지스는 펜산티 변호사의 고용인으로 추정되며 살인죄로 체포되어 몇몇 정보를 제공하고 펜산티 변호사와 변호사의 업무 능력에 대해 몇 가지 주장을 했습니다." 케네디는 변호사들에게 말했다.

"저는 그 정보가 사실인지 아닌지에 대해서는 아무것도 모릅니다. 거기에 대해서는 정보가 없어요. 이게 문제가 되는 유일한 이유는 프랭클린이 능력 있는 변호인의 변호를 받고 있는지 이 법정이 확인해야 하기 때문입니다."

케네디는 모인 사람들 모두에게 르윈과 둘이서 한 회의뿐만 아니라 르윈이 브리지스와 7시간 동안 했던 인터뷰를 기록한 필기록을 주겠다고 했다. 그리고는 펜산티에 대한 이러한 고발사항들에 대한 자신의 생각을 프랭클린에게 직접 매우 분명하게 전했다.

"프랭클린 씨, 펜산티 변호사를 계속해서 당신 변호사로 원하는지 생각해보기 바랍니다." 그녀는 말했다. "저는 그 문제에 대해 아무 의견이 없습니다. 하지만 펜산티 변호사에 대한 심각한 고발들이 있었습니다. 그 고발들이 사실인지 아닌지, 변호사에 대한 수사가 있을 건지 아닌지 저는 모릅니다."

하지만 프랭클린이 스스로 "이 사람에게 계속 변호를 맡기고 싶은지 아닌지" 결정해야 한다고 그녀는 강조했다.

펜산티는 "당신 사건에 법원 지정 변호사 자격은 없을 겁니다. 펜산티 변호사는 법원에서 지명할 수 있는 경험과 자격을 갖추지 못했어요." 그녀는 덧붙였다.

"당신은 펜산티 변호사와 개인적으로 거래를 했어요. 그건 좋습니다." 그녀는 계속해서 말했다. "누구에게든 변호를 맡길 권리가 있어요. 하지만 당신에게는 능력 있는 변호사에게 변호를 맡길 권리도 있습니다. 당신은 문제가 있다는 것을 통지받았어요. 나중에 가서, 만약 유죄선고를 받아서 항소를 하게 되었을 때, 이 문제를 몰랐다거나 알았다면 펜산티 변호사를 계속해서 쓰지 않았을 거라고 주장할 수는 없을 겁니다. 전 그저 당신이 이런 일들에 대해 인지하고 이 문제를 심각하게 생각해보기를 바랄 뿐입니다."

프랭클린은 결정할 문제를 안고 감방으로 돌아갔다. 열흘 후 후속 심리에서 암스터는 케네디 판사에게 자신이 프랭클린과 "법원이 알려준 모든 사실"에 대해 상의해봤다고 말했다. 그리고 프랭클린은 "펜산티 변호사가 계속 변호하기를 바란다"고 판사에게 말했다.

"프랭클린 씨는 이해하고 있습니다." 암스터는 말했다. "모든 것을 이해하고 있다고 확신합니다."

• • •

당시 나는 브리지스와 잠들었던 살인마 사건에 대해 〈L. A. 위클리〉에 기고하던 글을 위해 펜산티를 인터뷰했다. 그녀는 브리지스의 주장은 심리 중인 살인 사건에서 검사들과 거래를 하려는 "절박한 시도"라고 말했고, 나는 이를 기사에 인용했다. "브리지스는 자기가 법률사무소를 운영하고 변호사 행세를 했다고 말하고 있어요." 그녀는 말했다. "그 말을 믿고 싶은 사람은 믿으라고 해요. 말도 안 되는 소리예요. 브리지스의 주장은 제정신이 아니에요……. 그 사람은 반사회적 거짓말쟁이예요."

펜산티는 브리지스를 고용한 건 새 인생을 살 거라는 희망에서였다고 나중에 내게 말했다. "전 그 사람한테 자기가 잘하고 잘 아는 일을 할 기회를 준 거라구요." 그녀는 말했다. "도우려고 한 거였어요."

펜산티는 브리지스가 마약과 술을 남용하기 시작한 후 그를 해
고한다고 말했다고 했다. 브리지스는 몹시 괴로워했다. "다시 고
용하지 않으려 했다고 나한테 보복하리라고는 생각도 못했어요."
그녀는 말했다. "그가 나를 미워한 게 분명해요."

날짜를 정하다

　2008년, 캘리포니아 피해자 인권법인 마시법은 1983년 전 남자친구에게 스토킹을 당하다가 살해된 23세의 UC 산타 바바라 대학생 마살리 니콜라스의 이름을 따서 붙여졌다.

　이 법은 사법절차에서 피해자와 그 가족들의 권리 증진을 요구했다. 거기에는 피고에게 보석 판결을 내릴 때 피해자와 그 가족들의 안전을 고려할 것, 모든 법정절차를 의무적으로 공지할 것, 그리고 재판 진행과정의 모든 단계에서 법정에 이야기할 권리, 배상을 요구할 권리, 신속하게 재판을 받을 권리가 포함된다.

　잠들었던 살인마 피해자 가족들이 대체로 주목한 것은 마시법에서 명하고 있는 신속한 재판이었다. 실버먼과 리조는 그들의 우려에 동의했다. 달력은 무려 2015년을 나타내고 있었고, 그들의 인내심은 한계에 달했다. 프랭클린이 체포된 지 4년 하고도 반이 지났다. 이 사건이 아무리 복잡하다 해도 이건 정의를 기다리기에는 터무니없이 긴 시간이라고 모두들 생각했다.

　다음 예심은 2월 6일이었다. 점점 더해가는 좌절감에 지치고 마시법으로 무장한 그들은 이날 드디어 재판 날짜가 정해질 거라는 희망을 다시 한 번 품었다.

이날 예심 법정에는 초조한 가족들 말고도 다른 사람들이 있었다. 대부분의 예심 때 법정에 있는 기자는 나밖에 없었지만, 이번에는 지역 라디오 방송국과 신문사 기자들도 있었다. 가족들의 좌절에 관한 소식이 퍼져나가 마침내 케네디의 법정까지 닿은 것이다. 일반적으로 가족들이 언론에 이야기하는 것을 좋아하지 않는 실버먼도 언론에 적대적인 태세를 늦추었다.

프랭클린 예심이 진행되는 동안 이렇게 많은 기자들이 온 일은 이전에 딱 한 번뿐이었다. 그건 거의 1년 전인 2014년 1월 7일, 프랭클린이 처음이자 마지막으로 자기변호 증언을 한 날이었다. 그날 가장 큰 흥밋거리는 프랭클린의 DNA, 더 정확히 말하자면 그의 DNA가 발견된 버려진 피자 조각이었다. 법적으로 문제가 되는 부분은 존스 인크레더블 피자 가게에서 그 피자를 압류한 LA경찰 잠복형사가 프랭클린의 권리를 침해했는지 여부였다. 판사가 그 점유를 불법 획득으로 판결한다면, 기소에 심각한 문제로 이어질 공산이 있었다. 하지만 검사들은 용의자가 공공장소에 버린 증거물을 경찰이 획득할 권리를 주는, 소위 폐기물법을 굳게 믿고 있었다.

프랭클린의 변호를 맡은 암스터와 펜산티는 어느 암 환자의 경우였던 과거의 이의 신청건을 인용하며 밀어붙였다. 그 사건에서 환자는 투병에 도움이 된 자신의 희귀한 혈액세포조직을 이용하여 상업적 항균제품을 만든 연구원들을 고소했다. 그 암 환자는 그 이의신청에서 졌지만, 프랭클린의 팀은 그 논리를 이 사건에서 다시 한 번 써볼 만하다고 생각했다.

암스터는 프랭클린의 DNA는 그의 재산이며 자신의 인체 폐기물을 경찰이 가져도 좋다는 허가를 결코 한 적 없다고 주장했다. 프랭클린은 씹었건 안 씹었건 자기가 남긴 음식이 검사받지 않고 쓰레기통에 버려진 다음 다른 사람들 쓰레기와 함께 대형 쓰레기 수집용기에 들어갈 거라는 합당한 기대를 가지고 있었다는 것이다.

암스터는 판사에게 말했다. "그런 관계로 저희가 문제 삼는 것은 프랭클린 씨가 체액을 음식점 직원으로 간주한 사람이 다루는 것은 허락했지만, 그것이 제삼자의 손에 들어가거나 따로 구별이 되거나 점유되는 것에는 결코 동의하지 않았다는 것입니다. 프랭클린 씨는 그 쓰레기가 뒤섞여서 더 이상 따로 구별되지 않을 것이며, 그 쓰레기가 따로 구분될 수 없는 컨테이너에 들어갈 때까지 일반대중들이 접근할 수 없을 거라고 믿었습니다."

프랭클린은 서약을 한 다음 판사에게 자기가 남긴 음식이 쓰레기통에 들어갈 것이라 생각했다고 말했다.

"음식점 직원이 당신 음식, 그러니까 당신이 남긴 음식을 제삼자에게 넘길 거라는 생각을 했습니까?" 암스터가 프랭클린에게 물었다.

"아니요." 프랭클린이 대답했다.

"그걸 구분해서 둘 거라는 생각을 했습니까, 안 했습니까?" 암스터가 물었다.

"하지 않았습니다." 프랭클린이 말했다.

"무슨 생각을 했습니까?" 암스터가 물었다.

"나머지 쓰레기와 함께 섞일 거라고 생각했습니다." 프랭클린이 대답했다.

"다른 쓰레기들과 함께 섞이고 나면 그다음에는 어떻게 될 거라고 생각했습니까?" 암스터가 물었다.

"폐기될 거라고요." 프랭클린이 말했다.

"경찰이나 제삼자가 당신 체액을 테스트하는 것에 동의한 적 있습니까?" 암스터가 물었다.

"아니요." 프랭클린이 말했다.

"제삼자가 테스트할 수 있게 하려는 목적으로 당신 소유물을 버릴 의도가 있었습니까?" 암스터가 물었다.

"아니요." 프랭클린이 대답했다.

암스터는 프랭클린이 반대 신문에 약할 터라 증인석에 세우는 게 위험하다는 것을 알고 있었지만, 프랭클린 없이는 주장을 내세울 수 없다는 것도 알고 있었다.

"모든 개인에게는 체액을 포함해 자신의 신체일부에 일어나는 일을 지시할 권리가 있습니다." 암스터가 요약했다.

다음에는 실버먼이 프랭클린에게 반대 신문을 할 차례였다. 그녀는 그가 저지른 수두룩한 범죄를 고려할 때 프랭클린에게 증인으로서의 신뢰성이 있을지 여부부터 당장 의문을 제기했다. 프랭클린이 폭행과 차량 중절도, 장물수수 등 수많은 중죄의 일부를 증언하고 나자, 이번 기회가 그를 심문할 유일한 기회가 될 가능성이 크다는 것을 알고 있던 실버먼은 급소를 찔렀다.

"데브라 잭슨이라는 사람을 압니까?" 그녀가 물었다.

암스터가 재빨리 이의를 주장했다. "이번 절차와 무관합니다." 그가 케네디에게 말했다.

케네디는 동의했다. 실버먼은 방향을 바꿔 그가 이전에 암스터에게 증언했던 바, 즉 수사팀이 그를 미행하고 있던 날 교회 사람들과 존스 인크레더블 피자 가게에서 생일 파티를 했다는 사실에 대해 질문했다. "사실은 여자 친구 소니아*와 소니아의 딸과 함께 생일 파티에 간 것 아닙니까?"

* 소니아의 성은 사생활 보호를 위해 법정증언에서 삭제되었다.

"교회 목사님께 초청받았습니다." 프랭클린이 대답했다.

"이 생일 파티에 여자 친구 소니아와 같이 간 게 사실 아닙니까?" 그녀가 다시 물었다.

"소니아는 제 여자 친구가 아니었습니다." 프랭클린이 주장했다.

"여자 친구가 아니라고요?" 실버먼이 물었다. "2010년 7월 소니아와의 관계는 무엇입니까, 아니 무엇이었습니까?"

"고용인입니다." 프랭클린이 대답했다.

"고용인이라고요?" 실버먼이 물었다. "누구의 고용인이죠?"

"제 고용인입니다." 프랭클린이 대답했다. 아마도 2009년에 시작한 조그만 세탁소를 말하는 것 같은데, 경찰은 그게 아내의 눈을 속이려는 수작에 불과하다고 믿었다.

내가 보기에 프랭클린은 그 더러운 세탁업 이야기가 법정에 나오는 걸 좋아하지 않는 기색이었다. 자신을 향한 살인혐의에도 거의 신경 쓰는 기색이 없었지만, 자기를 여자들이나 희롱하고 다니는 배우자로 부르는 것은 다른 문제였다.

예심이 끝나갈 무렵 케네디 판사는 프랭클린의 DNA에 대한 암스터의 주장을 "허울 좋고 우스꽝스러운" 주장이라고 부르며 경찰의 감시를 받고 있는 게 아니라면 어떤 분별 있는 사람도 자기 쓰레기가 어디로 갈지는 궁금해하지 않을 거라고 말했다.

"정말 그런 일들을 염려한다면, 다 먹든지 자기 쓰레기를 들고 갔을 겁니다." 케네디는 말했다. "여기서 사실은 피고가 다른 사람들과 다를 바 없이 음식을 먹었다는 겁니다. 그 물건들을 치웠을 때 그 물건들과 피고의 관계도 끝난 것이며 물건들은 그 이후부터는 폐기물입니다.

그게 증거로서 가치가 있는지 없는지는 그가 그 물건들의 프라이버시에 대해 합당한 기대를 했는지 아닌지 여부와 무관합니다. 그 물건들을 일단 버리고 나면, 더 이상 프라이버시에 대한 합당한 기대는 없는 겁니다."

• • •

그래서 지금, 프랭클린이 활기를 찾은 109호 법정 증인석에 선지 1년이 조금 더 지난 2015년 2월 6일, 법정은 다시 한 번 평소보다 많은 기자들로 들썩이고 있었다. 이번에는 프랭클린이 주목대상이 아니었다. 사람들은 점점 인내심을 잃고 분노하는 희생자 가족들의 마시법 증언을 들으러 왔다. 주황색 죄수복을 입은 프랭클린은 예심이 진행되는 2시간 내내 지겹고 관심 없다는 듯한 시선을 보냈다.

바바라 웨어의 새어머니 다이애나와 모니크 알렉산더의 아버지 포터가 가족들 중 가장 큰 목소리로 의견을 개진했다. 다이애나가 먼저 증언하는 것이 적절했다.

그녀는 기나긴 지연에 대한 심정을 절제된 감정으로 강력하게 토로했다.

"저는 모든 예심에 참석할 자세가 되어 있으며 이 사건이 법의 심판을 받는 것을 보고 싶습니다." 다이애나는 법관에게 말했다. "저보고 의무사항도 아닌데 왜 모든 예심에 다 참석하려 하느냐고 묻는 사람들도 있습니다. 하지만 저는 바바라가 가족들과 친구들의 사랑을 받았다는 걸, 바바라의 인생이 중요했다는 것을 프랭클린 씨와 변호팀이 알아주기를 바랍니다……. 우리는 사법제도를 포기하지 않을 것이며 재판 날짜가 곧 정해지기를 기도하고 있습니다."

바바라 웨어의 이복언니 트레버 앤더슨은 판사에게 절차 지연은 "바바라 웨어를 사랑했던 모든 사람을 모욕하는 것"과 같다고 말했다. "바바라는 우리 가족의 소중한 일원이며, 딸만이 아니라 많은 대가족을 남기고 떠났습니다. 이렇게 많은 시간이 흐른 후 우리가 알게 된 것은 바바라가 겁쟁이의 손에 죽었다는 것입니다. 이제 캘리포니아주는 이 겁쟁이에게 법의 심판을 더 연기하는 것을 허락하고 있습니다……. 저는 사형을 고려하지 말아달라고 청하고 싶습니다. 그렇게 해서 일이 진행될 수 있다면요. 저 사람이 감옥에서 죽는다면 그건 정의는 아니겠지만 그래도 우리에게 어느 정도 끝맺음은 될 것입니다. 우리는 모두 나이가 들어가고 있습니다. 우린 이 괴물에게 법의 심판이 내려지는 것을 보고 싶습니다."

포터 알렉산더는 분노와 날것 그대로의 감정이 뒤섞인 어조로 케네디에게 딸 모니크가 죽었을 때 "인생에서 가장 소중한 것을 잃어버렸다"고 말했다. "제 어린 자식을 자기가 거리의 우두머리라고 생각하는 사람, 자기가 생명을 통제할 수 있다고, 누가 살고 죽을지 결정할 수 있다고 생각하는 사람 손에 잃어버렸습니다. 저 사람은 제게서 한 인간을 앗아갔습니다. 제 팔다리 하나를 앗아갔습니다. 제 모습을 볼 때마다, 팔이나 다리가 없는 모습이 보입니다. 제가 아이를 잃어버린 것처럼 소중한 사람을 잃어버린다면 이건 이해하기 힘든 일입니다.

암스터 씨는 자신이 하고 싶은 대로 하고, 말하고 싶은 대로 말할 권리가 있는 것처럼 걸어 들어와 일어나서는 발작을 해댑니다." 포터는 암스터를 똑바로 쳐다보며 계속해서 말했다. "이건 살인 사건입니다. 이 사람은 다른 사람의 생명을 잔인하게 빼앗은 사람인데, 우리는 저기 앉아서 이 사람이 내놓는 것을 참아야 합니다. 이런 일이 벌어지고 있다는 것을 믿을 수가 없습니다.

전 일흔넷입니다. 이제껏 어떤 남자, 어떤 여자와도 문제를 일으킨 적 없습니다. 사람들에게 합당한 대접을 해주니까요. 전 사람들을 존중하고, 남들에게서도 딱 그만큼을 바랍니다." 그는 말했다. "저희는 일을 진행시킬 수 있기를, 이 일을 끝맺을 수 있기를 바랍니다. 왜냐하면 하나님께서 지켜보시듯이 전 살아서 그날을 볼 작정이니까요. 하나님 아버지께서는 이미 제게 '끝까지 해낼 것이다'라고 말씀하셨습니다. 저는 이 사람이 자기에게 마땅한 곳에 가는 걸 보기 위해 노력하는 것 뿐입니다."

그 말과 함께 포터는 증언석에서 내려왔고, 헨리에타 라이트의 딸 로쉘 존슨이 그 뒤를 이었다. "바로 저기 저 사람 때문에 우리 엄마는 저를 키울 기회를 갖지 못했어요." 젊은 미용사는 케네디에게 말했다. "바로 여기 이 사람 때문에 전 엄마를 아예 알지도 못합니다. 어떤 면에서 전 우리 엄마의 시신이 아직도 그 골목길에 누워 있는 것처럼 여전히 고통받고 있어요. 저 사람이 마땅히 있어야 할 자리에 있지 않으니까요. 3주나 2주에 한 번씩, 두 달에 한 번씩 제 돈을 써가며 여기 와서 여전히 저 사람 얼굴을 봐야 하는 것 때문에 여전히 고통받고 있어요……. 그래서 제가 여기 와서 이 사건의 절차가 진행될 수 있도록 하려는 겁니다. 우리 모두가 끝맺음을 할 수 있게요. 전 끝맺음을 하지 못했으니까요. 그 일은 제가 네 살 때 벌어졌습니다. 지금 전 서른셋이에요. 전 앞으로 나아갈 수 있기를, 끝을 볼 수 있기를 바랍니다."

연쇄살인에 맞서 싸우는 흑인 연맹의 마거릿 프레스코드도 케네디에게 가족들에게는 종결이 필요하다고 말했다. "제니시아의 아들은 지난 수요일 열한 살이 되었습니다." 그녀는 말했다. "십 대 시절로 들어서는 거죠. 저도 엄마이기 때문에 그게 얼마나 힘든 시기인지 압니다. 오늘 아침 일찍 제니시아의 어머니 레이번과 이야기를 했어요. 어머니에게, [제니시아의] 아들에게 이게 얼마나 힘든 일인지 제게 이야기하더군요. 그 아이도 감당해야 하니까요. 그들은 하루도 빠짐없이 제니시아를 그리워하고 있어요. 메리와 포터, 데브라, 바바라, 오늘 여기 있는 모든 가족들이 그렇듯이 말입니다."

프레스코드는 가족들 중 일부는 잠들었던 살인마의 희생자들이 마약에 중독된 흑인 여성들이 아니라 백인들이었다면 재판이 훨씬 더 신속히 진행되었을 거라고 생각하고 있다는 것도 전달했다. "자, 우리는 전에도 이 희생자들이 웨스트 버지니아나 UCLA에 다니는 젊은 여학생들이나 백인 학생들이라면 온 세상이 이 일을 알 거라고, 이 사건에 법의 심판이 내려질 거라고 말씀드린 바 있습니다." 그녀는 말했다. "하지만 이 희생자들은 사우스 LA의 가난한 여성들, 흑인 여성들입니다. 이 여성들의 생명도 다른 모든 사람들의 생명과 같은 가치를 가질 때가 되었습니다. 우리는 법원이 이 사실을 고려하기를 바랍니다."

마지막으로 증언석에 선 생존자 에니트라 워싱턴도 재판 날짜가 끊임없이 미뤄지는 것은 희생자들의 피부색 문제이지 정의의 문제가 아니라는 프레스코드의 말에 동의했다.

"제 생각에 저 사람이 질질 끌려다니는 이유는 우리가 결국에는 잊어버릴 거라고 생각하기 때문입니다." 그녀는 분노하며 말했다. "그런 일은 없을 겁니다……. 우리는 절대 잊지 않을 거예요. 상황이 반대여서 제가 금발에 파란 눈이거나 고등학생에 금발에 파란 눈이거나, 하다못해 당신들과 더 가까운 엷은 피부색의 라틴계이기만 했어도 상황은 벌써 끝났을 겁니다."

하지만 에니트라는 그날 그 모든 사람들을 법정에 있게 만든 바로 그 사람, 로니 프랭클린에게 대부분의 분노를 쏟아냈다. 그녀는 근엄한 태도로 그를 비난했다.

"당신은 우리를 때려눕혔어요." 그녀는 프랭클린을 노려보며 말했다. "우린 기절했죠. 당신은 나를 쏘고 죽으라고 내버려뒀어요. 내게 무슨 일이 있었는지 난 몰라요. 깨어났을 때만 알죠. 하지만 그게 당신이라는 것은 알아요."

에니트라는 프랭클린에게 1988년의 그 끔찍했던 밤 그들이 했던 대화를 상기시켰다. "당신은 거기 앉아서 마음대로 나를 무시할 수도 있겠죠. 내가 죽었다고 생각했으니까." 그녀는 말했다. "하지만 우린 대화를 했어요. 내가 말했잖아요, 내가 죽으면 당신이 내 아이들을 돌봐야 한다고, 나는 당신이 누군지 전혀 모르니까 살려달라고. 만약 하나님께서 날 죽게 하신다면 나는 돌아와서 남은 평생 내내 당신을 유령처럼 따라다니며 괴롭힐 거라고. 하지만 대신에, 하나님이 날 살려주셨고, 그래서 전 당신을 따라다니며 괴롭히는 거예요. 난 여전히 여기 살아 있으니까."

에니트라는 프랭클린이 처음에 그를 거절하고 차에 타지 않으려 했기 때문에 자기를 공격했다고 생각한다고 그에게 말했다. "내가 당신한테 싫다고 했기 때문에 화가 났다고 생각했어요." 그녀는 이론을 피력했다. "미안하지만 난 키 작은 남자는 좋아하지 않는데 당신은 내 키에 비해 너무 작았어요. 그리고 난 키 크고 가무잡잡하고 대머리인 남자들이 좋다구요. 알겠어요? 난 거짓말하지 않을 거예요. 당신이 날 괴롭혔어요. 난 당신을 괴롭히지 않았고 당신이 괴롭혔다고. 드라이브하자고 치근덕댔잖아요. 난 괜찮다고 했어요. 혼자 걸어갈 수 있다고, 멀리 가지도 않는다고. 하지만 당신은 내게 치근덕대며 말했어요. '그게 바로 당신들 흑인 여자들의 문제야.' 마치 백인 여자들만 당신 격에 걸맞다는 것처럼요. 그러니까 이게 당신이 우리한테 하는 짓인가요? 이게 당신이 우리한테 하는 짓인 거죠? 당신을 낳은 여자도 흑인이에요. 당신도 흑인이고. 어떻게 우리를 그런 식으로 무시할 수 있죠? 그런데 우리가 당신을 위해 나서길 바라요? 아니. 어떤 벌을 받건 당신한테 마땅한 벌이에요. 그러고도 더. 하지만 하나님이 다른 식으로 당신을 손봐줄 거예요. 난 알아요. 느낄 수 있어요."

에니트라는 애초에 드라이브 가자는 제안을 거절한 걸 가지고 프랭클린이 자기에게 죄책감을 느끼게 하려 했다고 말했다. "싫다고 말했을 때 난, 저 사람이 흑인 여자를 집까지 데려다주겠다고 한 걸 거부한 데 대해 내가 죄책감을 느끼게 한다는 걸 알았어요.

심리전이죠."

그 후 에니트라는 프랭클린이 자기에게 한 짓을 용서할 수 없다고 케네디에게 말했다. "용서했다고 생각했지만, 그건 틀렸어요." 그녀는 판사에게 말했다. "하나님이 절 용서하시길. 하지만 제가 틀렸어요. 저는 기독교 정신으로 그를 용서할 수 있다고 생각했어요. 하지만 그럴 수 없어요. 왜냐하면 당신은 삶의 기회도 가져보지 않은 어린아이들에게 더한 짓들을 했으니까요. 당신은 너무 많은 사람들의 인생을 훔쳐갔어요. 그들의 인생을. 당신은 그러고도 여기 미소를 띠고 앉아서 자랑스러운 일이라도 한 것처럼 고개를 꼿꼿이 치켜들고 있어요? 악마한테나 돌아가요. 거기가 당신 있을 자리니까."

가족들의 진술이 끝났을 때 프랭클린은 표정 없이 앉아 있었다. 심리가 진행되는 동안 그는 간혹 가족들 쪽을 휙 바라보기는 했지만 한 번도 직접 눈을 맞추지는 않았다. 후회하는 기색은 없었다. 수치심으로 고개를 숙이지도 않았다. 그걸 바라보며 나는 저 사람이 후회의 감정을 가질 능력이 있는지 궁금했다. 아마 그저 무감각했을지도 모른다.

가족들이 할 말을 다하고 나자, 실버먼은 판사에게 재판 시작일을 정해달라고 청했다. 그녀는 희생자 가족들 쪽으로 시선을 옮기며 사실 "이들에게는 기대할 것이 없고 목표도 없다. 듣는 소리라고는 똑같은 이야기의 되풀이 뿐"이라고 강조했다.

"우리가 계속 재판 시작일을 정하고 있지만 판사님은 속으로 그래봐야 소용없다고 생각할지도 모른다는 것을 알고 있습니다. 그리고 그 날짜가 실제로도 아무 의미가 없다는 것도 압니다." 그녀는 덧붙였다. "하지만 어쩌면 중요할지도 모릅니다. 적어도 가족들에게는요. 어쩌면 언젠가는 법원도 이제 충분하다고 생각하고 이 사건의 재판을 밀어붙여야겠다고 결정하겠죠. 증인들을 더 잃기 전에, 더 많은 어머님들이 돌아가시기 전에, 증거들을 다시 테스트해야 하기 전에요."

케네디는 증언을 경청했고, 가족들이 토로한 광대한 좌절과 우려들에 대해 마침내 이야기하기 시작했을 때는 피곤한 기색이 역력했다.

"이 사건이 무척 지연되어왔다는 것은 잘 알고 있습니다." 그녀는 말했다. "초반에 한 분이 이 사건이 사형 재판 혹은 사람들이 사형을 요구하는 재판이라고 말씀하시면서, 이게 만약 사형 재판이 아니라면 더 빨리 진행되리라는, 아니면 빨리 진행시킬 거라는 생각을 비치신 바 있죠. 말씀드리지만, 사형을 요구하느냐 아니냐는 법원이 결정할 문제가 아닙니다. 그건 검찰의 결정입니다. 하지만 이건 말씀드립니다. 이 법정에서 여러 건의 사형 문제를 다뤄본 사람으로서, 사형 사건들은 다른 사건들보다 오랜 시간이 걸립니다. 피고나 희생자들이 흑인이건 백인이건 라틴계이건 아시아인이건 상관없습니다. 더 오랜 시간이 걸려요. 그 문제에 대해서는 사과드립니다만, 그게 사실입니다."

그렇게 말한 후 케네디는 재판 날짜를 6월 30일로 잡았다. 감정에 호소하는 가족들의 엄호사격에도 불구하고 800 전담반 형사 듀프리와 검사팀은 그 날짜에 대해 회의적이었다. 그들은 변호인 측에서 아직 DNA와 탄도 증거를 테스트하지 않았다는 것을 잘 알고 있었다. 가족들은 약간 더 희망에 차서 법정을 떠났지만 그

기쁨은 오래 가지 않았다. 넘어야 할 장애물이 아직도 수없이 많았다.

• • •

지정된 시작 날짜에 대한 실버먼과 리조, 듀프리의 의구심은 사실로 드러났다. DNA와 다른 증거들에 대한 테스트는 평소와 다름없이 질질 끌며 연기되었다. 6월 30일은 왔다가 지나갔다. 2015년 11월 또 하나의 지연 요소가 나타났다. 이번에도 펜산티 문제였다. 이번에 검사팀은 펜산티가 2013년 캘리포니아주 변호사 규정 위반으로 집행유예를 받았을 때, 필수조건이었던 미국변호사 윤리시험 합격 증거를 제출하지 못했기 때문에 변호사 자격이 곧 정지될 거라는 사실을 지적했다.

시험을 쳐서 합격했다는 증거를 제출하지 못하면 펜산티는 2015년 11월 16일부로 자격이 정지될 예정이었다. 펜산티는 정지 기간을 연기해달라고 요청해두었고 그로 인해 주 변호사 승인은 미결 상태였다.

11월 16일 후속심리 날, 정지 연기 요청은 그 전 주 펜산티가 치른 시험의 합격여부와 함께 여전히 미결상태였지만 암스터가 판사에게 변호사를 교체해달라고 요청했다. 그는 불확실한 상황을 원하지 않았다.

"프랭클린 씨와 오늘 아침 논의했는데, 제 말에 따를 것이며 펜산티가 다시 돌아오는 것을 원하지 않는다고 말했습니다." 암스터가 말했다. "펜산티가 자격증이 없으리라고는 예상도 못했습니다."

"지금부로 펜산티는 이 사건의 지정변호사가 아닙니다." 암스터는 판사와 검사들에게 말했다. "이렇게 중대한 사건에서 펜산티의 인생사가 우리를 인질로 잡을 수는 없다고 생각합니다."

몇 주 후 암스터는 캘리포니아 클레어몬트의 데일 애서턴 변호사가 차석변호사가 될 거라고 법원에 알렸다. 암스터는 이전 사건들에서 애서턴과 일해본 적이 있고, 그의 직업윤리가 마음에 들었으며, 그 역시 자신과 일하는 것을 좋아한다는 것을 알고 있었다.

이제 더 이상 지연은 없으리라는 기대와 함께 2016년 2월 16일, 재판 시작날짜가 잡혔다. 변호인단과 검사팀은 배심원을 고르기 시작했다.

재판

    지방검사보 베스 실버먼은 오랫동안 지연되어온 잠들었던 살인마 재판 모두진술을 한 일화로 시작했다. 20년도 넘게 사우스 센트럴 거리를 제멋대로 활개치고 다닌 한 연쇄살인마에 관한 이야기였다. 그리고는 배심원에게 자신이 해결할 미스터리의 장면을 제시했다.

    "로스앤젤레스 사우스 센트럴의 80년대는 죽음의 역병이 돌던 시절이었습니다. 그건 바로 크랙코카인이었죠." 실버먼은—그때는 태어나지도 않았던 사람들도 포함한—12명의 배심원들과 6명의 교대원에게 말했다. "여러분은 코카인이 그 유혹적인 싼값과 강력한 약효에 굴복한 사람들을 집어삼켰다는 것을, 또 주로 저소득 지역에 영향을 끼쳤다는 것을 들어서 알고 있을 것입니다. 코카인은 또한 가족들과 이웃, 공동체 전체에 파괴의 유산을 남겼습니다. 많은 사람들이 약물을 과용했습니다. 어떤 이들은 직장을, 집을, 가족을 잃었습니다.

    이 모든 것이 사실이며 이 약이 너무나 치명적이었음에도 불구하고, 코카인은 너무나 중독적이라 몇몇 여성들은 약을 더 얻기 위해서라면 어떤 위험이라도 무릅쓸 자세가 되어 있었습니다." 그녀는 말했다. 머리 위에 달린 프로젝터가 프랭클린이 앉아 있는 자리 위 옆쪽 벽에 프랭클린의 머그샷을 커다랗게 띄우고 있었다. "사람들은 이 약의 힘에 굴복했고, 이 강력한 약에 대한 의존도를 만족시키기 위해 자신의 몸과 영혼을 기꺼이 팔았습니다."

그 중독 때문에 그들은 연쇄살인마의 손쉬운 먹이가 되었다고 실버먼은 말했다. "불행히도 이제부터 들으실 이야기는 이 중독이 이 여성들을, 비극적 상황을 이용하려 했던 사람에게 극히 취약하게 만들었다는 것입니다. 그 사람은 이 여성들이 자신의 안전을 염려하지 않는다는 것을, 그저 어디서 약을 더 얻을 수 있을 것인지만 생각하고 있다는 것을, 그래서 그들이 손쉬운 목표라는 것을 잘 알고 있었습니다.

그래서 여성들을 먹이로 삼는 사람, 길거리와 어두운 골목들을 자기 손바닥처럼 잘 알고 있는 사람, 거기 살고 있어서 잘 섞일 수 있는 사람, 약물 중독자이자 어쩌면 매춘부인 여성들이 주로 어디에 모이는지 아는 사람, 코카인을 주겠다며 잠재적 희생자를 으슥한 곳이나 고립된 차로 꾀어내는 법을 아는 사람에게 이건 완벽한 기회였습니다. 그래서 그건 연쇄살인마가 로스앤젤레스의 거리를 전혀 들킬 위험도 없이 돌아다니기에 완벽한 장소이자 시간이었습니다."

실버먼은 배심원을 마주 보고 연단에 서서 그 여성들은 생전에는 서로 알지 못했지만 죽을 때는 공통점이 있었다고 사무적인 어조로 말했다.

"그들은 모두 흑인 여성이나 소녀였습니다. 거의 모두가 지저분한 골목길, 대부분 사우스 로스앤젤레스에서 발견되었습니다. 모두 쓰레기처럼 버려졌습니다. 그중 몇몇은 그냥 버려진 채 부패되었습니다. 몇몇은 실제로 쓰레기통에 버려졌죠. 바로 버니타 스팍스와 제니시아 피터스입니다."

눈에 띄는 점은 독특한 살해방법이었다고 실버먼은 배심원에게 말했다. 총으로 살해당한 희생자들은 등에 총을 맞은 제니시아 피터스를 제외하면 똑같은 방식으로 총상을 입었다. 어떤 범죄현장에서도 총알이 발견되지 않았고, 신분증도 발견되지 않았다. 여성들이 검시관에게 왔을 때는 모두들 신원 미상이었다.

이 기소는 DNA와 탄도 증거에 기초하고 있다고 그녀는 모두진술 도중 강조했다. "가장 중요한 것은, 여러분은 모든 [희생자들], 그들 하나하나가 DNA 증거 혹은 총기 증거, 혹은 둘 다에 의해 동일한 연쇄살인마와 연결되어 있다는 것을 아시게 될 겁니다. 그 연쇄살인마가, 여러분, 바로 로니 프랭클린입니다."

실버먼은 암스터 변호사가 범죄현장 분석가들이 발견한 증거, 구체적으로 말해 몇몇 여성들이 신원미상 남자의 DNA 프로파일을 가지고 있다는 점에 초점을 맞출 거라고 배심원들에게 말했다.

"일부 희생자들이 약을 구하기 위해 매춘에 의지했다는 사실을 생각하면, 몇몇 경우 성폭행 흔적에서 다른 남성들의 프로파일도 발견되었다는 게 놀라운 일은 아닙니다." 그녀는 그 문제를 정면으로 거론하며 말했다.

하지만 실버먼은 프랭클린이 유죄라는 데 추호의 의심도 없다고 말했다.

"7건의 살인이 동일한 남성의 DNA 프로파일에 의해 서로 연결되어 있다는 것을 아시게 될 겁니다."

실버먼의 모두진술이 첫날 재판의 많은 부분을 차지했다. 그녀가 희생자 하나하나의 사건을 괴로울 정도로 자세히 설명하며 그 여성들이 어떻게 그런 끔찍한 죽음을 맞았는지 묘사하는 동안, 프랭클린의 머리 위 스크린에는 사진들이 띄워졌다. 부풀어 오른 데브라 잭슨의 시신, 잡초들 사이에 발가벗은 채 엎드려 있는 프린세스 버소뮤, 피투성이 입에 셔츠가 쑤셔 박혀 있는 헨리에타 라이트의 모습이.

몇 년 동안이나 유예되어왔던 잠들었던 살인마 재판이 진행 중이었고, 그 재판은 3개월 가까이 이어졌다. 검찰은 DNA와 탄도학 전문가, 카운티 검시관, 범죄현장에 가장 먼저 도착한 순찰경찰, 그 살인 사건들을 처음에 조사했던 살인과 형사들, 생존자 에니트라 워싱턴, 에니트라의 가슴에서 총탄을 빼낸 의사를 포함해 40명이 넘는 증인들을 내세울 것이다.

2010년 프랭클린이 체포된 후 그의 집과 차고를 뒤졌던 수색팀원들은 검찰 측에 큰 도움이 되는 증인들이 되었다. 그 수색은 LA 경찰 역사상 최대 규모였고, 프랭클린의 집 밖에 "지옥"이라는 별명이 붙은 본부도 설치했다. 앞마당 잔디밭을 온통 가로질러 세워진 커다란 파란 텐트에서 로베리 살인과 형사들은 집에서 가져오는 증거를 재빨리 검사하고 처리할 수 있었다. 81번가 중 하버드로에서 웨스턴가까지는 거주민들을 제외하고는 통행이 금지되었다. 경찰 허락 없이는 누구도 드나들지 못했다.

배심원들은 차량 3대가 들어가는 프랭클린의 차고가 수색 형사들에게는 악몽과도 같았다는 말을 말을 들었다. 800 전담반과 로베리 살인과 형사, 범죄학자, 총기전문가, 사진사들이 사흘 동안 집과 차고를 수색하는 동안 카메라 스무 대, 사진 촬영이 가능한 전화기 서른 대, 발가벗은 여자들을 찍은 수백 장의 노골적으로 야한 사진들*을 포함한 800건 이상의 증거가 나 왔다. 5인조로 구성된 세 팀이 프랭클린의 차고 수 색에 투입되었다. 나머지 5인조 세 팀은 가택 수색 임무를 받았다.

*그중 일부는 LAPD 웹사이트에 게시되어 있다.

수색의 첫 난관은 프랭클린 집 뒷마당에서 발견된, 에어백이 장착된 20개 이상의 자동차 핸들이었다. 제대로 다루지 않으면 폭발할 수도 있는 잠재적 폭탄들이었다. 폭탄팀이 투입되어 핸들을 폭파시켰다. 하나하나 방탄담요로 덮은 다음 전기충전으로 폭발시켰는데, 그중 하나는 공중으로 날아가 이웃의 차 창문을 깨뜨렸다.

벽을 세워 3개의 공간으로 구분한 프랭클린의 차고는 집 뒤쪽에 자리 잡고 있었고 바닥에서 천장까지 자동차 부품과 스피커, 퀘이커스테이트 엔진오일 상자, 소다수, 라디오와 전기장비, 전구, 연장들로 가득 차 있었다. 자동차와 자전거 부품들이 천장에 매달려 있었다. 일단 수색원들이 그 어지러운 난장판을 걷어내고 나자 수색이 정말로 흥미진진해졌고 강력한 유죄 입증 증거들이 드러났다.

범죄학자 제나로 어레돈도는 배심원들에게 중앙 차고를 수색하던 중 건식벽체 일부가 파손되어 있는 것을 발견했다고 말했다. 가까이 가서 자세히 보니 벽들 사이 공간에 파편들이 떨어져 있는 게 보였다. 부서진 건식벽체를 뜯어내자 바닥에 가슴을 노출한 여자를 찍은 폴라로이드 사진이 있었다. 그때는 몰랐지만, 그것은 에니트라 워싱턴의 사진이었다. 총에 맞은 채 내버려져 방치되었던 그날 밤 입었던 옷을 입고 있었다. 크림색과 파란색이 섞인 그녀의 블라우스는 피로 흥건히 젖어 있었다.

마이크 오펠트 서장보좌는 동쪽 차고의 미니냉장고 문 안에서 미소 지은 채 가슴을 드러내고 있는 제니시아 피터스의 사진이 든 봉투가 발견되었다고 증언했다. 그때 수색팀은 그 사진 속의 여자가 잠들었던 살인마의 알려진 마지막 희생자라는 것을 몰랐다.

오펠트와 그의 팀은 10,000달러가 든 코닥 VHS 카세트 테이프 상자와 현금 7,000달러가 든 회색 금고도 발견했다. 사방에 여자 속옷들이 어수선하게 흩어져 있었다. 흰색 닛산 소형트럭 후드 위에는 검정색 브라와 캐미솔, 끈팬티 2개가 있었다. 트럭 계기판 위에는 속옷 한 세트가 있었다.

자동차 부품과 세워진 상태로 서로 포개져 쌓인 자동차 문짝들, 연장, 쓰레기들로 입추의 여지가 없는 바닥에 놓인 빨간 연장통 위에는 분홍색 팬티가 놓여 있었다.

샬린 존슨 형사는 수색 중 서쪽 차고에 있는 도요타 코롤라 위에서 폴라로이드 카메라를 발견했다고 증언했다. 또한 25구경 자동탄환, 구리피복탄환 상자들도 발견되었다. 잠들었던 살인마 살인 사건들에서 사용된 것과 같은 탄환들이었다.

집 안에서는 더 유력한 증거들이 나왔다.

로베리 살인과 형사 트레이시 벤자민은 자기 팀에서는 식당을 수색했고 목재 중국장 위에서 커버 안쪽에 미란다 권리가 적힌 로스앤젤레스 지역 담당 경찰 노트 2권을 발견했다고 증언했다. 이는 프랭클린이 여자들을 공격했을 때 경찰로 위장하고 있었을지도 모른다는 것을 암시했다. 여러 쓰레기 매립지에서 위생국 유니폼을 입고 찍은 프랭클린의 사진도 몇 장 있었다.

범죄학자 라파엘 가르시아는 케이블과 리모콘들이 어수선하게 들어 있는 침실 서랍장 서랍에서 F.I.E. 타이탄 25구경 반자동권총 1정, 아직 사용하지 않은 구리 피복 탄환 4개가 들어 있는 탄창, 검정 케이스 안에 든 탄환 10개를 발견했다고 증언했다. 그 총은 제니시아 피터스를 죽일 때 사용한 권총으로 밝혀졌다.

루이스 "스위트 루" 리베라 형사는 다른 침실 서류 캐비닛에서 살인무기 인수증을 발견했다고 증언했다. 리베라는 프랭클린 여동생 이름으로 된 웨스턴 서플러스 인수증 발행일자가 잠들었던 살인마 살인 사건들이 시작되기 3년 전인 1982년 2월 17일이었다고 말했다. 인수증과 함께 사용설명서도 발견되었다.

이 총기상 인수증이 또 의미 있는 이유는 그 회사가 웨스트 85번가 1707번지에서 조금 떨어진 곳에 위치해 있었기 때문이다. 프랭클린이 위생국에 근무하고 있을 때 집주소로 적어냈던 바로 그 주소 말이다. 그 집은 프랭클린의 어머니 루비의 집이었다.

피닉스 사에서 생산하는 제닝스 22구경 장거리 소총이 남동쪽 침실 벽장에서 총알 136발과 함께 발견되었다. 총은 옆면에 "로니 프랭클린"이라고 쓰여 선반 위에 놓인 상자에 들어 있었다. 마당에 세워진 위네바고 캠핑카에서는 스미스와 웨슨 38구경 권총뿐만 아니라 루거 22구경 권총과 루거 22구경 소총이 나왔다.

복도 벽장 안에 걸려 있는 군복 상의 호주머니에서는 실탄 6발이 장전된 피닉스 사의 레이븐 25구경 권총이 나왔다. 북서쪽 침실 벽장 바닥에는 탄창이 장전된 38구경 권총이 여러 가지 물건

더미 아래에 숨겨져 있었다. 일련번호는 긁어서 지워진 채였다.

배심원들은 또 사흘에 걸쳐 프랭클린 가택수색을 벌이는 동안 숨겨놓은 가내제작 포르노 비디오를 수사관들이 발견했다는 이야기도 들었다. 검찰이 그중 하나를 배심원들에게 보여주었다. 그 비디오에서 프랭클린은 자기가 찍히고 있다는 것을 모르는 듯한 신원미상의 젊은 흑인 여성과 섹스를 하고 있었다. 테이프는 손에 카메라를 들고 방 안에 서 있는 프랭클린의 모습과 함께 시작된다. 몇 초 후, 젊은 여자가 헐렁한 보라색 티셔츠를 입고 욕실에서 나온다. 여자가 상의를 벗는 모습을 프랭클린이 사진으로 찍는다. 그러고는 카메라를 놓고 바지를 벗는다. 여자가 발기된 그의 성기를 만지자 프랭클린이 몸을 기울여 여자의 가슴에 키스하기 시작한다. 그가 사정을 하고 나자, 젊은 여자는 다시 욕실로 들어간다. 프랭클린도 비디오 카메라 프레임 밖으로 나간다. 몇 초 후 두 사람이 다시 나타나고, 프랭클린은 손에 현금을 들고 있는 것처럼 보인다. 그가 비디오카메라로 다가와 카메라를 끈다.

검찰은 배심원들에게 자신들은 이것이 프랭클린의 방식이며, 그래서 희생자들의 가슴에 침이 있었던 게 아닐까 추정하고 있다고 설명했다.

이 사건의 핵심이자 프랭클린을 연루시킨 DNA 증거를 제시할 때가 되자 전직 과학자인 마거릿 리조 검사가 실버먼의 뒤를 이었다. 리조의 증인들에는 LA 경찰과 LA 카운티 보안관서에서 나온 DNA 분석 전문가들과 외부 연구실에서 온 법의학 전문가들이 포함되었다. 그들은 몇몇 여성들에게서 다른 남성의 DNA 프로파일이 발견되었다고 증언했다. 하지만 그 프로파일들 중 어느 것도 하나 이상의 희생자들에게서 발견되지 않았다. 그러나 프랭클린의 인체 폐기물은 희생자 일곱 명에게서 거의 논쟁의 여지가 없는 항수로 발견되었다.

예를 들어, LA 경찰 DNA 수사팀장 수프리아 로스너는 프랭클린의 DNA 프로파일이 바바라 웨어의 구강을 검사한 면봉 표본에서 나온 DNA 프로파일과 너무나 완벽하게 일치해서 프랭클린 말고 그렇게 일치하는 다른 사람을 발견할 가능성은 1100경 대 1이라고 증언했다.

버니타 스팍스 사건의 경우에는, 로스너가 버니타의 오른쪽 유두에서 발견된 남성의 주요 DNA 프로파일이 프랭클린의 것이라고 증언했다. 이 테스트에서 프랭클린 말고 그와 동일한 DNA를 가지고 있는 사람을 발견할 가능성은 8100경 대 1, 즉 지구 인구의 100만 배 중 하나라고 말했다.

다른 예에서는, 캘리포니아 법무부 범죄연구소에서 나온 DNA 분석가 앤젤라 메이어스가 메리 로우의 오른쪽 유두에서 발견된 DNA에 대해 증언했다. 여기서도 주요 남성 프로파일은 프랭클린과 일치했으며, 프랭클린 말고 그와 동일한 DNA를 가지고 있는 사람을 발견할 가능성은 미국 흑인 8200경 명 중 하나였다.

메이어스는 또한 발레리 맥코비의 왼쪽 유두에서 발견된 DNA 분석에 대해서도 증언했다. 그 테스트 결과, 프랭클린 말고 그와 동일한 DNA를 발견할 가능성은 120조 명 중 하나였다.

로스앤젤레스 카운티 보안관 범죄연구소의 DNA 분석가 크리스티나 곤잘레스는 래크리카 제퍼슨의 왼쪽 유두에서 발견된 DNA를 검사했다고 증언했다. 또다시 주요 남성 프로파일은 프랭클린과 일치했고, 프랭클린 말고 그와 동일한 DNA를 가지고 있는 사람을 발견할 가능성은 2720경 명 중 하나였다.

곤잘레스는 또한 프린세스 버소뮤 사건의 DNA 검사도 했다. 그녀의 오른쪽 유두에서 발견된 주요 남성 프로파일은 프랭클린과 일치했다. 통계학적 계산은 8100경 명 중 하나로 나왔다. 그녀는 또한 오른쪽 유두 샘플에서 나온 DNA 프로파일 일부도 프랭클린의 것일 가능성이 있다고 증언했다.

제니시아 피터스가 발견된 비닐봉투를 묶은 케이블 타이에서 발견된 DNA는 당시 오키드 셀마크 연구소에서 법의학자로 일하던 켈리 버드가 분석했다. 프랭클린 말고 그와 동일한 DNA를 가지고 있는 사람을 발견할 확률은 미국 흑인인구 8143경 명 중 하나라고 그녀는 말했다.

결론은 피해자들에게서 반복적으로 나타나는 독특한 프로파일은 프랭클린의 것뿐이라는 것이 과학적으로 입증된 사실이라고, 검찰은 배심원들에게 강조했다.

총기 탄도학 테스트 또한 기소에 핵심적 역할을 했고, 그 결과 또한 피고의 유죄를 증명하는 것이었다.

그들은 자신들의 주장을 입증하기 위해 LAPD 총기 조사관 대니얼 루빈과 앨리슨 맨프레다, 로스앤젤레스 카운티 보안관 부처 총기 조사관 마누엘 무노스를 불러왔다. 조사관들은 각자 현미경으로 탄환—모두 25구경—을 비교했다. 그들은 탄환에 있는 독특한 특징을 확인함으로써 그 탄환들이 모두 80년대에 7명의 희생자들을 죽이고 에니트라 워싱턴에게 부상을 입히는 데 사용했던 바로 그 권총에서 발사되었다고 결론지을 수 있었다.

루빈은 또한 프랭클린의 집 서랍장 서랍 속에서 발견된 25구경 권총이 제니시아 피터스를 죽이는 데 사용된 권총이라고 증언했다. 그 결론에 이르기 위해 그는 그 권총을 수조에 시험 발사해서 그 탄환들과 제니시아에게서 나온 탄환을 비교하여 그들이 동일한 독특한 표식을 가지고 있다고 결론 내렸다고 말했다.

DNA와 탄도학 외에도 단연코 가장 강력한 증언은 프랭클린의 가까운 친구 레이 데이비스의 증언이었다. 2010년 LA 경찰이 사흘간의 수색을 시작하던 날 프랭클린의 집 근처에 서 있는 그를 800 전담반 형사 듀프리가 발견했다. 로스앤젤레스 공립학교의 경비원이었던 데이비스는 프랭클린이 여자들을 정복한 이야기를 자주 떠벌려댔다고 배심원단에게 말했다. 데이비스는 프랭클린이 자주 여자사진들을 보여주곤 했는데, 그중 많은 사진들이 나체사진이었다고 배심원단에게 말했다.

"지난 수년 동안 피고가 대략 몇 장 정도의 사진을 보여줬다고 생각합니까?" 실버먼이 물었다.

"70장쯤 됩니다." 데이비스가 대답했다.

"듀프리 형사에게 피고가 그게 매춘부들 사진이라고 했다고 말했습니까?" 실버먼이 물었다.

"네. 듀프리 형사님께 사진 속의 몇몇 여자들은 로니가 길에서 건진 여자들이라고 말했습니다." 그가 대답했다.

"피고가 자기가 가지고 있고, 이 여자들에게 준 속옷들을 보여준 적 있습니까?" 실버먼이 물었다.

"네." 데이비스가 말했다.

"어떤 속옷이었습니까?"

"약간, 약간의 브라와 팬티들을 가지고 있었습니다." 그가 말했다. "가방에 들어 있었어요."

"영화, 자체 제작 포르노를 보여준 적 있습니까?"

"자체 제작 포르노는 아닙니다." 데이비스가 말했다. "포르노를 보여줬는데, 포르노에 나오는 사람들이 이 근처에 산다고 말했어요."

"피고가 새벽 1시 반경에 손님을 끌고 있는 여자들을 낚고 다닌다는 이야기를 했습니까?"

"자기가 낚은 대부분의 여자들은 매춘부라고 했습니다." 데이비스가 말했다.

"거리에서 낚은 여자들과 뭘 할 건지에 대해 피고가 말했습니까?" 실버먼이 물었다.

"몇몇은 섹스를 할 거라고 했습니다." 데이비스가 말했다. "몇몇은 그저, 그냥 자기한테 여자가 있다는 걸 사람들한테 보여줄 목적이라고 했습니다."

"그 여자들과 자기 밴이나 캠핑카에서 섹스를 했다고 말한 적 있습니까?"

"네." 데이비스가 말했다.

데이비스는 배심원들에게 프랭클린이 예전에 포드 핀토를 소유한 적 있다고 말했다.

"진한 색 핀토였는데, 조그만, 그러니까 우리가 토마토 줄무늬라고 불렀던 무늬가 있었어요… 〈스타스키와 허치〉 같은 거, 그러니까 작은…… 줄무늬 같은 거요."

"그 줄무늬가 어디 있었습니까, 기억나신다면요?" 실버먼이 물었다.

"옆쪽, 차량 옆쪽에 있었어요." 그가 대답했다.

"듀프리 형사에게 그 차가 흰 줄무늬가 있고 주문제작 바퀴가 달린 주황색 핀토라고 말한 것 기억합니까?" 실버먼이 물었다.

"네." 데이비스가 말했다. "기억해요. 주문제작 바퀴들이랑……. 맞아요. 그게 2010년이었습니다."

"피고가 언제 이 바레타 줄무늬가 있는 주황색 핀토를 소유하고 있었는지 기억합니까?" 실버먼이 물었다.

"음, 그 차를 처음 본 게 80년대 후반이었다는 건 말씀드릴 수 있습니다."

"그 차를 마지막으로 본 건 언제죠?"

"89년 같습니다." 그가 말했다.

차들도 그의 "여자들"과 마찬가지로 프랭클린의 인생을 들락거린 것 같았다. 차가 더 이상 소용이 없어지면, 폐차장에 가서 차를 폐기했다고 데이비스는 말했다.

암스터의 반대신문에 대답하던 중, 데이비스는 프랭클린과 그의 "여자들" 중 하나를 우연히 만났던 이야기로 배심원단의 주목을 끌었다.

그건 2006년의 일이었다. 데이비스가 한 친구 집 앞을 차를 몰고 지나가다가 차고 앞 도로에 프랭클린의 흰색 밴이 주차되어 있는 것을 보았다. 프랭클린이 나타나더니 밴 뒤쪽으로 걸어가는 게 보였다. 데이비스는 후진을 해서 차를 멈췄다. 차에서 내려 프랭클린과 이야기하려고 밴 쪽으로 가자, 밴 뒷좌석에 한 여자가 앉아 있는 게 보였다.

프랭클린은 기분이 좋지 않았다.

"이봐, 뭘 하는 거야?" 프랭클린이 물었다.

"자네야말로 뭘 하는 거야?" 데이비스가 대답했다.

프랭클린은 그에게 가라고 하면서 차문을 닫았다. 데이비스는 몇 년 후 잠들었던 살인마 희생자들을 보여주는 보상금 광고게시판들이 생기는 것을 보기 시작할 때까지 그 일에 대해 별로 생각하지 않았다. 어느 날 그는 77번가 경찰서 안에 있다가 게시판에 그 광고의 작은 버전이 게시되어 있는 것을 봤다. 한 여자가 낯익어 보인다는 느낌이 들었다.

"그때 생각했죠, '이 여자를 전에 어디선가 본 적 있는 것 같은데'라고 말입니다." 데이비스는 배심원단에게 말했다. 훗날 데이비스가 듀프리에게 말한 대로, 그 여자는 제니시아 피터스였다. 그는 그 여자가 프랭클린의 밴에서 본 여자라고 믿었다.

암스터는 잠들었던 살인마의 희생자가 프랭클린과 같이 있는 것을 봤다면, 왜 경찰에게 신고하지 않았느냐고 데이비스에게 물었다.

"선생님은 이 여자가 프랭클린 씨와 함께 있는 걸 봤다고 기억했고, 그 광고가 그 여자에게 상해를 입힌 사람을 찾으려는 광고라는 것도 알았어요. 왜 경찰에게 전화를 해서 '프랭클린 씨가 이 여자에게 상해를 입힌 것 같다'고 말하지 않았습니까?" 그가 물었다.

"프랭클린 씨가 그 여자한테 상해를 입혔는지는 전 모릅니다." 데이비스가 대답했다. "전 그냥 그 여자가 프랭클린 씨와 같이 있는 걸 봤다고만 했어요. 그리고 그 사진을 봤을 때는 정말로 확신을 하진 못했습니다. 그 사진이 확대되어 제대로 가까이서 보기 전까지는요. 그때는 알아보고 이게 그 여자라고 생각한다고 말할 수 있었습니다. 하지만 광고의 그 조그만 사진에서 그 여자를 봤을 때는 그 여자가 93번이나 94번가와 웨스턴가를 늘상 돌아다니고 있어서 어쨌거나 제가 보곤 했던 여자인지 확실히 알아볼 수가 없었습니다."

"그러니까 이 여자를 프랭클린 씨의 밴에서만 본 게 아니라는 말씀이시죠?" 암스터가 물었다. "네." 데이비스가 말했다. "그 여자는 웨스턴가와 93번가에 있던 매춘부들 중 하나여서 딴 때도 지나다니며 봤습니다."

"그 여자를 프랭클린 씨 밴에서 본 후로 다시 본 기억이 있습니까?" 암스터가 물었다.

"아니요." 그가 대답했다.

철야

막대한 양의 증언과 상세사항들을 기록하는 데 몇 주가 걸렸고, 그 시간 동안 일부 희생자 가족들은 예기치 않은 일을 겪었다. 심장질환이 있던 래크리카 제퍼슨의 숙모 이본 벨은 그 사이 입원을 해야만 했다. 재판 때까지 거의 모든 예심에 참석했던 다이애나 웨어는 탈장수술을 받아야 해서 수십 년을 기다려왔던 재판의 대부분을 보지 못했다.

다른 사람들은 힘든 상황에도 불구하고 꿋꿋이 버텼다.

포터와 메리 일렉산더, 아들 도넬은 매일 아침 리무진을 타고 법원에 와서 포터가 모니크에게 붙여준 별명인 포터의 떠돌이 개 이야기를 들려주던 증언을 끝까지 들었다. 포터는 더 이상 운전을 하지 못했다. 가벼운 뇌졸중을 몇 차례 겪었고, 그 치료를 위해 눈 수술을 받은 결과였다. 포터는 그 뇌졸중이 이 사건의 스트레스 때문이라고 믿었다. 몇 년 동안이나 딸 아니타가 금연하라고 애원을 해서 마침내 담배를 끊었던 메리는 스트레스로 인해 다시 담배를 피우기 시작했다.

도넬은 이제 70대 중반이 된 부모님의 건강을 챙기기 위해 참석했다.

씩씩한 십 대 소녀 모니크의 죽음은 알렉산더 가족, 특히 메리에게 참담한 영향을 주었고, 그 이후 그녀는 내내 건강문제에 시달렸다. 하지만 법정에서 하루하루를 보내면서 모니크의 죽음 이후 메리를 에워싸고 있던 안개가 서서히 걷히기 시작했다. 도넬은 어머니에게 생기는 변화를 실감할 수 있었다. "어머니는 서서히 예전의 의욕을 되찾고 있어요." 그는 어느 날 오후 휴식시간 도중에 내게 말했다. 어느 날 메리는 도넬이 법정에 나타난 프랭클린의 친구와 싸우자 나중에 아들을 호되게 꾸짖었다. 도넬이 보기에는 그것이 징후였다.

도넬은 주요 순간들을 스케치하기 위해 법정에 공책을 가져가는 버릇이 생겼다. 스케치는 그와 모니크가 자라면서 늘 하던 일이었고 마음을 편안하게 만들어줬다. 그가 그린 많은 스케치에는 아버지와 케네디 판사, 프랭클린의 초상들이 들어 있었다.

재판이 거듭될 때마다 포터는 모니크를 위해 정의에 한 걸음 더 다가갔다. 방청석에 앉은 그의 시각에서 볼 때, 재판은 유죄 평결을 향해 나아가고 있었다. 그건 프랭클린이 유죄인가 무죄인가의 문제—그건 분명했다—가 아니라 프랭클린이 사형선고를 받느냐 가석방 가능성 없는 종신형을 선고받느냐의 문제였다. 포터는 자신이 생각하는 정의의 의미를 분명히 피력했다.

"눈에는 눈입니다." 그는 내게 말했다.

도넬은 프랭클린이 비열한 시선으로 머리 위 프로젝터가 쏘는, 사진 속 죽은 여자들의 가슴을 흘낏거리는 걸 포착하곤 했다고 말했다. 프랭클린이 양심의 가책도 보이지 않고 방청객의 가족들을 보지 않아도 되도록 고개를 푹 숙이고 있는 것도 그랬다. 프랭클린은 한마디로 겁쟁이라고 도넬은 판정했다.

프랭클린의 머리 위에 떠워진 섬뜩한 범죄현장 사진들은 가족들이 견디기 힘들었다. 검찰은 죽은 혈연들의 끔찍한 사진이 나오거나 언급될 때마다 법정의 가족들에게 신호를 주는 계획을 강구했다. 예를 들어, 이야기가 죽은 혈연의 부검결과로 돌아가게 되면, 가족들에게 신호를 해줘서 법정에서 나갈 기회를 주는 것이다.

한번은 메리 알렉산더가 법정에서 나가라는 실버먼의 신호를 알아채지 못해서 부패한 딸의 시신 사진이 스크린에 휙 뜨는 것을 봐버렸다. 그날 메리는 복도에서 울음을 터뜨렸고, 도넬이 어머니에게 마음을 단단히 다잡으라고 부드럽게 말했다.

또 어떤 날 휴식시간 도중에는 프레다라는 이웃소녀도 프랭클린의 희생양이 된 것 같다는 의심을 도넬이 내게 이야기하기도 했다.

70년대 초반 흔적도 없이 사라졌다고 추정되었던 십 대 소녀는 로니라는 남자와 데이트를 하고 있었다고 도넬은 설명했다. 이웃 모두가 그 로니라는 소년이 커서 저 피고석에 조용히 앉아 있는 성인이 된 게 아닐까 생각했다. 며칠 뒤 도넬의 부모님 댁에서 도넬을 만났는데, 그 근처 보도에 하트가 새겨져 있었다. 그 하트 안에는 세 단어가 적혀 있었다. "프레다는 로니를 사랑해."

도넬과 마찬가지로 나도 프레다가 잠들었던 살인마의 또 다른 희생자가 아닐까 하는 생각이 들기 시작했다.

다음 날 나는 법정 밖에서 듀프리 형사에게 프레다 이야기를 하고 실종신고가 된 적 있는지 알아봐 줄 수 없냐고 물었다. 형사에게 프레다의 이름과 성, 당시 주소를 줬고, 그는 알아보겠다고 약속했다.

이틀 후 도널과 내가 복도에 서 있는데 듀프리가 소식을 가지고 왔다. 프레다는 살아 있고 캘리포니아주 애플 밸리에서 잘 살고 있다는 것이다. 그리고 로니 프랭클린이라는 이름은 들어본 적도 없다고 했다.

래크리카 제퍼슨의 언니 로미는 독감과 만성적인 건강문제에도 불구하고 간간이 재판에 참석했다. 래크리카가 죽은 후 로미는 힘든 시간을 보냈다. 동생이 죽은 후 로미의 인생에는 비극적인 사건이 연속적으로 일어났다. 그녀는 90년대에 남편을 당뇨병으로 잃었고, 2006년에는 어머니 완다가 살해당했다. 당시 59세였던 완다는 남편에게 교살당해 실종된 지 3주 만에 차 트렁크에서 발견되었다. 재판에 참석하는 것은 "크리샤가 다시 살해당하는 것" 같았지만, 로미는 동생을 위해 정의가 이루어지기를 바랐다.

사마라 허라드도 여동생 프린세스를 위해 법의 심판이 이루어지기를 바라며 재판에 참석했다. 사마라는 프린세스가 2002년 5월 9일 살해당하기 몇 달 전인 2001년 가을에 마지막으로 여동생과 이야기를 나눴다. 프린세스는 친아버지가 자신을 되찾고 싶어 한다는 사실을 알렸다.

"죽어도 안 돼." 사마라는 그렇게 말했었다. "널 데려가려 하면 재판 날짜를 알려달라고 말했어요. 그 사람이 프린세스에게 한 짓을 보고 전 거의 토할 뻔했어요. 그런 사진은 잊을 수가 없는 법이에요."

프린세스가 죽었다는 소식을 알려준 사람은 사마라의 아버지 데이비드였다. 하지만 그는 고통을 덜기 위해 프린세스가 약물 과용으로 죽었다고 말했다. 사마라는 몇 년이 지나고서야 프린세스가 연쇄살인마의 희생자였다는 것을 알게 되었다.

"제 신앙이 다 흔들리더군요." 그녀는 내게 말했다. 그녀는 하나님이 프린세스를 친아버지에게서 구해주시고선 왜 결국 연쇄살인마의 손에 죽게 했는지 이해할 수가 없었다. "그게 무슨 의미죠? 이러려고 그 지옥에서 구해주신 겁니까?"

헨리에타 라이트의 딸 로셸 존슨 또한 붙박이처럼 법정에 자리했지만, 이유는 달랐다. 어머니가 살해당했을 때 로셸은 막 걸음마를 시작한 아기에 불과했다. 어머니를 기억도 못했고 어머니의 죽음에 대해서도 거의 아는 게 없었다. 그녀는 상세한 이야기를 알고 싶어서 참석했다. 로셸은 숙모인 엘라 메이가 어머니인 줄 알고 자랐다. 아홉 살이 되어서야 진실을 알게 되었다. "엄마가 강간당하고 살해되었다는 이야기를 들은 기억이 나요. 다음 날에는 그게 경찰이라고 했고요. 그 후로는 더 이상 알려고 하지 않았어요." 그녀는 내게 말했다.

로셸은 결국 학교 친구들에게 어머니가 폐렴으로 죽었다고 말했다.

로셸은 어머니가 코카인 중독이었다는 이야기를 들었지만, 그것 때문에 오랫동안 어머니를 미워하지는 않았다. "나와 관련해 한 일들이나 나를 키우지 않은 것에 대해 엄마에게 화난 적은 없어요." 그녀는 말했다. "그런 건 신경 쓰지 않았어요. 그냥 자신이 될 수 없는 어머니를 내게 줬다고 생각했어요. 그건 좋은 일이었으니까. 엄마가 살았다면 결국에는 변화했을 거라 생각해요."

암스터의 변호

검찰이 진술을 마치는 데 한 달이 걸렸고, 이제 프랭클린의 변호 팀이 합리적 의심 이상의 유죄는 아니라는 것을 증명할 차례였다. 세이무어 암스터 변호사가 2016년 3월 21일 모두진술을 했다. 그는 프랭클린을 구할 최고의 희망은 DNA 증거를 공격하는 것밖에 없다는 것을 알고 있었다. 검사들은 희생자들에게서 발견된 프랭클린의 DNA가 반박할 수 없는 유죄 증거라고 배심원단에게 말했다. 암스터의 목표는 희생자들에게서 발견된 다른 남자들의 DNA를 생각할 때 다른 사람들이 살해를 했을 수도 있다는 가능성을 최대한 강하게 강조함으로써 기소에 의문을 던지는 것이었다.

한 예로, 그는 프린세스 버소뮤의 왼손 손톱 밑에서 나온 3개의 DNA 샘플을 지적했다.

"그녀의 손톱 밑에서 발견된 DNA 중 적어도 2개는 남성의 것이었습니다. 로니 프랭클린은 버소뮤의 손톱 밑에서 발견된 DNA, 남성 DNA의 잠재적 출처일 가능성에서 제외되었습니다. 버소뮤가 교살되었을 가능성을 막기 위해서요." 그는 말했다.

마찬가지로 암스터는 또한 분석가들이 바바라 웨어의 질 면봉 검사와 속옷, 브라, 셔츠에서 여러 가지 DNA 프로파일을 발견했다고 제출했다. "최소 2명의 DNA 프로파일이 뒤섞여 발견되었다는 것을 들었을 겁니다." 암스터는 말했다. "그중 주요 DNA 프로파일은 신원 미상 남자였고 비교에 적합했습니다. 로니 프랭클린이 그 미량의 정액의 주인공일 가능성은 배제되었습니다."

또한 버니타 스팍스의 경우에도 신원 미상의 남성 DNA가 질과 외부성기 면봉검사, 질에서 흡출해낸 미량의 정액, 항문 면봉검사에서 나온 미량의 정액에서 발견되었다고 암스터는 지적했다. 로니 프랭클린이 잠재적 공여자일 가능성은 배제되었다고 그는 말했다.

그렇지만 그의 카드가 DNA만은 아니었다. 암스터는 에니트라 워싱턴의 증언에 관심을 돌려, 에니트라가 지난 몇 년 동안 프랭클린과의 만남에 대해 앞뒤가 안 맞는 이야기들을 하고 있다고 말했다.

이를 증명하기 위해 그는 에니트라의 친구 린다 후버를 첫 번째 증인으로 증인석에 불렀다. 에니트라가 습격을 받았던 그 끔찍한 밤, 집에 돌아온 린다는 에니트라가 문간에 태아처럼 동그랗게 몸을 만 채 피를 흘리고 있는 것을 발견했다. 린다는 앰뷸런스를 불렀고 총상을 입은 후 며칠 동안 친구와 이야기를 나눴다.

린다는 처음에는 에니트라가 한 사람이 공격했다고 말했지만 나중에는 두 사람이 연루되어 있었다고 했다고 배심원단에게 말했다. "처음에는 '그 사람'이라고 했는데 나중에는 '그 사람들'이라고 했어요." 린다는 증언했다. "'그 사람들'이 차에서 못 내리게 했다고 했어요."

또 다른 전선도 있었다. 변호인 증언 마지막 날 암스터는 배심원단을 향해 경찰 탄도학 전문가들이 탄환을 검사하는 데 사용한 방법은 "제대로 된 과학이 아니"라고 말했다. 이를 증명하기 위해 그는 물질과학자 데이비드 라매그너를 증인석에 요청했다.

라매그너는 탄환의 독특한 패턴을 확인할 때는 3-D 매핑 기능이 있는 고성능 현미경이나 전자 현미경을 사용했어야 하는데 경찰은 질 낮은 2-D 비교 현미경들을 사용했다고 증언했다.

반대 심문에서 실버먼은 암스터는 라매그너에게 전문가 증인이라는 명칭을 붙였지만, 그는 물체자국 분석이나 현미경 검사 분야 전문가가 아니라고 설명했다. 자신이 증언한 이론을 테스트해 보았냐고 실버먼이 묻자 그는 하지 않았다고 인정했다. 그 이유는 비용이 너무 많이 들었을 것이기 때문이라고 그는 설명했다.

그런 다음 실버먼은 라매그너의 주장을 반박할 전문가 증인을 소개했다. 인디애나폴리스 매리온 카운티 법의학 서비스국 국장 제임스 햄비가 비교 현미경을 사용한 현미경 비교는 전국과 전 세계에서 수십 년간 사용해온 표준 기술이며, 수십 년간 동료 평가를 버텨온 테스트라고 증언했다.

라매그너의 이론들은 근거가 충분하지 않다고 햄비는 말했다.

한 달이 넘도록 반격 변호를 해온 암스터는 이와 함께 변론을 마쳤다.

사건종결

2016년 5월 2일 월요일, 실버먼은 최종변론에서 검찰의 증거를 요약했다.

"10명의 젊은 여성 모두가 저 사람, 피고 로니 프랭클린에 의해 잔혹하게 살해당했습니다." 그녀는 프랭클린을 바라보며 배심원들에게 말했다. 실버먼은 배심원단에게 간청했다. "증거가 말하는 바에 귀 기울여주십시오. 이 사건의 증거는 더 이상 자신들을 대변할 수 없는 희생자들의 목소리입니다."

희생자들은 자신들의 취약성으로 인해 먹잇감이 되었다고 그녀는 말했다. 또한 프랭클린은 약을 주겠다는 약속으로 그들을 유혹했고, 그들이 고분고분하게 굴지 않으면 총으로 쏘아 살해했다고 말했다.

"이 범죄들은 권력과 통제에 관한 것입니다." 실버먼은 배심원단에게 말했다. "피고가 자신을 괴롭히거나 멸시했다고 생각했던 에니트라 워싱턴처럼 말입니다. 다른 희생자들 또한 아마 싸웠을 겁니다. 듀프리 형사가 설명했듯이, 사우스 센트럴에서 자라난 여성들은 강합니다. 강인해요. 살아남기 위해서는 그래야 합니다.

그렇지 않다면 왜 피고가 여자들을 찾아다니는 데 장전한 총을 가져가겠습니까? 살인을 저지르고도 문자 그대로 '빠져나갈 수 있다'는 것을 알게 되자, 피고는 계속해서 그런 짓을 저질렀습니다……. 2010년 7월에 여러분이 보신 그 인터뷰 도중 킬코인 형사가 피고에게 말했듯이, 과학만이 연쇄살인마를 멈추게 할 수 있었습니다."

그러고 난 후 실버먼은 프랭클린의 동기로 짐작되는 바에 대해 말했다. "그건 자명합니다." 그녀는 말했다. "피고는 성적 포식자입니다."

실버먼은 계속해서 말했다. "이 사건에서 그의 분명한 동기는 성적 만족입니다. 그의 정액이 바바라 웨어의 입에서 발견되었습니다. 우리 모두가 그 섹스 비디오에서 보았듯이, 그의 타액에서 나온 DNA가 일곱 명의 희생자들의 가슴에 남겨져 있었습니다. 일곱 희생자들의 가슴에 저 사람의 타액이 묻어 있었습니다."

실버먼은 피고의 친구 레이 데이비스의 증언을 되풀이하여 프랭클린이 거의 끊임없이 성적 만족을 추구했다는 점을 강조했다. 데이비스는 프랭클린이 "늘 섹스 이야기를 했다. 항상 여자 이야기를 했다. 가슴 모양에 따라 여자들에게 별명을 붙여줬다"고 증언했다고 그녀는 말했다.

그다음 실버먼은 기소를 요약했다. "증거로 보아 피고가 이 젊은 여성들을 살해하는 데서 쾌감을 느꼈다는 것이 분명합니다. 피고가 살해하는 데 성공하지 못했던 에니트라 워싱턴의 경우만 제외하면 모든 사건들이 다 그렇게 끝나기 때문입니다. 범죄현장에서 피고가 이 희생자들에게 모욕을 주려고 혈안이 되어 있었다는 것을, 이 여성들의 시신을 제가 말씀드렸다시피, 그리고 여러분이 범죄현장 사진에서 보셨다시피, 쓰레기처럼 버림으로써 이들에게 모욕을 주고 싶어 했다는 것을 분명히 볼 수 있습니다. 피고는 거기서 성적인 흥분도 느꼈고, 그렇기 때문에 다시, 또다시 그 행위를 되풀이했던 겁니다. 만족감을 느끼기 위해서 말입니다."

그리고 실버먼은 배심원단에게 이제 프랭클린이 죗값을 치를 때라고 말했다. "이 희생자들 대부분은 사망한 지 20년이 넘습니다." 그녀는 말을 끝맺었다. "이제는 때가 되었습니다. 이 사건에 법의 심판이 내려질 때입니다."

실버먼은 배심원단에게 감사를 표하고 마거릿 리조와 대런 듀프리 형사 옆 자기 자리로 되돌아갔다.

• • •

이제 무대는 암스터의 것이었다. 그는 결과가 자신의 최종변론에 달려 있다는 것을 알고 있었다. 물론 그는 가능한 모든 문제점을 다시 거론하면서 변론을 시작하셨지만, 그의 무기고에는 그 이상이 있었다. 그는 비밀 무기를 발사하며 이 건을 마무리 지을 계획이었다. 지금까지 털어놓지 않은 어떤 이야기를 들려줘서 살인죄를 이름 모를 수수께끼의 남자에게 넘기는 것이다. 당연히 로니 프랭클린이 아닌 다른 사람이다.

암스터는 배심원단 앞에 서서 목청을 가다듬은 다음, 간간이 복잡한 미로 같은 언어와 논리를 쓰기는 해도 자신의 고객에 대한 기소가 대체로 정황에 근거하고 있다고 말했다. 프랭클린의 DNA가 피해자들에게서 발견된 유일한 DNA가 아니라고 그는 강조했다.

"이 정체 모를 DNA들은요?" 암스터는 밀어붙였다. "그건 그 사람들 짓일 수도 있다는 의미가 아닐까요? 여러분이 로니 프랭클린에게 유죄 평결을 내리려면 이 신원미상의 DNA는 그 사람들이 살인자가 아니라는 증거라고 생각해야 합니다."

암스터는 검찰이 딱히 거기 존재하지 않을 수도 있는 패턴을 지적하면서 배심원들을 호도하고 있다고 말했다.

"정부는 오랫동안 여기서 패턴을 보고 싶어 했습니다. 이 시신이 골목에서 발견되었거나 저 시신이 골목에서 발견되었으니까 하면서……. 패턴을 발견하려고 애쓰고 있죠." 하지만 "이 패턴을 확정해주는 정보는 없다"고 그는 강조했다.

그리고 그는 배심원단에게 짧은 우화를 제시했다. 그는 이 우화가 자신이 말하고자 하는 바를 명백하게 전달해주기를 바랐다. "자, 어느 목장주의 이야기가 있습니다. 그는 이웃 모두가 자기를 사격의 명수라고 생각하기를 바랐죠. 그래서 헛간에 가서 총을 꺼내 헛간에 대고 몇 발을 발사했습니다. 그래서 헛간 여러 군데에 총알구멍이 생겼죠. 그리고는 헛간에 난 총알구멍 주위에 과녁을 그렸습니다. 자, 어쩌면 그는 명사수였을지도 모릅니다. 어쩌면 아니었구요. 하지만 총알이 먼저 거기에 갔고, 그다음 그가 원들을 그렸어요. 그런 다음 이웃들을 불러서 '내 헛간을 보라'고 말한 겁니다. 이웃들에게 모든 사실을 알리지 않았어요. 뭐가 먼저인지 말해주지 않았습니다. 이웃들은 묻지 않았어요. 그러고는 말했죠. '와, 대단한 명사수인데.' 자, 어쩌면 그는 명사수일지도 모릅니다. 어쩌면 아니구요. 하지만 제대로 알아보지 않는다면 우린 정말 모르는 겁니다. 그게 바로 패턴의 문제입니다. 모든 정보를 알지 못한다면, 제대로 된 질문을 하지 않는다면, 여러분은 모릅니다. 그건 옳은 패턴일까요, 아니면 환상일까요?"

그들이 사건에 대한 모든 정보를 아는 건 아니라는 사실을 알아야 한다고 그는 배심원들에게 말했다. 목장주의 이웃들처럼 되지 말라고 그는 말했다. "그저 과녁을 봤기 때문에……. 그가 정말로 명사수일까요, 아니면 이건 우리가 생각하는 바가 아닌 환상일까요?"

그리고 그는 검찰이 배심원들에게 믿게 만들려는 환상의 예를 몇 가지 들어 보였다.

"피고는 환경 미화원입니다." 그는 말했다. "쓰레기 트럭에서 일을 합니다. 그런고로 대형 쓰레기통이 모두 어디에 있는지 잘 알고 있어요. 자, 잠깐만요. 피고는 1985년경부터 일했습니다……. 모든 노선을 알고 쓰레기통들이 어디 있는지 알고 있었는데도, 골목길에 시신들을 내버려두고 있죠. 시신들이 노선을 다니는 위생 트럭에 수거되도록 쓰레기통에 두지 않고 말입니다. 패턴 일부를 부정하면서 패턴을 발견했다고는 말할 수 없을 겁니다.

자, 여러분이 미화원으로 일하고 있고 노선을 알고 있는데 시신들을 없애고 싶다면, 그저 그 시신을 쓰레기통에 넣으면, 아니 위생트럭, 혹은 당신 트럭이 올 시간에 맞춰 트럭에 싣고 쓰레기장으로 가면 끝입니다. 아니오. 이건 환상입니다. 그게 그가 살인을 저지르지 않았다는 것을 의미합니까? 아니죠. 하지만 그가 살인을 저지른 것도 의미하지 않습니다. 그건 그저 실제로는 존재하지 않는 패턴의 일부일 뿐입니다."

같은 식이 DNA 증거에도 들어맞는다고 그는 말했다. "피고의

DNA가 일정 기간 희생자들의 몸에 있었다는 패턴. 마찬가지로 이것도 환상입니다. 피고의 DNA가 또 어떤 여자들 몸에 있었죠?"

"그들은 피고가 섹스에 중독되었다는 사실을 거론하고 싶어 합니다. 지금은 그 점을 인정하겠습니다. 그렇게 수많은 사진에 비디오테이프에 늘 섹스 이야기만 하고는 섹스 중독이 아니라고는 할 수 없죠. 그렇죠? 피고는 섹스에 중독되어 있습니다. 불행히도 피고에게 섹스할 기회를 만들어준 여자들이 많이 있었습니다. 그게 도덕적이라는 소리를 하는 게 아닙니다. 도덕은 여기서 판결할 문제가 아닙니다.

피고와 아내 사이의 일은 두 사람 사이의 문제입니다. 그 때문에 살인자가 되는 것도 아닙니다. 그래서 피고가 여성과 섹스를 하는 이 바람직하지 않은 비디오를 본 겁니다. 하지만 거기에 폭력이 나옵니까? 여자에게 뭔가를 강요하는 걸 봤습니까? 아뇨. 제 생각에, 여자는 심지어 미소 짓는 것처럼 보였습니다. 그게 우리에게 뭘 증명하죠? 환상이라는 겁니다. 그렇습니다, 피고는 섹스를 하고 있습니다. 피고의 DNA는 아마도 우리가 절대 모를 수많은 여자들에게 남아 있었을 겁니다. 그게 옳은 일인지는 전 모릅니다. 잘못된 일인지도 전 모릅니다. 많은 사람들이 살아가고 싶은 방식은 분명 아닙니다. 하지만 그게 우리에게 무엇을 말해주죠? 무엇을 주죠? 패턴이 아닐 수도 있는데 패턴이라고 말하려 하는 환상입니다."

다음으로 암스터는 친구 로니 프랭클린에게 어두운 그림자를 드리운 증언을 한 레이 데이비스에게 초점을 맞췄다.

"레이 데이비스가 뭐라고 했습니까? 아무것도 말하지 않았습니다." 암스터는 배심원단에게 말했다. "그는 로니가 많은 여자들과 있는 걸 봤다고 말했습니다. 흠, 로니가 이 여자들을 죽이려고 했다면, 왜 숨기지 않고 이 여자들과 같이 있는 모습을 보여주겠습니까? 그렇지 않습니까? 그들은 로니의 여자들이었습니다. 레이 데이비스는 경찰에 알리지 않았습니다. 왜일까요? 여자들과 로니에게서 이상한 점을 본 적이 없기 때문입니다. 폭력을 본 적이 없어요. 문제점을 본 적이 없습니다. 이웃사람들 다수가 그가 여자와 있는 걸 보지 못했다고 생각하는 건 아니겠죠? 이웃들이 왜 경찰에 전화하지 않았을까요? 문제를 보지 못했기 때문입니다. 이 여자들은 로니의 여자들이었어요. 옳든 그르든 그들은 로니의 여자들이었습니다."

암스터는 다시 방향을 바꿔 DNA 증거를 한 번 더 공격했다. 그는 그 증거가 "하급 기술과 과학"에 근거를 두고 있다고 배심원단에게 말했다. 그 테스트는 사립연구소에서 사용되는 "표준에 미치지 못했다"고 주장했다. 그는 검찰이 "임의성을 배제해 정확한 것으로 만들기 위해, 불가능한데도 불구하고 합리적 의심을 없애기 위해 뭔가가 사실이라고 증명하려고 한다"고 비난했다.

시간이 늦어서 배심원들은 집으로 돌아갔다. 암스터는 아직 자신의 비밀무기, 검찰의 기소를 무너뜨릴 거라는 기대를 걸고 있는 대체 살인마 이론은 꺼내지 않았다. 그건 다음 날 아침까지 기다려야 할 것이다.

다음 날 공판이 다시 열리자, 암스터는 곧장 이야기를 엮어나가기 시작했다. 그의 전술에 법정의—아마도 동료 변호사와 피고를 제외한—모든 사람들이 깜짝 놀랐다.

암스터는 주류 상점 밖에서 자기와 접촉했다가 아저씨 집에 잠깐 들러 돈을 가져오려 했다고 에니트라가 말한 "태도가 삐딱한" 수수께끼의 남자에 대해 배심원단에게 말했다.

암스터는 배심원들에게 프랭클린에게는 돈이 필요하지 않았다는 점을 지적했다. 경찰은 그의 차고에서 10,000달러 이상의 돈을 발견했다.

"왜 피고 로니 프랭클린이 돈을 가지러 아저씨 집에 가겠습니까? 프랭클린에게는 돈이 있었습니다. 그런데 조카가 돈을 가지러 아저씨 집에 갈까요?

이 사건에는 수수께끼의 남자가 있습니다." 암스터는 말했다. "그렇게 말할 수 있을 겁니다. '아저씨'가 무슨 의미일까요? 에니트라의 증언에는 의문점이 많았습니다. 에니트라는 여러 번 말을 바꿨습니다. 하지만 그녀의 증언에서 변하지 않은 부분은 핀토에 그녀를 태웠던 용의자가 아저씨 집으로 갔다는 겁니다. 그건 처음부터 끝까지 그대로 있었죠. 그리고 돈을 가지러 아저씨 집에 갔다는 것도요. 에니트라가 이 수수께끼의 남자에 대해 뭐라고 말했죠?"

암스터는 배심원단에게 에니트라가 자신을 공격한 사람을 묘사하면서 또한, "젊은이"라는 용어를 썼다는 점에 대해서도 말했다.

"로니의 운전면허증을 가지고 있습니다." 암스터는 말했다. "로니의 운전면허증에는 생년월일이 1952년 8월 30일이라고 나와 있어요. 그 말은, 워싱턴 씨와의 사건이 벌어졌던 날 프랭클린 씨는 36세였을 거란 이야기입니다. 워싱턴 씨는 한 번도 자신을 태운 사람을 30대 중반에서 후반이라고 묘사하지 않았어요. 20대 초반에서 30대 초반 정도라고 했습니다. 그게 워싱턴 씨의 진술입니다. 이제 우리에게는 조카가 있고 아저씨가 있습니다. 누가 누구인지가 우리가 풀어야 할 문제죠."

그런 다음 암스터는 에니트라가 그 사람의 차 안에서 교재를 봤다는 이야기를 하면서 자신의 "조카" 이론을 더 진전시키려고 했다. "워싱턴 씨는 차 안에 책이 있었다고 했습니다. 교재들이요……. 경제학이나 수학 책은 초등학교 아이나 중학생이 쓰는 책이 아닙니다. 경제학은 고등학생이 쓸 책, 더 중요한 점은 아마도 커뮤니티 칼리지 재학생 또래가 쓸 법한 책입니다. 조카에게 어울리지, 아이들이 있는 아저씨에게는 어울리지 않는 책이죠."

이 지점에서 암스터는 배심원들이 몇 주에 걸쳐 들었던 거의 모든 이야기들을 "수수께끼 남자" 필터에 집어넣으며 자신의 대체 살인마 이론을 설명하기 시작하였다. 다음으로는 배심원들에게 에니트라가 경찰 몽타주 화가에게 자신을 공격한 사람에게 마맛자국이 있다고 묘사했던 것을 상기시켰다.

"프랭클린 씨에게는 마맛자국이 전혀 없습니다." 암스터는 말했다. "이 사람은 젊은이입니다. 아저씨가 아니에요. 이 사람은 적시에 발견할 수도 있었을 조카입니다. 집 전체에 출입할 수 있었던 사람입니다."

"그렇다면 우리가 용의자에 대해 아는 건 뭐가 있죠?" 암스터가 물었다. "우리가 아는 건 용의자에게 마맛자국이 있다는 겁니다. 태도가 뻐딱하다는 것도 알죠. 여러분은 뭘 탐냅니까? 매일 보지만 가질 수 없는 것을 탐내는 법입니다."

암스터는 급류를 타고 있었다. 그의 고객이 살지 죽을지 자유를 얻을지 결정할 수도 있는, 점점 더 사납게 요동치는 급류였다.

"여기 수수께끼의 총을 가진 수수께끼의 남자가 있습니다."그는 계속해서 말했다. "수술로 에니트라 워싱턴의 몸에서 제거한 총알과 연관된 총알들은, 정부에 의하면 모두 같은 총에서 나왔습니다……. 로니 프랭클린의 DNA는 에니트라 워싱턴에게서 발견되지 않았습니다.

자, 수수께끼의 DNA와 수수께끼의 총을 가진 수수께끼의 남자는 아저씨가 매일 여자들을 차에 태우는 걸 본 겁니다. 그 여자들을 가지고 싶었지만, 마맛자국 때문이건 삐딱한 태도 때문이건 가질 수 없었던 거죠. 그래서 그들에게, 로니 아저씨의 여자들에게 해를 가한 겁니다.

그는 여자들을 스토킹했습니다. 그들이 어디 있는지 알았어요. 그들이 어디에 있을 가능성이 있는지 알고 있었고, 일을 저지른 겁니다. 자 어쩌면 로니 프랭클린은 그 사람이 누군지 알지도 모릅니다. 어쩌면 로니 프랭클린이 나서서 도움을 줄 수도 있었을 겁니다. 네, 아마 프랭클린의 영혼은 타락했겠죠. 아마 그가 책임질 일이 많을 겁니다. 하지만 그건 범죄가 아닙니다. 살인도 아닙니다."

그러고는 프랭클린의 집에서 발견된 폴라로이드 사진들에 대해 이야기했다.

"에니트라 워싱턴을 찍은 폴라로이드 사진 한 장이 있습니다. 그녀와 같이 차에 있었던 사람이 가지고 있었던 폴라로이드 사진이죠. 그 사진은 집에서 발견되었습니다. 하지만 우린 그 조카가 그 집에 있었다는 것을 알고 있어요. 그 사람이 얼마나 자주 그 집에

왔으며 어느 정도까지 들어올 수 있었는지는 모릅니다."

다시 한 번 암스터는 배심원들에게 진실과 증거의 정확성에 의문을 가질 것을 촉구했다. "이 건에서 발생한 살인 하나하나는 수수께끼의 DNA와 수수께끼의 총을 가진 그 수수께끼 남자가 저질렀을 수도 있습니다." 암스터가 못을 박았다. "혹은, 그가 에니트라 워싱턴과 함께 거기 있었고 접근이 가능했다면, 그렇다면 그는 누가 로니의 여자 친구들인지, 혹은 로니의 여자들인지 알고 있었습니다. 그 여자들을 따라다니고 스토킹하고 탐냈지만 결코 가질 수는 없었습니다. 아마 절대 그들과 섹스를 할 수는 없었을 겁니다. 그게 그 사람이 바라던 것이니까요. 그게 그 사람이 원했던 거니까요. 그는 삐딱하고 마맛자국이 있기 때문에 좌절하고 분노합니다. 두 사람이 있었을 가능성도 배제할 수는 없죠. 누가 아저씨이고 누가 조카인지 결정하기만 하면 됩니다."

그리고는 프랭클린에게는 마맛자국이 없다고 했던 그의 30년 지기 이웃친구 폴 윌리엄스 주니어의 증언을 배심원들에게 들려주며 수수께끼의 남자 대체 살인마 이론에 마지막 나사를 죄었다. 하지만 마맛자국은 에니트라가 경찰에게 준 인상착의의 일부이다.

"마맛자국은 존재하고, 거기에 대한 반박은 없었습니다." 그는 계속해서 말했다. "그러니 그 조카가 핀토와 에니트라 워싱턴, 로니의 여자들, 폴라로이드에 접근할 수 있었다면, 타이탄 F.I.E에도 손을 댈 수 있지 않을까요? 제니시아 피터스를 살해하는 데 사용된 그 최종 무기에 말입니다? 물론 그렇습니다. 그 사람은 모든 것에 다 접근할 수 있었습니다. 그는 처음부터 끝까지 존재합니다."

배심원들이 이 사건의 사실들을 바라볼, 전적으로 새로운 시각을 만들어냈기를 바라며 암스터는 다시 한 번 DNA 증거로 돌아왔다. 구체적으로 말해서, 몇몇 희생자들에게서 발견된 미상의 남성 DNA 문제로.

예를 들어, "버니타 스팍스에게서도 질 면봉검사에서 검출된 미량의 정액에서 또 한 명의 신원미상 남성이 발견되었습니다. 동일한 신원미상 남성의 것이 외부성기에서 검출된 미량의 정액에서 발견되었습니다. 동일한 신원미상 남성의 것이 질에서 흡출한 상피조각에서도 발견되었습니다. 동일한 신원미상 남성의 것이 질에서 흡출한 미량의 정액에서도 발견되었습니다. 동일한 신원미상 남성의 것이 항문 면봉검사에서 검출된 미량의 정액에서도 발견되었습니다. 이 모든 DNA가 로니 프랭클린의 것은 아니었습니다. 계속해서 동일한 신원미상 남성의 것이 사타구니 안쪽에 묻은 미량의 정액에서도 발견되었고, 동일한 신원미상 남성의 것이 청바지에서도 검출되었습니다. 그런데도 정부는 오로지 로니 프랭클린만이 진짜 살인자라고 주장합니다. 버니타 스팍스와 직전에 성교를 한 증거가 분명히 있는데도 불구하고 이 신원미상 남성이 그 끔찍한 짓을 한 사람일 리가 없다고 말입니다."

그리고 암스터는 그 신원미상 남성의 DNA가 프린세스 버소뮤의 질 면봉검사와 자른 손톱에서도 발견되었다고 덧붙였다. "프린세스 버소뮤는 교살당했습니다." 암스터는 말했다. "검시관은 목졸리고 있는 사람이 주로 하는 일이 뭐라고 했죠? 그들은 손을 사용해서, 손톱을 사용해서 상대방을 물리치려고 애쓸 겁니다. 그런데 우리한테 있는 게 뭐죠? 우리가 가진 손톱 밑의 DNA는 로니 프랭클린과 일치하지 않는 것뿐만이 아닙니다. 그건 프랭클린을 배제합니다."

암스터는 배심원들에게 발레리 맥코비의 왼손과 오른손 손톱 밑뿐만 아니라 오른쪽 유두에서 적어도 다섯 남자의 DNA 프로파일이 발견되었다고 말했다.

"논란의 여지가 없는 사항은 손톱 밑에서 하나 이상 남성의 DNA가 발견되었다는 사실입니다." 암스터는 말했다. "그리고 우리는 발레리 맥코비가 교살당했다는 사실을 압니다."

암스터는 질문을 던졌다. "로니 프랭클린에게서 나와야 할 DNA가 없는데 프랭클린이 유일하게 가능한 살인자, 유일한 진짜 살인범이라고 믿어야 합니까? 우린 적어도 5명이 DNA를 남겼다는 것을 알고 있습니다. 그런데도 여러분은 합리적 의심을 넘어서서 로니만 유일한 살인범이었을 거라고 평결을 내릴 겁니까? 가장 결정적인 증거는 유두에 남은 침이 아니라 손톱 밑에 있는 것인데도 말입니다."

그런 다음 암스터는 탄도학 비판으로 다시 돌아가서, 그 과학은 "구식"이며 그 결과는 무시해야 한다고 배심원들에게 다시 한 번 말했다.

암스터는 이건 증거 부족으로 인해 프랭클린에게 무죄 평결을 하지 않을 수 없는 사건이라고 배심원들에게 요약해서 말했다.

"이 나라에는 사회가 썩 좋아하지 않는 사람들에게 힘든 판결을 내리도록 사람들에게 요구하는 순간이 항상 존재해왔습니다." 그는 배심원들에게 남길 마지막 말을 준비하며 말했다. "이 나라가 세워지기 전 보스턴 대학살 도중 그런 일이 벌어졌었죠. 사람들이 좋아하지 않던 영국군이 매사추세츠의 식민지 주민들에게 발포를 했을 때 말입니다. 그들, 이 영국군 병사들은 살인죄로 재판을 받았습니다. 미국 식민지 주민들로 구성된 배심원단이 배심원석에 앉아 저 영국군 병사들의 유죄 여부에 대한 결정을 내렸습니다. 수많은 국민들이 미국혁명의 명분을 갖기 위해 그들이 유죄 판결 받기를 원했죠. 하지만 정의와 공정의 중요성을 이해하는 그 배심원들은 그 영국 병사들에게는 살인행위에 대한 책임이 없다는 매우 힘든 결정을 내리고 그들을 풀어줬습니다. 여기 그 배심원들의 이름을 아는 사람이 있습니까? 아니요. 그들은 이름을 밝히지 않기로 선택했기 때문에 역사 속으로 사라졌습니다. 하지만 그들은 가장 중요한 것은 사실을 보고 정직한 결정을 내리고 옳은 일을 하는 것이라는 것을 알았습니다. 법에 근거하지 않은 결정, 압력에 설득당해 내린 결정은 암이 되어 자라나 사회에 공헌하지 못할 것입니다. 우리는 우리의 체계를 믿어야 합니다. 우리 체계를 지지해야 합니다. 그리고 법에 근거해 결정을 내려야 합니다. 그리고 여러분 한 분 한 분이 그렇게 하리라는 걸 저는 압니다.

· · ·

다음은 실버먼이 암스터가 수수께끼 남자를 들먹이며 개시한 공격과 다른 반격에 반박할 차례였다.

그녀는 수수께끼 남자 주장을 뒷받침할 증거가 있다면 더 일찍 재판 중에 그 이론을 내놓았을 거라고 배심원단에게 말했다.

"증거에 기반해 결정을 내려야 합니다." 실버먼은 말했다. "변호인의 이론은 기본적으로 하늘이 열리고 우주선이 내려와 이 여성들을 모두 살해했다는 것과 다를 바 없습니다……. 들어본 적도 없고 존재하는지조차 모르는 이 수수께끼의 조카나 우주선이나 변호인이 가진 증거는 같을 겁니다."

"이건 조작입니다." 실버먼은 변호인의 최종변론에 대해 말했다. "왜곡하고 주의를 분산시키고 조작하려는 시도입니다. 여러분들의 주의를 딴 데로 돌리려는 것뿐입니다."

이 주장 속의 조카가 범인이라면, 에니트라의 사진이 왜 프랭클린의 집에서 발견된 걸까요, 실버먼이 물었다.

"가상의 조카는 그 사진을 왜 가상의 자기 집에 두지 않았을까요?" 그녀는 계속해서 말했다. "수수께끼의 남자가 실제로 존재한다면, 그의 DNA는 어디 있으며 우리는 왜 그걸 희생자들에게서 계속 발견하지 못했을까요? 희생자들의 몸 어디에선가 그의 DNA가 발견되지 않을까요? 반복, 또 반복해서 나타난 DNA 프로파일은 피고의 것뿐입니다."

"이 사건의 증거는 어마어마합니다." 실버먼은 강조했고, 최종변론 때와 마찬가지로 요약을 마쳤다. "이 여성들에게 정의를 가져다줄 때입니다. 이제 때가 되었어요."

배심원들의 평결은?

2016년 5월 3일 화요일 오후 실버먼의 최종요약에 이어 배심원은 숙고에 들어갔다.

다음 날에도 그들은 여전히 숙고 중이어서, 나는 사무실에 갔다. 이제 나는 〈피플〉 지의 선임 범죄 담당 기자였다. 피해자 가족 대부분도 법정을 떠났지만, 알렉산더 가족들은 화요일과 수요일 거의 내내 109호 법정 밖 복도에서 기다렸다.

5월 5일 사무실에 있는데 로스앤젤레스 고등법원 공식자료관에게서 배심원들이 평결을 내렸다는 연락이 왔다. 평결은 그날 오후 1시 30분 케네디의 법정에서 낭독될 예정이었다.

나는 심장이 죄어드는 기분으로 차를 향해 달렸다. 차가 거기 도착하는 문제에 대해서는 염려하지 않았다—모드 주니어는 오래전에 폐기물 하치장에 갔으니까. 내가 불안한 이유는 LA의 악명 높은 교통정체였다. 브렌트우드의 윌셔로에 있는 〈피플〉 잡지사와 시내의 형사법원 건물 사이에는 꽉 막힌 24km의 고속도로가 펼쳐져 있었다. 지난 10년 가까이 이 사건에 내 심장과 영혼, 마음을 갖다 바친 터라 평결에 절대 늦고 싶지 않았다.

시내에 도착한 건 1시 15분이었고, 법원에서 세 블록쯤 떨어진 곳에 주차할 자리를 찾은 다음 거기서부터는 뛰어갔다. 9층 엘리베이터에서 내렸을 때는 숨이 턱에까지 차 있었다.

달려온 사람은 나뿐만이 아니었다. 연쇄살인에 맞서 싸우는 흑인 연맹 창설자 마거릿 프레스코드도 교통정체와 싸우며 시내를 가로질러 시간에 맞게 도착했다. 데니스 킬코인은 산타 클라리타 근처 자택에서 80km 거리를 50분 만에 주파했다. 내가 도착했을 때는 희생자 10명의 가족 20명 정도가 케네디 법정의 앞문 근처 가족들에게 지정된 구역 경계선 뒤에 서 있었다. 그들은 기자들이 어수선하게 몰려다니는 복도에서 자기들끼리 조용히 이야기하고 있었다.

나는 메리 알렉산더와 아들 도넬을 즉시 찾아냈다. 둘 다 평결이 자기들 편일 거라고 확신하고 있었지만, 눈에는 정의를 기다리느라 보낸 수년의 세월과 재판이 계속되는 동안 법원에서 보낸 몇 달간의 힘든 나날 동안 쌓인 피로가 여실히 드러나 있었다.

109호 법정의 문이 정확히 1시 반에 열리자, 가족들이 안내받아 들어갔고 그 뒤를 실버먼과 리조, 듀프리와 킬코인, 그리고 기자들이 따랐다.

법정 경위가 유치장에서 프랭클린을 데리고 법정으로 들어오자 모든 사람들의 시선이 프랭클린을 향했다. 그는 늘 앉던 자리에 앉아 늘 그렇듯이 케네디 옆쪽 벽의 어느 지점에 시선을 고정시켰다. 이날 그의 태도에서 유일하게 달라진 것은 오른쪽 다리가 1분여마다 사정없이 떨리는 듯했다는 것뿐이었다.

프랭클린의 대표 변호사 세이무어 암스터는 특이하게도 출석하지 않았다. 동료 변호사 데일 애서튼이 프랭클린 옆에 서 있었다.

암스터는 나중에 내게 문제가 생긴 친구를 돕느라 오지 못했다고 말했다.

배심원단은 프랭클린이 착석하고 몇 분 후 법정에 들어왔다. 법정이 웅성거렸다. 법정 경위가 정숙을 외치자, 모두 하던 말을 딱 끊더니 단체로 심호흡이라도 하는 것 같았다. 판사가 평결이 적힌 접은 종이를 법원 서기에게 주자, 서기가 일어나서 죄목을 하나하나 읽더니 배심원들의 평결을 발표했다.

하나하나, 모두 열 번.

열 번 유죄였다.

데브라 잭슨과 헨리에타 라이트, 바바라 웨어, 버니타 스팍스, 메리 로우, 래크리카 제퍼슨, 모니크 알렉산더, 프린세스 버소뮤, 발레리 맥코비, 제니시아 피터스는 마침내 그들이 받아 마땅한 정의를 부여받았다.

배심원들은 또한 에니트라 워싱턴의 살인미수도 유죄로 평결했다.

희생자 하나하나에 대한 죄목과 평결이 낭독되는 동안, 프랭클린은 변함없이 평소처럼 점잔 빼는 표정을 하고 있었다. 법정 밖으로 나갈 때도 재판이 벌어지는 내내 보였던 모습과 전혀 다르지 않았다.

평결이 하나하나 낭독되는 동안, 나는 해당 가족의 모습을 살그머니 쳐다보았다. 헨리에타의 딸 로셸 존슨의 얼굴에 눈물이 흘러내리는 걸 보았다. 내 뒷자리에 앉은 메리 알렉산더는 프랭클린에게 모니크의 살인죄 평결이 내려지자 포터에게 "신은 선하셔"라고 속삭였다. 도넬과 대린이 감정을 못 이긴 나머지 얼굴을 가리는 게 보였다. 그리고 프린세스의 양언니 사마라 헤라드가 조용히 흐느끼는 것을 보았다.

내 얼굴에도 눈물이 쏟아져 내렸다.

검사석 뒤에 앉아 있는 킬코인을 쳐다보았다. 강인한 성품의 전직 형사는 재판 결과에 감동한 기색이 역력했다. 실버먼과 리조는 만족과 안도가 뒤섞인 표정을 짓고 있었다.

기자들은 기사를 송고하러 법정에서 달려 나가고 가족들은 조용히 기쁨의 눈물을 흘리는 사이, 나는 앞쪽 의자에 못 박힌 듯이 앉아 있었다. 내 자유 시간 대부분을 이 사건을 취재하거나 이 사건에 대해 생각하며 보냈던, 10여 년에 걸친 여정이 이제 끝이 났다.

돌아가신 부모님 생각이 났다. 내 어머니 메리는 프랭클린이 체포된 지 5개월 후인 2010년 12월에 돌아가셨다. 내 아버지 조는 2015년 5월에 돌아가셨고, 그로부터 1년이 좀 덜 되어 재판이 시작되었다. 부모님도 나만큼이나 이 사건에 집착했고 희생자들에게 정의가 구현되는 걸 돕고 이 전설의 끝을 보려는 내 결심을 자랑스러워하셨다.

10분쯤 지난 후 마침내 내가 법정에서 걸어 나왔을 때, 복도에는 행복하고 즐거운 광경이 벌어지고 있었다. 형사들은 희생자 가족들을 얼싸안았고 검사들은 형사들을 얼싸안았으며, 슬퍼하던 가족들이 곧 나를 얼싸안았다. 기나긴 여정이 마침내 끝났다. 평결은 그들이 바라던 것이었고, 그 순간 모두가 한편이었다.

도넬 알렉산더가 눈물범벅이 된 얼굴로 내게 걸어와 나를 끌어당겨 안았다. 10년 전 자기 집 문을 두드리고, 수많은 사람들이 쳐다보지 않던 살인 사건에 대해 글을 써줘서 감사하다고 말했다.

"고맙습니다." 그는 흐느끼며 말했다. "관심 가져주셔서요."

종신형이냐 사형이냐

잠들었던 살인마 재판의 구형은 로니 프랭클린 주니어가 10건의 살인과 1건의 살인미수로 유죄 평결을 받은 지 일주일 뒤에 시작되었다. 유죄 평결을 내린 배심원들이 이제 사형이냐 가석방 없는 종신형이냐를 결정해야 했다.

다음 한 달에 걸쳐 검찰은 잠들었던 살인마의 잔혹한 살인 행각이 벌어지던 도중 발생한 네 여성의 살인 사건과 프랭클린을 연결시키는 증거들을 제출했다. 프랭클린이 체포된 직후 발견한 증거들이었다. 네 건의 살인을 기소건에 더하는 것이 재판 시작을 더디게 하고 희생자 가족들을 위한 정의구현을 지연시킬 것 같다는 우려로 검찰은 그 사건들을 포함시키지 않기로 결정했다. 하지만 결국 재판은 어쨌거나 6년 가까이 지연되었다.

이 살인 사건 4건 중 3건은 프랭클린이 독일에서 LA로 돌아온 해인 1976년부터 발생한, 300건 이상의 미제 살인 사건과 실종자 신고건들을 800 전담반이 뒤지다가 발견한 것들이었다. 네 번째 살인 사건은 체포 이후 프랭클린의 차고를 수색하다 발견한 증거에서 나왔다.

이 여성들의 삶과 죽음은 프랭클린이 유죄선고를 받은 10건의 살인의 복제본이나 다름없었다. 4명의 여성들은 모두 젊은 흑인 마약중독자들이었다.

이 추가 살인 건들을 감안하면 프랭클린이 저지른 첫 번째 살인은 1984년 1월 15일에 발생했다. 21세의 새런 앨리시아 디스무크는 예전에는 프랭클린의 첫 번째 희생자로 여겨져 온 데브라 잭슨보다 1년 반 전에 살해당했다.

새런은 사우스 센트럴의 마틴 루터 킹 주니어로와 사우스 산페드로가 교차점에 있는 폐주유소의 남자화장실 변기 옆 바닥에 시신이 있다는 익명의 전화신고에 의해 발견되었다. 시신은 낡은 카펫에 싸여 있었다. 입에는 더러운 흰 누더기가 쑤셔 박혀져 있었다. 발뒤꿈치는 주유소 주차장에서 더러운 화장실까지 질질 끌려오느라 기름때가 묻어 있었다.

락슈마난 사티아바지스와란 부검의는 평결 후 구형단계에서 새런은 가까운 곳에서 왼쪽 가슴에 두 발 총을 맞았다고 증언했다. 25구경 구리피복 탄환 하나가 왼쪽 팔뚝을 관통해 가슴에 박혔다. 오른쪽 관자놀이에도 일격을 당했다.

베스 실버먼 지방검사보는 LA 경찰 총기검사 담당관 대니얼 루빈을 다시 한 번 증인으로 불렀고, 그는 2007년 제니시아 피터스를 살해하는 데 사용된 타이탄 25구경 반자동 권총이 23년 전 새런 디스무크를 죽이는 데 사용되었다고 증언했다.

새런의 여동생 티나 손더스가 증인석에 서서 언니의 죽음이 어머니를 어떻게 망가뜨렸는지 배심원들에게 증언했다.

"엄마는……, 언니가 죽었을 때 엄마도 죽었어요." 그녀는 말했다. "엄마는 몇 년 동안 치료를 받았어요. 몇 년 동안이요. 제가 어른이 될 때까지도요. 그리고……. 저는 열다섯 살이었어요. 엄마와 언니를 다 잃은 기분이었어요. 엄마는 몸은 존재했지만 마음은 없었어요. 줄 게 남아 있지 않았죠."

새런은 의지가 강하고 똑똑하고 매우 보호 욕구가 강했다고 티나는 말했고, 이를 설명하기 위해 어린 시절 일화 하나를 들려줬다.

"제게 남자친구가 있었어요." 티나는 배심원들에게 말했다. "그때가 열네 살 정도 되었을 거예요. 같이 놀다가 걔가 약간 거칠게 굴어서 제 다리에 멍이 든 적 있어요. 언니가 집에 와서 그걸 보더니 무슨 일이 있었냐고 물었죠. 제가 이야기하자, 언니는 가서 그 집 문을 두드리고는 호되게 야단을 쳤어요. 남자 친구는 제게 와서 사과하면서 우리 언니가 미쳤다고 했죠. 하지만 맞아요, 언니는 걔가 다시는 그런 짓을 하지 않게 했죠."

하지만 80년대 사우스 센트럴의 천벌과도 같은 마약이 결국 새런의 삶을 차지했다.

"언니가 힘들어한다는 건 알고 있었지만, 더 잘하고, 어떻게든 살아보고 싶어 했다는 건 알아요." 티나는 말했다. "방법을 몰랐던 거예요. 아무도 어떻게 도와줘야 하는지 몰랐어요."

새런은 어린 동생이 같은 길을 가지 않기를 바랐다. "언니는 내가 숙제하는 걸 도와주려고 했지만, 상태가 좀 좋지 않았어요." 그녀는 회상했다. "무슨 약을 했거나 하고 있었던 것 같아요. 하여간 언니가 원하는 방식으로 절 도와주지는 못했죠. 언니가 제 셔츠를 잡아 바싹 당기더니 이렇게 말했던 기억만 나요. '절대 약은 하지 마, 그럼 죽여버릴 거야.' 알겠죠. 언닌 그저 제가 더 잘 되길 바랐던 거예요."

기소를 위해 많은 증인들의 결과 진술을 다루었던 마거릿 리조 지방검사보는 티나에게 언니와의 마지막 대화를 기억하느냐고 물었다.

"마지막 대화 중 하나는……, 우리 사이에 있는 언니들이 둘 다 동시에 임신 중이었어요. 언니가 너무 좋아했던 게 기억나요. 아기들이 태어나는 게 너무너무 기다려진다고 말했죠. 하지만 언니는 그걸 보지 못했어요."

4년 후인 1988년 8월 15일, 경찰은 웨스턴가 10300번지 블록 골목길에 누워 있는 28세의 이네즈 워런의 시신을 발견했다. 공중 전화에서 전화를 건 익명의 제보자가 경찰에 "어떤 남자들이 골목 길에 여자를 버리는" 걸 봤다고 말했다.

당시 LA 경찰 77번가 경찰서에서 순경으로 근무하던 존 스캑스 형사는 현장에 도착했을 때, 이네즈는 살아 있었다고 증언했다. 가슴 왼쪽에 총 한 발을 맞았고 머리에 둔기 외상을 입은 상태였다. 하지만 그녀는 "호흡을 하며 약간 신음하고 있었다"고 그는 배심원들에게 말했다. 그녀는 마틴 루터 킹 주니어 지역 병원에서 사망했다.

이네즈를 죽인 총알은 몸을 관통해서 발견되지 않았지만, 상처의 크기는 25구경 총상과 일치했다. 이네즈는 1988년 9월 11일, 모니크 알렉산더의 시신이 골목길에서 발견되기 3주 전 살해당했다.

검찰이 프랭클린과 연관시킨 세 번째 희생자의 시신은 발견되지 않았다. 하지만 검찰과 800 전담반은 두 어린아이의 어머니인 31

세의 롤니아 모리스가 프랭클린의 손에 살해당했다고 확신했다. 롤니아는 2005년 9월 5일, 알 수 없는 상황에서 실종됐다. 그녀는 프랭클린의 집에서 아홉 블록 떨어진 곳에 살고 있었다. 그녀의 네바다주 자동차 번호판이 사흘 동안의 프랭클린 가택수색 도중 차고 안쪽 선반에서 발견되었다. 또한 그녀의 사진 2장도 차고에 있던 소형 냉장고 안에 있는 봉투에서 발견되었다. 그 봉투에는 제니시아 피터스와 2005년 흔적도 없이 사라진 18세 소녀, 아일라 마샬의 학생증도 들어 있었다. (검찰은 프랭클린이 아일라도 죽였다고 믿었지만, 시신은 발견되지 않았고 프랭클린을 그 범죄와 연루시킬 증거는 부족했다.)

배심원들이 재판 도중에는 듣지 못했지만 사형 구형 단계에서는 들었던 네 번째 희생자는 조지아 메이 토머스로, 그녀는 2000년 12월 28일 이스트 57번가의 어느 창고지구의 지저분한 보도 옆에서 발견되었다.

언니 비비안 윌리엄스는 여동생 시신의 신원을 확인하고 장례 준비를 하느라 가슴이 찢어지는 것 같았고 아직도 충격이 가시지 않았다고 배심원들에게 말했다.

"힘든 일이었어요." 비비안은 배심원단에게 말했다. "하지만 그게 맏이로서 제가 해야 할 일이었죠. 우린 부모님이 안 계셨으니까요. 조지아의 아버지는 아칸소에 살고 있고, 어머니는 안 계셨어요."

배심원단은 조지아 메이가 가슴 왼쪽에 두 번 총을 맞았고 그 이후 시신을 씻긴 다음 옷을 새로 입혔다는 사실을 들었다. 시신이 발견되었을 때, 흰 브라는 뒤쪽 후크가 일부 풀려 있었고 게스 청바지는 지퍼가 열려 있었다. 브라에 묻은 피는 세탁되었고 총알을 맞은 상처 두 군데의 피도 마찬가지였다. 속옷은 입고 있지 않았다. 갈색 양말 한 짝은 뒤집힌 채 신겨져 있었다. 갈색 신발은 한짝만 신고 있었다. 나머지 한 짝은 몇 블록 떨어진 곳에서 발견되었다.

이 사건은 프랭클린이 체포될 때까지 오리무중 상태였다가, 경찰이 프랭클린의 중앙 차고 가벽 뒤를 수색하다가 조지아를 죽이는 데 사용한 25구경 권총을 발견했다.

LA 경찰 지문 전문가 제프 디콘은 탄창에 묻은 지문이 프랭클린의 왼손 엄지와 일치한다고 증언했다.

실버먼이 다음 질문으로 폭탄을 투하했을 때, 비비안 윌리엄스는 여전히 증인석에 서 있었다.

"수년 전 동생을 데리고 81번가에 사는 친구 집에 간 적이 있습니까?" 실버먼이 물었다.

"네." 비비안이 대답했다.

"그 집이 어떻게 생겼는지 기억합니까?" 실버먼이 물었다.

"동생을 놀리면서 그 집이 쿠키집처럼 생겼다고 말하곤 했어요." 비비안이 말했다. 경찰은 증거를 찾지 못했지만 비비안의 말은 동생을 내려준 집이 프랭클린의 민트그린색 목조단층집임을 암시하고 있었다.

"대략 몇 번이나 동생을 웨스턴가 바로 안쪽 81번가에 내려줬습니까?"

"여덟 번인가 열 번인가요." 비비안이 말했다.

"동생을 내려줬을 때 동생 친구를 봤습니까?" 실버먼이 물었다.

"네." 비비안이 대답했다.

"친구는 어디 있었습니까?" 실버먼이 물었다.

"문 앞에요." 비비안이 대답했다. "친구가 문을 열고 동생을 들어오게 했어요. 전 누군가 동생을 집 안에 들이는 걸 보기 전엔 절대 떠나지 않았거든요."

"친구는 여자였습니까, 남자였습니까?" 실버먼이 물었다.

"남자였어요." 비비안이 말했다. "흑인 남자요."

"동생이 친구 이름을 말해준 적 있습니까?" 실버먼이 물었다.

"로니에요." 비비안이 말했다.

· · ·

잠들었던 살인마 사건의 구형 단계는 순조롭게 진행되었지만, 3월 26일 다음 증인으로 호명된 사람이 큰 파장을 일으켰다. 40여 년 전 17세 때, 독일에서 프랭클린과 다른 미군들에게 강간당한 잉그리드 W가 자신의 이야기를 들려주러 미국에 온 것이다. 그녀의 존재로 인해 암스터와 실버먼, 판사 사이에 과장된 언사가 이어졌고 때로는 신랄한 대화가 오갔다.

암스터는 신원 보호를 위해 성을 밝히지 않은 잉그리드 W에게 증언을 하게 해서는 안 된다고 강력하게 주장했다. 그의 입장은 홀로코스트의 공포로 인해 독일 밖에서 벌어지는 재판에서 자국민들이 사형을 지지하는 증언을 하지 못하도록 하는 독일 정부의 오랜 원칙에 근거하고 있었다.

실버먼은 암스터가 법적 참조를 잘못한 거라며 이에 반대했고, 자신의 가족이 겪은 홀로코스트 경험을 이야기하며 그건 무례한 말이라고 했다. 그가 잉그리드 W 면전에 대고 비난을 함으로써 그녀를 모욕했다고 힐난했다. 이에 대해 암스터는 자신의 유대인 혈통을 들먹이며 분노를 표출했다.

케네디 판사는 잉그리드 W의 증언을 허락했다. 하지만 그녀가 증언을 시작하자마자 암스터가 진행을 막고 판사석 앞에 오더니 잉그리드 W의 남편이 "자신을 무안하게 빤히 쳐다본다"고 주장하며 그에게 경고를 해달라고 판사에게 요청했다.

케네디는 분노하며 그런 일은 하지 않겠다고 말했고, 마침내 잉그리드 W는 자신의 이야기를 할 수 있게 되었다.

"그 경험, 납치와 집단강간의 경험이 당신 인생에 어떤 영향을 주었는지, 혹은 계속해서 주고 있는지 말씀해주시겠습니까?" 실버먼이 잉그리드에게 물었다.

"저는 오늘날까지도 해가 지면 두렵습니다." 잉그리드는 독일 통역사를 통해 증언했다. "어두워지면 혼자서는 밖에 나가지 않아요. 혼자 집에 있으면 온 집 안에 불을 켜고……, 큰 개도 데리고 있어요. 제 공포를 온 가족, 제 딸과 손주들에게 전하기 때문에 온 식구가 다 고통받고 있습니다."

"이 일이 딸과 손주들과의 관계에 어떤 영향을 미쳤습니까?" 실버먼이 물었다.

"어딜 가도 차를 태워서 가요." 잉그리드가 말했다. "학교에 데려다주고 데리고 오죠. 손녀는 지금 열아홉 살인데도 여전히 학교에 데려다주고 데리고 옵니다. 제 딸도 마찬가지였고요."

"그게 당신에게 있었던 일로 인한 두려움 때문인가요?" 실버먼이 물었다.

"네. 딸애한테 그 일을 이야기했기 때문에 제 딸도 두려워했어요." 잉그리드는 말했다. "당연히 딸애도 아이들에 대해 그런 두려움을 가지게 되었죠."

"큰 개를 키우신다고 했죠?" 실버먼이 물었다 .

"네. 집에 혼자 있을 때는 개가 없으면 안심할 수가 없어요." 잉그리드가 말했다.

"어떤 개를 키우시죠?" 실버먼이 물었다.

"뉴펀들랜드요." 잉그리드가 말했다.

"그러니까 그냥 큰 개가 아니군요. 거대한 개군요?"

"네." 잉그리드가 대답했다.

증인석에서 서서 30분이 좀 안 되는 시간 동안 여전히 고통스런 기억을 상세히 진술한 후, 잉그리드는 프랭클린을 한 번도 쳐다보지 않고 자기 자리로 돌아갔다.

• • •

6월 2일 목요일 구형단계 최종변론을 하던 중 실버먼은 법정에 이런 질문을 던졌다. 로니 데이비드 프랭클린 주니어는 자비를 구할 자격이 있는가?

14명의 여성들이 그의 손에 살해당했다고 그녀는 배심원들에게 말했다.

"그러니까 문제는 이겁니다, 저 사람에게 자비를 구할 자격이 있는가? 다시 한 번 저는 여러분이 [변호사들로부터] 이 주장을 들을 거라고 생각합니다. 그들에게는 이것밖에 아무것도 없으니까요." 그녀는 말했다. "그는 이 희생자들에게 어떤 자비를 보여줬습니까?"

실버먼은 계속해서 말했다. "이런 사건에 대해 생각하다 보면, 어떤 범죄는 너무나 끔찍하고, 너무나 인간 도리를 벗어난 일이라 끔찍한 공포영화처럼 느껴진다는 생각밖에 들지 않습니다." 그녀는 말했다. "이 범죄들은 너무 끔찍해서 그런 짓을 저지른 사람을 문자 그대로 규정합니다. 이게 바로 그런 사건입니다.

그러니 이런 질문을 드리고 싶습니다. 여러분은 희생자들에게 정의를 구현해주시겠습니까? 아니면 살인자에게 자비를 내려주시겠습니까? 다시 한 번, 제가 생각하는 자비의 정의는 정의가 처벌을 요구할 때조차 처벌을 보류하는 것입니다. 자, 여기 갈림길이 있습니다. 여러분은 연쇄살인마에게 자비를 보여주시거나 정의를 내리실 수 있습니다. 하지만 둘 다는 할 수 없어요. 선택을 하셔야 합니다."

실버먼은 계속해서 말했다. "피고는 목숨을 원합니다. 목숨을 보상으로, 범죄에 대한 보상으로 원하고 있어요. 저 사람에게 보상을 내리지 마세요. 다시 말씀드리지만, 가석방 없는 종신형은 선물이고, 저 사람은 그걸 받을 자격이 없습니다…… 여러분은 여러분이 어떤 기분일지, 남은 평생 감옥에 있으면서 하루 종일 자신이 저지른 끔찍한 짓들을 생각하는 것밖에는 할 일이 없다면 양심을 가진 사람으로서 어떤 기분일까, 라는 입장에서 생각하고 계십니다. 맞습니다. 그런 상황이라면 그게 더 끔찍할 수도 있겠죠. 차이점은, 저 사람에게는 양심이 없다는 것입니다. 그러니 저 사람이 자기가 죽인 사람들에 대한 죄책감에 시달리며 감옥에 있을 거라고 생각하신다면, 다시 생각하십시오.

이건 변호사가 일어나서 '그런데 말입니다, 제 고객은 모범적인 삶을 살았습니다. 이 끔찍한 짓 하나만 제외하고는 너무나 많은 훌륭한 일들을 했습니다'라고 말할 수 있는 사건이 아닙니다. 저 사람의 인생 전체가 여성들에게 저지른 폭력으로 점철되어 있어요."

그런 다음 실버먼은 배심원들에게 프랭클린이 죽인 희생자들의 입장이 되어보라고 청했다.

"두려움에 떨며 홀로 고통스럽게 죽어가는 건 어떤 느낌일까요? 살아보려고 몸부림치면서요. 우린 검시관들로부터 그런 이야기들을 들었습니다. 흉강에 피가 차오르고 숨이 막혀 헐떡거리고 있을 때요? 그들이 생의 그 마지막 순간 동안 어떤 일들을 견뎠을지 상상해보세요. 생명이 꺼져가고 있을 때 그들이 어떤 희망을 가졌을지, 어떤 생각을 했을지 생각해보세요. 마지막으로 느낀 감정이 뭐였을까요? 말씀드렸듯이, 공포와 두려움이었겠죠. 고통도……. 피고는 그들을 삶을 끝내기로 선택했습니다. 판사 역할을 했어요. 배심원 역할을 했어요. 집행관 역할을 했습니다……. 이 모든 일들에 대해 피고는 극형을 받아야 마땅합니다."

· · ·

암스터는 난관에 봉착했다. 재판 도중 그는 판사에게서 배심원들이 그에게서 위협적인 인상을 받는다는 말을 들었다. 자신의 고객에게 가장 중요한 순간인 지금, 그는 프랭클린이 사형이 아니라 종신형을 받을 자격이 있다고 배심원들을 설득해내는 사람이 간절히 되고 싶었다. 이건 그의 전문 분야이기도 했다. 하지만 아무리 웅변적인 주장이라 해도 배심원들이 그의 말을 경청하지 않는 다면 아무 소용이 없으리라는 것도 잘 알고 있었다. 그래서 그는 공동변호사 데일 애서턴이 그 임무를 맡는 게 어떻겠냐고 함께 논의했다.

"그게 고객을 위한 최선책이라는 생각이 가장 먼저 들었습니다." 암스터는 내게 말했다. "또 배심원들이 다른 목소리를 들을 때도 되었다는 생각도 했죠. 곧바로 내린 결정은 아니었지만, 그게 옳은 결정이라는 생각이 들었습니다."

애서턴은 6월 3일 금요일에 최종변론을 했다. 프랭클린이 사형은 면하게 해달라고 배심원들에게 청원하는 내용이었다.

"모든 사건은 개별 공과에 따라 결정되어야 합니다. 검찰이 만든 프로파일이 아니라요." 그는 배심원들에게 말했다. "제 말을 들어달라는 게 아닙니다. 잠시만 제게 마음을 열어주시길 바라는 겁니다……. 여러분이 종신형에 한 표를 던지도록 설득할 공정한 기회를 제게 주시기를 바라는 겁니다. 그런 후에는 모든 것이 여러분에게 달렸습니다."

애서턴은 자신이 그들을 설득할 수 있도록 1시간 정도만 자기 말을 들어달라고 청했다. "이 사건에서 여러분 앞에는 종신형과 사형, 두 가지 선택이 있습니다. 제 주장은 제가 어릴 때 배웠던 시 한 편으로 가장 잘 요약될 수 있을 것 같습니다. 이런 시입니다.

길은 동쪽으로 뻗어 있고, 길은 서쪽으로 뻗어 있지.
젊은이는 어느 길이 최고인지 알지 못했네.
그래서 한 길을 택했지만, 그건 그를 실망시켰고,

그는 경주에서 지고 승리자의 왕관을 잃어버렸네.

더 좋은 방법을 제시해줄 이가 아무도 없었으니까.

다른 날 같은 장소에 청운의 뜻을 품은

젊은이가 서 있었다네.

그 또한 남자다운 경주를 시작했고, 그 또한

좋은 것들을 추구했지.

하지만 거기엔 그 길들을 잘 아는 누군가가 있었네.

그는 젊은이에게 갈 길을 제시했지.

이제 젊은이는 평탄한 길을 걸어가네.

더 나은 방법을 알려줄

사람이 교차로에 있었으니까.

그리고 애서턴은 배심원들에게 말했다. "여러분이 사형을 선택하신다 해도 괜찮다는 걸 아셨으면 합니다. 그건 여러분께 달려 있습니다. 그건 공정하고 올바른 평결입니다. 하지만 오늘 제기 드리고 싶은 말씀은 더 나은 방법이 있다는 것입니다."

그런 다음 애서턴은 다음 40분 동안 검찰의 주장에 의문을 제기하려 애썼다. 그는 배심원단에게 차고에 들어갈 수 있었던 사람이 프랭클린만이 아니었다고 말했다. "거기 있었던 유일한 사람이 그라는 증거는 전혀 없습니다." 그는 말했다. 또, 프랭클린과 차고 벽에서 발견된 에니트라의 사진을 연결시킬 증거도 없다고 말했다.

"전리품 사진을 두기에는 이상한 장소죠." 애서턴은 말했다. "그 사진이 어쩌다 거기 있게 되었을까요? 누가 거기 두었을까요? 사진에 지문이 있었습니까? 아니면 그 사진을 로니와 연결시키는 법의학적 증거가 있었습니까? 그 사진을 거기 뒀을 가능성이 있는 사람이 세상 전체에서 로니뿐입니까?"

애서턴은 배심원들에게 에니트라를 공격한 사람이 프랭클린이 아니라고 생각해보라고 청했다. "가족 중 하나일지도 모릅니다." 그는 말했다. "친구일 수도 있어요. 그건 무슨 뜻일까요? 그건 이 살인 사건들 모두, 바로 여기 이 미지의 총기 살인 사건들 모두가 심각한 문제가 된다는 말입니다. 심각한 회의가 생기는 거죠. 총을 그의 손에 쥐어줄 수는 없으니까요."

애서턴은 모니크 알렉산더와 헨리에타 라이트, 데브라 잭슨, 버니타 스팍스, 바바라 웨어, 래크리카 제퍼슨, 메리 로우를 죽이는 데 사용된 총이 어떻게 되었는지 배심원들에게 질문했다.

"그는 총들을 모두 가지고 있습니다." 그는 고객을 가리키며 말했다. "총기 인수증들도 가지고 있어요. 왜 이건 보관하지 않을까요? 왜 이건 없죠? 왜 이건 수수께끼의 총일까요?"

애서턴은 배심원들에게 물었다. "로니 프랭클린만이 그 총기들을 사용할 수 있었다는, 온 세상에서 그 총들을 사용할 수 있었던 유일한 사람이라는 절대적 증거는 어디 있습니까? 이 사건의 희생자 모두를 로니 프랭클린이 쏘았다는 절대적 증거가 어디 있습니까? 증거가 어디 있죠? 이 살인들이 어떻게 일어났는지에 대해서는 전혀 증거가 없습니다. 언제인지, 현장에 몇 사람이나 있었는지, 누가 총을 쏘았는지 말입니다. 사형에 찬성표를 던지시기 전에, 저기 저 사람이 저 여자를 쏘았다고 증언할 믿을 만한 증인이 적어도 한 명이라도 있는지 묻는 게 지나친 겁니까? 단 한 명만이라도 말입니다."

그러고 나서 애서턴은 DNA 증거를 공격했다. "잘 생각해보십시오. 바바라 웨어의 경우 말입니다. 로니와 일치하는 DNA가 구강 면봉검사에서 검출된 미량의 정액에서 발견되었습니다. 그건 입속이겠죠. 질 검사에서는 신원을 알 수 없는 세 남성의 것이 발견되었습니다. 로니의 DNA는 질에서는 배제되었죠. 이런 게 다시, 또 다시 반복되는 걸 보시게 될 겁니다. 입안에서 미량의 정액이 발견된 바바라 웨어를 제외하면 모든 희생자가 그의 DNA를 가지고 있습니다. 그의 DNA가 발견된 곳은 가슴입니다. 절대 질이 아니에요. 절대 질은 아닙니다.

그렇다면 이 세 남자는 누구입니까? 이 사람들은 누구일까요? 이 사람들이 웨어 씨와 성교를 한 것은 로니 프랭클린 이전일까요, 후일까요, 아니면 동시일까요? 우리는 모릅니다. 의혹이 여전히 남아 있습니다."

버니타 스팍스와 프린세스 버소뮤, 발레리 맥코비에게서 발견된 DNA에 대해 이야기한 후, 애서턴은 의문을 제기했다. "사형에 찬성표를 던지시기 전에, 이 사람들이 다 누구인지, 그리고 이 사건에서 어떤 역할을 했는지 알고 싶지 않습니까?

이 젊은 여성들은 위험한 장소에서 위험한 시간에 자신들을 위험에 빠뜨릴 수 있는 행위를 했습니다." 애서턴은 말했다. "그들이 만난 누구라도 이런 짓을 했을 가능성이 있습니다."

그리고 그는 한 일화를 들려줬다.

"이제 여러분께 이 사건에서 들은 과학 증거에 대해 약간 말씀드리죠. 찰스 H. 듀얼은 100년도 전인 1899년 미국 특허청 감독관이었습니다. 듀얼 씨의 명언이라고 전해지는 말이 있습니다. '발명될 수 있는 모든 것들은 발명되었다.' 1899년 특허청을 이끄는 사람이 그렇게 말했습니다. 발명될 가능성이 있는 모든 것들은 이미 다 발명되었다고. 더 이상의 발명품은 없을 거라고. 그가 지금 우리 시대를 본다면 뭐라고 생각할지 궁금합니다. 컴퓨터를, 전화를, 인간의 달 착륙을 보십시오. 우주왕복선과 태블릿과 노트북과 온갖 새로운 기술을 말입니다. 경이로운 발전을요. 과학과 의학과 모든 것들에 듀얼 씨는 충격을 받을 겁니다. 제 요점은 과학은 늘 발전하고 있다는 것입니다. 과학은 늘 더 나아지고 있고, 거기에는 DNA도 포함됩니다……. 과학에서 DNA가 너무나 발전해서 그 신원미상 남성들이 누군지 알 수 있는 시점이 온다면 어떻게 되겠습니까? 그 사람들의 신원을 알 수 있는 겁니다.

그렇게 해서 로니 프랭클린과 동급의 용의자가 또 하나 나타난다면요? 여러분이 이 소식을 듣습니다. 지금부터 5년, 10년, 15년 뒤 과학이 충분히 발전해서 다른 용의자의 신원을 찾아냈다는 소식을 듣고 사형 평결을 되돌리는 거죠. 그런 일이 생긴다면 기분이 어떻겠습니까?

죽음은 절대적입니다." 애서턴은 말했다. "한 번 실수를 하면 돌이킬 수 없어요. 절대적입니다."

그러고 나서 애서턴은 검찰의 탄도학 테스트 방식을 공격했다. "그들은 눈을 똥그랗게 뜨고 쳐다봅니다." 그는 말했다. "눈으로 쳐다보고는 말하는 거죠, '보면 알아.' 그들은 셈을 하지 않습니다. 측정도 안 해요. 그저 쳐다볼 뿐입니다."

애서턴은 1993년에 자기 아들을 살해한 16세 소년에게 자비를 보여준 미네소타의 한 어머니 이야기를 다룬 2011년도 어느 신문 기사를 인용하며 최종변론을 마쳤다. 처음에는 오로지 그 소년이 미운 마음밖에 없었지만, 후원그룹의 도움으로 그녀는 감옥에 있는 소년을 찾아가서 자기가 그를 용서할 방법이 있는지 알아보기로 결심했다.

결국 그들은 친한 친구가 되었다고 기사는 말한다. [17년 후] 그가 감옥에서 18개월 일찍 출소했을 때, 그 어머니는 그를 자기 집주인에게 소개시켜줬고, 그는 그 건물로 이사 와서 같은 현관을 쓰게 되었다. 그녀는 자기가 이기적이었다고 말했다. "양심은 암과도 같아요." 그녀는 말했다. "그건 속에서부터 사람을 좀먹어 들어가죠."

"그건 그 사람 문제가 아니에요." 그녀는 말했다. "내가 그 사람을 용서한다고 해서 그 사람이 한 짓이 줄어들지는 않아요. 그래요, 그 사람은 내 아들을 죽였어요. 하지만 용서는 나를 위한 것이에요."

그리고 애서턴은 그 이야기를 이 사건과 연결시켰다.

"정부는 이 사건에서 자비를 원하지 않습니다." 그는 말했다. "징벌을 원하죠. 보복. 복수를 원합니다. 그들은 로니가 증오하며 죽였다고 주장하고, 이제 여러분이 증오하며 죽여야 합니다.

무력한 분노로 팽배한 원한은 절대 아픈 가슴을 회복시키지 못합니다. 하지만 자비는 건드리는 모든 것들을 치유합니다. 사형 평결은 치유과정을 지연시킵니다. 달력에 또 하나의 사건을 추가할 뿐입니다. 가족들이 주목하고 잊지 않고 기억해야 할 사건, 최종적인 종결은 없다는 것을 상기시키는 또 하나의 사건을요. 다가오는 집행일을 생각할 때마다 상처를 다시 헤집는 것 같을 겁니다. 저희는 여러분이 종신형을 선택해서 이 사건을 끝맺어주시기를 바랍니다."

그 후 애서턴은 앞서 인용한 시를 되풀이하며 자비에 대한 탄원을 마무리했다. "사형도 괜찮습니다." 그는 말했다. "그건 그저 평결일 뿐이죠. 그걸 원하신다면요. 여러분은 살인자가 아니에요. 전 그저 여러분이 더 나은 방법이 있다는 것을, 그리고 그 나은 방법은 종신형이라는 걸 아시기 바랍니다."

법정은 주말 동안 휴정했다.

2016년 6월 6일 월요일, 배심원단은 로니 프랭클린 주니어에게 사형을 권고했다.

정의의 심판

2016년 8월 10일 수요일, 109호 법정은 또 한 번 낯익은 얼굴들로 가득 찼다. 가족들은 캐슬린 케네디 판사가 로니 프랭클린 주니어에게 공식적으로 사형 선고를 내리는 것을 듣기 위해 법정에 돌아왔다. 로니는 오렌지색 죄수복을 입고 변호인 옆에 조용히 앉아 있었다.

하지만 케네디가 프랭클린에게 판결을 내리기 전, 희생자 가족들이 법정에서 마지막으로 희생자 피해 진술을 할 기회가 있었다. 로니 프랭클린이 저지른 짓으로 가정이 파괴된 17명의 어머니와 아버지, 형제자매, 조카들은 자기들이 프랭클린을 어떻게 생각하는지 그에게 말할 준비가 되어 있었다.

그들 대부분은 신앙심이 깊었고 프랭클린이 삶에 준 고통에도 불구하고 그를 용서할 필요를 느꼈다.

제니시아 피터스의 어머니 레이번 피터스가 가장 먼저 입을 열었다. 평소처럼 우아하게 차려입은 레이번은 배심원 옆 발언대로 걸어갈 때는 프랭클린 쪽을 쳐다봤지만, 발언을 할 때는 앞에 앉은 판사를 똑바로 쳐다봤다.

"제니시아 피터스는 2007년 1월 1일 살해된 채 발견되었습니다."그녀는 말했다. "길고 힘들고 어려운 여정이었어요. 하지만 저희는 굳게 버텼습니다. 제니시아도 우리가 굳게 버티기를 바랐을 겁니다. 우린 강해요. 피고는 제 딸을 납치해 살해하고 그 애가 쓰레기인 양 쓰레기 비닐봉투에 넣어 쓰레기통에 버렸습니다. 제가 바라는 건 저 사람이 남은 삶을 감방에서 보내는 겁니다. 그게 저 사람의 비닐봉투가 되겠죠. 재활용할 것을 찾아 쓰레기통을 뒤졌던 노숙자들에게 진심으로 감사합니다. 저는 운 좋게도 제 딸을 찾았으니까요. 감사합니다."

헨리에타 라이트의 딸 로셸 존슨은 프랭클린이 경찰과 인터뷰를 하면서 자신의 어머니가 역겹게 생겼다고 발언했던 것을 언급했다. 배심원들이 프랭클린이 로셸의 어머니에 대해 한 노골적인 발언을 듣던 날 로셸은 법정에 없었지만 나중에 실버먼이 그 발언을 언급할 때 들었다. 그 말은 프랭클린이 사회에 미친 영향을 설명하는 데 훨씬 더 적합하다고 그녀는 생각했다.

"저는 저 사람이 이 사회에 저지른 짓, 그게 바로 소위 역겨운 짓이라고 말씀드리고 싶습니다." 어머니를 고스란히 닮은 예쁜 미용사가 말했다. "그리고 자기가 다시, 또다시 거듭 저지른 짓으로 저 사람은 자신의 남은 인생을 역겹게 만들었습니다. 이 퍼즐을 맞춰서 악의 그림을 그려주신 모든 분께 다시 한 번 감사드리고 싶습니다. 그 그림이 바로 저 사람의 본질입니다. 감사합니다."

사촌 로셸과 함께 자주 재판을 지켜봤던 헨리에타 라이트의 조카 이렌 에프리암은 프랭클린이 다시 길거리를 돌아다니지 않으리라고 생각하면 마음이 편안하다고 판사에게 말했다.

"저 사람은 저기 앉아 있었어요. 상관도 안 해요. 한 번도 돌아보지 않았어요. 그냥 암흑 속에 있다구요, 아시겠어요? 말씀드렸듯이, 저 사람이 더 이상 아무도 해칠 수 없다는 걸, 저 사람이 자기가 있어야 할 곳에 있다는 걸 아니 마음이 편해요. 어쩌면 저 사람은 찰스 맨슨과 이야기를 공유할 수 있을지도 모르겠군요. 둘 다 역겨운 사람들이니까요."

"이건 굉장히, 굉장히 길고 긴 과정이었어요." 프린세스의 언니 사마라 헤라드는 연단에서 말했다. "동생은 열다섯 살이었어요. 프린세스는 열다섯이었다고요. 그 애가 죽은 때부터 그 애가 산 인생보다 겨우 1년 모자란 시간이 걸려 우린 이 자리까지 왔습니다. 14년 만에요. 프린세스에게는 살 자격이 있었어요. 다른 모든 희생자들과 마찬가지로요. 우리 모두는 퍼즐 한 조각이 없는 채로 살아갈 겁니다. 우리 모두는 뭔가를 잃어버렸어요. 여기 있는 사람뿐만이 아니라 가족으로 연결된 모든 사람들이요……. 하지만 여러분은 매일 살아가요. 계속 나아가고, 전진하죠. 최선을 다해 노력하구요. 그리고 얼굴에 미소를 띠죠. 우리가 겪었던 일을 그 어떤 사람도 적어도 저 사람 손에 겪지는 않아도 된다는 것에 여러분은 감사할 겁니다."

재판에서 증언하러 법정에 나왔던 에니트라 워싱턴은 발언대에서 프랭클린을 똑바로 쳐다보며 회피하지 않았다. "저는 당신이 진정한 악의 화신이라고 생각합니다." 그녀는 프랭클린에게 말했다. 그는 그 시선을 마주 보지 않았다. "거기서 가슴 아픈 점은 당신이 같은 남자들 모두에 대한 시선을 바꿔놓았다는 거예요." 그녀는 말했다. "전 저를 돌봐주고 보호해줘야 할 남자를 두려워해요. 당신이 그걸 앗아갔어요. 당신 때문에 전 사람들을 다르게 보게 됐어요. 그러면 안 되는데도 말이에요.

당신은 악마의 대리인이에요."에니트라는 계속해서 말했다. "이 모든 일에 저는 정말로 너무 깊은 상처를 받았어요. 종결이 되지 않았고 전 여전히 살아 있고, 그건 좋은 일이에요. 하나님을 찬미할 일이라구요. 매일 하나님께 감사드려요. 하지만 두려워하는 세상에서 어떻게 살 수가 있나요? 어떻게 돌아다닐 수 있나요? 전 두려워하지 않으려 노력해요. 하지만 당신 같은 사람을 또다시 만나지 않을 거라는 걸 제가 어떻게 알 수 있죠?"

에니트라는 고개를 꼿꼿이 들고 자기 자리로 돌아갔다.

한 여자가 방청석에 앉아 에니트라의 희생자 피해 진술을 경청하고 있었다. 그 법정에서 에니트라의 심정에 대해 이야기할 수 있는 한 사람이었다. '사랑'이라는 단어가 새겨진 빨간 드레스를 입은 52살의 흑인 여성 로라 무어는 자기 차례를 기다리고 있었다.

로라는 2010년, 프랭클린이 체포되었다는 뉴스를 보고 경찰을 찾아왔다. 그녀는 경찰에게 이제는 잘 알려진 이야기를 들려줬다. 그녀는 프랭클린의 차에 탔고 그가 그녀의 가슴에도 총을 쏘았다고 주장했다. 그녀는 차에서 떨어졌고 그는 그녀가 죽도록 내버려둔 채 가버렸다. 하지만 그녀는 죽지 않았다. 지나가던 사람이 경찰을 불렀고, 응급대원이 자신을 구조하고 있을 때, 프랭클린이 자신을 바라보며 천천히 차를 몰고 지나갔던 걸 그녀는 생생하게 기억했다. 이 사건은 프랭클린과 연관시킬 탄환이나 다른 증거들이 발견되지 않아 다른 사건들에 포함되지 않았다.

"로라, 지금 이야기하겠습니까?"에니트라가 발언대에서 내려오자 실버먼이 물었다.

로라는 고개를 끄덕이고 가족들이 앉은 열들을 지나 발언대 옆에 서서 평생의 고통을 털어놓았다.

"제 이름은 로라 무어입니다." 그녀는 배심원단에게 말했다. "프랭클린이 1984년 5월 5일 저를 총으로 쐈어요[경찰에 따르면, 그녀가 총에 맞은 것은 1985년 5월 29일이었다]. 저는 일을 마치고 108번가 버스 정류장에 서 있었죠. 저 사람이 지나가면서 제게 매춘부들 때문에 피게로아에 있으면 안 된다고 말하더군요.

전 퇴근하는 길이라고 말했어요. 그건 걱정하지 않는다고, 버스를 기다리는 중이라고. 저 사람은 계속 옆에서 돌면서 말했어요. '버스는 안 와요. 젊은 당신이 여기 있다가 나쁜 남자들 수작에 걸리는 게 싫거든요.' 저는 말했죠. '고맙지만, 전 괜찮아요.'"

다른 이야기를 좀 더 하다가 그녀는 다시 버스 기다리는 이야기로 되돌아갔다. "버스가 오는 데 시간이 좀 걸렸어요. 저 사람이 돌아와서 물었죠. 이러더라구요. '여긴 버스 안 와요. 내가 데려다줄게요.' 진 111번[가]에 가야 했어요. 차에 타기 전에 차를 살펴봤어요. 무기 같은 건 없었어요. 10달러를 주겠다고 말했죠. 전 스물하나였어요. 차를 살펴봤어요. 무기 같은 건 없었어요……. 전 차에 탔죠."

길 건너 자동차 수리점에 잠시 멈췄다가 "우회전을 하고 다시 또 우회전을 하더니 골목길로 들어가 달려갔어요. 그러고는 제게 총을 6발 쏘고 비웃기 시작했어요.

전 말했죠. '왜 이러는 거예요? 죽겠어요.' 그러자 그러더군요. '아니 당신 안 죽어.'

전 그저 기도만 했어요." 그녀는 배심원단에게 말했다. "전 고개를 숙이고 길 한가운데를 기어서 후버[가] 반대쪽으로 가서 거기 누워 있었어요. 남자 하나가 잔디밭에 물을 주고 있었고, 그 사람들이 앰뷸런스를 불렀어요. 사람들이 나를 살리려고 내 옷을 자르고 있을 때, 저 사람이 그 장면을 똑바로 쳐다보면서 지나가는 걸 봤어요. 전 그저 묻고 싶었어요, 왜? 왜? 왜?" 그녀는 프랭클린을 처음으로 쳐다보며 말했다. "전 저 사람한테 아무 짓도 안 했어요. 전혀 알지도 못해요. 전 그냥 알고 싶어요, 왜? 정말이지, 왜죠?"

로라는 에니트라가 한 이야기를 되풀이하며 말했다. "요즘 전 아무도 못 믿어요. 아무도요. 사람이 그런 짓을 저지르고 집에 가서 아무 일도 없었던 것처럼 밥을 먹고 사니까요. 그게 저 사람이 저지르는 짓이에요."

로라는 자기 친구들 몇 명이 프랭클린을 안다는 걸 알게 됐다고 판사에게 말했다. "그냥 알게 됐는데," 그녀는 말했다. "학창시절, 학교에 다니던 시절에는 저 사람을 좋아하는 여자애는 전혀 없었대요……. 이상한 아이였대요."

로라는 이야기를 맺으며 그에게 다시 한 번 왜 자기를 쐈는지 물었다. "그저 저 사람에게 묻고 싶어요. 왜? 왜냐고? 그게 다입니다. 고맙습니다."

도넬 알렉산더는 여동생 모니크에게 정의를 이루어주기 위해 거의 6년 동안 법원까지 왔고, 그러는 내내 그는 예의를 지켰다. 그는 한 번도 프랭클린에게 말하지 않았다. 이 순간은 그가 20년 넘게 기다려왔던 순간이었다.

"어릴 때 동생이 더 이상 집에 돌아오지 않을 거라는 소식을 들었을 때, 저는 장례식을 치를 수가 없었습니다." 그는 말했다. "그래서 살면서 몇 번이나 어두운 길로 빠지곤 했습니다. 그때는 뭐가 뭔지 몰랐으니까요. 아버지는 늘 우리에게 옳은 일을 하라고, 모든 사람을 제대로 대해주라고 가르치셨죠. 그런데 제 어린 동생이 이런 일을 당한 겁니다. 잠깐 고개를 돌렸는데 사라져버린 거죠. 우리에겐 답이 없었어요. 우린 25년 동안 알고 싶었습니다. 누가 그랬을까? 모니크는 어디 있을까? 무슨 일이 있었을까? 이제 저기 있는 저 남자라는 걸 알게 되었죠. 저 사람이 할머니와 아주머니와 여자형제들의 목숨을 앗아갔다고. 이해할 수가 없습니다.

심지어 지금도 우린 누구도 미워하지 않으려고 애쓰고 있어요." 그는 계속해서 말했다. "그러니까, 이게 제가 대처해야 하는 일입니다. 다음 생에 어디로 가고 싶냐고 말하며 균형을 잡으려고 애를 쓰죠. 제가 동생을 다시 만날 수 있을까요? 이건 제가 계속해서 이야기하고 생각해야 하는 문제입니다. 저 사람이 우리 가족에게 저지른 일 때문에 내 안에 증오심이 있지 않도록 계속 확인해야만 해요."

도넬은 희생자 가족들이 증오에서 벗어날 힘을 찾을 수 있기를 바란다고 말했다.

"과거에 대해 우리가 할 수 있는 일은 없습니다." 그는 말했다. "하지만 우리에겐 저기 앉아서 저 사람이 희생자 하나하나에게 저지른 모든 일에 대해 생각한 배심원들이 있어요. 여러분이 들인 노력과 시간에 감사드립니다……. 그리고 우린 이 체계를 믿고 있고 그게 제대로 작동한다는 걸 알고 있습니다."

도넬은 프랭클린에게 마지막 말을 남겼다. "로니에게 할 말은, 이제 당신은 더 이상 흑인 어머니나 여동생, 아이를 해칠 수 없을 겁니다. 저희 이야기를 들어주신 여러분께 감사드립니다. 감사합니다."

도넬의 어머니 메리가 다음에 나와서 프랭클린에게 자기를 보라고 했다.

"저는 프랭클린 씨가 고개를 돌려 저를 마주 보기 바랍니다." 그녀가 말했다.

프랭클린은 그녀의 어깨 너머를 보고 있었다.

"저는 이유를 알고 싶어요." 그녀는 말했다. "알리시아 모니크가 당신한테 무슨 짓을 했습니까? 전 그걸 알고 싶습니다. 그 아이는 너무나, 그 아이는 그냥 사랑스러운 아이였어요. 누구도 해치지 않았습니다. 당신이 왜 그런 짓을 했는지 알고 싶어요."

프랭클린은 그녀를 똑바로 바라보았다. "전 하지 않았습니다." 그가 말했다.

"그 아이가 당신에게 해를 끼친 일이 없다는 걸 알아요." 메리는 프랭클린의 말을 무시하고 계속해서 말했다. "확신합니다. 제가 모두를 용서하고 사랑하고, 용서해야 한다는 것도 압니다. 전 여전히 싸우고 있어요. 하나님께 당신을 용서하도록 도와달라고 청했어요. 하지만 그건 힘들어요. 지금은 용서가 보이지 않아요. 당신이 너무 나쁜 짓을 많이 해서요. 내 딸뿐만이 아니라, 이 사람들 모두에게. 전 항상 말하곤 했죠. '모든 사람이 심장과 양심을 가지고 있는 것 같지는 않아.' 그럼 남편은 말하곤 했어요. '아냐, 가지고 있어.' 전 그랬어요. '아니, 사람들이 이 세상에서 저지르는 짓들을 저지르려면 그럴 리가 없어.' 양심이 없어야죠, 쓰레기통에 종이 한 장 버리는 것처럼 사람들을 해치려면."

"끔찍해요." 그녀는 잠시 그를 노려보다 말했다. "힘듭니다. 딸아이를 사랑한다고 말하고 싶어요. 딸아이가 너무나 그립습니다. 이 일을 절대 극복할 수 없다는 걸 알아요. 항상 그 아이 생각을 하니까요. 그 아이가 보고 싶다는 생각을 하면서 한밤중에 잠에서 깨요. 때로 슬플 때면 울어요. 때로는 행복한 기억들이 떠올라요. 그것도 그냥 슬퍼요. 하지만 살아서 이날을 보게 된 것에 하나님께 감사드립니다. 어떤 부모들은 이때까지 버티지 못했다는 걸 아니까요. 그 가족들을 위해 기도하고 있어요. 여러분 모두에게 감사드리고 싶습니다."

다음에는 알렉산더 가족과 더불어 여러모로 희생자들의 대변인이 된 다이애나 웨어가 살짝 구부정한 자세로 절뚝거리며 연단으로 걸어왔다.

"프랭클린 씨가 바바라를 죽였을 때, 그는 인생을 새로 시작하고 있던 23세 미혼모의 가능성과 잠재력을 짓밟았습니다." 그녀는 분노하며 말했다. "그는 잔혹하게 그 아이를, 소중한 어머니이자 딸, 여동생, 조카, 사촌, 친구인 그 아이를 살해했어요. 우리 가족에게는 절대 채워질 수 없는 구멍이 남겨졌어요.

우리에겐 종결이란 없을 테지만, 하나님의 은총으로 평화를 얻었습니다. 바바라의 아버지는 딸이 연쇄살인범의 희생자가 된 걸 모른 채 고통스런 심정으로 2002년에 사망했습니다.

우리 가족만 고통을 겪은 게 아니에요. 이 모든 사람들……, 아마 그중 절반은 오늘 여기 오지 못했을 겁니다. 그들은 소중한 사람들이었어요. 계속해서 그리워할 겁니다. 그들은 쓰레기가 아니었어요. 당신은 그 사람들 대부분을 그렇게 다루었지만."

그리고 메리 알렉산더와 마찬가지로 그녀는 물었다. "왜 그랬는지 알고 싶어요. 무슨 생각을 했나요?"

프랭클린은 그녀를 보려고도 하지 않았다.

"당신이 가책을 느끼길 바라요. 하지만 내가 당신을 용서할 수 있게 해달라고 하나님께 기도해요. 주께서 당신을 용서하라고 말씀하시니까요. 하지만 잊을 수는 없어요. 제겐 힘이 듭니다. 더 수월하게 해달라고 매일 기도하고 있어요.

바바라는 어린아이를 두고 갔습니다. 아이는 엄마를 기억하지도 못해요. 가슴이 미어지는 일이었어요. 바바라는 끔찍하게 죽었어요. 습격을 받고 성폭행을 당했죠. 심장에 총상을 입고요. 그리고 그는 바바라를 쓰레기처럼 버렸어요."

다이애나는 판사에게 살인자가 바바라가 알던 사람이라고 믿는다고 말했다.

"그는 바바라가 주변에서 본 적 있는 사람이라고 생각해요." 그녀는 오랫동안 품어왔던 의혹을 소리 높여 말했다. "자기가 안전하다고 생각했겠지만, 그는 양의 탈을 쓴 늑대였어요."

그리고는 배심원을 향해 말했다. "저희, 바바라 가족은 바바라의 목숨을 빼앗고 미래를 앗아간 사람에게 극형을 내려주신 데 대해 배심원들에게 감사드립니다. 바바라의 미래에는 결혼식도, 다른 아이들도 없어요. 추수감사절에 우리 식탁에는 빈 자리가 있죠. 크리스마스에 주고받을 선물도 없어요. 노동절이나 독립기념일에 야외 요리파티도 없어요. 생일 파티도 없고. 새로운 기억도 만들어지지 않겠죠. 하지만 바바라는 언제까지나 우리 가슴에 남아 있을 겁니다."

그러고는 마지막으로 프랭클린을 바라보며 말했다. "당신 영혼을 위해 기도할게요, 프랭클린 씨. 당신도 언젠가 우리 구원자를 만나게 될 테고, 그러면 그분께 대답을 해야 할 테니까요. 감사합니다."

　다음으로 발언할 가족은 조지아 메이 토머스의 언니 비비안 윌리엄스였다.

　"로니, 이쪽을 봐주시겠어요?" 비비안이 요청했다. "당신이 날 기억한다는 걸 알아요."

　"전 평생 한 번도 본 적 없는 사람입니다." 프랭클린은 비비안 쪽을 슬쩍 쳐다보고 말했다.

　"당신한테 손을 흔들었던 기억이 나요." 비비안이 말했다.

　"전 절대 당신을 본 적 없습니다." 프랭클린이 우겼다.

　"당신한테 손을 흔들곤 했어요." 비비안이 말했다.

　"당신은 내게 손을 흔든 적 없어요." 프랭클린이 말했다. "뻔뻔한 거짓말쟁이."

　"당신은 조지아를 알고 있었어요." 비비안은 꿋꿋하게 말했다. "그 애를 죽인 걸 용서합니다. 정말이에요. 성경이 내게 그렇게 해야 한다고 하니까 용서해요. 당신이 하나님께 용서해달라고 청하기를 기도합니다. 당신은 끔찍한 짓들을 저질렀으니 그렇게 해야 하니까요.

　그런데 당신은 이 빙에 들어와 우리를 보고도 앞만 쳐다보고 있어요. 마치 자기가 하나님이나 된 것처럼 말이에요." 그녀는 계속했다. "끔찍한 짓을 저질러 놓고는 여기 거만한 태도로 앉아 있어요. 당신은 돌려줄 수 없는 것을 빼앗아갔어요. 너무 많은 사람들에게 너무 큰 고통을 안겨줬어요. 그런데 거기 앉아서 마치 우리가 당신한테 무슨 빚이라도 진 것처럼 행동하는군요. 하지만 이거 알아요? 오늘 우리 모두는 여기 앉아서 우리 식으로 당신을 가엾게 여기고 있어요. 당신이 우리에게서 뭔가를 앗아가서 고통스러운데도 말이에요.

매년 8월 30일은 내 동생의 생일이에요. 그런데 말이죠. 난 당신 생각도 할 거예요. 그날이 당신 생일이기도 한 걸 기억할 테니까요. 그럴 거예요. 내 안의 주님 때문에 난 당신 가족을 가엾게 여겨요. 당신과 함께 축하할 수 없으니까. 난 내 동생과 축하할 수 없고, 당신 가족도 실제로 당신과 축하할 수 없게 되겠죠.

당신은 겉으로는 비열하고 냉정해 보일지 모르겠지만, 속으로는 망가지고 상처입고 있다는 걸 알아요. 우리 모두처럼 말이죠. 그러니 냉정하게 구는 대신 우리보고 당신을 위해 기도해달라고 말하는 게 좋을 거예요. 부탁할 필요 없어요. 기도할 때면 우린 하나님께 당신을 도와달라고 부탁할 테니까. 당신에게 기도가 필요하다는 걸 우린 알거든요. 당신에게 정말로 구원이 필요하다는 걸 우린 알아요."

그것이 잠들었던 살인마 로니 프랭클린의 광포한 발작에 잔혹한 이차적 피해를 입은 희생자 가족들의 마지막 말이었다.

산 퀜틴 교도소

이제 캐슬린 케네디가 프랭클린에게 말할 차례였고, 그녀는 곧장 핵심으로 들어갔다.

"자, 로니 프랭클린, 때가 되었습니다."

이야기하기를 원했던 가족들이 모두 말할 기회를 가졌고, 저는 오랫동안 당신과 당신 사건, 그리고 언급된 모든 증거들에 대해 생각했습니다." 그녀는 프랭클린에게 말했다.

"분명 여기 많은 분들이 질문해오셨듯이, 저도 스스로에게 질문을 해왔습니다. 그리고 오늘 그게 '왜'라는 말로 표현되는 걸 들었습니다. 이런 일들이 '왜' 일어났을까요? '왜' 당신은 이런 짓들을 저지른 겁니까?

이 여성들은 모두 무방비였습니다. 어떤 방법이나 모양, 형식으로도 당신에게 위협이 되지 않았습니다. 그 문제에 대해 생각하고 고심하고 머릿속에서 되풀이한 끝에 저는 이런 결론에 도달했습니다. '왜'는 중요하지 않다고. 당신이 저지른 짓에는 어떤 정당화도 있을 수 없습니다. 당신이 저지른 짓은 하나님의 법으로도 인간의 법으로도 정당화될 수 없기 때문입니다.

그러니 '왜'는 중요하지 않습니다. 저도 궁금하고, 분명 책들도 나올 테고, 어쩌면 정신과 의사나 심리학자들이 이 사건을 조사해서 그걸 설명할 수 있는 이론 같은 것을 내놓을 수도 있겠지만요.

여성혐오가 오래전부터 시작되어 당신 마음속 깊숙이 자리 잡고 있는 게 분명합니다. 우리가 들은 최초의 범죄는 1974년 독일에서 벌어진 강간이었습니다. 그러니 이 여성혐오는 오래되고 뿌리 깊습니다. 왜일까요? 모르겠습니다.

당신이 저지른 이 모든 범죄가 끔찍하며, 말했다시피, 어떤 정당화도 할 수 없음에도 불구하고, 제가 내릴 판결은 복수의 판결이 아니라는 점을 분명히 하고 싶습니다.

누군가가 이 범죄들처럼 끔찍한 짓을 저지르면 사회에서 결정을 내릴 권리가 있다고, 처벌이자 다른 사람들에 대한 보호책으로 그 사람은 계속 살아갈 자격이 없다고 사회에서 말할 권리가 있다고 저는 믿습니다.

형법계에서 몇 년을 일하는 동안 만나본 모든 사람들 중 당신이 저지른 것처럼 무시무시한 죄를 그렇게 무시무시하게 많이 저지른 사람은 없었습니다. 이 젊은 여성들을 끔찍하게 살해당했습니다. 워싱턴 양의 살인미수건도 끔찍합니다. 그 영향으로 여기 모든 사람들이 고통받아 왔고 여전히 고통받을 것입니다. 하지만 많은 분들이 말씀하신 대로, 이 분들은 약간의 평화를 얻게 될 거라는 희망을 가지고 있습니다.

오늘 당신도 약간의 평화를 얻어 떠날 수 있기를 바랍니다. 하지만 그건 복수가 아닙니다. 그건 정의입니다, 프랭클린 씨.

그러니 로니 프랭클린 주니어는," 케네디가 서류를 들고 읽기 시작했다. "첫 번째로 추정되는 데브라 잭슨 일급살인과 다수의 특수살인에 대해 본 법정은 피고에게 사형을 선고합니다.

두 번째로 추정되는 헨리에타 라이트의 일급 특수살인에 대해 본 법정은 피고에게 사형을 선고합니다.

세 번째로 추정되는 바바라 웨어의 일급 특수살인에 대해 본 법정은 피고에게 사형을 선고합니다.

네 번째로 추정되는 버니타 스팍스의 일급 특수살인에 대해 본 법정은 피고에게 사형을 선고합니다.

다섯 번째로 추정되는 메리 로우의 일급 특수살인에 대해 본 법정은 피고에게 사형을 선고합니다.

여섯 번째로 추정되는 래크리카 제퍼슨의 일급 특수살인에 대해 본 법정은 피고에게 사형을 선고합니다.

일곱 번째로 추정되는 알리시아 알렉산더의 일급 특수살인에 대해 본 법정은 피고에게 사형을 선고합니다.

아홉 번째로 추정되는 프린세스 버소뮤의 일급 특수살인에 대해 본 법정은 피고에게 사형을 선고합니다.

열 번째로 추정되는 발레리 맥코비의 일급 특수살인에 대해 본 법정은 피고에게 사형을 선고합니다.

열한 번째로 추정되는 제니시아 피터스의 일급 특수살인에 대해 본 법정은 피고에게 사형을 선고합니다."

이 사형선고들에 더해 여덟 번째인 에니트라 워싱턴 살인미수건으로 프랭클린은 종신형도 선고받았다.

다음으로 케네디는 프랭클린은 열흘 이내에 LA 카운티 보안관서의 감독하에 경비가 삼엄한 산 퀜틴 주교도소로 이송될 것이라고 말했다.

"자, 이제 피고는 유치장으로 돌아가십시오." 케네디가 말했다. "그리고 여러분 모두에게 감사드립니다."

이와 함께 30년 이상에 걸친 로니 프랭클린 주니어 사건은 끝이 났다. 로스앤젤레스에 기쁜 소식이 전해진 날이었다. 나에게도 기쁜 날이었지만, 감정 소모가 큰 날이기도 했다. 내겐 이 사건이 30년 넘은 일이 아니었지만, 지난 10년 동안 나는 이 사건에 모든 걸 바쳤다. 내 인생에서 중요한 한 부분이었다. 나는 말도 안 되는 살인을 바로 옆에서 지켜봤고, 그게 가족들을 어떻게 산산조각 내는지 봤다. 한 미친 인간이 저지른 짓들이 뒤에 남아, 그 여파 속에서 살아가야 하는 사람들의 삶을 어떻게 바꾸어놓는지 목격했다. 이 여성들의 삶을 끝장냈을 때, 그는 연쇄적인 파괴적 결과를 일으켰다. 그는 그 여성들이 사랑하는 사람들을 돌이킬 수 없이 영원히 변화시켜, 한때 생기 넘치던 사람들을 텅 빈 껍데기처럼 만들어놓았다.

그러니, 로니 프랭클린 주니어가 정의의 심판을 받는 오늘 나는 무거운 짐을 벗은 기분이다. 너무나 오랫동안 나를 짓누르고 있던 이 어둡고 슬픈 이야기가 마침내 헐거워진다. 유일하게 후회되는 점이 있다면 프랭클린이 그런 끔찍한 범죄를 저지른 이유가 무엇인지 찾아내지 못한 것이다. 그건 희생자 가족들도 마찬가지일 거라 생각한다.

• • •

2016년 8월 17일 64세의 로니 프랭클린 주니어는 산 퀜틴 사형수 감방에 들어갔다. 그가 그곳에서 나올 방법은 단 하나뿐이었다.

감사의 말

　가까운 이를 잃는 악몽을 겪은 희생자 가족과 친지 여러분의 도움이 없었더라면 이 책을 쓸 수 없었을 것이다. 사연을 공유해준 다이애나 웨어, 알렉산더 가족, 로미 램킨스, 레이번 피터스, 사마라 헤러드, 저메인 잭슨, 루신다 노블즈, 로쉘 존슨, 앨리스 브라운, 어빈 포레스트, 아이린 에프리엄에게 진심으로 감사드린다.

　LA 경찰의 리처드 해로, 클리프 쉐퍼드, 폴 콜터, 데니스 킬코인, 대린 듀프리 형사에게도 깊은 감사를 전하고 싶다. 그들의 헌신적인 사건 수사가 큰 감명을 주었다.

　귀중한 시간을 내어준 검사 마거릿 리조, 베스 실버먼, 변호사 세이무어 암스터, 루이자 펜산티에게도 감사드린다.

　그리고 내게 마음을 열고 평생 겪은 일 중 가장 큰 트라우마를 남긴 사건을 세세히 전해준 에니트라 워싱턴에게 감사드린다.

편집에 도움을 준 제피 웨인그래드와 내 소중한 친구 게일 홀런드에게, 리서치와 사실 확인 작업에서 도움을 준 브렌다 쉘턴, 모니카 클락, 새브리너 포드에게 감사드린다. 아만다 언니와 친구들, 알렉시스 키프, 샌드 코헌, 데보라 밴킨에게도 나를 지지해주고 힘들 때마다 격려해준 것에 고마움을 전하고 싶다.

그리고 무엇보다도 좋은 친구이자 유능한 편집자 케이트 로벗슨이 이 책을 쓰는 여정에 늘 함께해주고 길잡이가 되어준 것에 감사하고 싶다. 집필 과정에 없어서는 안 될 도움이었다. 케이트가 없었다면 이 책을 시작하지도, 마치지도 못했을 것이다.

정의로 향하는 긴 여정의 기록

이 책의 제목 "그림 슬리퍼(Grim Sleeper)"는 1980년대부터 2000년대에 이르기까지 10명의 여성을 살해한 데 대해 유죄판결을 받은 로니 프랭클린 주니어의 별명이다. 2007년, 저자 크리스틴 펠리섹은 DNA 증거를 통해 2000년대 남부 로스앤젤레스에서 일어난 살인 사건들이 1980년대 같은 지역에서 일어났던 미제 살인 사건들과 연결되며, 이들이 동일범에 의한 연쇄 살인 사건임을 알리는 기사를 써서 지역 사회에 알렸다. 펠리섹은 흑인 매춘 여성들을 상대로 저지른 이 범행이 오랫동안 무자비하고 대담하게 이루어져왔음에도 미제 사건으로 남은 것은 피해자들이 가장 취약한 계층이기 때문이며 미디어와 수사기관, 대중의 관심 부족 탓이 크다고 보았다. 젊은 여성들을 살해하고 그 시신을 쓰레기통에 아무렇게나 내버린 연쇄살인범에게, 다른 연쇄살인범들 같은 별명 하나 없는 것도 이 사건에 대한 무관심을 반영하는 것이라고 여긴 펠리섹은 편집자와 함께 의논 끝에 그림 슬리퍼라는 별명을 정한다. 범인이 1988년부터 2002년까지 살인을 멈추고 마치 잠들어 있었던 것처럼 보인 데서 착안해 죽음을 가져오는 사신을 가리키는 그림 리퍼(Grim Reaper)를 바꾸어 붙인 이름이다.

펠리섹이 처음 그림 슬리퍼라는 명칭을 기사에 썼을 때, 이 별명이 다른 유명 살인범들의 별명과 달리 무시무시하지도 자극적이지도 않다는 지적을 받았다고 한다. 그러나 그 일화는 오히려 펠리섹이 기자로서 이 사건을 취재하고 보도하는 가운데 견지해 온 태도를 정확히 드러내는 것 같다. 펠리섹은 80년대에 시작되어 2006년 범인의 체포로 일단락된 후 2016년에 와서야 사형 선고에 이르는 길고 지난한 과정에서 이루어진 수사 과정과 보도 내용, 그 문제점, 10여 년이 흐른 뒤에 이 사건이 다시 수면에 떠오르고 마침내 해결되는 과정에서 작용한 정치적 사회적 상황, 지역 사회의 반응과 피해자 가족의 경험을 상세하고 박진감 있게 기록하는 데 집중하며 살인범 로니 프랭클린을 주인공으로 내세우거나 그를 필요 이상으로 설명하거나 수식하지 않는다.

희생자들이 다루어지는 방식 역시 이러한 측면을 잘 보여준다. 펠리섹은 희생자 한 사람, 한 사람이 가족에게 어떤 딸이며 엄마였는지, 어떤 가능성을 가졌고 어떤 절망을 겪었는지, 차분하고 객관적이면서도 공감을 잃지 않는 필치로 짧고 안타까운 삶을 기록한다. 특히, 부유한 지역에 사는 백인 여성이 살해되었을 때 미디어와 대중, 경찰이 보인 반응과 대조하면서, 펠리섹은 이 사건의 희생자들이 주어진 환경과 피부색으로 인해 마땅한 관심을 받지 못했음을 지적한다. 따라서 이 책에 실린 희생자들의 기록은 수사 당국과 저널리즘의 편파성에 대한 펠리섹의 보상일 수 있다. 그리고 이 책을 읽는 독자들은 그들에 대한 추모의 순간에 함께하는 것일 수도 있다.

또한, 이 책은 1980년대로부터 오늘날에 이르기까지 로스앤젤레스 경찰과 흑인 커뮤니티가 맺어온 관계를 범죄를 중심으로 기록한 한 편의 사회사이기도 하다. 로스앤젤레스의 흑인 인구 유입과 지역 사회 형성, 갱단의 경쟁과 마약의 영향력, 1991년 백인 경찰의 흑인 구타로 촉발된 로드니 킹 폭동, 이로 인해 영향을 받은 1994년 O. J. 심슨 사건의 판결, 1999년 램퍼트 스캔들이 터지면서 최악으로 치닫던 LA 경찰의 위상이 2000년 DNA 조사 실시와 함께 부상하고 마침내 그림 슬리퍼의 검거에 이르는 과정까지 치밀하게 조사하고 정리한 펠리섹은 한 명의 사이코패스 연쇄살인범을 추적하는 과정으로부터 어떤 사회적, 정치적, 역사적 맥락이 파생되는지 심도 있게 보여준다.

번역하는 동안 저자의 집요한 취재 과정과 범죄 수사를 둘러싼 정치와 보도의 역할에 대한 통찰에서 강한 인상을 받았다. 그리고 무엇보다도 감명 깊었던 것은, 펠리섹이 경찰뿐 아니라 희생자들과 그 가족들에게 항상 예의를 지킨다는 점이었다. 연쇄살인범의 정체와 정의의 구현을 찾아가는 서늘한 여정뿐만 아니라 저자의 이러한 미덕까지 번역이 잘 전달하기를 바란다.

2019년 5월
이나경

사라진 여인들

...

칵테일 웨이트리스 데브라 잭슨(29)의 시신은
1985년 8월 10일 사우스 센트럴의 골목길에서
붉은 카펫으로 덮여 발견되었다.
(LA 고등법원 자료)

다섯 자녀를 둔 헨리에타 라이트(34)는
1986년 8월 12일 총상을 입은 채
발견되었다. (LA 고등법원 자료)

경찰은 1987년 1월 23세 바바라
웨어의 살인에 대해 정체불명의
제보자에게 제보를 받았다. 그는 누군가
파란색과 흰색 밴에서 여성 시신을
유기하는 것을 보았다고 했다. 경찰은
그 밴이 코스모폴리탄 교회 소속임을
알아냈다. (LA 고등법원 자료)

버니타 스팍스(26)는 사망 며칠 전 92번가
초등학교에서 급식 감독 일을 시작하기로 했다.
(LA 고등법원 자료)

메리 로우(26)는 소울 트레인의
댄서였다. 주위 소녀들은 그녀를
우러러보았다. (LA 고등법원 자료)

알리시아 모니크 알렉산더(18)는 가족에게는
'암소 무'라는 애칭으로 불렸다. 그녀는 핀토
혹은 쉐보레 베가에 타는 것이 마지막으로
목격되었다. (LA 고등법원 자료)

래크리카 제퍼슨(22)은 LA 크리샤로
알려져 있었다. 경찰이 시신을 발견했을
때 AIDS라고 손으로 쓴 냅킨이 그녀의
코와 입 위에 올려져 있었다.
(LA 고등법원 자료)

에니트라 워싱턴은 두 아이를
둔 30세의 엄마였으며, 1988년
11월 노먼디가의 주류 상점
근처에서 한 남자에게 차를 얻어
탄 뒤 기적적으로 생존했다. 범인은
그녀를 총으로 쏘고 성폭행하고
폴라로이드 카메라로 사진을 찍은
뒤 차에서 내버렸다.
(에니트라 워싱턴 제공)

800 전담반 형사들은 잠들었던
살인마를 잡기 위해 약 50명의
용의자에 대한 DNA 검사를 하고
전국을 돌아다녔다. 800 전담반:
(왼쪽부터 오른쪽으로) 폴 콜터,
LA 경찰 직원, "달러" 빌 팰런,
클리프 쉐퍼드. (저자 제공)

15세의 가출 소녀 프린세스 버소뮤의 시신은 2002년 3월 9일 잉글우드의 골목길에서 발견되었다. 그녀는 교살당했다. (LA 고등법원 자료)

발레리 맥코비(35)는 "상냥한 사람이었고, 더 많은 것을 원했지만 마약으로 인해 도전할 수 없었던 사람"이라고 전 연인의 딸 루신다 노블즈가 말했다. (LA 고등법원 자료)

재활용품을 찾던 노숙자 남성이 2007년 1월 1일 비닐 쓰레기봉투에서 제니시아 피터스(25)의 시신을 발견했다. 그녀의 죽음으로 LA 경찰은 잠들었던 살인마 살인을 조사할 전담반을 꾸리게 되었다. (LA 고등법원 자료)

조지아 메이 토머스(43)는 2010년 로니 프랭클린의 구속 이후 그와 추가로 연결된 4건의 살인 사건 피해자 중 하나였다. 그녀의 시신은 2000년 12월 28일 이스트 57번가 창고 구역의 흙길에서 발견되었다. (LA 고등법원 자료)

두 어린 자녀를 둔 31세의 롤니아 모리스는 2005년 9월 5일 행방불명되었다. 로니 프랭클린의 자택을 수색하던 중 형사들은 차고의 소형 냉장고에 든 봉투에서 롤니아의 사진을 발견했다. 그녀의 시신은 발견되지 않았다. (LA 고등법원 자료)

쉐런 디스뮤크(21)는 버려진 주유소 남성 화장실 바닥에서 발견되었다. 2007년 제니시아 피터스를 살해하는 데 쓴 것과 동일한 25구경 타이탄 반자동 권총이 23년 전 쉐런을 살해하는 데도 사용되었다. (LA 고등법원 자료)

로니 프랭클린의 웨스트 81번가 방갈로와 주위 사우스 센트럴 지역 공중 촬영 사진(가운데, 차고 3개). (LA 고등법원 자료)

20대의 카메라와 사진을 찍을 수 있는 15대의 전화기, 수백 장의 여성 나체를 포함하는 성적인 사진 등, 800건 이상의 증거가 3일간 계속된 LA 경찰의 가택 수색을 통해 수거되었다. (LA 고등법원 자료)

두 자녀를 둔 아버지이자 전직 LA 경찰 주차장 경비원, 로스엔젤레스시 환경미화원이었던 로니 프랭클린은 가족 DNA 검사를 통해 2010년 7월 붙잡혔다. (I A 고등법원 자료)

로니 프랭클린의
변호사 세이무어
암스터. (산페르난도
밸리 변호사 협회
제공)

잠들었던 살인마 기자
회견에 참석한 시신 발견
지역의 LA 시의원 버나드
팍스와 LA 경찰 데니스
킬코인 형사. (저자 제공)

로니 프랭클린의 유죄 판결이 나온 뒤 기자 회견에서 검사들과 희생자 가족들.
왼쪽부터: 다이애나 웨어, 마거릿 리조, 베스 실버먼.

모자 부대(왼쪽부터):
LA 형사 리치 해로, 존
센 존, 브래드 매그래스.
(리치 해로 제공)

유죄 선고 후 모니크
알렉산더의 아버지
포터(왼쪽)와 800 전담반
형사 대린 듀프리. (저자
제공)

로니 프랭클린이
딸 모니크와 9명의
여성을 살해한 것으로
유죄 판결을 받은 뒤 메리
알렉산더(왼쪽)와 기자
크리스틴 펠리섹.
(저자 제공)